金陵全書

丙編·檔案類

市政公報

［第五十六—七十三期］

（民國）南京市政府　編

南京出版社

圖書在版編目（CIP）數據

市政公報. 第56～73期 / 南京市政府編.
—南京：南京出版社，2012.12
（金陵全書）
ISBN 978-7-5533-0109-9

Ⅰ.①市… Ⅱ.①南… Ⅲ.①地方政府—公報—匯編
—南京市—民國 Ⅳ.①D693.62

中國版本圖書館CIP數據核字（2012）第269622號

書　　名　【金陵全書】（丙編·檔案類）
　　　　　市政公報（第五十六—七十三期）
編 著 者　（民國）南京市政府
出版發行　南京出版社
　　　　　社址：南京市成賢街43號3號樓　　郵編：210018
　　　　　網址：http://www.njcbs.com
　　　　　聯系電話：025-83283871（營銷）　025-83283883（編務）
　　　　　電子信箱：njcbs1988@163.com
責任編輯　余　力　袁　昕
裝幀設計　楊曉崗
製　　版　南京新華豐製版有限公司
印　　刷　南京凱德印刷有限公司
經　　銷　全國新華書店
開　　本　889×1194毫米　1/16
印　　張　55　插頁34
版　　次　2012年12月第1版
印　　次　2012年12月第1次印刷
書　　號　ISBN 978-7-5533-0109-9
定　　價　1000.00元

中華郵政登記認爲第一類新聞紙類

中華民國二十九年九月三十日

第五十六期

市政公報

南京市政府秘書處印行

目錄

南京市政府委令 祕字第　號

令程翔

茲派該員代理本府教育局第三科科長此令

中華民國二十九年九月　日

市長 蔡培

南京市政府訓令 祕字第　號

令所屬各機關

案准

國民政府監察院審計部公函公字第一百號內開：

「案奉 國民政府監察院二十九年九月九日訓令第一二〇號內開案奉 國民政府訓令內開『查審計法業經制定明令公布應卽通飭施行除分令外合行檢發該法令仰該院知照

并轉飭所屬一體知照等因合行抄發該審計法令仰該部知照此令』等因計抄發審計法一份奉此除遵照并分函外相應檢同審計法一份函達查照并希轉飭所屬一體知照爲荷」等由附審計法一份准此除分令外合亟抄同原件令仰遵照此令

附審計法一份（略）

中華民國二十九年九月　日

市長　蔡培

南京市政府訓令　衞字第　號

令中醫公會醫師公會各診所
各區公所　傳染病院

案准內政部先後咨開略以護士暫行規則及管理中醫暫行規則醫師藥師助產士等三種暫行條例業經本部加以修正呈奉　行政院核准備案准予院令公布施行各在案嗣後各地方從業人員不論已否領有部證均應按照規定手續換領新證以便管理而重法令等由准此除分令外合行檢發管理中醫暫行規則護士暫行規則醫師藥師助產士等三種條例令仰該公會診所區公所院知照並轉飭各中醫醫師護士等遵照辦理爲要此令

附件（略）

中華民國二十九年九月　日

南京市政府訓令

祕字第　　號

市長　蔡　培

令各區公所

案奉

行政院行字第七八八號訓令內開：

「現據上海市政府呈稱「案據本市滬西區區公署長李紫東呈稱『本月二十四日突接署名振務委員會上海分會第十七號訓令一件不勝詫異緣該會僅一振務分會職署爲鈞府直屬正式行政機關姑無論階級是否相等而不相隸屬則毫無疑義按照國府規定公文程式第二條第九項往復行文應用公函再按處理公文辦法第五條行政各院所屬各委員會對於省市所屬行文用咨或令尙須斟酌令該分會不知何所依據自居何等乃與鈞府抗衡對職署貿然用令百索莫解初擬不與計較無如一應文件部隊連絡官例須披閱昨北岡連絡官披閱該件亦認爲不合體裁正會核閒該分會又來十八號訓令乙件爲查復前江浙振濟會舊案應以何種程式答之始稱得當不得不請示辦理復以顧全本市整個系統推崇鈞府權威起見理合抄附先後來件一併具文呈請鑒核指令遵循俾資應付實爲公便』等情幷抄呈來文二件據此查奉頒劃一中央各機關處理公文辦法第五條所載關于院屬各委員會對于省市政府暨所屬廳局行文仍照

向例分別用咨及令已無疑義惟各委員會之各地分會對于各地區最高行政機關如縣政府區公署行文程式尙無明文規定此次該分會對于本市所屬各區公署行文用令而同時亦未咨會本府茲據前情理合具文呈請鑒核指令飭遵」等情據此當經指令「呈悉查本院轄屬各委員會之各地分會對於市政府所屬之區公署及縣政府等係不相隸屬之機關應照公文程式第二條第九項之規定往復公文用公函仍比照劃一中央各機關處理公文辦法第五條之用意凡各分會致公函于市政府所屬之區公署時一面分咨該管市政府查照俾資接洽仰卽轉飭遵照并候通行院轄各委員會各市政府各省政府一體飭屬遵照此令」除印發分行外合行通令仰該市府轉飭所屬一體遵照此令」

等因奉此除分令外合行令仰該區遵照此令

中華民國二十九年九月　日

市長　蔡　培

南京市政府訓令　社字第二五四一號

令商會整理委員會
　城鄉各區公所

案准

工商部商字第一八九號咨開「查商標爲表彰自己商品以示與他人同樣商品有所區別之標記非

經依法註册享有專用權不能禁阻他人仿冒故商標註册關係中外商民法益至爲重大由是關于商標註册事項向由中央設立專局統一辦理不容政令稍涉紛歧事變以後商標行政一時陷於停頓本部前爲維護中外商民法益起見經將商標局恢復設立負責專辦全國商標註册事宜並因以前依法呈准註册各商標及其他關係事項有加以整理之必要復經擬訂商標註册證整理辦法九條呈奉行政院第二一一號指令准予備案並刊登第三期公報公告各在案茲查中外商民依法呈請換證及請求新案註册者固多而未遵照辦理者仍復不少現在商標註册證整理辦法關於補充程序一部分規定事項已屆滿期關于註册證之查驗期限僅尙餘兩個多月爲期無多應速照章查驗其屬於新案商標之註册亦應勿再觀望除呈請 行政院轉咨華北政委會飭屬轉飭中外商民知照外相應檢同商標註册證整理辦法一份隨文咨請查照並希飭屬轉飭中外商民知照爲荷」等由附商標註册證整理辦法一份准此除分令外合亟抄發原辦法一份令仰該□即便遵照轉飭中外商民知照爲要

此令

附抄發商標註册證整理辦法一份

中華民國二十九年九月 日

市長 蔡培

商標註冊證整理辦法

民國二十九年五月二十三日工商部公佈

第一條　民國二十六年十一月十九日以前領有商標註冊證者應自本辦法公佈之日起六個月內將原有註冊證呈請工商部商標局查驗

前項查驗費每件國幣五元隨呈附繳但聯合商標得按半數繳納

第二條　民國二十六年十一月十九日以後無論在中央或地方以及其他不屬中央主管之各級機關所領之商標註冊證統限三個月內呈請工商部商標局換給新證

第三條　領有前兩項註冊證如不遵限呈驗或聲請換給者商標局得依職權撤銷其商標專用權

第四條　商標註冊證經查驗後由商標局另備查驗簿登記之並載入商標公報仍將原證蓋印發還

第五條　呈請查驗之商標註冊證得因呈請人之請求換給新證但須附繳換證費二元印花稅費一元

第六條　凡領有未經公佈之商標審定書應於本辦法公佈之日起三個月內將原領審定書呈請工商部商標局補行公告

前項公告應繳手續費拾元聯合商標得按半數繳納

第七條　呈驗註冊證之商標如有與民國二十六年十一月十九日以後呈經核准之商標相同或類似時經批示後呈請人得呈請商標局核辦

第八條　依據其他法令呈請註冊之各商標如查有手續不合法或不完備者商標局得令飭更正或補報

第九條　本辦法自公佈日施行

南京市政府訓令 社字第　　號

令城鄉各區公所

案准

內政部中字第九〇二號咨開「案查南京市青年團指導部主任朱君重業已呈請辭職所遺職務未便久懸茲經本部委派吳剛前往接充除分行外相應咨請查照」等由并據該指導部主任吳剛呈報「業於九月六日到部接鈐視事祈鑒核備案」等情前來除分令外合行令仰知照并轉飭所屬一體知照

此令

中華民國二十九年九月　日

市長　蔡培

南京市政府訓令 社字第二五八八號

令城鄉各區公所

案准

交通部交字第四四四號公函開「案據郵政總局駐滬辦事處主任乍配林呈稱『案奉鈞部本年八月十九日交字第三八四號訓令尾開「查政府還都後本部為統治郵政之唯一最高機關」等因奉

此茲以本辦事處所轄各郵區之員工及郵政產業均需當地機關予以保護又在各該區內經由日軍管理之鐵路運遞郵件亦需得其協助理合具文呈請鈞部俯賜鑒核轉函相關當局予以保護及協助實爲公便』等情據此相應函請查照轉飭所屬對於當地郵局員工及郵政產業一律予以保護」等由准此除分令外合行令仰該區對於轄境內各郵局員工及郵政產業一律予以保護爲要

此令

中華民國二十九年九月　日

市長　蔡　培

南京市政府訓令　社字第二八〇九號

令各區區長

案查各區公所前報之坊鄉鎮保甲長名册歷時已久本府雖根據各該區按月呈報之更委清册隨時飭由社會局予以更正無如更動過多每遇稽攷時諸多不便茲規定截至九月底爲止一律重行造報該項名册一份限文到十日內報府備查不得延誤嗣後各坊鄉鎮保甲長每月不論有無更動均須於次月五日以前由區彙報一次以資查考除分令外合行令仰該區長卽便遵照辦理爲要此令

中華民國二十九年九月　日

市長　蔡　培

南京市政府訓令 教字第二六四五號

令 市私立各中小學
市立民衆教育館
圖書館

案據本府教育局簽呈稱：

『案奉教育部祕字第一八一六號訓令內開：『查本部於本年五月間印製省市教育概況調查表三種令發各該省市依式填報在案茲爲致察以往實施情形及便於統計起見特再印製全國初等教育統計調查表全國中等教育統計調查表全國社會教育統計調查表及事變後全國中初等學校歷屆畢業生統計調查表四種分別調查統計藉覘既往而策將來除分令外合亟檢發前項表式各二份令仰該局遵照迅卽依式印發所屬各縣轉飭各校據實填報彙轉到部以憑審核事關計政勿延爲要』等因幷附發全國初等教育統計調查等表式四種各二份；奉此理合檢同原發表式簽請通令所屬各中小學及社教機關據實填報以憑彙轉」

等情，幷附呈調查表式四種各二份據此，除分令外合行檢發中初等教育統計調查表暨中初等學校歷屆畢業學生統計調查表式社會教育統計調查表式各二份，令仰該校館依照表式，據實填報，以憑彙轉，毋延爲要！

此令。

附發全國初等中等社會教育統計調查表式暨中初等學校歷屆畢業學生統計調查表式各二份（略）

中華民國二十九年九月　日　　市長　蔡　培

南京市政府訓令

教字第二四一九號

令市私立各級小學

查二十九年度第一學期業經開學，關於本市市私立各級小學應行改進事項，自非詳加規劃，不足以利推行，茲經按照各小學行政教學教導環境各方面實際需要，訂定南京市立小學校務實施注意事項一種，通令各校，俾便遵行，除飭教育局督學暨視察隨時蒞校，嚴密視察，藉以致核辦理成績外，合行檢發原訂實施注意事項一份，令仰該校長遵照；并轉飭所屬各教員一體遵照！

此令

附發南京市立小學校務實施注意事項一份

中華民國二十九年九月　日　　市長　蔡　培

南京市立小學校務實施注意事項

二十九年度第一學期

甲、行政方面

一、市立各級小學行政組織不宜過繁級任教員科任教員應於學校事務方面分任一種以上職務以期通力合作而收互助之效（以下簡稱各校）

一、各校對於校務處理及教管實施應組織校務會議教導會議及分科研究會議經濟稽核委員會以便共同商討而利進行其會議經過應有紀錄備查

一、各校校長因公出或因事請假時應由各該校教導主任代負主持校務及招待外賓之責如有必不得已事故校長及教導主任同時離校或請假者應指定教員一人負責暫代

一、各校職教員除兼任教員外每日在校時間上午八時至十二時下午一時至五時非有特別事故不得離校各級任教員及重要職員以常川住校爲原則

一、各校對於府令及局令飭辦事項均應遵辦並依限具報不得故延或敷衍從事

一、各校校長請假在一日以上者除遵照第三條規定外應呈報教育局備查職教員請假在一日以上者應得校長許可其職務由校長指定負責人員兼代如在三日以上者應報局備案並將代理人員呈報備查倘係病假並應呈驗醫師診斷書

一、各校教室門側應懸掛各班級課程表並註明級任教員姓名辦公室應備有各級課程表全份以備查閱

一、各級點名册應由各級任教員負責保管每日上下午點名一次各校教導主任應隨時至各教室稽查學生請假或缺席次數並統計之

一、各教室內除應備學生成績欄外須另置全校總成績欄或成績室其成績以作文習字美術勞作四科作品爲原則陳列時間至多每二星期更換一次並須標明月日

一、各校課外活動應按期舉行並由教員分別担負指導之責

一、各校應注意訓練學生禮貌每晨入校除應向教職員行禮外遇有本府或本局派員陪同外賓或其他人員到校參觀上課時學生應起立致敬動作務須一致即在課外亦應肅立表示敬意不得圍觀及喧嚷紛擾

一、各校校舍應力求清潔各處塵垢宜勤加拂拭掃除牆壁桌椅尤應禁止學生用粉筆墨筆塗抹痰盂應時常洗滌教室部分由級任教員負責糾察其他部分由事務員等負責糾察

乙、教導方面

一、各校教職員每日上課下課到校離校均應依照規定時間不得遲到早退

一、各校每學期授課日期應遵照法令辦理於規定假期外不得無故放假或缺課

一、各校所用簿冊表格及自製標語掛圖等於可能範圍內形式宜力求整齊劃一

一、各校所備簿冊應按時填寫不得稽延擱置

一、各校教職員均應兼負訓導責任於學生言行常隨時加以指導及糾正

一、各校教學科目及時數應依照部定課程標準不得變更

一、各校編排作業時間表務宜適當課程支配顧及兒童身心發展及科目之輕重難易

一、各校兒童自治組織應參照保甲制度方法辦理以每級為一坊並分設四甲或五甲務期養成兒童自治習慣

一、各校考查學生操行方法一面由教導主任與級任教員考查一面由科任教員考查平均所得為操行成績

一、各校每學期於開學後二星期內應由校長會同教導主任擬訂行事曆經校務會議通過後呈府備案

一、各校中高年級學生除教授課本外並須另發補充教材藉以充實兒童學識惟所選教材應前一週呈府審查

一、各校對於頑劣兒童應常時舉行家庭訪問其經過情形須詳細記錄備查

丙、教學方面

一、各科教學應注重實物教授以養成學生觀察及應用能力無實物可用須以標本替代

一、國語科教學法低年級宜用啓發式尤應注意兒童經驗及興趣中高年級酌採自學輔導以養成學生閱讀能力與研究精神

一、作文命題須切近學生生活經驗適合思想歷程與發表能力並應與各科教材相聯絡且須利用時令及目前發見之事物爲主至作文方法低年級宜採用聯字造句問答看圖作文詞句重組口述筆述等法中高年級應酌用記敍說明議論及簡易應用等文體

一、習字課教材低年級用描紅及仿字等摹本中高年級除範字及臨帖外並應督飭習字寫正書大小字習寫時教師務須注意學生之執筆與體部及坐位姿勢並指明其筆劃倒順程序

一、作文篇數中高年級每學期以十八篇爲原則如有缺席未作者應令其補作

一、學生作文遇有別字或省簡等筆應即加以改正並由教員將改正之字寫在每篇橫楣上或後面空格內再令學生照寫四五個以資熟練又批改須一律用紅筆

一、算學科數字題應先抄算題再演草式後列橫式文字題先列題次再列算式後書答案

一、各教員改閱學生作文算學習字及其他筆記簿等除因教員帶回改閱或由學生自留閱讀外平日應分列辦公室書櫥內以便隨時查閱作文簿應令學生各備二本以便循環陳列

一、各教員改閱學生作文算學習字及其他筆記簿等應按期批發不得有累積或延擱情事又教員爲免除漏改或貽誤計每於第二次作業時應將第一次改作之件翻閱一過或每屆月終由各教員將各項簿本互換檢閱以期參證

一、各教員上課時應注意學生坐立姿勢及教室秩序如有不良行爲須隨時糾正之又學生如有問話時應令先行舉手（左手）然後說話

一、各教室除成績欄外各級級任教員應指導學生自製掛圖及標語懸掛壁間俾於審美與教管上得收相當效益

市政公報

一、各校所備關於教學表簿各教員應按時填寫不得延緩

丁、環境及其他方面

一、各校對于環境佈置注意兒童興趣及教育意味中高年級可多用兒童成績與名人格言低年級可用淺近圖案或遊戲剪貼務宜實而不華美而不費

一、各校關於兒童家長職業及生活狀況應妥爲調查詳細記載並舉行家庭訪問藉作兒童品性學業教訓上之參考至調查經過亦應記載備查

一、各校應養成學生勤儉樸素之習慣實踐力行之精神切勿使染輕浮舉動與囂張風氣

一、各校對該校施教區域內之學齡兒童及失學兒童應有詳細調查以作推進義務教育之參考按期報府備查

一、各校尤對於校內勵行清潔工作分期舉行大掃除外並得會同警局將靠近學校通路每學期聯合大掃除數次以爲地方民衆之倡導

一、各校教職員對於進修方面除組織分區研究會外並可組織教學參觀團交互參觀

一、各校對於原有學生通路路線及施教區域應繪製簡表列於應接室內並將面積地勢交通人口學齡兒童分別詳細統計以備參考

南京市政府訓令 教字第二八一八號

令本市已登記各私塾

案准

教育部祕字第一八四二號咨開：

「查改良私塾辦法，前經於二十六年六月公布施行在案，玆將該項辦法酌予修正以便公布施行。値此事變之後，各省市學校，一時尙未恢復舊觀，原有私塾倘能加以改良於普及教育方面固可資補助：惟其辦法不合者，亟應予以取締，而成績優良者，亦宜酌予獎勵，以昭激勸，除分令外，合行檢發前項修正辦法，令仰遵照，幷轉飭遵照。」

等由；幷抄送修正改良私塾辦法一份准此，正辦理間復據本府教育局呈奉　教育部令同前因，請予通飭遵照等情前來，自應併案辦理，除分令曁轉飭教育局隨時派員嚴行致查外，合行抄發修正改良私塾辦法一份，令仰該私塾遵照！

此令。

附發改良私塾辦法一份

市長　蔡　培

中華民國二十九年九月　日

改良私塾辦法

（二十六年六月教育部公佈）

第一章　總則

第一條　本辦法根據實施義務教育暫行辦法大綱第五條及施行細則第十條第二項之規定訂定之

第二條　凡私人或私人聯合設立之私塾均應依照本辦法改良之

第三條　行政院直轄市及縣市教育行政機關爲私塾之主管機關應負直接監督管理私塾之責

第四條　私塾之命名稱爲某某私塾其已改良者稱爲某某改良私塾均應製牌懸掛以示公開

第五條　私塾在不妨礙公私立小學招生之範圍內得招收學齡兒童或年長失學之兒童參照短期小學或普通小學課程教學其有招收年長失學兒童予以就業準備補習一科或二科者得作爲補習生

第六條　私塾學年學期及休假日得依照修正學年學期及休假日規程辦理但得由主管機關酌量當地情形另行規定其每年開學日數至少須滿二百四十日

第七條　各省市主管教育行政機關對於改良私塾應認爲推行義務教育之一重要事項負督促改良之全責並以改良私塾事項列爲所屬教育行政機關辦學考成之一

第八條　縣市教育行政機關應秉承省教育行政機關切實辦理改良私塾事項

第二章　設立變更及調查登記

第九條　現有或新設立之私塾均須於每學期開學前寫具（設立私塾表）請求主管機關核准設立發給設塾許可證其表式及許可證式樣由省市教育行政機關製定之

第十條　主管機關每學期開始前應將所轄區域內私塾調查登記完畢核給設塾許可證縣市並應於學期終了前彙報省教育廳備案

第十一條　私塾經核准設立後如有遷移塾址或自行停辦情事應呈報主管機關備案其業經停辦之私塾應將許可證繳銷

第十二條　主管機關舉辦私塾調查登記事項得指派各學區教育委員或中心小學及規模較大之小學校長教員就近辦理並得聯絡全縣市警察與自治機關人員協助辦理

第十三條　許可設立私塾以具備下列各項條件爲原則

一、不違背中華民國教育宗旨及其實施方針者
二、塾師文理清通常識豐富者
三、塾舍寬敞光線空氣充足並有空場足資學生活動者
四、能遵用教育部審定之教科書者
五、收容學齡兒童及失學兒童不妨礙當地小學學額之充實者

第三章 課程與教訓管理

第十四條 私塾課程分爲基本的與補充的兩種基本課程爲一國語（包括讀書作文寫字）二常識（包括社會自然衛生）三算術（包括筆算與珠算）四體育補充課程得依地方需要由塾師自定之
前項基本課程所佔分量以百分之六十爲原則

第十五條 主管機關應依照上項基本課程及補充課程及斟酌當地情形訂定課程簡表發交各私塾實施

第十六條 私塾內基本課程所用之教科圖書如非教育部審定或編輯者主管機關應即糾正之

第十七條 私塾得視學生之年齡程度及其家庭狀況編級教學教學時須以引起兒童學習之興趣爲主並須注重理解不得專重背誦

第十八條 私塾訓育應以部頒小學公民訓練標準爲標準須注重積極誘導方法絕對禁用體罰平時並須指導兒童作課外活動以養成兒童運動及守紀律之習慣

第十九條 塾師平日應指導兒童注重塾內塾外之清潔衛生每日並須施行清潔檢查以養成兒童清潔衛生之習慣

第四章 塾師訓練與輔導研究

第二十條 主管機關應於寒暑假期或相當時期舉行塾師訓練班或講習班其講習學科除國語算術常識外並須注重公民訓練

科學常識與各科教學法之實際研究

第二十一條　塾師訓練班或講習班應委託縣市立初級中學或縣市立師範學校或規模較大之縣市立小學舉辦之其訓練或講習總時期共計至少爲三個月並得依塾師就訓或講習之便利分期分區舉行

第二十二條　主管機關平時對於境內私塾應注意下列事項

(一)介紹進修讀物

(二)令塾師參加當地小學研究會

(三)指派塾師在附近小學作藝友

(四)指派塾師參觀優良小學

第二十三條　主管機關視導工作應列視導私塾一項其專設有義務教育視導人員者應以視導私塾爲其主要工作之一

第二十四條　主管機關對於所轄私塾應隨時加以輔導由主管人員教育委員中心小學或優良小學教職員等組織輔導網其輔導方法由主管機關訂定實施在縣市並應呈報省教育廳備案

第二十五條　主管機關對於私塾認爲有成績優良或辦理合法者其塾師得酌量免受訓練或講習

第五章　獎懲及取締

第二十六條　主管機關對於所轄私塾除已核准改稱改良私塾者外其成績較優者得酌改爲短期小學簡易小學或代用小學

第二十七條　主管機關對於已核准改稱改良私塾及改爲短期小學簡易小學或代用小學之私塾得由義務教育經費項下酌予補助

第二十八條　主管機關對於所轄區域內私塾有下列各項情形者應先予以警告或令其改進其有屢誡不悛者得取締之

一、不遵令登記者

二、違反中華民國教育宗旨及其實施方針者
三、塾師身心缺陷或有不良嗜好者
四、墨守成法不接受改進之指導者
五、指定在假期訓練或講習而不到者
六、校舍簡陋妨礙兒童之衛生者

第六章　附則

第二十九條　本辦法於必要時得由教育部修改之
第三十條　本辦法由教育部公布施行

南京市政府訓令 財字第二一七六八號

令捐稅徵收所所長李熙曾

案奉

行政院行字第七八八九號訓令內開：

「案據該市府財字第二〇三七號呈：為懇請通令京內各機關自本年十月份起所有公用車輛務各遵章繳捐領照方得自由行駛等情到院當經通令各部會遵照並函請文官處轉陳辦理及指令知照各在卷現准文官處處文一公字第八八三號公函開：「本年九月十三日准貴院行字第七八八號函：以據南京市政府呈請通令各機關自本年十月份起所有公用車輛務各遵章繳捐領照方得自由行駛一案囑轉陳辦理等由業經陳奉　國民政府通飭遵照在卷相

應函復卽希查照等由准此合行令仰該市府知照此令」等因奉此查京內各機關公用車輛自十月份起應照章繳捐領照方得行駛一案業經呈奉行政院令准節經分別函令各機關查照並令飭該所遵辦各在案奉令前因合再令仰該所長知照此令

中華民國二十九年九月日

市長　蔡　培

南京市政府指令　財字第二六〇八號

令捐稅征收所所長李熙曾

呈一件呈請擬將舖房捐重行整理以利稅收祈鑒核示遵由

呈悉准予如呈辦理除布告外卽仰該所長切實整頓並重造舖房捐征收淸册呈核爲要此令

中華民國二十九年九月日

市長　蔡　培

南京市政府布告　財字第二四七七號

案查舖房捐一項早經前市府分別新舊契約規定捐率令飭捐稅征收所照章征收並布告各在

案近查前項鋪房捐違章繳納者固多而不明捐率籍口延宕者亦復不少稅收不無影響亟應重申稅率以免誤會而致拖延嗣後本市各鋪戶凡係事變以前舊租約者應照原租額百分之七繳捐其新訂租約應照租額百分之十繳捐所有清潔消防捐概按捐額代征四分之一並無新舊租約之別倘有以多報少冀圖減短捐額情事一經查明卽予照章處罰除令捐稅征收所切實遵辦外合行出示布告仰各鋪戶一體周知毋違切切此布

中華民國二十九年九月　日

市長　蔡　培

財政局局長蹇先驄

南京市政府布告

社字第二八〇一號

查本京漢中門內龍蟠里烏龍潭原係唐顏魯公放生池並經前江蘇齊督軍韓省長樹碑潭上例禁捕捉乃有漁戶楊雲生於上年矇混承租養魚不惟湮沒善蹟且致屢起糾紛本應從嚴究辦以儆貪頑姑念約滿撤銷不咎既往惟恐附近居民罔識禁令除函請首都警察廳轉飭該管警局嚴密禁捕外合亟佈告周知嗣後倘再有無知愚民胆敢私自捕捉定予嚴拏懲罰決不姑寬其各凜遵毋違切切此佈

中華民國二十九年九月　日

市長　蔡　培

南京市政府布告

字第　　號

案查本府爲體恤人民保障權益起見爰於本年七月二十五日起至九月二十五日止賡續辦理查驗登記前經布告週知在案現查限期將屆難免尚有未經聲請登記者爲再剴切布告仰尚未登記業戶務各攜同證件速向本府地政局城南辦事處聲請登記須知限期迫促決不再展幸毋遲延自誤切切此布

中華民國二十九年九月　　日

市長　蔡　培
地政局局長胡　政

法規

南京市政府工務局處理違章車輛簡則

第一條　本簡則依據南京市陸上交通管理規則第四條之規定訂定之

第二條　凡在本市區內行駛之各種車輛有違犯陸上交通管理規則經車輛登記所查扣者其處理手續悉依本簡則辦理之

第三條　凡經查扣之違章車輛應查照陸上交通管理規則內條文分別情節輕重處罰之如查係觸犯違警罰法應由車輛登記所移送就近警局或分駐所處理之

第四條　凡違章車輛一經查扣車主應即隨同檢查員到所繳納應科罰金並查照違犯各則分別補正手續如車主對於違章情形尚有疑議致不能立時解決者應領取扣車對號牌於五日內到所辦理如係獸力車輛車主應將牲畜帶回車所不負飼養之責

第五條　凡被扣之車輛經車輛登記所判定罰金後五日內不照繳納者自第六日起除罰金照科外另收保管費以每二十四小時計算之（不足二十四小時亦照二十四小時計算）其費率如后

運貨汽車每二十四小時收保管費　五角

乘客汽車每二十四小時收保管費　三角

機力脚踏車每二十四小時收保管費　二角

獸力車每二十四小時收保管費　三角

其他人力車輛及自行車等每二十四小時收保管費　二角

第六條　查扣之車輛如逾一個月車主仍未來所照繳罰金並領回扣車者車所即呈請工務局將所扣之車輛變價以資抵償應科之罰金及保管費用如有餘款解繳市庫

第七條　本簡則如有未盡事宜得隨時呈請修正之

第八條　本簡則自呈奉　市長核准後施行之

南京市教育設計委員會組織章程

第一條　南京市政府教育局爲促進本市教育事業之發展及商訂教育設施之重要計劃特設南京市教育設計委員會（以下簡稱本委員會）

第二條　本委員會設委員十五人至二十一人除市長教育局長爲當然委員外其他委員由市長延聘對於各類教育問題富有研究之人員幷指派本局職員若干人共同組織之

第三條　本委員會爲便於設計起見暫分左列四組

(1.)教育行政組

(2.)教育經費組

(3.)學校教育組

(4.)社會教育組

每組設主任一人由局長就委員中指定之商承局長召集該組會議

第四條　本委員會設主任委員一人副主任委員一人由市長局長兼任之主任委員有事故未能出席時由副主任委員代表之

第五條　本委員會設秘書一人由市長就所屬職員中調充之

第六條　本委員會每月開全體會議一次遇必要時得由主任委員召集臨時會議

第七條　本委員會議決案送請市長核交教育局採擇施行

第八條　本章程自呈奉　行政院核准後施行

公牘

南京市政府咨 地字第　　號

案查本市土地工作旬報表，業經咨送至本年九月份上旬，在案，玆造具本年九月份中旬旬報表一份，相應備文咨送，卽請

詧照爲荷！

此咨

內政部

計咨送土地工作九月份中旬旬報表一份

市長　蔡　　培

中華民國二十九年九月　　日

南京市政府咨 教字第二八五三號

查教育事業之諸種設施，固在因時制宜，尤貴集思廣益，本府爰擬籌設南京市教育設計委員會，內部組織，分教育行政，教育經費，學校教育，社會教育四組，俾便羅致各部專門

人才，分組討論，以期斟酌完善，而利推行。茲經擬訂組織章程八條，藉作實施之標準。除已呈准

行政院備案并着手籌組外，相應檢同該項章程一份，咨請

查照爲荷

此咨

教育部

附南京市教育設計委員會組織章程一份（見法規欄）

市長　蔡　培

中華民國二十九年九月　日

南京市政府咨　社字第　號

案查前准

貴部函囑派警驅逐强佔國立編譯館房屋俄人一案當經函請首都警察廳飭屬派警將該俄人卽日驅逐仍將原屋封閉派警看管幷函覆查照在卷茲准警察廳函復以此案前准

貴部逕函到廳業經轉飭該管北區警察局選派幹警隨時協助部派職員吳天真君妥爲辦理並函復在案希查照等由到府相應咨請

南京市政府辦理土地登記工作九月份中旬旬報表

中華民國二十九年

事項 件數 日	接收登記聲請書	土地所有權登記	房屋登記	更正登記	塗銷登記	移轉登記	分割登記	共有權登記	住所變更登記	繕寫查驗証	發給查驗証	備註
11		20										
12		25				2						
13		4										
14		10									5	
星期 15												
16		10										
17		5				1						
18		7				2						
19		26				1				8		
20		15				3				3	2	
總計件數		122件				9件				11件	7件	

督照爲荷

此咨

教育部

市長　蔡　培

中華民國二十九年九月　日

南京市政府咨　社字第　號

案准

貴部九月十一日社甲字第四〇八號咨「據京滬滬杭甬鐵路職工會代電以華中鐵道公司徵攷職工請咨市府轉飭社會局儘先介紹該職工會登記失業職工囑於該會職工中加以選拔」等因准此查本府社會局前准華中鐵道株式會社南京檢車區函請代招中國人職工五十名定於本月十日截止報名曾經登報周知現在已由該局預試完畢并將合格人員送請該區複試本府接到

貴部來咨計已逾期不及辦理惟俟將來如有前項情事再行通知該工會選送准咨前由相應咨復卽

希

查照飭知爲荷

此咨

南京市政府咨　社字第　號

市長　蔡　培

中華國二十九年九月　日

社會部

案准

貴部商字第一七八號咨囑將先後由滬運到洋米總數及其中所含糙劣究有幾種檢同樣米標明字號固封鈐口咨送過部俾便向承辦商進行交涉並估計現値市價督飭倉庫人員妥爲收藏等由准經飭據儲糧倉第一二兩庫呈報計先後入倉之米共計二萬七千五百四十六包連同蔴袋共毛重二百八十六萬一千三百五十八公斤每蔴袋一個作一公斤半計應除四萬一千三百十九公斤實淨到米二百八十二萬零零三十九公斤每石以八十公斤計算折合爲三萬五千二百五十石零四斗八升柒合柒勺並據呈報米之種類約分甲乙兩種甲種約佔全數百分之三十弱乙種約佔百分之七十强檢附樣米呈送前來核與各該倉庫收米時逐日報告數量相符除關於洋米現値市價及倉庫保管情形另案咨復外相應檢同米樣咨請

查照此咨

工商部

附甲乙兩種樣米兩瓶（封固）

市長 蔡 培

中華民國二十九年九月　日

南京市政府咨 社字第　號

案准

貴會糧字第一九號咨附送米業公會組織調查表，囑飭查塡等由准經檢發表式飭據社會局派員分別查明塡送前來相應抄附原表隨文咨送卽希

查照爲荷此咨

行政院糧食管理委員會

計附送南京市米糧同業公會組織調查表一份

市長 蔡 培

中華民國二十九年九月　日

米業同業公會組織調查表

地區	南京市
名稱	南京市總商會米糧業分會籌備會
成立日期	民國二十七年六月十五日
備案日期	民國二十七年六月十五日
會員人數	董事七人（會員三百餘人）
同業行號家數	行七十八家　號一百六十八家
組織情形	正董事潘祝南　董事陳鑫智（兼城外辦事處主任）　申長霖（兼城中辦事處主任） 陳文學（兼下關辦事處主任）　李鈺棠　王漢生　杜哲庵
負責人姓名	陳鑫智　申長霖　陳文學
工作概況	一關於政府各項命令及會員之建議盡上呈下達之義務 二關於本會業務應興應革事宜 三關於米糧市價逐日調查據情填表擬呈有關機關
備註	現正董事潘祝南因事改組辭職經本會會員公推陳鑫智陳文學申長霖負責處理會務

南京市政府公函 教字第二九三六號

查自國府還都以來和運進展百廢俱舉茲爲闡揚國學提倡固有文化起見擬訂臨時講學會聽講辦法聯合
貴部確定舉辦日期敦請江寧吳向之先生分期赴會講學以資倡導相應檢同上項聽講辦法暨聽講證式樣幷附經臨概算書函請
貴部查照倘荷
贊同卽希
見復至紉公誼
此致
教育部
附教育部南京市政府合辦臨時講學會聽講辦法一份聽講證式樣一份經臨概算書一份（略）
市長 蔡培
中華民國二十九年九月　日

南京市政府公函 財字第二八〇〇號

案查前因漁戶楊雲生承租漢中門內龍蟠里烏龍潭養魚一案屢起糾紛曾經函請

貴廳禁捕在案茲經本府調查該潭原係唐顏魯公放生池並經前江蘇齊督軍韓省長樹碑潭上例禁捕捉乃該楊雲生胆敢於上年朦混呈請前市府核准承租養魚殊屬不法本應從嚴究辦姑念租約期滿現已撤銷從寬不咎既往惟恐附近居民罔識禁令茲特印佈告函請

貴廳轉發該管警局派警實貼潭上俾衆週知嗣後倘有無知愚民私自捕魚情事務請加重罰辦以維成案而保善蹟是所至荷此致

首都警察廳

計附佈告一件

市長　蔡　培

中華民國二十九年九月　日

南京市政府公函　教字第二四七九號

案准

貴會公字第五三號公函略開：

「爲據本會第七區黨部執行委員會。呈請恢復　總理陵園小學一案：，相應函請迅予恢復，籍以救濟失學兒童。」

等由：准此，查本學期本市城鄉各區，增級增校，業經分別規劃，次第施行。准函前由，擬

俟下學期，再行辦理。相應函復。卽希

查照爲荷！

此致

中國國民黨南京特別市執行委員會

市長 蔡 培

中華民國二十九年九月 日

統計

南京市各區界内二十九年八月份戶口增減比較表

戶口增減 區別	戶數增減	人口增減數						
		男			女			總計
		成人	兒童	合計	成人	兒童	合計	
總計	+430	+1132	+419	+1551	+580	+355	+ 935	+2486
第一區	+114	+356	+ 66	+422	+178	+ 83	+261	+ 683
第二區	+295	+680	+236	+ 916	+457	+185	+642	+1558
第三區	+ 71	+ 9	+ 50	+ 59	+ 38	+102	+140	+ 199
第四區	−159	−189	− 58	−241	−227	− 91	−318	− 559
第五區	+129	+323	+ 85	+408	+157	+ 65	+222	+ 630
上新河區	− 9	− 30	− 9	− 39	+ 3	+ 11	+ 14	− 25
燕子磯區	− 58	− 67	− 22	− 89	− 34	− 24	− 58	− 147
孝陵衛區	+ 24	+ 2	+ 16	+ 18	+ 11	+ 25	+ 36	+ 54
安德門區	+ 23	+ 42	+ 55	+ 97	+ 3	− 1	− 4	+ 93

附註：(1)表内數字係根據各區公所呈報之戶口月報

(2)有(+)符號者爲增加，有(−)符號者爲減少

秘書處第二科統計股製

市政公報暫定價目表

期限	價目	郵費
零售	每冊三角	本市半分 外埠一分
半年	十二冊 三元五角	本市六分 外埠一角二分
全年	二十四冊 七元	本市一角二分 外埠二角四分

市政公報廣告刊例

頁數	價目
一頁	每期十一元
半年	每期六元
四分之一頁	每期三元

刊登廣告在四號以上者每期按照七折計算連續十號以上者每期按照六折計算長期另議

出版日期　本公報暫定每月二次

編輯者　南京市政府祕書處

發行者　南京市政府祕書處

印刷者　南京惠文印務局
地址：中華路府東街
電話：二三二八三號

中華郵政登記認爲第一類新聞紙類

中華民國二十九年十月十五日

第五十七期

市政公報

南京市政府秘書處印行

目錄

命令

法規

公牘

統計

南京市政府訓令

祕字第　號

令本府所屬

案奉

行政院行字第八八八號訓令內開

「現奉　國民政府府文一訓字第一五六號訓令開『查公務員懲戒委員會組織法現經修正明令公布應即通飭施行除分令外合行檢發該組織法令仰知照並轉飭所屬一體知照此令』等因計檢發修正公務員懲戒委員會組織法乙份奉此除分令外合行抄發該組織法乙份令仰該市府知照此令」

等因計檢發修正公務員懲戒委員會組織法乙份奉此除分令外合行抄發該組織法乙份令仰知照此令

附抄發修正公務員懲戒委員會組織法乙份

中華民國二十九年十月　日

市長　蔡　培

公務員懲戒委員會組織法

二十九年九月三十日修正公布

第一條　公務員懲戒委員會直隸於司法院除法律別有規定外掌管一切公務員懲戒事宜

第二條　公務員懲戒委員會分左列二種

一、中央公務員懲戒委員會

二、地方公務員懲戒委員會

第三條　中央公務員懲戒委員會設委員長一人委員九人至十一人掌管全國薦任職以上公務員及中央各官署委任職公務員之懲戒事宜

前項委員中應有三人至五人曾任簡任法官者

第四條　中央公務員懲戒委員會委員非年滿四十歲於政治法律有深切之研究並具有左列各款資格之一者不得任用

一、曾任簡任職公務員二年以上或薦任職公務員五年以上者

二、有勳勞於國家或致力革命十年以上者

第五條　地方公務員懲戒委員會分設於各省各置委員長一人委員七人至九人掌管各該省委任職公務員之懲戒事宜

前項委員長由高等法院院長兼任委員由司法院就高等法院庭長及推事中遴派三人至五人餘就省政府各廳處現任薦任職公務員中遴派

第六條　行政院直轄市準用前條之規定設地方公務員懲戒委員會並得以地方法院院長兼任委員長及遴派地方法院庭長

及推事三人至五人兼任委員餘就市政府現任薦任職公務員中遴派

第七條　懲戒事件之審議在中央公務員懲戒委員會應有委員七人之出席在地方公務員懲戒委員會應有委員五人之出席由委員長指定一人爲主席

第八條　公務員懲戒委員會委員長綜理會務監督所屬職員對於懲戒事件得查察進行程序不得干涉懲戒

第九條　中央公務員懲戒委員會設書記官長一人承長官之命掌理典守印信分配案件書記官十五人至二十人承長官之命辦理文書庶務紀錄編卷及其他事務

第十條　中央公務員懲戒委員會委員長特任委員簡任書記官長薦任或簡任書記官六人薦任餘委任

第十一條　中央公務員懲戒委員會設會計員一人統計員一人辦理歲計會計統計事項受委員長之指揮監督并依國民政府主計處組織法之規定直接對主計處負責

會計室及統計室需用佐理人員由中央公務員懲戒委員會及主計處就本法所定委任人員中會同決定之

第十二條　中央公務員懲戒委員會爲繕寫文件及其他事務得酌用雇員

第十三條　地方公務員懲戒委員會之分配案件紀錄編卷等事務由委員長調用法院職員辦理

第十四條　公務員懲戒委員會辦事規則由司法院定之

第十五條　本法自公布日施行

南京市政府訓令　財字第三四五七號

令各局　各征收機關
　各區公所　各診療所

兹爲釐訂本府會計制度暨劃一所屬各機關領解款項手續起見特制定本府收支款項暫行辦

法十五條及各項表式五種亟應公佈遵守以重計政除分令外合行檢發該項辦法一份以及表式五種令仰該□自十月份起對於請領經費以及繳解款項均應遵照此項規定手續辦理毋得玩忽并轉飭所屬一體遵照是爲至要此令

附發收支款項暫行辦法一份表式五種（見法規欄）

中華民國二十九年十月　日

市長　蔡培

南京市政府訓令　社字第三三〇六號

令城鄉各區公所

案准

警政部警二會參總字第一〇五一號咨開：

「查本部收到越級呈訴文件日多以致轉行各地飭查徒費時日甚至冒名揑控不一而足茲爲保障警察人員安心服務並嚴杜挾嫌誣控起見制定呈訴警察人員須知一種除呈請行政院鑒核備案並公布暨分別咨令外相應咨請查照轉行所屬一體知照」

等由附送呈訴警察人員須知一份准此除分令外合行抄發原附件令仰該區知照并飭屬知照

此令

計抄發呈訴警察人員須知一份

中華民國二十九年十月　日

市長　蔡培

呈訴警察人員須知

一、凡人民或法團呈訴各地警察人員除訴願法及其他法令別有規定外應依照本須知規定之手續辦理

二、具呈人應具正式呈文並於文內註明「姓名」「年齡」「性別」「籍貫」「職業」「住址」由具呈人署名蓋章幷具取呈受訴人或訴機關所在地之殷實舖保其用法團名義者應蓋用法團圖記並註明法團名稱及所在地址由代表人署名蓋章並註明「年齡」「性別」「籍貫」「職業」「住址」

三、多數人共同呈訴時應由呈訴人選出代表三人提出代表委托書仍按照前條手續辦理

四、呈文應詳敍事實及理由如有證件應隨呈文附繳並照樣繕具副本隨同投遞及依例貼足印花（附件二角）

五、各機關受理呈訴事件於必要時得先傳具呈人詢問或囑託其他機關向具呈人代爲詢問

六、凡人民或法團呈訴各地警察人員應依規定辦理不得越級呈訴程序如左

甲、關於首都警察廳廳長各省警務處處長院轄市警察局局長者應向本部呈訴

乙、關於首都警察廳所屬內外警官職員及長警者應向該警察廳呈訴

丙、關於各省警務處所屬內部職員及省會警察局局長特設警察局局長各縣警察所所長應向該管警務處呈訴

丁、關於各省省會警察局特設警察局及縣警察所所屬內外警官職員及長警者應向各該管局所呈訴

戊、關於院轄市警察局所屬內外警官職員及長警者應向該管院轄市警察局呈訴

七、各級受訴機關接受呈訴文後如認爲手續完備並査明鋪保確實應卽秉公偵査倘所控屬實應依法辦理如經査明確係虛僞或具呈人假託他人名義顯有誣告僞造文書或其他犯罪嫌疑者應依情形之輕重分別移送法院究辦

八、凡原呈訴人或被呈訴人不服受訴機關之處分時得依照訴願法之規定向該管上級機關呈訴

九、凡已呈訴各省市最高警察機關逾三十日而受訴機關不爲處分或決定時得提出該機關書狀收據或原批呈訴本部核辦

十、凡人民或法團如呈訴手續不完備或越級呈訴者各級受訴機關不予受理

南京市政府訓令

社字第三三八七號

令各區公所

社會局案呈奉

農鑛部訓農字第一九八號訓令內開：

「查私立農場登記暫行規則業經本部修正明令公布在案應卽照飭施行除分令外合行檢發該規則一份令仰該局知照並轉飭所屬知照」

等由並附原規則一份到府除分令外合行抄發原規則令仰該區知照

此令

計抄發私立農場登記暫行規則一份

中華民國二十九年十月　日

市長　蔡　培

私立農場登記暫行規則

第一條　凡中華民國人民經營農業以科學方法改良農事爲宗旨設立新式農場應依本規則之規定呈請登記

第二條　農場之登記向所在地之縣市政府行之

第三條　呈請登記之農場應備具左列各款

一、須有固定場址其面積在積約農場爲十畝以上租放農場爲五十畝以上

二、須確定改良方針及進行步驟

三、須有五百圓以上流動資本

四、農場管理人員須中等以上農業學校畢業或具有同等之學識及技術者

第四條　呈請登記時應塡具左列事項由設立人簽字蓋章附呈備核

一、名稱

二、地址

三、面積

四、經營種類(如兼營副業應併列入)

五、資本數額

六、場主之姓名住所年歲及資歷

七、技術人員之額數及其姓名住所年歲資格

第五條　呈請登記之農場如係合資經營應將所立合同並權利義務之分配辦法一併隨文抄送

第六條　縣市政府於核准登記後應呈報省主管廳彙報農鑛部備案

第七條　核准登記之農場地方政府應予以保護或補助

第八條　核准登記之農場應於每年份終了二個月內將所得成績報告於縣市政府依次核轉農鑛部備查其成績優良者得依農產獎勵條例分別給奬俾資鼓勵

第九條　核准登記之農場應將場內優良籽種及耕作方法推廣提倡

第十條　農場休業時應呈報所在地之縣市政府依次核轉農鑛部備查

第十一條　隸行政院之市私立農場登記及轉部備案備查之程序均由社會局行之

第十二條　本規則自公布日施行

南京市政府訓令　社字第三三〇三號

令城鄉各區公所

案奉

國民政府軍事委員會會公字第一二五五號訓令內開：

「案據本會委員丁默村簽呈稱『竊查蘇浙皖肅清委員會早於國府還都時辦理結束所有當時派駐蘇錫鎮等地辦事處亦已同時撤銷各在案乃近見報載廣告竟有盜用前蘇浙皖肅清委員會駐鎮辦事處名義擅委司令濫收部隊情事旋經查得即係前駐鎮辦事處主任馬侯武所爲茲特邀其前來面詢一切俱已證實如何之處伏乞示遵』等情據此查還都以來正在整理部隊與民更始而該馬侯武竟敢假借名義肆行招搖殊屬不法除飭將該員嚴行扣

押以儆效尤並分別函令中外機關部隊一律取締外合亟令仰該府遵照遇有上述情事着卽嚴行取締勒令解散以杜冒濫而維治安此令」等因奉此除分令外合行令仰該區遵照遇有上述情事着卽會同該管警察局嚴行取締勒令解散爲要

此令

中華民國二十九年十月　日

市長　蔡　培

南京市政府訓令　社字第三〇四七號

令城鄉各區公所

案准

農鑛部元日代電開：

「查本屆秋季繭價評議會議決秋季鮮繭司馬秤價格（一）繅折四百斤每担鮮繭二百元（二）繅折四百二十斤每担鮮繭一百九十元（三）繅折四百五十斤每担鮮繭一百七十五元（四）繅折在四百斤以下或四百五十斤以上照比例增減再折合市秤價格（一）繅折四百斤每担鮮繭一百六十二元（二）繅折四百二十斤每担鮮繭一百五十四元（三）繅折四百五十斤每担鮮繭一百四十一元除呈報并分電外相應電達卽希查照公布施行」

等由准此除分令外合行令仰知照公告周知

此令

中華民國二十九年十月　日　市長蔡培

南京市政府訓令　財字第三二七四號

令田賦徵收處
第五區公所
燕子磯
孝陵衛
上新河
安德門
區公所

案准

財政部賦字第六九號咨開

「案奉行政院行字第一〇三〇號指令本部呈一件爲奉令核議滬市黨部請豁免上海災區二十七年以來民欠田賦一案理合先將辦理經過情形呈復鑒核由內開『呈件均悉政貴持平確有見地應分別災情重寓撫字於催科由該部咨商各該省市府察酌分別征收或予蠲緩仍將辦理情形具報備查』等因奉此溯自國府還都本部首以災區應征田賦亟應量予蠲緩俾舒民困曾於四月十日分別咨令各省市查明各地受災輕重以憑核辦在案現查各省市咨報到部者雖居多數而未經查報者亦復不少奉令前因除再分別咨令外相應咨請貴市

政府查照卽希轉飭所屬將二十七年以來地方受災情况暨收成豐歉酌量情形輕重將應納田賦呈由財政局查核分別征收蠲緩秉公辦理務期國計民力兼籌並顧俾免顧此失彼之患仍希將辦理情形彙齊開單咨部以憑核轉爲荷」

等由准此除分令各鄉區外合亟令仰該處卽便遵照限文到五日內迅將二十七年以來經征田賦已完戶若干未完戶若干及田地稅洋各若干挨戶分別查造清冊各三份呈候核轉事關部咨要件毋稍延誤切切此令

中華民國二十九年十月　日

市長　蔡　培

南京市政府訓令　教字三一四〇號

令各公私立學校及社教機關

案准

教育部祕字第二〇八五號咨開：

「查二十九年度第一學期現已開始，各省市縣教育設施，及其推進實况，亟應派員視察，以資督察，茲派本部督學沈立前往貴市管轄區域內，視察各公私立學校及社教機關，除分別令行外，相應咨請查照，卽希隨時協助，至紉公誼。此咨」

等由；正辦理間，復據本府教育局呈奉　教育部令案同前由。除咨復并分令外，合行併案令仰該館校知照。

此令。

中華民國二十九年十月　日

市長　蔡培

南京市政府訓令

財字第二九六四號

令菜場管理所

查菜場租金爲市庫收入之一各場菜販均應按月繳納乃近查違章繳納者固多而藉詞拖延甚至積欠數月者亦復不少影響稅收殊非淺鮮除六七兩月欠租派員催繳務令尅日清繳違卽傳送押追外茲規定每月租金均自該月一日起至二十日止爲繳納之期逾期繳納者加征十分之一滯納金欠租一月者加征十分之二滯納金欠租二月者卽撤銷其承租權幷傳保證人代償欠租及滯納金以儆疲玩而資整頓所有罰金收據一俟印就卽行頒發合亟令仰該所遵照辦理幷傳知各菜販一體知照仍將辦理情形具報備查切切此令

中華民國二十九年十月　日

市長　蔡培

南京市政府訓令 財字第三三六八號

令營業稅處處長蒯毅

案查本市營業稅已由商會代徵彙解嗣後該處專辦行政事宜工作較為清簡茲將該處應行辦理各事分別指示如下(一)限期將營業稅舊欠催繳清解(二)牙行代徵營業稅辦法先行調查接洽以便從速籌備實施(三)住房捐一項究能徵收若干應由該處再行詳細調查以憑核辦上開各項辦法仍責成該處積極進行合行檢同住房捐副册暨調查底表令發該處仰卽分別遵照辦理仍將辦理情形隨時報核為要此令

計發住房捐册十八本(略)

調查底表十八册(略)

中華民國二十九年十月　日

市長　蔡　培

南京市政府訓令 社字第三一四六號

令南京市商會整理委員會

社會局案呈准

工商部絲繭運銷管理局總字第七五號公函開：

「案查事變以還所有絲繭事業其生產運銷尙無正確之統計本局職司管理全國絲繭運銷事宜對於絲繭生產運銷狀況亟應詳細調查以備實施管理及支配供求調劑盈虛之參考而爲擬訂計劃編製方案之資料茲特訂定調查絲繭生產運銷狀況綱要一種藉便逐項調查除分函外相應檢同綱要一份備函奉達卽請查照辦理務就實際情形代爲逐項詳細調查俾資借助」

等由合亟抄發該綱要一份令仰該會遵照迅將所列項目逐一詳細査明彙呈來府以憑核轉爲要

此令

計附抄發調查絲繭生產運銷狀況綱要一份

中華民國二十九年十月　日

市長　蔡　培

調查絲繭生產運銷狀況綱要

一、最近三年絲繭產銷之概況

一、最近三年蠶種製銷之數量

一、最近三年春秋兩季鮮繭之產量

一、最近三年春秋兩季鮮繭之最高最低及平均價格

一、最近三年生絲之產量

一、最近三年生絲最高最低及平均價格
一、事變前製絲工場之家數及釜數
一、現時開業製絲工場之家數及釜數
一、製絲工場之最近概況
一、絲繭運銷之最近概況

南京市政府訓令

衛字第三〇五一號

令娼妓檢療所

案據

首都警察廳政四字第八五七一號函開：

「案據中區警察局呈稱「據秦樓楚館經理李寬宏三星宮經理汪竹亭等先後呈稱『本院妓女（秦樓楚館三名張佩珍李鳳英潘素雲）（三星宮二名張玉珍譚秀英）等五名離院他往遵將該妓等受檢證識別章繳案註銷』等情前來當經復查屬實理合檢同該妓等受檢證識別章備文呈送仰祈鑒核註銷」等情據此除分別註銷幷指令外相應函達即希查照爲荷」

等由准此除註銷外合行令仰該所知照

此令

中華民國二十九年十月　日　市長　蔡　培

南京市政府訓令　衛字第三二一五二號

令娼妓檢療所主任顏葆生

案據下關警察局先後派員來局聲稱「娼妓檢療所對于檢驗娼妓體格每次不問有無疾病各受檢證均蓋以驗訖字樣實於取締上殊多窒礙」等情查本府衛生局在七月十九日曾訓令該所凡檢驗有病妓女應將受檢證扣留勒令該病妓暫時停業俟治癒後再行發還營業在案乃該所竟不遵功令對於有病妓女仍不扣留檢驗證竟一律塡以驗訖字樣黑白混淆頗生疑竇有違本府設立該所之本旨且歷次檢驗對于呈報手續漫不經心幾至每期皆有錯誤如九月二十七日報告受檢名册秦樓禁錮之花桂江册上有名而無檢查表新華樓有同姓名者二人缺少劉素珍一人核與報册不符安樂宮之陳秀華有時誤寫秦秀華其他如空白通知單空白檢查表亦時有發現似此玩忽職務該主任實屬難辭其咎應嚴予申斥並退回空白檢查表四張三聯通知單一件仰卽力事整頓按照規定手續切實辦理毋得違誤干咎切切此令

附空白檢查表四張三聯通知單一件（略）

中華民國二十九年十月　日　市長　蔡　培

南京市政府訓令 祕字第　號

令第五區區長沈桂森

據報該區行政組長對於塡發市民證有藉故拒收相片暨勒索情事究屬如何情形無憑懸揣合行令仰該區長查明核辦具報勿延此令

中華民國二十九年十月　日

市長　蔡　培

南京市政府指令 財字第三四五八號

令營業稅處

呈一件　呈請舉辦本市臨時客商販賣物品由牙行代征營業稅擬具辦法草案等件請核示由

呈及附件均悉准予照辦茲將所送辦法修正公布施行並將申報書酌予改訂卽由該處核發所有代征營業稅收據及罰金收據仍應由本府財政局印發領用除布告並令捐稅征收所抄送牙行底册外合將修正辦法等件隨令抄發仰卽遵照辦理仍將辦理情形具報備核

此令　附件存

計附抄發修正辦法一份申報書式樣一份

中華民國二十九年十月　日

市長　蔡　培

南京市政府批　財字第二九九九號

具呈人范與讓

呈一件　爲呈請准予承辦徵收妓捐事務由

呈悉本市妓捐暫准由該商人承包壹年每月認繳國幣五千元惟應按月照章預繳並覓具殷實舖保親來本府財政局塡具志願書暨保證書辦理承包手續可也此批

中華民國二十九年十月　日

市長　蔡　培

南京市政府通告　地字第　號

查本府辦理人民各項土地權利登記，遇有糾紛，及遺失書狀證據，呈請補給等案件，照章應由業主登報聲明，以昭鄭重；惟以是項案件，登報時日較久，費用頗鉅，刧後遺黎，民力深恐不勝，本府爲體卹民艱起見，業經飭據地政局商准中報社，訂定優待辦法在案，茲特指定該中報爲本市法定報紙，嗣後關於土地案件，經本府批飭登報聲明者，非經刊載南京中報，不生效力，除將優待辦法披露於后外特此通告！

計開優待辦法二條

一凡登滿七天者，每日每行價目如下，

長行——九角六分　中　行——四角八分

短行——三角二分　分類短行——二角

一凡登滿十天以上者，每日每行價目如下，

長行——七角二分　中　行——三角六分

短行——二角四分　分類短行——一角五分

中華民國二十九年十月　日

市長　蔡　培

地政局長胡　政

法規

南京市政府收支款項暫行辦法

第一條 府屬各機關領解款項均歸市金庫辦理

第二條 在市金庫未成立以前暫由財政局第一科代理之

第三條 府屬各機關直接收入及應支經費按年應編造上下半年度收支概算一式四份一存祕書處一存財政局二份由府彙轉財政部其無直接收入者無須編造收入概算

第四條 前項半年度概算呈經本府核准後應審查各月收支情形編造預算分配表一式三份

第五條 府屬各機關各月經收款項應按旬儘征儘解其動支經費應按照核定預算分配數目請領

第六條 府屬各機關繳解款項均應填具繳款書逕繳財政局第一科代理金庫核收製給庫收印發批廻

第七條 前項繳款書爲四聯一聯存根存繳款機關一聯報告轉呈 市長一聯批廻由市府印發財政局轉發繳款機關一聯通知存財政局第一科代理金庫

第八條 府屬各機關請領經費應依據預算分配數目填具請款書呈請本府簽發支付書填具領款書連同支付書持赴財政局第一科代理金庫領款

第九條 府屬各機關經收各款應隨時解庫如上月收入未經清解卽予停發下月經費

第十條 上月支出計算書據應於下月十日以前編造送核逾限下月經費卽予停發

第十一條　府屬各機關動支臨時經費應先編造預算呈請本府核定後再按照本辦法第八條之規定辦理請款領款手續

第十二條　府屬各機關請款未經本府核定預算不得簽發支付書

第十三條　各機關領款代理金庫如認爲不合領款手續或有疑義時得拒絕付款

第十四條　本辦法如有未盡事宜得隨時修正之

第十五查　本辦法自公布之日施行

南京市政府

支付——存根

第　字　號					
付款金庫	領款機關	年月份	用途	金額	備考

市長

秘書長　　局長

秘書處第一科科長　　財政局第一科科長

中華民國　　年　　月　　日

此聯留存財政局

第　字　號

南京市政府

支付——命令

第　字　號					
付款金庫	領款機關	年月份	用途	金額	備考

市長

財政局長

中華民國　　年　　月　　日

此聯由財政局送付款金庫(暫以財政局第一科)

第　字　號

南京市政府

支付——通知

第　字　號					
付款金庫	領款機關	年月份	用途	金額	備考

市長

財政局長

中華民國　　年　　月　　日

此聯由財政局送領款機關交付款金庫(暫以財政局第一科)

繳款書　通知

繳款書　字第　號

繳款名稱	年　月份款	徵獲日期	繳款金額	附記

右款係由　經徵應請點收填發庫收此致
南京市政府財政局代理金庫

中華民國　年　月　日

此聯由繳款機關送交金庫（暫送財政局第一科）

繳款書　報告

繳款書　字第　號

繳款名稱	年　月份款	徵獲日期	繳款金額	附記

右款係由　經徵已由代理金庫兌收應請轉呈查核印發批迴此致
南京市財政局轉呈
南京市市長蔡

中華民國　年　月　日

此聯由財政局送市長查核

繳款書　批迴

繳款書　字第　號

繳款名稱	年　月份款	徵獲日期	繳款金額	附記

右款係由　經徵於　年　月　日繳入
南京市政府財政局代理金庫茲據報告到府核對相符合行印發批迴備案
市長
財政局長

中華民國　年　月　日

此聯由市政府印發財政局轉發繳款機關

繳款書　存根

繳款書　字第　號

繳款名稱	年　月份款	徵獲日期	繳款金額	附記

右款業經解繳市政府財政局代理金庫兌收掣付庫收在案留存此聯以備查考

中華民國　年　月　日

此聯留存繳款機關備查

字第　號
字第　號
字第　號

領款書
存根

第　　字第　　號

付款金庫	
支付書字號	
年月份	
用途	
金額	
備考	

中華民國　　年　　月　　日

此聯留存領款機關

字第　　號

領款書
收據

第　　字第　　號

付款金庫	
支付書字號	
年月份	
用途	
金額	
備考	

中華民國　　年　　月　　日

此聯由領款機關送付款金庫(暫送財政局第一科)

字第　　號

領款書
報告

第　　字第　　號

付款金庫	
支付書字號	
年月份	
用途	
金額	
備考	

中華民國　　年　　月　　日

此聯由領款機關送付款金庫(暫送財政局第一科)
(由付款金庫轉呈市政府)

字第　　號

領款書
報核

第　　字第　　號

付款金庫	
支付書字號	
年月份	
用途	
金額	
備考	

中華民國　　年　　月　　日

此聯由領款機關送付款金庫
(暫送財政局第一科轉送秘書處第二科)

請款書

存根

字第　　號

領款機關	
年月日	
用途	
金額	
備考	

中華民國　　年　　月　　日

此聯留存請款機關

字第　　號

請款書

憑單

字第　　號

領款機關	
年月份	
用途	
金額	
備考	

中華民國　　年　　月　　日

此聯由請款機關送財政局
（或送由轉請機關轉送財政局）

金庫收據

金庫收款書　字第　號

繳款書字號	繳款機關	會計科目	金額	附記

右款已照數收入南京市政府金庫項下此致
台照

中華民國　年　月　日

此聯由收款金庫交繳款機關

字第　號

收據存根

金庫收款書　字第　號

繳款書字號	繳款機關	會計科目	金額	附記

右款已照數收入南京市政府金庫項下

中華民國　年　月　日

此聯留存收款金庫備查

公牘

南京市政府咨 衞字第三五六七號

案查醫藥人員請領部證已將第十批合格人員咨請
貴部核發證書在案茲續據醫師衞彬等七人助產士鄭晴漪等二人中醫孟克明等十三人合計二十二人呈請轉部核發部證前來經核均尙合格相應繕具名冊一份並檢同各該證件二十三宗領換證書印花等費一百二十四元咨請
貴部審查核發證書爲荷此咨
內政部

附第十一批請領部證名冊一份領換檢證書印花等費一百二十四元各該證件計二十三宗（略）

市長 蔡培

中華民國二十九年十月　日

南京市政府咨　地字第　　號

案查本市土地工作旬報表，業經咨送至本年九月份中旬，在案；茲造具本年九月份下旬旬報表一份，相應備文咨送，卽希

詧照爲荷！

此咨

內政部

計咨送本市土地工作九月份下旬旬報表一份

市長　蔡　培

中華民國二十九年十月　日

南京市政府咨　地字第　　號

案查本市土地工作旬報表業經咨送至本年九月份下旬在案茲造具本年十月份上旬旬報表一份相應備文咨送卽請

詧照爲荷

此咨

內政部

計咨送土地工作十月份上旬旬報表一份

南京市政府辦理土地登記工作九月份下旬旬報表

中華民國二十九年

事項／件數／日	接收登記聲請書	土地所有權登記	房屋登記	更正登記	塗銷登記	移轉登記	分割登記	共有權登記	住所變更登記	繕寫查驗證	發給查驗証	備註
21		23				1				9		
星期 22												
23		61				2				7	5	
24		173				3				12		
25		154								7	5	
26		61				1				8		
27		12									5	
28		46				1						
星期 29												
30										6		
總計件數		530件				8件				49件	15件	

南京市政府辦理土地登記工作十月份上旬旬報表

中華民國二十九年

事項／件數／日	接收登記聲請書	土地所有權登記	房屋登記	更正登記	塗銷登記	移轉登記	分割登記	共有權登記	住所變更登記	繕寫查驗証	發給查驗証	備証
1		2								4		
2		2								10	2	
3		3									3	
4		2				1				1	1	
5		3								6	1	
星期6												
7		3				1					3	
8		7				2					2	
9		16				3					3	
放假10												
總計件數		38件				7件				21件	15件	

中華民國二十九年十月　日　　市長　蔡　培

南京市政府咨　教字第三二四一號

案准

貴部祕字第二〇八五號咨：「以學期開始，經派督學沈立視察本市各公私立學校及社教機關，囑予隨時協助」等由，准此：自應照辦，除分令外，相應咨復，即希查照爲荷。再本府教育局奉貴部令案同前由亦經併案辦理，合附聲明。

此咨

教育部

中華民國二十九年十月　日　　市長　蔡　培

南京市政府公函　衛字第三〇四一號

案查本府娼妓檢療所本屆九月十七日檢驗下關有病女一名又九月二十日檢驗中區有病妓女十九名業經逕用聯單通知

貴廳查照取締在案查此次受檢妓女計下關十八名中區一百二十七名合計一百四十五名尙有少數未經受檢者除檢送兩期受檢名冊二份不遵檢名冊概況表各一份體檢表一百四十五張函請查照外並希飭知各該管警察局分別嚴予取締爲荷

此致

首都警察廳

附受檢妓名冊二份不遵檢妓女名冊一份概況表一份體檢表一百四十五張（略）

市長　蔡培

中華民國二十九年十月　日

統計

(一)南京市大學統計表

民國二十九年十月調查

校別	立別	校數	級數	學生數	職員數		教員數		備考
					男	女	男	女	
中央大學	國立	一	一一	六四四	四〇	五	六一	二	男女共學
安徽大學	私立	一	一	三六	八	〇	八	〇	男女共學
合計		二	一二	六八〇	四八	五	六九	二	

(二)南京市中等學校統計表

民國二十九年十月調查

校別	立別	校數	級數	學生數	職員數		教員數		備考
					男	女	男	女	
國立中學校	國立	五	三一	一三一三	八二	二九	九三	一六	
市立中學校	市立	三	二六	一三九四	四〇	五	六二	八	
私立中學校	私立	一三	六四	二二〇一	五四	一三	一四三	四五	私人經營三 基督教系一〇
私立特種學校	私立	三	三	九四	五	三	一一	六	
合計		二四	一二四	五〇〇二	一八一	五〇	三〇九	七五	

(三)南京市日語學校統計表

民國二十九年十月調查

校別	立別	校數	級數	學生數	職員數	教員數	備考
日語學校	公立	一	一〇	四四〇		七	日本居留民團經營
日語學校	私立	三	五	一六四		九	
合計		四	一五	六〇四		一六	

(四)南京市小學校統計表

民國二十九年十月調查

校別	立別	校數	級數	學生數	職員數		教員數		備考
					男	女	男	女	
附屬小學校	國立	一	一二	四四五	七	五	九	六	
市立小學校	市立	五七	四七七	二七二一六	七〇	一八	四五九	三四八	
私立小學校	私立	二〇	一六八	六六二七	二五	七	一〇一	一一九	
合計		七八	六五七	三四二八八	一〇二	三〇	五六九	四七三	

(五)南京市私塾統計表

民國二十九年十月調查

塾數	塾師數	學生數
一二四	一二四	三九七九

(一)南京市國立學校簡明概況

民國二十九年十月調查

校名	立別	校址	校長又責任者	級數	學生數	教職員數	經費來源月額經費	備考
中央大學	國立	建鄴路	樊仲雲	11	六四四	一〇八	行政院財政部	

校名	立別	校址	校長又責任者	級數	學生數	教職員數	經費來源 月額經費	備考
國立模範中學	,,	珠江路竺橋	施士則	10	四一〇	五三	教育部	
國立模範女子中學	,,	石鼓路	喻毓秀	10	四一七	四七	教育部	
國立師範學校	,、	龍蟠里	馮樾君	7	三〇六	九一	教育部	
國立第一職業學校	,,	珠江路	徐良裘	2	一〇〇	一六	教育部	
國立第二職業學校	,,	三牌樓	仲堅	2	八〇	一六	教育部	
合計				42	一九五七	三三一		

(二)南京市私立大學簡明概況

民國二十九年十月調查

校名	立別	校址	校長又責任者	級數	學生數	教職員數	經費來源 月額經費	備考
安徽大學	私立	白下路	江洪杰	1	三六	八	董事會	男女共學

(三)南京市立中學校簡明概況

民國二十九年十月調查

校名	立別	校址	校長又責任者	級數	學生數	教職員數	經費來源 月額經費	備考
市立第一中學校	市立	白下路	凌叔明	12	五八〇	六七		
市立第二中學校	,,	鼓樓	雷子居	8	三八〇	三二	一〇一五一·〇〇	
市立女子中學校	,,	督糧廳	徐公美	6	三三四	三〇		
合計				26	一二九四	一二九		

(四)南京私立中學校簡明概況 民國二十九年十月調查

校名	立別	校址	校長又責任者	級數	學生數	教職員數	經費來源 月額經費	備考
鍾英中學	私人	南捕廳	於鎔秋	11	五〇〇	三九	教育部補助 董事會	男女共學
安徽中學	,,	白下路	江洪杰	7	二四三	三九	同鄉會補助	
正始中學	,,	白下路	陳犖	3	一一二	三四	教育部補助 董事會	
合計				21	八五五	一一〇		

(五)南京私立基督教系中學校簡明概況 民國二十九年十月調查

校名	立別	校址	校長又責任者	級數	學生數	教職員數	經費來源 月額經費	備考
育德中學	教會	中華路	吉愛梅	6	二三八	一七	外人補助	男女共學
匯文女子中學	,,	中山路	劉資芬	5	二二九	一二	外人經營	
金陵女子大學服務實驗科	,,	陶谷村	德本康	4	一五五	二三	外人補助	
鼓樓中學	,,	天津路	貝德士	5	一七〇	二四	外人董事會	
金陵高級護士職業學校	鼓樓病院經營	黃泥崗	石祝淑慎	10	一四六	一八	病院經營	
利濟中學補習班	教會	碑亭巷	張登堂	3	一二九	一二	天主教會出費	天主教
進修中學補習班	,,	估衣廊	宋照伯	4	一〇五	一四	教會補助	
明德女子中學	,,	莫愁路	陸嵋良	2	七二	九	教會經營	

校名	立別	校址	校長又責任者	級數	學生數	教職員數	經費來源	備考
進德聖德女學院	,,	天妃巷	董海倫	3	六五	七	美國長老會	
金陵耕讀學校	,,	金銀街	貝德士	1	三七	一〇	全年六千元	
合計				43	一三四六	一四五		

(六)南京私立特種學校簡明概況

民國二十九年十月調查

校名	立別	校址	校長又責任者	級數	學生數	教職員數	經費來源 月額經費	備考
新民中西文打字傳習所	中國人	石鼓路	黃本謙	1	五二	一〇	月收入	男女
南京佛學院	日本人	西康路	橫湯通之	1	二〇	五	西本願寺出資	
金陵女子技藝學校	中國人	太平路	孫叔榮	1	二二	一〇	東本願寺出資	
合計				3	九四	二五		

(七)南京市內日語學校簡明概況

民國二十九年十月調查

校名	立別	校址	校長又責任者	級數	學生數	教職員數	經費來源 月額經費	備考
南京日語學校	日本人	淮海路	前田市松	10	四四〇	七	興亞院補助 民團補助	男女
南京日語專門學校	,,	太平路	小野瀨大勝	3	一五〇	三	興亞院補助	男女
善鄰日語學院	日本人教會	珠江路	的場常藏	1	一〇〇	五	東京東亞傳道教會補助	男女
實用日語社	中國人	大石壩街	石伴鶴	1	四	一	學費	
合計	4			15	六〇四	一六		

(一)南京市國立小學校簡明概況

民國二十九年十月調查

校名	立別	校址	校長又責任者	級數	學生數	教職員數	經費來源 月額經費	備考
附屬小學校	國立	太平路	關宗瓚	12	四四五	二七	教育部	—

(二)南京市立小學校簡明概況

民國二十九年十月調查

校名	校址	校長姓名	級數 全日制	級數 半日制	級數 合計	學生數	職員數	教員數	備考
市立模範小學	瑯琊路	張竹軒	14		14	664	3	27	
市立淵聲巷小學	淵聲巷	盧至欽	11		11	665	3	19	
市立五台山小學	五台山	沈實秋	15		15	731	3	24	
市立珠江路小學	珠江路	孫覺民	17	2	19	1314	2	33	
市立漢口路小學	漢口路	張粹蘭	11		11	575	2	20	
市立馬道街小學	馬道街	章炳生	18		18	859	3	29	
市立倉巷小學	倉巷	張盛祺	17		17	1053	3	26	
市立荷花塘小學	荷花塘	岳文杓	16		16	907	2	28	
市立八府塘小學	八府塘	朱國屏	11	1	12	766	3	20	

市立夫子廟小學	夫子廟	戴永和	23		23	1462	3	37
市立顏料坊小學	顏料坊	周立夫	12		12	617	1	20
市立莫愁湖小學	莫愁湖	張明法	9	1	10	456	2	19
市立徐家巷小學	徐家巷	葉慧琴	10		10	542	2	18
市立慧圓街小學	慧圓街	許毓彬	14	1	15	831	2	14
市立砂珠巷小學	砂珠巷	蔣慕韓	12	1	13	715	2	23
市立考棚小學	下江考棚	王申伯	13		13	814	2	21
市立建康路小學	建康路	吳宗雲	11		11	640	2	21
市立鈔庫街小學	鈔庫街	查漸于	14		14	775	2	25
市立大行宮小學	東海路	丁職方	13		13	765	2	25
市立朝天宮小學	朝天宮	周定影	10		10	555	2	20
市立程善坊小學	程善坊	陳本初	12		12	717	1	19
市立洪武路小學	洪武路	鄧協和	10	3	13	1006	2	22
市立長樂路小學	長樂路	朱崇如	10	1	11	710	2	20
市立雨花路小學	雨花路	馬劍秋	9		9	452	2	16
市立楊將軍巷小學	楊將軍巷	葛聯賡	11	2	13	778	2	22
市立承恩寺小學	承恩寺	周清媛	6		6	302	1	11

市立上新河小學	上新河	石忍庵	6		6	246	1	10
市立燕子磯小學	燕子磯	陸敬一	5		5	257	1	10
市立船板巷初級小學	船板巷	萬汝明	6	1	7	439	1	11
市立漢中路初級小學	漢中路	鄧振遠	4		4	233	1	8
市立胭脂巷初級小學	胭脂巷	貝有慶	5	2	7	447	1	16
市立二條巷初級小學	二條巷	張大公	7		7	404	1	11
市立井家苑初級小學	井家苑	范富生	5		5	257	1	9
市立邊營初級小學	邊營	林大智	7		7	356	1	12
市立蓮子營初級小學	蓮子營	孫禮根	5		5	228	1	9
市立玄武湖初級小學	玄武湖	俞盛榮	6		6	314	1	11
市立磨盤街初級小學	磨盤街	石宜孫	4	1	5	254	1	8
市立武定門初級小學	武定門	施海波	4		4	189	1	9
市立窰灣初級小學	窰灣	鍾祖淼	4		4	189	1	7
市立頭關初級小學	頭關	聞亮	2		2	104		3
市立孝陵衞初級小學	孝陵衞	胡傑人	4		4	200	1	6
市立滄波門初級小學	滄波門	黃瘦石	3		3	148	1	5
市立邁皋橋初級小學	邁皋橋	蔡學羿	3		3	159	1	7

市立七里洲初級小學	七里洲	周齊動	3		3	158	1	5
市立寶塔橋初級小學	寶塔橋	沈廷甲	2			150		4
市立笆斗山初級小學	笆斗山	傅貴壽	1			95		4
市立鳳凰街初級小學	鳳凰街	汪亞	1			100		2
市立堯化門初級小學	堯化門	張正烱	1			91		3
市立姬家莊初級小學	姬家莊	劉守貴	1			100		3
市立馬羣初級小學	馬羣	王惠凡	1			100		3
市立仙鶴門初級小學	仙鶴門	易志超	1			100		2
市立雙閘初級小學	雙閘	徐紹青	1			100		3
市立秣陵路短期小學	秣陵路	劉榮庭		6	6	300	1	7
市立剪子巷短期小學	剪子巷	鄧洓	2	8	10	511	1	12
市立信府河短期小學	信府河	陳宗藩	2	6	8	500	1	9
市立高崗里短期小學	高崗里	藏子振	2	6	8	474	1	12
市立二板橋短期小學	二板橋	朱步章	2	6	8	404	1	10
合計			429	48	459	27278	78	800

(三)南京市立社教機關簡明概況

民國二十九年九月份

機關名稱	地址	主任姓名	職員數	本月經費數	備考
民衆教育館	建康路	趙春江	14	一一六五 四〇	
民衆圖書館	夫子廟	胡國仁	8	八五〇 八〇	
中心民校及夜校				二二五二 〇〇	正在籌辦
合計			22	四二六八 二〇	中心民校及夜校正在籌辦其職員數未列入計算

(四)南京私立小學校簡明概況

民國二十九年十月調查

校名	立別	校址	校長又責任者	級數	學生數	教職員數	經費來源月額經費	備考
龍江小學校	私人	下關靜海寺	陸伯衡	8	四四三	九	董事會	
培育小學校	,,	石鼓路	汪鳳章	6	三六四	一二	董事會	
安徽小學校	,,	昇州路	李絅之	9	三五〇	一五	同鄉會	
崇實小學校	,,	船板巷	馬鴻元	4	一五一	五	董事會	
誠本小學校	,,	胭脂巷	戴笠疇	3	四七	二	學費	
類思小學校	教會	石鼓路	許世光	22	一〇六二	二三	教會補助	
匯文女子中學附屬小學校	,,	中山北路	劉芬資	20	八八一	三五	教會出資	
聖公會補習小學	,,	挹江門外	傅師德	12	五一六	一七	教會出資	

育德小學校	,,	中華路	吉愛梅	7	四二三	一五	教會出資	
金陵小學校	,,	陰陽營	貝德士	12	三六四	一三	教會委員會出資	
明德小學校	教會	莫愁路	陸嵋良	8	三五六	一六	教會補助	
益智第一小學校	,,	戶部街	艾保羅	7	三三四	一五	教會出資	
益智第二小學校	,,	雙樂園	董海輪	6	二七七	七	教會出資	
鼓樓基督教小學校補習班	,,	保泰街	麥克倫	7	二二四	八	教會出資	
匯文女子中學附屬第二小學	,,	大香爐	和得祥	7	二二三	一一	教會出資	
衛斯理小學補習班	,,	昇州路	宋照伯	10	一八三	一一	教會出資	
若瑟小學校	,,	單牌樓	許世光	6	一五七	四	教會出資	
來復會小學校	,,	保泰街	楊紹誠	6	一一二	七	教會出資	
平民小學校	,,	富民坊	何得祥	4	一〇八	五	教會出資	
育德婦女半日學校	,,	中華路	吉愛梅	4	五二	七	私人補助	
合計	20			168	六六二七	二五二		

市政公報暫定價目表

期限	價目	郵費
零售	每册 三角	本市半分 外埠一分
半年	十二册 三元五角	本市六分 外埠一角二分
全年	二十四册 七元	本市一角二分 外埠二角四分

市政公報廣告刊例

頁數	價目
一頁	每期十一元
半年	每期六元
四分之一頁	每期三元

刊登廣告在四號以上者每期按照七折計算連續十號以上者每期按照六折計算長期另議

出版日期　本公報暫定每月二次

編輯者　南京市政府祕書處

發行者　南京市政府祕書處

印刷者　南京惠文印務局　地址：中華路府東街　電話：二三二八三號

中華郵政登記認爲第一類新聞紙類

中華民國二十九年十月三十一日

市政公報

第五十八期

南京市政府秘書處印行

目錄

命令

法規

公牘

統計

南京市政府委令　祕字第　號

令衛生局第三科檢驗股主任科員莊　立

茲升任該員代理本府衞生局第三科科長兼防疫股主任科員此令

市長　蔡　培

中華民國二十九年十月　日

南京市政府訓令　祕字第　號

令所屬各機關

案奉

國民政府考試院銓敍部第九〇號公函內開：

「查本部辦理現任公務員甄別審查關於曾任年資計算終點未經明白規定無從依據當經本部銓敍審查委員會提出討論認爲本年三月三十日爲　國民政府還都之期所謂現

任公務員卽係自三月三十日以後九月三十日以前任用之公務員甄審工作亦卽甄別是項人員故曾任年資計算應以二十九年三月二十九日爲計算終點經呈請　考試院核示在案茲奉考試院文指字第八四號指令內開：『呈悉查核所擬辦法尙屬可行准予照辦仰卽知照此令』等因奉此除分函外相應函請查照」

等由；准此除分令外合行令仰該□知照

此令

中華民國二十九年十月　　日　　市長　蔡培

南京市政府訓令　字第　號

令本府所屬各機關

案奉

行政院行字第九八五號訓令內開：

「案奉　國民政府：府文一訓字第一六七號訓令開：「案據行政院呈稱：『案據財政部呈稱；「案查民國二十五年十一月二十六日國民政府第八九二號訓令查會計年度經中央政治委員會決議應改用曆年制自二十八年一月一日起實行通飭遵照等由查二十

六年四月二十七日國民政府公布修正預算法第十一條第二項規定會計年度於每年一月一日開始至十二月三十一日終了其年度依民國紀元之年次爲名稱等語現在國府還都自應賡續遵行以重法令理合具文呈請鑒核轉呈通行一體知照實爲公便」等情；據此理合呈請鑒核俯賜通飭遵行』等情；據此應准照辦除分令外合行令仰遵照並轉飭所屬一體遵照此令」等因；奉此自應遵照除分令外合行令仰該市府遵照並轉飭所屬一體遵照！

此令」

等因；奉此自應遵照除分令外合行令仰遵照

此令

中華民國二十九年十月　日

市長　蔡　培

南京市政府訓令　字第　號

令本府所屬各機關

案奉

行政院行字第九三三一號訓令內開：

「案奉　國民政府：府文一訓字第一六三三號訓令開據本府文官處陳稱：「准中央

政治委員會祕書廳中政祕字第五六五號函開：「查二十九年十月三日中央政治委員會第二十二次會議討論事項第一案　主席交議：『請核定國定紀念日日期及紀念辦法案』當經決議：『通過；送國民政府通飭遵照等由理合陳請鑒核』等情；據此自應照辦除飭處函復暨分令外合行抄同國定紀念日表一份令仰該院遵照並轉飭所屬一體遵照！此令」等因；附發國定紀念日表一份奉此自應遵照除分令外合行抄發前項國定紀念日表一份令仰遵照並轉飭所屬一體遵照此令」等因；附發國定紀念日表一份奉此自應遵照除分令外合行抄發國定紀念日表一份令仰遵照！

此令

附國定紀念日表一份

中華民國二十九年十月　日

市長　蔡　培

國定紀念日表

日期	紀念日名稱	紀念儀式	宣傳要點
一月一日	中華民國成立紀念	是日休假一天全國一律懸旗紮綵提燈誌慶並由各當地政府召開各界慶祝大會	一、辛亥革命及辛亥前後各地革命運動之經過及其因果 二、總理就任臨時大總統宣言中重要意義 三、中華民族復興之意義 四、封建專制與民主政治之比較
三月十二日	總理逝世紀念	是日休假一天全國一律下半旗停止娛樂宴會誌哀並由各當地政府召開各界紀念大會	一、講解總理遺囑及自傳 二、講述國民黨接受總理遺囑經過事實及第一屆中央執行委員會第三次全體會議發出之宣言訓令 三、講述總理逝世後國民黨工作之概要與今後應有之努力
三月二十九日	革命先烈紀念	是日休假一天由各當地政府召開紀念大會祭奠所有爲革命而死之烈士	一、講述各革命先烈爲國犧牲之事略 二、講述各革命先烈生平之言行 三、闡揚各革命先烈之特別精神
三月三十日	國府還都紀念	是日全國一律懸旗各機關各團體各學校均分別集會紀念不放假	一、講述中日事變之事略 二、說明中日共同担負建設東亞新秩序與國府還都之意義 三、闡述和平反共建國之使命
五月五日	革命政府紀念	是日全國一律懸旗誌慶各機關各團體各學校均分別集會紀念不放假	一、講述民十時代軍閥與帝國主義之暴亂情形 二、說明總理就職總統之原因及其護法之精神 三、說明總理爲國爲民之大無畏精神與吾人應有之努力
七月九日	國民革命軍誓師紀念	是日全國一律懸旗誌慶各機關各團體各學校均分別集會紀念不放假	一、講述國民革命軍成立之歷史及其使命 二、講述國民革命軍北伐經過及其重要意義 三、說明國民黨歷次出師北伐宣言重要意義
八月二十七日	先師孔子誕辰紀念	是日休假一天全國各界一律懸旗誌慶並由各當地政府召開各界紀念大會	一、講述孔子生平事略 二、講述孔子學說 三、講述國父孫中山先生革命思想與孔子之關係
九月一日	和平反共建國運動諸先烈殉國紀念	是日休假一天由各當地政府召開紀念大會祭奠所有爲和運而死之烈士	一、講述各和運先烈爲和平反共建國犧牲之事略 二、講述各和運先烈生平之言行 三、闡揚各和運先烈之特殊精神
十月十日	國慶紀念	是日休假一天全國一律懸旗紮綵提燈誌慶並由各當地政府召開各界慶祝大會	一、國慶日之意義 二、講解總理遺著中之雙十節紀念 三、講述民元前一年武昌首義之情形與今後應有之努力
十一月十二日	總理誕辰紀念	是日休假一天全國一律懸旗誌慶並由各當地政府召開各界紀念大會	一、講述總理生平革命之重要事略 二、演講 總理學說 三、演講 三民主義
十二月二十五日	雲南起義紀念	是日全國一律懸旗紀念並由各機關各團體各學校分別集會紀念不放假	一、述雲南起義情形 二、述封建專制與民主政治之比較

南京市政府訓令 祕字第　號

令本府各機關

案奉

行政院行字第一〇〇五號訓令內開：

「現奉　國民政府府文一訓字第一六九號訓令開：『查修正郵政法第四條第一項郵資數額表前經令發行政院轉飭自二十九年九月二十三日起先行照辦並交立法院審議各在案茲據立法院審議呈復到府除明令公布幷通飭施行外合行檢發該表令仰知照並轉飭所屬一體知照。』等因：附發修正郵政法第四條第一項郵資數額表一份奉此。合行抄發原附件令仰該市府知照幷轉飭所屬一體知照。此令。」

等因：附抄發修正郵政法第四條第一項郵資數額表一份奉此除分令外合行抄發原附件令仰知照。

此令

附抄發修正郵政法第四條第一項郵資數額表壹份

中華民國二十九年十月　日

市長　蔡　培

郵政法第四條第一項郵資數額表（二十九年十月十八日修正公布）

第四條　郵件之種類及資費依左列之規定但交通部得呈准行政院減低其資費

郵件種類		計費標準	國內資費 第一等資 各局就地投遞界內	國內資費 第二等資 各局互寄
第一類	信函類	每起重二十公分或其畸零之數	四分	八分
		每續加二十公分或其畸零之數	四分	八分
第二類	明信片	單	二分	四分
		雙（即附有回片者）	四分	八分
第三類 新聞紙	第一類（平常）	每束一張或數張	每重一百公分半分	每重五十公分半分
	第二類（立券）	每束一張或數張按每次交寄總重計算	每重一百公分半分逾六百公斤收費	每重五十公分半分逾六十公斤收費
	第三類（總包）	每份每重一百公斤或其畸零之數		一厘
第四類	印刷物貿易契等類	重不逾一百公分	一分	二分
		逾一百至二百五十公分	二分	四分
		逾二百五十至五百公分	四分	八分
		逾五百公分至一公斤	六分	一角二分
		逾一公斤至二公斤	一角二分	二角四分
		逾二公斤至三公斤（此行重量祇適用於書本寄遞之書籍）	一角八分	三角六分
第五類	瞽者所用凸出字樣或印有點痕之文件	每重一公斤（重至七公斤為限）	二分	四分
第六類	商務傳單	每五十張或五十張以內	八分	八分另加印刷物資費
第七類	貨樣類	重不逾一百公分	二分	五分
		逾一百至二百五十公分	四分	一角二分
		逾二百五十至三百五十公分	六分	一角七分
		逾三百五十至五百公分（重至此數為限）	一角	二角四分
第八類	掛號郵件	每件除普通資費外另加	一角三分	一角三分
第九類	平快郵件	每件除普通資費外另加	八分	八分
第十類	快遞掛號郵件	每件除普通資費外另加	二角	二角

前項以外之郵件其種類及資費由交通部擬訂呈請行政院核定之

南京市政府訓令　社字第三九五二號

令南京市商會整理委員會
城鄉各區公所

案准

行政院糧食管理委員會糧字第一三五號咨開：

「案查蘇浙皖食米運銷管理暫行條例米業同業公會管理暫行條例米商請領採辦證及搬運護照申請辦法業經咨送查照在案茲經察酌各省市食米產銷情形訂定實施糧食管理辦法大綱並劃定各食米運銷管理區域遴派人員尅日分赴各地組織各區辦事處及分辦事處着手進行惟關于實施糧食管理一切事宜端賴各行政機關予以協助

等因並附送實施糧食管理辦法大綱食米運銷管理區域表採辦證樣張護照樣張等件准此自應照辦除分令外合行檢發原件令仰該會所遵照轉飭米業分會所屬協助為要

此令

計發實施糧食管理辦法大綱一份
食米運銷管理區域表一份
採辦證樣張一紙護照樣張一紙

中華民國二十九年十月　日

市長　蔡　培

行政院糧食管理委員會實施糧食管理辦法大綱

一、糧食管理委員會實施糧食管理以調節糧食平定價格並疏通運輸解除商困爲主旨

二、先從蘇浙皖三省京滬兩市着手試辦逐漸推及其他各省市

三、依據各地糧食產銷實際狀況劃分若干區設置區辦事處管理之再就每區視價格及需求情形劃分若干分區設置分辦事處管理之區辦事處所管轄之區域並不以駐在省市行政區域爲範圍但各分辦事處所管理之縣份以各該縣行政區域爲區域

四、管理方法如左

(1.)限制米商資格　米商必須加入當地同業公會轉向糧食管理委員會登記

(2.)給發採運證照　在同屬一分辦事處區域內買賣糧食須請領採辦證向其他分辦事處區域內購運糧食須請領搬運護照

(3.)劃定流通區域　在同屬一分辦事處所管理之各縣內買賣糧食得自由流通不加限制

(4.)平定糧食價格　在同屬一分辦事處所管理之各縣內應予規定最高及最低糧食價格由其他分區採運糧食至本分區內買賣亦予規定最低及最高價格由主管機關隨時公布商人買賣均應遵照規定辦理

(5.)收買及征集糧食　由政府籌集資金收買糧食以爲調節之計

(6.)調節時季價格　新穀登場市場過剩時由政府備款於最低價格以上收買之俟糧食減少時出賣之

五、由各區分辦事處商同地方機關嚴厲查禁囤積居奇及投機行爲

六、本辦法經糧食管理委員會議決施行並呈請　行政院備案

蘇浙皖三省及京滬二市食米運銷管理區域表

區別	主管長官姓名	辦事處設置地點	管理縣份	附記
南京區	處長梅少樵	南京	除鎮江分辦事處管理縣份外直接管理江寧句容溧水高淳江浦六合等六縣暨南京市	鎮江分辦事處暫歸蘇松常區兼管
蘇松常區	處長江南椿	蘇州	除常錫松太分辦事處管理縣份外直接管理吳縣常熟崐山吳江四縣暨浙江嘉興縣	暫行兼管鎮江分辦事處
蘇北區	處長唐文傑	揚州	除通如徐海分辦事處管理縣份外直接管理淮陰淮安泗陽漣水阜寧鹽城江都儀徵東台興化泰縣高郵寶應等十三縣	
上海區	處長姜可生	上海	上海寶山嘉定奉賢南匯川沙崇明等七縣暨上海市	
浙江區	處長胡預	杭州	除湖屬分辦事處管理縣份暨嘉興縣劃歸蘇松常區外其餘浙東浙西各縣均歸直接管理	
皖南區	處長陸超	蕪湖	除安慶辦事處管理縣份外直接管理合肥廬江巢縣無爲舒城和縣含山滁縣來安全椒宣城南陵涇縣寧國太平當塗蕪湖繁昌貴池石埭銅陵東流旌德青陽歙縣休寧祁門績溪黟縣廣德郎溪至德等三十二縣	
皖北區	處長壽撲成	蚌埠	鳳陽壽縣宿縣鳳台靈璧懷遠定遠阜陽潁上亳縣霍邱太和蒙城六安霍山立煌嘉山泗縣渦陽天長五河盱眙等二十二縣	
鎮江辦事分處	主任黃彝九	鎮江	丹徒丹陽金壇溧陽揚中五縣	暫歸蘇松常區兼管
常錫辦事分處	主任黃亦候	無錫	武進無錫宜興江陰四縣	
松太辦事分處	主任李雲森	青浦	松江青浦金山太倉四縣	
通如辦事分處	主任緒匯川	南通	南通海門如皋啓東泰興靖江六縣	
徐海辦事分處		銅山	銅山豐縣沛縣蕭縣碭山邳縣宿遷睢甯東海灌縣沭陽贛榆等十二縣	暫緩設置
湖屬辦事分處	主任姜定宇	吳興	吳興長興德清武康安吉孝豐六縣	
安慶辦事分處	主任余健行	安慶	懷甯桐城潛山太湖宿松望江六縣	

採辦證

行政院糧食管理委員會給證事茲據右開申請商號擬請在　省市　區分辦事處管理區域內下列地點採辦食米遵章由　米業同業公會轉呈到會審核屬實應予給證採辦須至證書者

計開

申請商號		所在地		所屬公會	
經理姓名		年齡		籍貫	住所
採辦人姓名		年齡		籍貫	住所
採辦地點		採辦種類		採辦數量	
有效期間	自民國 年 月 日起 至 年 月 日止				

右給　收執

印花

粘貼像片

採辦人像片

中華民國　年　月　日

主任委員

省市　區辦事處處長

字第　號

右證在未屆限期內已經採辦足數應即繳還原發機關轉呈糧食管理委員會計銷並應將分批採辦細數及進號日期開報查核不得虛冒隱匿至期滿繳銷時亦應照此辦理

字第　號

繳查單

茲據右開申請商號擬在　省市　區分辦事處管理區域內下列地點採辦食米遵章由　米業同業公會轉呈前來審核屬實除給證採辦並截存根備查外理合檢同原申請書一張報請察核

計開

申請商號		所在地		所屬公會	
經理姓名		年齡		籍貫	住所
採辦人姓名		年齡		籍貫	住所
採辦地點		採辦種類		採辦數量	
有效期間	自民國 年 月 日起 至 年 月 日止				

謹呈

行政院糧食管理委員會

計附呈申請書一張

中華民國　年　月　日

省市　區辦事處處長

字第　號

字第　號

存根

茲據右開申請商號擬在　省市　區分辦事處管理區域內下列地點採辦食糧遵章由　米業同業公會轉呈前來審核屬實除給證採辦並呈報外合截存根備查

計開

申請商號		所在地		所屬公會	
經理姓名		年齡		籍貫	住所
採辦人姓名		年齡		籍貫	住所
採辦地點		採辦種類		採辦數量	
有效期間	自民國 年 月 日起 至 年 月 日止				

呈奉糧食管理委員會核准　日期　年　月　日　指令　字第　號

中華民國　年　月　日

填發人員　簽章

字第　號

分運計數

分運每批數量	起運日期	起運地點米業公會負責人簽章證明	運達地點米業公會負責人簽章證明	附註

此照於限滿　日繳還原發機關轉呈糧食管理委員會註銷

第　字　號

報告表

茲據右開申請商號擬在　省市　區分辦事處管理區域內下列地點運銷食米遵章轉請
給照前來復核屬實除給照執運並截存根備查外理合檢同原申請書一張報請
察核

計開

申請商號	經理姓名	執運人姓名	食米種類	採辦地點	運輸方法
所在地	年齡	年齡	採辦數量	經過地點	運輸期限
所屬公會	籍貫	籍貫		運達地點	
	住所	住所			

謹呈
行政院糧食管理委員會
計附呈申請書一張

省市　區辦事處處長　（簽章）

中華民國　年　月　日

第　字　號

存根

茲據右開申請商號擬在　省市　區分辦事處管理區域內下列地點運銷食米遵章轉請
給照前來復核屬實除准予給照執運並呈報外合截存根備查

計開

申請商號	經理姓名	執運人姓名	食米種類	採辦地點	運輸方法
所在地	年齡	年齡	採辦數量	經過地點	運輸期限
所屬公會	籍貫	籍貫		運達地點	
	住所	住所			

填發人員

中華民國　年　月　日

第　字　號

呈奉
糧食管理委員會核准
日期　年　月　日
指令　字第　號

護照

行政院糧食管理委員會　為

發給護照事茲據右開申請商號擬在　省/市　區/分　辦事處管理區域內下列地點運銷食米遵章轉請給照前來本會復核屬實合行發給護照以憑執運須至護照者

計開

申請商號	所在地	所屬公會	
經理姓名	年齡	籍貫	住所
執運人姓名	年齡	籍貫	住所
食米種類	採辦數量		
採辦地點	經過地點	運達地點	
運輸方法	運輸期限		

右給　收執

中華民國　年　月　日

主任委員

省/市　區辦事處處長

印花

字第　號

南京市政府訓令 社字第三九四五號

令 城鄉各區公所
　 南京市商會整理委員會

案准

行政院糧食管理委員會糧字第一〇九號咨開

「案查本會關於蘇浙皖食米運銷管理暫行條例米業同業公會管理暫行條例米商請領採辦證及搬運護照申請辦法佈告業經咨送查照轉發張貼在案茲遵照食米運銷管理暫行條例第四條之規定並察酌各省市食米產銷情形劃定管理區域以便實施所有該項食米運銷管理區域自應布告週知俾各遵守除分咨外相應檢附前項布告一百份咨送貴市政府查照轉發張貼」

等由幷附布告一百張到府准此自應照辦除分令外合行檢發布告十四/六四張令仰該區公所/會即便遵照於各通衢要道分別張貼具報查考幷轉飭米業公會一體知照

此令

附發佈告十四/六四張（略）

中華民國二十九年十月　日

南京市政府訓令 社字第三九五一號

市長　蔡　培

令城鄉各區公所

案准

行政院粮食管理委員會糧字第一〇二號咨開：

「案查本會擬定蘇浙皖食米運銷管理暫行條例米業同業公會管理暫行條例米商請領採辦證及搬運護照申請辦法業經

國民政府暨本會分別公佈並咨請查照各在案茲以上項條例及辦法業已施行自應布告週知俾各遵守除分咨外相應檢附前項布告一百份咨送貴市政府查照轉發張貼」

等由并附布告一百份過府准此自應照辦除分令外合行檢發布告十五六份令仰該區公所卽便遵照并於各通衢要道分別張貼具報查考

此令

附發布告十五六份（略）

中華民國二十九年十月　　日　　市長　蔡　培

南京市政府訓令　祕字第　號

令城鄉各區公所

案查本府製發市民證各區公所應隨領隨辦不得故延時日業經令飭遵辦在案乃近查各區經辦人員對於塡發之市民證往往任意稽延甚有積壓至數月之久殊非便利民衆之道亟應一掃前非切實改正嗣後各該區每日上午辦理登記之市民證務於卽日下午送府校對蓋印後領回轉發至遲於五日內發給申請人不得仍前稽延貽人口實除分行外合行令仰遵照幷轉飭所屬遵照爲要

此令

中華民國二十九年十月　　日　　市長　蔡　培

南京市政府訓令　教字第三七〇三號

令市立各級中小學暨社教機關
私立各級中小學校校長

案查本府與教育部合辦之臨時講學會前經令飭各該學校校長暨國文教員以及社教機關主任館員均應一致參加聽講幷令發臨時聽講劵着於本月二十日上午九時前往香舖營中日文化協

會聽講各在案現以聽講人員報名日期展至本月底截止并製定聽講人員一覽表一種藉以統計參加聽講人數除分令外合亟隨令附發一份仰於文到之日卽行塡報以便製發聽講證務仰該口長遵照辦理勿延爲要！

此令

附發聽講人員一覽表一張（略）

中華民國二十九年十月　日

市長　蔡培

南京市政府訓令

教字第三五五五號

令各級中小學暨社教機關

查自國府還都以來和運進展百廢俱舉本府爲闡揚國學提倡固有文化起見特與教育部合辦臨時講學會業經函聘江寧宿儒吳向之先生担任講師分期赴會講學以資倡導玆該會定於本月二十日上午九時至十一時開始講學凡本府所屬各級學校校長暨國文教員以及社教機關主任館員均應一致參加聽講除分別函令外合行隨令附發講學啓暨聽講辦法各一份令仰該校校長館主任卽便遵照幷將參加聽講人員名額具報以憑發給聽講證屆時入座是爲至要

此令

附發講學啓暨臨時講學會聽講辦法各一份（略）

中華民國二十九年十月　日　　市長　蔡　培

南京市政府訓令　教字第三七四五號

令市立各級小學

案准

教育部祕字第二二七二號咨開：

「案查小學教員登記規程，爲甄別小學師資之必要程序，茲爲力謀整理各地方初等教育起見，業經本部擬具小學教員登記規程呈奉行政院指令准予備案在案。除分別咨令外，相應檢送前項登記規程一份，咨請查照，并希轉飭遵照！」

等由，計附送小學教員登記規程一份：准此，正辦理間，旋據本府教育局呈稱：

「爲奉教育部令發小學教員登記規程，仰遵照轉飭等因：請予轉飭市立各小學一體遵照！」

等情：自應併案辦理，查本府前爲整頓小學師資，藉以促進京市小學教育起見，曾由教育局訂定南京市小學教員總登記暫行辦法一種，呈經本府暨　教育部核准備案在案，茲准前由，除分令外，合行檢發部頒小學教員登記規程及南京市小學教員總登記暫行辦法各一份，令仰該校長遵照，幷轉飭所屬一體遵照！
此令。
附發教育部小學教員登記規程一份
南京市小學教員總登記暫行辦法一份（見法規欄）
中華民國二十九年十月　日
市長　蔡　培

小學教員登記規程

第一條　凡具有本規程規定資格願爲小學教員者應遵照本規程請求登記
第二條　小學教員登記由各省市教育行政機關依照本規程辦理之
第三條　凡具有左列資格之一願爲小學教員者均得遵照本規程向各省市教育行政機關請求登記
（一）師範學校畢業者
（二）舊制師範學校本科或高級中學師範科或特別師範科畢業者
（三）高等師範學校或專科師範學校畢業者
（四）師範大學或大學教育學院教育科系畢業者
（五）檢定合格者
第四條　小學教員登記以每學期舉行一次爲原則每屆辦理登記日期應由各省市教育行政機關登報公布
第五條　小學教員請求登記時須呈繳下列各件
（一）畢業證書或檢定合格證書

（二）服務證明書
（三）本人履歷書及登記申請書（向省市教育行政機關領取）
（四）最近脫帽正面二寸半身照片三張

第六條　各省市教育行政機關審查小學教員資格遇有必要時得招致請求登記者舉行口試或其他試驗

第七條　登記合格之小學教員由各省市教育行政機關分別給予登記合格證書

第八條　各省市教育行政機關得屆舉辦小學教員登記辦法日期及審查結果均須分別呈報教育部備案

請求登記人數過多時在省教育行政機關得委派各縣市教育行政機關辦理惟證書仍由省教育行政機關核發

第九條　登記合格之小學教員在非教育機關繼續服務逾二年以上者其所領之登記合格證書作爲無效

第十條　登記合格之小學教員名單由省市教育行政機關抄發各縣市教育行政機關轉令各小學或逕令各小學選聘

第十一條　本規程於必要時由教育部修改之

第十二條　本規程自公布日施行

南京市政府訓令　教字第四一二二號

令市立各鄉區小學

案准

教育部祕字第二三九二號咨開：

「案查各省市所屬縣區鄉村地方小學異常缺乏，致人民教育程度，未能有相當基礎，本部乃於召開各省市教育行政會議時，提有「推進鄉村教育」一案，當經議決「

請教育部擬訂辦法通令施行」紀錄在卷，茲經訂定推進鄉村小學教育辦法十七條通令各省市切實施行，除分別令飭遵辦外，相應檢送前項辦法一份，咨請查照爲荷。」等由，計附送推進鄉村小學教育辦法一份；准此，正辦理間，旋據本府教育局呈稱：「爲奉　教育部令發推進鄉村小學教育辦法一份，仰即遵照，并轉飭所屬切實遵照辦理，等因，請予轉飭市立各鄉區小學一體遵照辦理；并將辦理情形具報，以憑彙報。」等情：自應併案辦理，除分令外，合行檢發是項辦法一份，令仰該校切實遵照辦理，并將辦理情形具報爲要！

此令。

附發推進鄉村小學教育辦法一份

市長　蔡　培

中華民國二十九年十月　日

推進鄉村小學教育辦法

一、各省市所屬縣區鄉村地方缺乏小學或已有小學而尙未恢復者應依照本辦法盡量推廣之

二、各縣教育行政機關應就本縣區鄉村地方現狀擬具推廣鄉村小學教育計劃呈由主管機關核定之

三、各縣教育行政機關按照計劃所定得呈請主管政府核准收用寺廟或借用祠宇公堂房屋暫充鄉村小學校舍

四、各縣教育行政機關得請主管政府勸令鄉村民衆於捐資建築祠廟公堂房屋時除正殿或寢宮外其他餘屋應依照小學校舍式樣建築以便公私立鄉村小學借用

五、各縣教育行政機關應參照左列各辦法寬籌興辦鄉村小學教育之經費

甲、省市經費之補助

乙、鄉鎮內原有之學款學產

丙、鄉鎮內公款公產及自動公議分擔之捐款

丁、學費

戊、富戶學生家長之樂捐

六、勸導各大宗祠公堂捐資興辦鄉村小學

七、獎勵私人興辦鄉村小學

八、鄉村小學兒童名額除有特殊情形經主管教育行政機關許可者外每一教室不得少于二十五人其名額不足者應設法充足之

九、鄉村小學校長教員應勸導附近人民迅送已屆學齡之兒童入學

十、鄉村爲應付特殊環境起見得設校董會董事七人至十一人以鄉鎮長爲董事長校長爲當然校董餘就鄉鎮內熱心教育素孚鄉望之人士遴選均由區長報請市縣教育行政機關聘請之負籌劃學校經費校舍及強迫學齡兒童入學事宜

十一、鄉村初級小學辦單級者設校長一人每加辦一級增設教員一人

十二、鄉村小學學額不足時其附近一公里內不得另設招收九週歲以上兒童之私塾其有設塾影響於學校招生時得由校長呈請主管教育行政機關勒令停閉之

十三、鄉村小學爲減輕人民負擔使其子女易於入學起見得多設免費學額並得由主管教育行政機關酌給書籍用品或購辦書籍用

品以供貧苦兒童借用

十四、鄉村小學應利用農民餘暇兼辦民衆夜校或短期小學班以救濟失學民衆或兒童

十五、整頓境內私塾訓練塾師改良私塾爲代用小學

十六、鄉村小學附近之公有田地無主荒地得由校長依序呈請主管教育行政機關轉呈省政府或市政府撥給學校以供生產勞作之用

十七、各縣教育行政機關應依照本辦法擬具較詳備之辦法呈由主管政府核准並彙送教育部備案

南京市政府訓令　衛字第三九三六號

令傳染病院

案查本年度秋季種痘定於十一月一日開始該院種痘事務應由値班醫師及護士負責辦理所需藥品材料仰卽於三十一日下午二時來本府衛生局具領爲要

此令

附種痘實施辦法一份

市長　蔡　培

中華民國二十九年十月　日

巡迴種痘實施辦法

一、實施日期　十一月一日起至十一月三十日止每日晨八時至午後四時風雨照常（星期休息）

一、組織辦法　每區視人口之多寡組織種痘班一班另設臨時種痘一班隨時協助之每班醫師一人（負該班一切責任）護士二人

（協助種痘並保管種痘材料器具）書記二人由實施區之區公所派員協助繕寫並担任與坊保甲連絡

一、種痘地點　注重平民住宅棚戶及衞生狀況不良地帶與區公所協商辦理必要時由本局規定得挨戶種痘

一、工作辦法　工作人員每日早八時前齊集實施區之區公所赴指定地點工作挨戶檢查種痘一律強制執行之

一、種痘顆數　不論大人小孩每人三顆爲標準但乳兒不滿一年者種二顆

一、種痘日報　務須每日報告本局以備考核但每區必須由書記轉報備查

一、種痘證書　凡確係種痘後始得蓋章發證不得濫發以重疫政

一、痘苗用嘴吹出者應予切忌仍須遵照局方規定之

一、本市民衆由本府衞生局所屬各診療所担任地點列後

地點　娼妓檢療所　烏衣巷　第二診療所　南捕廳

第四診療所　莫干路　第一診療所　熱河路

第三診療所　燕子磯　救濟院診所　剪子巷

上新河診療所　上新河棉花堤　傳染病院　八府塘

本市各棚戶担任醫師楊光炳護士楊學第 盧榮（一日至十日一區工作十一日至二十日二區工作二十一至二十五日三四區工作二十六至三十日五區工作）

本市各鄉區担任醫師周志豪護士秦慶森 李望卿（臨時指定）

本市各學校機關担任醫師馬肇銓護士方一鳴 姚文貞（由局內臨時指定）

南京市政府訓令 衛字第三六〇〇號

令清潔隊

查本府爲增進道路清潔工作效力起見經與警察廳數度會商結果將清潔隊暫交該廳接管實施工作幷擬具聯合管理規則呈請

行政院核准在案茲定於十月二十一日交接除分行外合亟抄發聯合管理清潔隊暫行規則一份令仰該隊長知照幷先期造册以便交代爲要

此令

中華民國二十九年十月　日　市長　蔡培

南京市政府訓令 衛字第三六〇一號

令一二三四五區公所

案據南京特務機關聯絡員岡田來府面稱爲喚醒民衆注意清潔起見應定期舉辦全市清潔運動幷盡量運除市內積穢等情據此茲定於本月二十二日至二十五日爲秋季清潔運動日期除令行清潔隊屆期加緊工作幷分令外合行令仰該區長知照幷轉飭所屬傳知各住戶在季秋清運期間室內自行洒掃清潔以重衛生爲要

此令

中華國二十九年十月　日

市長　蔡培

南京市政府訓令　衛字第三六〇一號

令清潔隊

案准　南京特務機關聯絡員岡田來府面稱爲喚醒民衆注意清潔起見應定期舉辦全市清潔運動並盡量運除市內積穢藉防疫癘等情據此茲定於本月二十三日至二十五日爲秋季清潔運動日期除令各區公所協助外合行令仰該隊長遵照暫率所屬加緊清除並延長工作時間羣策羣力以收實效毋違干咎切切此令

中華民國二十九年十月　日

市長　蔡培

南京市政府布告　字第　號

爲佈告事查本府頒發市民證暨通行證原爲便利市民起見除通行證分文不取外所有「特」字及「甲」「乙」「丙」「丁」「戊」「上」「燕」「安」「孝」字十種市民證每張一律僅收手續費五分不收其他費用早經規定在案近據密報市民因請領市民證急於待用遂有不法之徒假手

勒索情事如果屬實亟應究辦嗣後人民請領市民證必須親赴各區公所具領本府已嚴令各區迅速填發不准積壓倘有不法之徒藉口勒索准由當事人告發一經查實決予從嚴懲處不貸合行佈告周知特此佈告

中華民國二十九年十月　日

市長　蔡培

南京市政府布告　地字第　號

案查本府訂於本年十一月一日起繼續核發土地所有權狀及分段圖業經布告周知在案惟查前地政局辦理所有權登記時其中關於申報移轉買賣契稅逾期未繳照章加徵滯納罰金因而案懸未結者甚多茲爲體恤刼後遺黎格外施仁起見凡屬事變以前應徵之是項滯納罰金一律蠲免以示體恤爲此布告仰本市人民一體周知此布

中華民國二十九年十月　日

市長　蔡培

地政局局長　胡政

南京市政府通告　工字第　號

查本府前因京市損壞建築物隨處都有爲整飭市容減除危險起見業經訂定修復損壞建築物

暫行辦法佈告施行在案茲查有人和街等處損壞建築物應行修理或拆除除分別通知及標示外合再列表通告仰各該業主儘十二月三十一日以前至工務局請照修理或拆除淨盡報請工務局派員復查倘逾限期當由本府代修或招商墊款辦理所有代修之房屋卽以該屋生利歸還墊款所有代拆之危險建築物當卽以料抵工其不足之數仍向各該業主追繳特此通告

計附　限期修理損壞房屋一覽表
　　　限期拆除危險建築一覽表

中華民國二十九年十月　日

市長　蔡　培
工務局局長謝學瀛

限期修理損壞房屋一覽表

路名	門牌	路名	門牌
人和街	十九號 二十四號 二十六號 二十八號 三十號	中華路	六十五號 一二四號 一四四號 一七四號 一七八號
武夷路	七號 九號 十六號 十八號 二十三號	祁家橋	如意里
東王園府	十二號	牯嶺路	二號 九號

限期拆除危險建築一覽表

路名	門牌	路名	門牌
寧海路	十二號 二十號 六十六號	江蘇路	二十四號
西康路	十七號	靈隱路	二十三號
蘇州路	三十號	莫干路瑯琊路轉角	二號
普渡路	八號之一	玉泉路	三號
中山路	一〇一號	中山北路	十號左邊 六三七號 六三九號 七五九號 二一四號右邊
新街口交通銀行旁		中正路	四十五號
二條巷	二十三號		

路名	門牌	路名	門牌
來鳳街	十號 十四號 十七號	柳葉街	一一八號 二十二號 一三〇號
太平路	二二一號 二三六號 二三八號 二四二號 二四四號 二四六號 花牌樓	長樂路	五九號 一三三號

路名	門牌	路名	門牌	路名	門牌
長樂街	三十九號	過街樓	十四號	小百花巷	七號

寶家園　二號　　營門口　四號　　終所巷　十四號

集慶路　二五〇號 二五二號　　黑廊巷　二十號　　伏魔菴　十一號前面

望鶴崗　一〇號　　釣魚台　一〇一號　　小西湖　二七號

中華路　三十五號 六十七號 四十一號　　禮拜寺巷　二十一號

千章巷　二十二號　　三條巷　六十四號　　中山東路　四條巷口

科巷　七十九號 八十一號　　會公祠　六號　　綾莊巷　四十四號

泥馬巷　五號　　璇子巷　七號　　秦狀元巷　三十一號

法規

南京市政府發給市民證辦法

一、本府爲便利各機關職員及市民安居起見會同特務機關發給市民證

二、凡年在六歲以上之南京住民均應領市民證

三、市民證字號規定特、甲、乙、丙、丁、戊、上、燕、安、孝、十種（特字發給公務員及其家屬甲字發給第一區市民乙字發給第二區市民丙字發給第三區市民丁字發給第四區市民戊字發給第五區市民上字發給上新河區市民燕字發給燕子磯區市民安字發給安德門區市民孝字發給孝陵衛區市民）以資區別

四、凡機關職員請領特字市民證應由各機關或其總務司備具公函連同公務員市民證申請書每人附相片兩張逕向本府具領轉發除確係公務員家屬外不得代他人請領以杜流弊

五、凡各區市民請領普通市民證除向該管區公所索取市民證申請書依式塡就並附相片兩張外應取具左列各款之一以資證明

一、呈驗門牌戶口證

二、坊保甲長蓋章證明

三、該管區內店保一家

四、公務員二人以上之證明

六、凡七歲至十二歲男女市民除其家屬自願爲其粘貼相片者外得免除其相片殘廢不能行走者亦同

七、塡寫市民證申請書時均以本人居住地點爲限不得用服務營業或幫傭地點塡報（例如本人在甲處居住而在乙處或丙處機關服務及設鋪幫傭等均須依據居住地點塡報但原無居處之職員商人及幫傭不在此例）

八、市民證經核發人審核其姓名性別年歲生年月日住所職業及相片均與申請書相符應立時發給通知着其請領人或機關指定負責人隨帶圖章來府具領不得隨便代領

九、市民證僅收手續費五分並製給收據爲憑不收其他費用如經手人有額外需索情形准向本府告發一經查實從嚴懲處

十、市民證遺失者准予補領但須登報聲明一面呈報原發機關請求補領補領之手續與初領市民證相同但市民如因疾病或其他事故不能親往領證時得由其家屬聲明事故代爲領取

十一、市民證如欲遷居市外者應即報告該管區公所註明所遷地點加蓋離京戳記限期繳銷

十二、本府職員及各機關所送申請書內人員如並非公務員得發交區公所辦理之

十三、出入城關時市民證及各處所給通行證不問所發年份一律有效

十四、本府及各區公所經辦市民證人員收到市民證申請書應隨時塡發不得藉故推延

十五、本府科員以下職員爲本人或其家屬請領特字市民證應由主管科長負責證明科長以上或不屬於各科之職員請領時應由祕書長或主管局長證明如查有不實情形卽拒絕發給

十六、本辦法自市長核准公佈日施行如有未盡事宜得隨時呈請修正之

南京市小學教員總登記暫行辦法

第一條　南京市政府教育局爲整理全市小學師資起見訂定本辦法舉辦小學教員總登記事宜

第二條　本市小學教員總登記由教育局局長指派或聘請委員若干人組織小學教員登記委員會辦理其詳細辦法另定之

第三條　小學教員總登記分小學級任教員初級或短期小學級任教員及助教員三種

第四條　具有左列資格之一者得聲請小學教員登記
1. 省立師範學校舊制師範本科高中師範科或特別師範科畢業者
2. 師範大學大學教育學院教育科系畢業或高等師範學校專科師範學校畢業者
3. 簡易師範學校簡易師範科舊制師範講習科舊制鄉村師範及縣立師範學校畢業曾任小學教員二年以上者
4. 大學或專門學院畢業曾經小學教員檢定合格或曾任小學教員一年以上者
5. 高級中學舊制中學或同等程度之中等學校畢業曾受小學教員檢定合格或曾任小學教員二年以上者
6. 教育部教員養成所特科畢業或本科畢業曾任小學教員二年以上者
7. 曾經本市第一二三四屆教員登記合格或經呈准以正教員聘用者

第五條　具有左列資格之一者得聲請初級小學或短期小學教員登記
1. 簡易師範學校簡易師範科舊制師範講習所舊制鄉村師範及縣立師範學校畢業者
2. 高級中學舊制中學或同等程度之中等學校畢業曾任小學教員一年以上者
3. 教員養成所本科畢業者
4. 曾任小學教員三年以上並受初級小學教員檢定合格者

第六條　具有左列資格之一者得聲請初級小學或短期小學助教員登記
1. 具有第五條各項資格之一者
2. 初級中學畢業曾任小學教員二年以上者

上列第四第五第六各條所列資格在部頒規程未訂定以前暫適用之

第七條　小學初級小學及短期小學教員或助教員聲請登記時應塡具聲請登記表載明請求登記教員種類連同畢業證書及

服務證件或檢定合格證書送交小學教員登記委員會審查

第八條　凡具有第四第五第六各條所列各項資格之一者但其學歷經歷證件已全部遺失或一部遺失均須各就其所遺失部分設法繳驗左列各項證明文件始能聲請登記

1.原畢業學校之同學錄(非師範學校畢業者應附送小學教員經歷證件)

2.原服務學校之教職員錄

3.其他足以證明其學歷或經歷之文件

第九條　小學教員及初級小學或短期小學教員登記時得聲請專科教員登記以勞作美術音樂體育四科中具有兩科以上者爲合格

第十條　凡經登記合格之教員除由教育局發給登記證定期公佈其姓名後並由各校校長選聘外得請求介紹各校聘任之

第十一條　凡領有登記證之合格教員應切實保障在本市安心服務如無故被解職時得聲敘理由由教育局予以糾正或介紹至其他學校服務

第十二條　凡經登記合格之教員如離開本市服務在二年以上或改就他業者登記證即作爲無效於年度開始將其姓名公佈之

第十三條　本辦法由教育局呈奉　市政府暨　教育部核准備案後公佈施行

公牘

呈行政院文

案查本府訂於本年十一月一日起，繼續核發土地所有權狀及分段圖，業經呈報
鈞院備查在案。茲查前地政局辦理所有權登記時，其中關於申報移轉買賣，契稅逾期未繳，照章加徵滯納罰金，因而案懸未結者甚多；爲體恤刼後遺黎，格外施仁起見，凡屬事變以前應徵之是項滯納罰金，一律蠲免，庶於清理積案之中，仍副
鈞長軫念民瘼之至意。除布告周知外，理合備文呈報仰祈鑒賜備案實爲公便

謹呈

行政院院長汪

南京市市長　蔡　培

中華民國二十九年十月　日

南京市政府咨　地字第　號

案查本市土地工作旬報表業經咨送至本年十月份上旬在案茲造具本年十月份中旬旬報表一份相應備文咨送即希

計咨送本市土地工作十月份中旬旬報表一份

督照爲荷
此咨
內政部

市長　蔡　培

中華民國二十九年十月　日

南京市政府公函　衛字第三八三七號

案查前內政部公布之市生死統計暫行規則規定各市衛生局應製印出生死亡調查表格分發各區警察局塡報以作生命統計之材料業經本府衛生局遵照前衛生署所頒統計法規製就該項調查表二種死亡原因分類說明一種相應函請查照辦理幷希將辦理情形隨時見復爲荷此致

首都警察廳

附出生調查表一百本（略）

死亡調查表一百本（略）

死亡原因分類說明一百張（略）

南京市政府辦理土地登記工作十月份中旬旬報表

中華民國二十九年

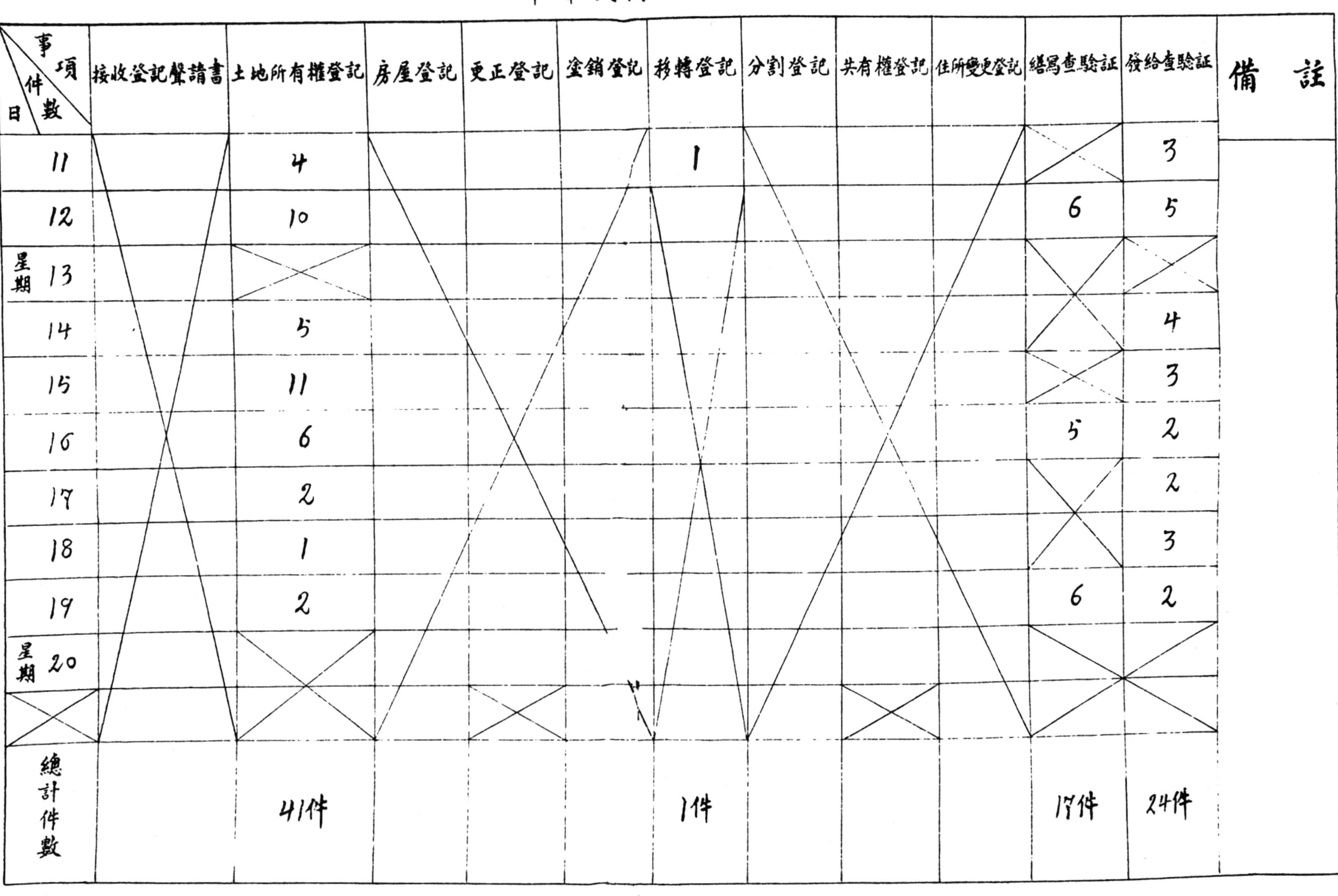

事項 件數 日	接收登記聲請書	土地所有權登記	房屋登記	更正登記	塗銷登記	移轉登記	分割登記	共有權登記	住所變更登記	繕寫查驗証	發給查驗証	備註
11		4				1					3	
12		10								6	5	
星期 13												
14		5									4	
15		11									3	
16		6								5	2	
17		2									2	
18		1									3	
19		2								6	2	
星期 20												
總計件數		41件				1件				17件	24件	

中華民國二十九年十月　日　市長　蔡　培

南京市政府公函　教字第三九一六號

案查本府前經函請

貴廳協助取締朱雀路四十九號，中國華文打字傳習所暨祕密偵查該所內容一案。卽經本府，前項取締文件，飭役專送兩次，該傳習所均藉詞無人，拒絕收受，爰將是項文件予以公佈在案。玆閱二十七二十八兩日南京新報廣告欄，刊有「中國華文打字招生」廣告一則，地點仍舊，收費亦相若，顯係藐視功令。除函南京新報將該「中國華文打字」招生廣告卽行扣登外相應檢同取締該所原文一件，派員前赴

貴廳洽商執行手續卽希

查照賜予接見，至紉公誼

此致

首都警察廳

附取締中國華文打字傳習所原文一件（略）

市長　蔡　培

中華民國二十九年十月　日

南京市政府箋函　教字第三九一七號

逕啓者茲閱

貴報二十七二十八兩日廣告欄。刋有「中國華文打字招生」廣告一則，地址係「朱雀路四十九號」查該處係中國華文打字傳習所原址，前經本府勒令取締在卷。其取締原因，經

貴報二十五日教育新聞欄載明可稽，查該傳習所前收各學生學費，尚未退還，竟仍繼續送登廣告，實屬藐視功令，亟應予以扣登，俾免貽害青年，此後應請本京各報社如遇未經本府教育局登記或備案之各種補習學校及傳習所或類似學校招收員生之廣告，一律不予登載。除函首都警察廳將該傳習所嚴予執行取締外，相應函達，卽希

查照辦理見復爲荷！

此致

南京新報社

南京市政府啓　十月　日

統計

南京市各區界內二十九年九月份戶口統計表

區別＼戶口	戶數	人口數 男 成人	男 兒童	男 合計	女 成人	女 兒童	女 合計	總計
總計	133869	222289	102940	325229	170655	88249	258904	584133
第一區	26028	45655	19209	64864	34586	17073	51659	116523
第二區	36373	48596	27466	86062	49132	22614	71746	157808
第三區	16151	26422	12112	38534	19694	9913	29607	68141
第四區	10110	16807	7209	24016	12463	6257	18720	42736
第五區	9913	20478	6303	26781	12148	5760	17908	44689
上新河區	12586	20223	9352	29575	16631	8588	25219	54794
燕子磯區	9516	15413	8884	24297	12023	7993	20016	44313
孝陵衛區	4282	5419	4593	10012	5086	3556	8642	18654
安德門區	8910	13276	7812	21083	8892	6495	15387	36475

附註：表內數字係根據各區公所呈報之戶口月報

秘書處第二科統計股製

南京市各區界內二十九年九月份戶口增減比較表

戶口增減 / 區別	戶增減數	人口增減數						
		男			女			總計
		成人	兒童	合計	成人	兒童	合計	
總計	+428	+1040	+305	+1305	+637	+356	+1013	+2318
第一區	− 23	+ 45	− 9	+ 36	− 17	+ 32	+ 15	+ 51
第二區	+275	+ 694	+175	+ 869	+456	+167	+ 623	+1492
第三區	− 45	− 182	+ 22	− 160	+ 5	+ 47	+ 52	− 108
第四區	+ 65	+ 93	+ 29	+ 122	+ 77	+ 16	+ 93	+ 215
第五區	+124	+ 237	+ 70	+ 307	+129	+ 44	+ 173	+ 480
上新河區	− 1	− 3	− 5	− 8	+ 5	+ 3	+ 8	0
燕子磯區	− 27	+ 27	− 34	− 7	− 41	− 12	− 53	− 60
孝陵衞區	+ 6	+ 27	+ 15	+ 42	+ 12	+ 15	+ 27	+ 69
安德門區	+ 34	+ 62	+ 42	+ 104	+ 31	+ 44	+ 75	+ 179

附註：(1)表內數字係根據各區公所呈報之戶口月報

(2)有(＋)符號者爲增加，有(－)符號者爲減少

祕書處第二科統計股製

市政公報暫定價目表

期限	價目	郵費
零售	每冊三角	本市半分 外埠一分
半年	十二冊 三元五角	本市六分 外埠一角二分
全年	二十四冊 七元	本市一角二分 外埠二角四分

市政公報廣告刊例

頁數	價目
一頁	每期十一元
半年	每期六元
四分之一頁	每期三元

刊登廣告在四號以上者每期按照七折計算連續十號以上者每期按照六折計算長期另議

出版日期　本公報暫定每月二次

編輯者　南京市政府祕書處

發行者　南京市政府祕書處

印刷者　南京惠文印務局
地址：中華路府東街
電話：二三二八三號

中華郵政登記認爲第一類新聞紙類

中華民國二十九年十一月十五日

市政公報

第五十九期

南京市政府秘書處

目錄

命令

法規

公牘

統計

會議紀錄

南京市政府訓令 社字第四四六一號

令城鄉各區公所

案奉

行政院行字第一〇四一號訓令開

「案奉　國民政府府文一訓字第一七三號訓令開『查蠶種製造條例業經修正明令公布應卽通飭施行除分令外合行檢發該修正條例令仰該院知照並轉飭所屬一體知照』等因計檢發蠶種製造條例一份奉此除分令農鑛部外合行抄發該條例一份令仰該市府知照並轉飭所屬一體知照此令」

等因附發蠶種製造條例一份奉此除分令外合行抄發原件令仰該區知照並轉飭所屬一體知照

此令

計抄發蠶種製造條例一份

中華民國二十九年十一月　日

市長　蔡培
社會局長　盛開偉

蠶種製造條例

二十九年十月二十六日修正公佈

第一條　凡爲製造蠶種之營業者依本條例之規定

第二條　蠶種製造者應開具左列事項繳納證書費五圓印花稅一圓呈請所在地農業生產管理局查明轉呈農鑛部核發蠶種製造場許可證其未設農業生產管理局地方應呈請所在地省市主管機關查明轉呈農鑛部核發

一、蠶種製造場名稱及地址
二、飼育場所所在地
三、場主簡明履歷
四、主任技術員簡明履歷並附證明文件
五、對於所製蠶種量設備之桑園
六、蠶室間數及面積
七、蠶具製種用具及檢種用具
八、蛾量及製造種類
九、原蠶種或普通種之品種名稱
十、冷藏處所

第三條　蠶種冷藏取締辦法由農鑛部定之

第四條　農鑛部掌理蠶種監督事宜但遇事實上有必要時得委託各省市主管機關或蠶業公司代理取締及檢驗蠶種但屆時仍由農鑛部派員監督之

第五條　蠶種製造之主任技術員應具有左列資格之一

一、曾在國內外大學或專科學校之蠶科畢業者

二、曾在中等蠶業學校或農業學校蠶科三年畢業並具有養蠶製種二年以上之經驗者

三、曾在其他中等程度蠶科二年畢業並具有養蠶製種三年以上之經驗者

第六條　蠶種製造者以用蠶種為限

第七條　蠶種製造者每年所製蠶種之原種品種及其交雜方式應由農業生產管理局或各省市主管機關呈准農鑛部指定之

第八條　蠶種製造應於春秋兩期行之

夏期製種各省市得斟酌實地情形呈由農鑛部核定之

第九條　蠶種製造者應有防除蠶病必要之設備

前項所稱蠶病係指微粒子病硬化病軟化病膿病蠶蛆病等

第十條　蠶種製造者對於蠶室蠶具及製種用具等均應消毒

第十一條　原蠶種應由中央直轄蠶業機關或省市立蠶業機關製造之但其他蠶種製造場經農業生產管理局或各省市主管機關審查認為合於左列條件者呈由農鑛部核准後得製造之

一、有合格之原蠶種專用桑園者

二、有合格之原蠶種專用蠶室及蠶具者

三、主任技術員除具有第四條各款資格之一外並曾有原蠶種製之經驗二年以上之證明文件者

第十條　製造原蠶種之蠶兒應用一蛾育但經農業生產管理局或省市立主管機關許可者得變更之至多以三蛾育爲限

第十一條　蠶種製造者關於原蠶種之製造應用純粹種及固定種

第十二條　製造原蠶種應用袋製框製或袋製散卵製造普通種應用框製或散卵或平附但散卵以用袋製或框製者爲限

第十三條　原蠶種應受蠶兒蠶卵蠶蛹蠶繭及母蛾之檢查普通種應受蠶兒蠶蛹蠶繭及母蛾之檢查但經農業生產管理局或省市主管機關轉呈農鑛部之核准得抽查之

前項應受檢驗之蠶卵蠶兒蠶蛹蠶繭及母蛾均不得以其他蠶卵蠶兒蠶蛹蠶繭及母蛾調換

第十四條　原蠶種普通種及即時浸酸種母蛾檢查毒率之標準如左

一、原蠶種母蛾在每一收蟻批內有微粒子之毒率在百分之三以上者爲不合格

二、普通種母蛾微粒子之毒率在未滿百分之三者全部合格百分之二十以上者爲不合格但在百分之三以上未滿百分之二十者應全部再檢查

即時浸酸種母蛾用混袋製者微粒子毒率在未滿百分之五者爲合格在百分之五以上者爲不合格如非混袋製依前項第一欵之規定

第十五條　蠶種製造者行冷藏蠶種時應在領有許可證之冷庫或冰庫儲藏

第十六條　農鑛部依第三條之規定應隨時派監督員赴各蠶種製造場並提取母蛾實施檢查但得委託各省市主管機關或蠶業公司代理之

第十七條　外國輸入之蠶種應經農鑛部蠶種檢驗監督員或農業生產管理局檢查合格後方准銷售或讓與

第十八條　農鑛部對於外國輸入之蠶種得以命令限制之

第十九條　依第十三條第十四條及第十七條規定檢查合格後之蠶種應於連紙或容器上粘貼合格證加蓋農鑛部蠶種檢驗監督員圖記無合格證或未加蓋圖記者不准銷售或讓與

前項合格證分原蠶種與普通種由農鑛部製定頒發每枚收費二分以半數解繳國庫半數撥交省市主管機關或蠶業公司均充作提倡改良蠶種之用

第二十條　凡檢查不合格之蠶種應焚燬之

第二十一條　蠶種製造者每年應將所製蠶種之品種名稱化性製造額數分別塡註呈由農業生產管理局或該省市主管機關轉呈農鑛部備案

第二十二條　蠶種製造專以試驗研究爲目的者不受本條例之限制但應開具左列各款呈由農業生產管理局或該省市主管機關轉呈農鑛部備案

一、機關名稱及地址

二、製造或購入品種

三、研究之目的

四、研究之時期

五、研究之方法

六、研究及主管者簡明履歷

第二十三條　農業生產管理局各省市主管機關或代理機關職員不得投資於製造蠶種之營業並不得兼充蠶種製造場職員

第二十四條　農業生產管理局各省市主管機關或代理機關職員於施行檢查時如蠶種製造場之主辦人員與本人有親屬關係者應行迴避

第二十五條 未經農鑛部核發許可證而為製造蠶種之營業者科五十圓以下罰鍰並禁止其出售蠶種如蠶種業已出售除令退還售價外再科以與售價相等之罰鍰

第二十六條 違反第五條第一項第十條第十一條第十二條第十三條第二項之規定者科三十圓以下罰鍰其蠶兒蠶繭或蠶種沒收之

第二十七條 違反第十七條或第十九條第一項之規定者除令退還蠶種售價外科以與售價相等之罰鍰

第二十八條 違反第四條第七條第八條第九條或第十五條之規定者停止其業務前項處分如已依照各該條規定改正者應即撤銷之

第二十九條 違反第二十條之規定者科五十圓以下罰鍰得幷撤銷其許可證

第三十條 蠶種製造者將合格證讓與他人使用者科以合格證費十倍之罰鍰得併撤銷其許可證使用失効之合格證者亦同

第三十一條 購買蠶繭供製造蠶種之用者科五十圓以下罰鍰得並撤銷其許可證其蠶繭蛾口繭及已製成之蠶種沒收之

第三十二條 有左列各款情形之一者科五十圓以下罰鍰沒收其蠶種得併撤銷其許可證

一、於產卵後之母蛾用某種方法減滅微粒子者

二、蛾盒內所裝之母蛾以其他母蛾調換之者

三、應行全部再檢查之蠶種不遵章檢查挖補逕行發售者

第三十三條 農業生產管理局各省市主管機關或代理機關職員違反本條例第二十三條第二十四條之規定者應付懲戒

第三十四條 本條例施行細則由農鑛部定之

第三十五條 本條例自公布日施行

南京市政府訓令 社字第四二八〇號

令城鄉各區公所

案奉

軍事委員會會公字第一三六一號訓令內開

「查本會前爲結束戰事綏靖地方收編各種部隊利於進行起見特設點編委員會處理一切事務現點編事務已次第完竣經本會第二十三次常務會議決議「撤銷點編委員會」紀錄在卷嗣後凡屬零星部隊概不收編恐有不法之徒假借名義擾害閭閻情事亟應防止除分令外合行令仰該府飭屬嚴密調查遇有假借收編名義私自募兵或濫收軍隊者着卽嚴行法辦隨時具報」

等因奉此除分令外合行令仰遵照飭屬嚴密調查隨時具報爲要

此令

中華民國二十九年十一月　日

市長　蔡　培

社會局長　盛開偉

南京市政府訓令 社字第四二七六號

令城鄉各區公所
園林管理處

案准

農鑛部漁字第一二二一號咨開

「茲爲切實保護耕牛嚴禁販運屠宰起見經將民國二十年一月二十三日前實業部公布之保護耕牛規則分別修正並製定登記調查表格二種以期對於各地耕牛動態確切明瞭查事變以後農村較前益形凋敝政府還都對於復興工作推行不遺餘力近聞各地鄉村耕牛數目日漸減少推其緣因由於牛戶受經濟壓迫爲挖肉補瘡之舉忍痛出讓者固屬不少而奸商圖利甚或假借外力不恤農民命脈任意屠宰販運者亦多有之本部職司農政力圖農村之復興對此種現象查悉之餘關念實深除另行設法嚴切制正並分咨外相應檢同上項規則十五份暨登記表調查表各二十五份隨文咨請貴府通令地方行政官署依式增印分別按時切實辦理實紉公誼」

等由並附保護耕牛規則十五份耕牛調查表耕牛登記表各二十五份准此除分令外合亟檢發原規則一份暨原表各二紙令仰該區處遵照迅卽增印表格分別查塡呈候核轉爲要

此令

附發保護耕牛規則一份耕牛調查表耕牛登記表各二紙(略)

市長　蔡　培
社會局長　盛開偉

中華民國二十九年十一月　日

南京市政府訓令　財字第四五一五號

令南京市商會
　各城區公所

案據捐稅徵收所呈爲整頓舖房捐額藉裕稅收起見草擬複查舖房捐辦法十條呈請核示並乞轉行市商會轉知各商舖聽候複查並分別函令警察廳暨各城區公所轉飭所屬對于該所佩帶證章之複查員于執行職務時切實協助以利推進而重捐務等情並繕具複查辦法到府據此查該所所擬辦法甚屬妥善自應准予照辦除指令該所遵照辦理並分別函令外合行令仰該商會轉知各商舖聽候複查區轉飭各坊保甲長如遇有該所佩帶證章之複查員于執行職務時隨時加以協助以利進行而重捐務切切

此令

中華民國二十九年十一月　日

市長　蔡　培

南京市政府訓令　社字第四二七七號

令城鄉各區公所

案據本市青年團指導部呈稱

「竊查本部前爲迅速徵集第二期團員起見指導員實習員分往各區公所協同區團長辦理以期早日完成并經呈奉核准在案茲以徵集第二期團員已告結束訓練事宜亟待籌劃推行本部指導組原有人員工作不敷支配擬將派往各區協辦之指導員實習員等一律調回服務除分別令行外理合將調回緣由具文呈報仰祈鑒核備查並轉行各該區公所知照」

等情據此查此案前據該指導部呈爲徵集第二期團員指派指導員及實習員分往各區團協同辦理經抄發名單令仰遵照在案茲據前情除分令外合行令仰知照

此令

中華民國二十九年十一月　日

市長　蔡　培

社會局長　盛開偉

南京市政府訓令

衛字第四二六四號

令第一 二 三 四 五區公所

案據南京市糞便處置所理事曹榮森呈稱

「本所已遵於十月六日正式開辦一切清除工作即待進行茲爲免除商民誤會及便於工作起見擬請令行各區公所轉飭所屬各坊保甲長隨時予以協助以便工作而利進行」

等情據此查清除糞便爲衛生要政惟市民往往有當街任意傾倒糞便情事非特有礙公共衛生與觀瞻抑且爲傳染病之媒介危險堪虞除函請首都警察廳轉飭所屬各區警察局隨時予以協助外合行令仰該區區長轉飭所屬各坊保甲長此後對于糞便處置所逐日清除糞便工作隨時隨地予以協助以利進行而重衛生切切

此令

中華民國二十九年十一月　日

市長　蔡培

南京市政府訓令 教字第　號

令市私立各小學校長

案准

教育部祕字第二四七七號咨開：

「查小學教員檢定暫行規程及小學教員檢定委員會組織規程同時於二十三年五月二十一日以教育部第五八二四及五八〇七號部令公布嗣又將前者修正爲小學教員檢定規程於二十五年十二月三十一日以教育部第二〇五四五號部令公布各在案國府還都以後自當繼續有效惟查上列各項規程除小學教員檢定委員會組織規程大體上可無修正外茲已將小學教員檢定規程重行修正呈奉行政院指令准予照法規制訂程序由本部公布施行等因自應遵辦至前維新政府教育部頒布之小學準教員檢定暫行規程應即予以廢止除分別咨令外相應檢送小學教員檢定規程暨小學教員檢定委員會組織規程各一份咨請查照並希轉飭遵照」

等由計附送小學教員檢定規程暨小學教員檢定委員會組織規程各一份到府正辦理間旋據本府

教育局呈奉

教育部令同前由請予通飭市立各級小學遵照等情自應併案辦理除分令外合行檢發上項規程各

一份令仰該校長遵照并轉飭所屬一體遵照

此令

附發小學教員檢定規程暨小學教員檢定委員會組織規程各一份

中華民國二十九年十一月　日

市長　蔡培

小學教員檢定規程

第一條　小學教員除具有修正小學規程第六十二條規定資格外由各省市教育行政機關組織小學教員檢定委員會依照本規程檢定之

第二條　小學教員之檢定分無試驗檢定與試驗檢定二種無試驗檢定由檢定委員會審查其各項證明文件決定之試驗檢定除審查其各項證明文件外並加以試驗

第三條　試驗檢定至少每三年舉行一次無試驗檢定每學期開始前舉行之

第四條　小學教員檢定得就所屬地方酌量情形分區舉行

第五條　具有左列資格之一者得視其學歷或經驗分別受初高級小學級任教員或專科教員無試驗檢定

一、畢業於簡易師範學校或簡易師範科者

二、畢業於舊制中學或現制高級中學以上學校或與舊制中學現制高級中學同等之學校曾充小學教員一年以上或曾在教育行政機關或大學教育學院系或師範學校等所辦暑期學校補習教育功課滿二暑期者

三、畢業於舊制鄉村師範學校或縣立師範學校或二年以上之師範講習科曾充小學教員二年以上或曾在上述暑

期學校補習滿三暑期者

四、曾充小學教員三年以上經教育行政機關認爲確有成績或曾在上述暑期學校補習滿四暑期者

五、曾充小學教員三年以上有關於小學教育之專著發表經主管教育行政機關認爲確有價值者

具有第一項第一款資格者以受初級小學教員無試驗檢定爲限

具有第一項第二三四五各款資格之一者如曾任高級小學或初級小學教員年限與各該款規定相合者得分別受高級小學或初級小學教員無試驗檢定初級小學教員無試驗檢定合格後任職四年以上有相當成績者得受高級小學教員無試驗檢定

第六條　具有左列資格之一者得依其志願分別受高級或初級小學級任教員或小學專科教員試驗檢定

一、曾在舊制中學或高級中學畢業者

二、曾在師範學校或高級中學修業一年並充小學教員一年以上者

三、曾在師範講習科畢業者

四、曾任小學教員三年以上者

五、學有專長並充小學教員一年以上者

前項第四款第五款所稱小學教員包括優良私塾改爲短期小學簡易小學或代用小學之教員在內

第七條　小學教員請求檢定時須呈繳下列各件

一、畢業證書或修業證書

二、服務證明書

三、本人履歷書志願書及最近照片

如有教育行政機關所給予關於教學訓育等成績之評語及關於小學教育之著作等應一併附繳

第八條　各省市舉行小學教員試驗檢定至少須於兩個月前由各該省市教育行政機關將日期及辦法登報公布

前項日期辦法及試驗檢定無試驗檢定之結果均須分別呈報教育部備案

第九條　試驗檢定分筆試及口試或實習各該省市教育行政機關認爲必要時並得舉行體格檢查

第十條　小學級任教員之試驗科目爲公民國語（包括文字口語及注音符號）算術自然衛生歷史地理教育概論小學各科課程標準小學教材及教學法但初級小學級任教員之試驗除公民國語教育概論外其餘各科目得酌量減低其程度

第十一條　專科教員之試驗檢定不分初高級其試驗科目除請求試驗之某種專科（如音樂體育美術勞作等）須試驗外並試驗國語教育概論及受試驗科目之小學教材及教學法

第十二條　受級任教員試驗檢定者以各科目平均分數滿六十分者爲合格

第十三條　受專科教員試驗檢定者以受試驗科目及某科之教學法均滿六十分者爲合格

第十四條　試驗之結果筆試分數佔十分之七口試或實習分數佔十分之三

第十五條　檢定合格者由省市教育行政機關分別給予檢定合格證書

第十六條　檢定合格教員有效期間自發給檢定合格證書之次學期第一日起定爲四年在檢定有效期間教學成績特別優良經省市督學查報有案或經縣教育局長切實呈報或服務期間在暑期學校得有成績證明書者期滿後仍給予有效期間四年之合格證書連續得二次合格證書者期滿後給予長期合格證書其成績不良者在合格證書期滿後須重受檢定

第十七條　受試驗檢定未能及格而某科成績滿六十分以上者給予該科及格證明書以後再請檢定時得免除該科目之試驗

第十八條　各省市因特別情形須展緩其區域內一部分小學教員之檢定者應由教育行政長官呈報教育部核定之

第十九條　本規程自公布日施行

小學教員檢定合格證書　第　　號

茲檢定（受檢定人姓名）爲小學（或初級小學）級任教員（或某某專科教員）有效期間自　　年　　月　　日起迄　　年　　月　　日止共四年此證

某省
某市教育行政長官（署名）

某省
某市小學教員檢定委員會委員長（署名）

貼相片處

中華民國　　年　　月　　日

40公分　32公分

小學教員檢定委員會組織規程

第一條　各省市（行政院直轄市）教育行政機關爲檢定小學教員組織小學教員檢定委員會

第二條　小學教員檢定委員會設委員七人至九人由省市教育行政機關長官就左列人員分別指派或聘請之

一、省市教育行政機關主管科科長

二、省市督學

三、省市教育行政機關主管科科員

四、現任或曾任師範學校校長

第三條　小學教員檢定委員會由各省市教育行政機關長官指定委員一人爲委員長委員會舉行會議時以委員長爲主席委員長缺席時應由該管長官指定委員一人爲代理主席

第四條　左列各事項須經委員會會議審核決定之

一、各項試驗規則之擬訂

二、受檢定各教員呈繳各項文件之審查

三、受檢定各教員檢定合格或不合格之核定

四、檢定試驗成績之核算及揭示事項

五、其他關於檢定之重要事項

第五條　委員會設命題閱卷委員若干人由委員會就左列人員聘請之

一、富於某科教學經驗之師範學校或高級中學教員

二、小學教育專家

第六條　委員概爲無給職但聘任委員得視來往路程之遠近酌支旅費

第七條　委員會設幹事若干人由委員會呈請主管長官就各該機關職員中調用之

第八條　委員會辦事細則由各省市教育行政機關訂定之

第九條　本規程自中華民國二十三年七月一日施行

南京市政府訓令 財字第四四六〇號

令第五燕子磯上新河安德門區公所

茲據報稱江蘇省財政廳在寶塔橋燕子磯大勝關南門外等地方設有分征所征收猪隻專稅等語查該所所設以上各地點征收所均屬市區範圍對于本府稅收不無影響所有寶塔橋燕子磯大勝關南門外地方係屬該區所轄究竟有無設立分所征收稅款情事亟應切實查明除分令外合行令仰該區尅日查明限三日內具復以憑核辦切切

此令

中華民國二十九年十一月　日

市長　蔡培

南京市政府訓令 工字第　號

令燕子磯上新河區公所

案准

水利委員會咨開

「案奉 行政院行字第一三一六號指令本會呈一件爲呈報本會辦理沿江沿湖禁止私墾情形仰祈鑒核備案由奉開『呈悉准予備案』此令等因奉此查沿江沿湖灘地人民任意私墾有妨水利前經本會以工字第一七三號咨請貴市政府飭屬嚴禁並呈報 行政院備案在案茲奉前因除分咨外相應咨達卽希查照爲荷」

等由准此除分令外合行令仰該區公所遵照飭屬嚴加注意爲要

此令

中華民國二十九年十一月　日

市長 蔡培

南京市政府指令 財字第四五一四號

令捐稅徵收所

呈一件 爲整頓舖房捐額擬具複查辦法呈請鑒核示遵由

呈暨附件均悉查所擬辦法尙屬妥善應准照辦除令行市商會轉知各商舖聽候複查並分別函令警察廳暨各城區公所予以協助外仰卽遵照督飭所屬認真複查毋稍隱漏是爲至要切切此令(件存)

中華民國二十九年十一月　日

南京市政府指令　財字第四三六四號

市長　蔡　培

令園林管理處

呈一件　爲據情轉請布告征收下期租金由

呈悉查本市各區公有農場田地應征本年第二期租金業經本府於本月七日以財字第四一七一號令飭籌備開征手續並飭將應征未解上期租金三千八百餘元限十日內全數征解在案據呈前情茲定於十一月十五日起至十二月十五日止爲征收租金之期除布告外卽仰如期開征督飭各放租員負責催收務於限期內掃數征完報解以重公帑應造本年第二期田租花名清册仍責成該處依照上期册式將經放陵園區和平門區小米行鎭及烏龍山等處各農場田地依式查造正副清册二份正册送府備核副册存處以爲佃農繳租時核對根據前項清册務於文到十五日內趕辦完竣具送關於各農場上年及本年上期未完舊欠各戶租金並仰遵照前令將前項應征未解租金依限掃繳毋再玩延切切至本屆征收費用仍照上期成案以百分之五提奬辦法辦理俟每屆結束專案請領不得坐扣以清手續而重計政統仰分別遵照辦理仍將奉文日期先行具報爲要

此令

中華民國二十九年十一月　日

市長　蔡　培

南京市政府通令　祕字第　號

令城鄉各區公所

案查本府頒發市民證辦法業經製定公佈嗣後各區公所辦理市民證自文到日起務悉依照新訂辦法迅速辦理除分行外合行檢發該辦法十份令仰遵照并轉飭所屬遵照爲要

此令

附發給市民證辦法十份

中華民國二十九年十一月　日

市長　蔡　培

南京市政府通令　祕字第　號

令城鄉各區公所

茲爲攷核各區辦理市民證工作起見着卽將該區經辦市民證人員經歷及所任工作分別開明造册送府以備查攷嗣後如有調動情事仍仰隨時呈報以憑稽攷除分令外合行令仰遵照

此令

中華民國二十九年十一月　日

市長　蔡　培

南京市政府布告　財字第四三六五號

案查本府園林管理處經放本市各區公有農場田地現屆二十九年份第二次征租時期亟應定期開征以裕庫收茲定自本年十一月十五日起至十二月十五日止爲征收租金之期除令園林管理處遵照外合亟布告仰各農場佃農一體知悉務各遵限依照租據定則如數繳納租金領取收據以安生業倘有逾限不繳定予提案押追並照章科納滯納罰金一面將領種田畝悉數收回不得享受佃權幸勿自誤其各懍遵毋違切切此布

中華國二十九年十一月　日

市長　蔡　培

南京市政府布告　衛字第四三二二號

案據南京市糞便處置所理事曹榮森呈稱

「本所已遵于十月六日正式開辦一切清除糞便工作即待進行茲爲免除商民誤會起見擬請布告週知」

等情據此案查清除糞便爲衛生要政惟市民往往有當街任意傾倒糞便情事非特有礙公共衛生與

觀瞻抑且爲傳染病之媒介危險堪虞除函請首都警察廳轉飭所屬各區警察局並令行各區公所轉飭各坊保甲長隨時隨地予以協助外合行布告全市人民一體週知此後對于糞便不得任意傾倒致干查究罰辦特此布告

中華民國二十九年十一月　日

市長　蔡　培

衞生局局長　衞錫良

法規

首都冬振委員會組織規則

第一條　振務委員會南京市政府爲辦理首都二十九年冬振特呈准　行政院聯合各界組織首都冬振委員會（以下簡稱本會）

第二條　本會對外一切文件以本會名義行之

第三條　本會以左列各機關團體所派之代表組織之

振務委員會　三人
內政部　一人
財政部　一人
社會部　一人
行政院糧食管理委員會一人
南京市政府　三人
首都警察廳　一人
社會運動指導委員會南京市分會　一人
南京市黨部　二人
南京市商會整理委員會二人

南京紅萬字會　一八

第四條　本會設委員長一人由振務委員會委員長充任之副委員長一人由南京市長充任之

第五條　本會聘請行政院副院長爲名譽委員長

第六條　本會委員除第三條所列者外凡南京市熱心公益慈善人士得由本會聘爲委員

第七條　本會設左列各組

(一)總務組

(二)勸募組

(三)調查組

(四)振務組

(五)宣傳組

(六)稽核組

第八條　本會每組設主任一人由委員長就委員中聘任之每組視事務之繁簡設幹事及辦事員若干人向第三條所列各機關團體調用之

第九條　本會委員及各組主任暨幹事辦事員均爲無給職但常川辦事者必需之車膳等費得由本會覈實支給

第十條　本會每兩星期開會一次遇必要時得由委員長召集臨時會議

第十一條　本會會議須有過半數委員出席方得議決事件

第十二條　本會各組之辦事細則另定之

第十三條　本會設於南京市政府

第十四條　本規則自呈奉　行政院核准之日施行

公牘

會呈行政院

查京市歷年以來每屆嚴冬政府均撥巨款辦理冬振本年物價高昂數倍於往昔市民困頓達於極點益以隆冬瞬屆貧民饑寒交迫不獨生計維艱亦且治安可慮本會職責所在自無旁貸正會商籌備間復據各界請求速辦冬振以救窮黎爰經本會邀同各界一再商討僉以爲宜照往年成例共同組織一臨時委員會專理其事藉以集中人力財力共襄善舉仰副

鈞長軫念災黎之旨經於本月六日會函內政部財政部社會部行政院糧食管理委員會南京市政府首都警察廳社會運動指導委員會南京市分會南京市黨部中國大民會南京市商會整理委員會南京紅萬字會各機關團體派遣代表齊集本會共同討論即席議決籌設首都冬振委員會並通過組織規則草案十四條所有內部組織及人員均經詳爲規定一俟奉准組織各機關團體派定代表即行開始辦理除關於冬振所需款項俟擬議預算另文呈請核撥外所有籌設首都冬振委員會緣由是否有當理合檢同會議紀錄及首都冬振委員會組織規則各一份備文呈請

鑒核訓示祇遵再此呈係由振務委員會主稿合併陳明

謹呈

行政院院長汪

計呈送會議紀錄及首都冬振委員會組織規則各一份（見紀錄法規欄）

振務委員會委員長岑德廣

南京市市長　蔡　培

中華民國二十九年十一月　日

呈行政院文

案據本府工務局局長謝學瀛呈稱

「竊查市區建築規則第八條規定凡市內公私建築物之起造改造修理拆卸均應事前向工務局請領執照方准開工邇來京市各機關修葺公署或新添建築日形繁多而工程亦相當巨大乃各承造廠商均以事屬公家建築大都未領執照非特違背定章抑且影響市庫收入除飭主管人員嚴密查勘通知各承造廠商一律補領執照外爲便利執行期於周密起見擬請轉呈　國府通令各院部會加以協助嗣後各機關修建各種工程在簽訂合同時務卽飭知各承造廠商照章請領執照再行興工至現在進行中之工程亦應飭其補報具領以符定章」等情據此查所陳各節似於法令之執行市庫之收入均有所關理合據情呈請

鑒核指令祗遵：

謹呈

行政院院長汪

南京市市長 蔡 培

中華民國二十九年十一月 日

呈行政院文

案奉

鈞院行字第八二六號訓令爲准文官處函送青島趙市長呈請興修明孝陵案，令仰核辦具報，等因；除原文有案，邀免全敘外，遵查明孝陵所有建築物，因年久失修，多半頹廢，事變以來，照管無人，益見荒圮，曾經前市政府會同南京特務機關，一度飭工興修，現已稍復舊觀，惟念明太祖爲民族英雄，與我總理後先輝映，現在總理陵寢規模宏大，而明陵漸就蕪沒，揆之崇德報功之義，允宜鳩工庀材，大加修理，惟此項工程浩大，斷非本市財力所能擔任，擬

請鈞院轉呈

國民政府，以中央名義，羅致海內專家，先組織設計委員會，俟設計完成，特飭財政部撥款辦理，方足以昭愼重，而垂久遠。是否有當？理合將遵令核辦情形，據實呈復，仰祈

鑒核，實爲公便。

謹呈

行政院院長　汪

南京市市長　蔡　培

中華民國二十九年十一月　日

南京市政府咨　地字第　號

案查本市土地工作旬報表業經咨送至本年十月中旬在案茲造具本年十月份下旬旬報表一份相應備文咨送卽希查照爲荷

此咨

內政部

計咨送本市土地工作十月份下旬旬報表一份

市長　蔡　培

中華民國二十九年十一月　日

南京市政府办理土地登記工作十月份下旬旬報表

中華民國二十九年

事項／件數／日	接收登記聲請書	土地所有權登記	房屋登記	更正登記	塗銷登記	移轉登記	分割登記	共有權登記	住所變更登記	繕寫查驗證	發給查驗證	備註
21		4				2					4	
22		4				1				2	4	
23		6				1				6	1	
24		1				1				5	2	
25		4				1				7	2	
26		1									2	
星期 27												
28		7								8	4	
29		9				5				7	3	
30		4				1				11	4	
31		4				2					2	
總計件數		44件				14件				46件	28件	

南京市政府辦理土地登記工作十一月份上旬旬報表

中華民國二十九年

日 \ 事項件數	接收登記聲請書	土地所有權登記	房屋登記	更正登記	塗銷登記	移轉登記	分割登記	共有權登記	住所變更登記	繕寫查驗證	發給查驗證	備註
1		5				1					6	
2		1				2				8	4	
星期 3												
4		1										
5		7				2					6	
6		2								1	6	
7		3								5	7	
8		4								6		
9						1						
星期 10												
總計件數		23件				6件				20件	29件	

南京市政府咨 地字第　號

案查本市土地工作旬報表業經咨送至本年十月份下旬在案茲造具本年十一月份上旬旬報表一份相應備文咨送卽希誓照爲荷

此致

內政部

計咨送本市土地工作十一月份上旬旬報表一份

市長　蔡　培

中華民國二十九年十一月　日

南京市政府公函 工字第　號

案准

貴廳政二字第一〇五四二號公函略以「本市各路電燈除通衢大道業已相繼恢復外其他各街巷電燈多未裝設此項路燈關係地方治安及交通方面良非淺鮮瞬屆冬防實屬刻不容緩囑卽轉函華中水電公司依照前送電燈裝設地點數目一覽表尅日裝設以固治安」等由准此業經函請該公司依照

貴廳前送電燈裝設地點數目一覽表尅日裝設相應函復卽希

查照爲荷此致

首都警察廳

市長　蔡　培

中華民國二十九年十一月　日

南京市政府公函　衛字第四二六三號

案據南京市糞便處置所理事曹榮森呈稱

「本所已遵於十月六日正式開辦除組織規則辦事細則股東職員姓名籍貫以及伕役人數另文呈報外但本所開辦伊始一切工作卽待進行茲爲免除商民誤會及便於工作起見擬請函咨首都警察廳轉飭各區警察局隨時予以協助以便工作而利進行」

等情據此查清除糞便爲衛生要政惟市民往往有當街任意傾倒糞便情事非特有礙公共衛生與觀瞻抑且爲傳染病之媒介危險堪虞除令行各區公所轉飭各坊保甲長隨時予以協助外相應函請

查照卽希轉飭所屬各區警察局此後對於糞便處置所逐日清除糞便工作隨時隨地予以協助以利進行而重衛生

此致

首都警察廳

中華民國二十九年十一月　日

市長蔡培

南京市政府公函 工字第　號

案准

首都警察廳政二字第一〇五四二號公函開：

「案查本廳前于二十八年十一月間以本市各路電燈除通衢大道業已相繼恢復外其他各街巷電燈多未裝設此項路燈關係地方治安及交通方面良非淺鮮當卽彙列議案附送各區境內各街巷未裝電燈地點數目表提請

南京治安委員會核議辦理。嗣于本年四月間，准華中水電公司，派員三輪辰男來廳接洽，據稱：『本公司現正預備裝設各街巷路燈，擬就衝要繁盛地方先行裝設，作爲第一期比較偏僻地方俟第二期施工，請分別函知以便計畫』等語，並經飭據各警察局查明分期列表，函復該公司查照迅予依表分別裝設各在案。玆查此案已逾年半，是項電燈迄未如約裝設，瞬屆冬防，此種設備實屬刻不容緩。除由本廳派員前往該公司接洽催促，暨分函外，事關公安要舉，相應備函奉達請煩查照，迅賜轉函華中水電公司，依照本廳前送電燈裝設地點數目一覽表尅日裝設以固治安』

等由准此相應函請貴公司查照首都警察廳前送電燈裝設地點數目一覽表尅日裝設以冏治安而利交通並希
見復實紉公誼此致
華中水電公司南京支店

市長　蔡　培

中華民國二十九年十一月　日

振務委員會南京市政府箋函

社字第四二九〇號

查本府會協商聯合各界籌辦首都二十九年冬振一案業於本月六日經各機關團體代表出席本會會商卽席議決首都冬振委員會規則十四條紀錄在卷茲查組織規則第三條之規定應出
貴部會廳正式指派代表〇人充任委員除呈報並分函外相應檢同會議紀錄及首都冬振委員會組織規則各一份函請
查照指派高級負責人員代表
貴部會廳出席並將銜名卽日開單
見復為荷

此致

內政部

財政部

社會部

行政院糧食管理委員會

首都警察廳

社會運動指導委員會南京市分會

南京市黨部

中國大民會

南京市商會整理委員會

南京紅萬字會

附會議紀錄一份首都冬振委員會組織規則一份（見紀錄法規欄）

振務委員會
南京市政府啓

中華民國二十九年十一月 日

會議紀錄

首都冬振委員會籌備會會議紀錄

日期　中華民國二十九年十一月六日上午九時
地點　振務委員會會議廳
出席人
振務委員會　戴策　何墨溪　張若農　邵希廉
南京市政府　盛開偉　金自元　蔣汝中
內政部　郭曾琛
社會部　章華寶
社運會南京分會　姜鳳樓

市黨部　陳唯一
　　　　陳翔
市商會　蕭一誠
　　　　葛亮疇
大民會　趙如珩
紅萬字會　陶錫三
糧食管理委員會　向濬庵
首都警察廳　施鵬程
主席　振務委員會常務委員　戴策
紀錄　施民
　　　何澤遠

甲、報告事項

一、戴主席報告　組織本會之意義

二、市政府社會局盛局長報告　籌辦本會之經過

三、振務委員會籌振處邵處長報告　首都冬振振款協商經過

乙、討論事項

一、戴主席提　擬請審查振務委員會南京市政府會擬之首都冬振聯合委員會組織規則草案十五條請討論公決案

決議照修正案通過呈院核示（修正案附）

丙、談話擇錄

一、米穀價格奇昂擬酌量採用雜糧以資調劑

一、六七兩月公務員捐薪助振截至目前止收到七萬餘元將來仍擬請續辦惟以簡任以上人員爲限

一、冬振時間已近擬請求政府另撥的款採辦米穀將來除施振用途外可辦平糶以上各節俟委員會成立再行正式提案討論

統　　計

南京市各區界內二十九年十月份戶口統計表

區別＼戶口	戶數	人口數						
		男			女			總計
		成人	兒童	合計	成人	兒童	合計	
總計	140722	233821	105947	339768	180938	90475	271413	611181
第一區	27715	48961	19365	68326	37747	17187	54934	123260
第二區	38550	62123	29137	91260	51791	23693	75484	166744
第三區	18841	30659	13319	43978	22675	10850	33525	77503
第四區	11089	18039	7560	25599	13557	6600	20157	45056
第五區	9401	19572	6099	25671	11803	5585	17388	43059
上新河區	12553	20034	9154	29188	16638	8487	25125	54313
燕子磯區	952	15483	8379	24362	12175	8000	20175	44537
孝陵衛區	4299	5618	4306	10224	5525	3569	9094	19318
安德門區	8753	13332	7828	21160	9027	6504	15531	36691

附註：表內數字係根據各區公所呈報之戶口月報

秘書處第二科統計股製

南京市各區界內二十九年十月份戶口增減比較表

戶口增減 / 區別	戶增減數	人口增減數						
		男			女			總計
		成人	兒童	合計	成人	兒童	合計	
總計	+6853	+11512	+3007	+14519	+10283	+2226	+12509	+27028
第一區	+1637	+3306	+156	+3462	+3161	+114	+3275	+6737
第二區	+2177	+3527	+1671	+5198	+2659	+1079	+3738	+8936
第三區	+2690	+4237	+1207	+5444	+2981	+937	+3918	+9362
第四區	+979	+1232	+351	+1583	+1094	+343	+1437	+3020
第五區	−512	−903	−204	−1110	−345	−175	−520	−1630
上新河區	−33	−189	−198	−387	+7	−101	−94	−481
燕子磯區	+5	+50	−5	+45	+152	+7	+159	+204
孝陵衛區	+17	+199	+13	+212	+439	+13	+452	+664
安德門區	−157	+56	+16	+72	+135	+9	+144	+216

附註：(1)表內數字係根據各區公所呈報之戶口月報

(2)有(+)符號者爲增加，有(−)符號者爲減少

秘書處第二科統計股製

中華民國二十九年十一月三十日

第六十期

市政公報

南京市政府秘書處印行

目錄

命令

法規

公牘

統計

南京市政府公布令 教字第四八五三號

茲制定南京市私塾總登記暫行辦法公布之

此令。

附南京市私塾總登記暫行辦法（見法規欄）

中華民國二十九年十一月　日

市長　蔡　培

教育局長　徐公美

南京市政府公布令 教字第四九〇八號

茲制定南京市政府教育局監督私立職業補習學校傳習所登記辦法公佈之

此令。

附南京市政府教育局監督私立職業補習學校傳習所登記辦法（見法規欄）

中華民國二十九年十一月　日

南京市政府訓令

財第字四八〇八號

市長　蔡　培

教育局長　徐公美

令本府各局及附屬各機關

案准

財政部會字第二三七一號咨開：

「案查民國三十年一月至六月份第一期省市概算前經分咨查照轉飭財政局編送在案現在三十年會計年度行將開始所有一月至六月份概算亟應着手彙編復查此次地方財政整理會議本部交議應根據集中緊縮主義量入爲出編製概算一案當經議決集中方面以治安教育及救濟與經濟建設爲中心工作由財政廳局將各該經費順序支配規定適當比率編入概算緊縮方面則性質類似之機關應以裁併爲原則不必要之支出以裁減爲原則非必要之設施以緩辦爲原則茲查各省市送到二十九下半年度概算不免有上述三項情事除另案核辦外應由財政廳局根據上項決議於編製三十年度概算時切實檢討凡性質類似之機關及非必要之設施分別併減或從緩舉辦其他行政機關如各廳局經費亦應分別工作繁簡

係照實際需要切實核減量入爲出事業費與行政經費亦應規定一適當比率編入概算呈報中央核定至一切稅收款項爲財政之主要命脈事變以後收支紊亂難保無隱匿浮報情弊應請貴市政府重申告誡通令各該主管機關轉飭所屬切實注意如有隱匿不報或報而不實者依法從嚴懲辦以清積弊而裕收入除分支外相應咨請貴市政府查照轉飭財政局切實遵辦並希見復爲荷」

等因准此查現在民生凋敝財力殫竭開源既屬無方自不得不從節流入手本府各機關務必共體斯旨遵照

財政部咨示各原則參酌情勢照本年度成案切實核減擬編三十年度一月至六月份第一級收支概算於文到七日內呈候核編彙轉除咨復外合行令仰該口遵照辦理慎毋延遲切切此令！

中華民國二十九年十一月　日

市長　蔡培

南京市政府訓令　教字第四八〇六號

令南京市各區公所

案據本府教育局簽呈稱：

「案查本局前奉教育部令飭舉辦全市學齡兒童調查，曾經擬具南京市政府教育局調查學齡兒童實施細則，分別呈奉鈞長暨教育部核准備案。茲特依照該項細則第五條「學齡兒童之調查，由各區主持學校，邀請各該區公所……會商一切調查事宜」及第七條「調查學齡兒童時……并請由區公所令飭全區所有坊保長協助辦理」之規定，懇請鈞長准予令飭各區公所，於各該區主持學校，召開學齡兒童會議時，派員出席與議，共策進行；并於各調查員出發調查時，轉飭各該區坊保甲長，協助辦理。俾學齡兒童，得有正確統計，以憑彙報，而利教育」等情：據此，查核所請各節，尚屬可行，應准照辦，除分令外，合行抄發調查學齡兒童實施細則一份，令仰該區長遵照，并轉所屬各坊保甲長一體遵照！

此令。

附抄發調查學齡兒童實施細則一份（見法規欄）

市長　蔡　培

教育局長　徐公美

中華民國二十九年十一月　日

南京市政府訓令　社字第四八八〇號

令城鄉各區公所（除安德門區）

案據安德門區區長尉遲琨先後呈

「據第三坊坊長趙鑫銓穀秀鄉鄉長吳長福先後呈報「第三坊境內七里街地方友軍細谷部隊汽船倉庫於十月二十六日上午七點四十分鐘起火旋由城內救火隊撲滅該庫臨時使用人時文龍原住穀秀鄉紅花新村內現已不知去向奉友邦憲兵隊派員催令迅速嚴緝該使用人歸案訊辦當由坊長率領各保甲長挨戶查緝等語祈鑒核」等情卽經指令該區長認真督飭緝獲具報後茲據報稱「竊據本區第三坊坊長趙鑫銓呈據派往東鄉探員王元海吳兆法於本月九日上午七時許回坊報告探見逃犯時文龍潛匿在高橋門小飯店內請速加派幹員協同前往捕緝等情到坊職當卽馳往白下路憲兵隊據情轉報比蒙該隊派卡車一輛並憲兵數名連同探員王元海吳兆法一行共十餘人駛往高橋門將正犯時文龍捕獲歸案由憲兵隊帶隊訊辦等語轉請依照編查保甲戶口暫行條例第三十五條第五款之規定准賜傳令嘉獎並乞通令各區轉飭各坊保甲長一體知照用資鼓勵」

等情前來查該坊長督屬查獲是案正犯時文龍足徵辦理迅速除指令傳令嘉獎該區轉飭知照並分令外合行令仰轉飭所屬坊保甲長一體知照

此令

市長　蔡培

中華民國二十九年十一月　日

社會局長 盛開偉

南京市政府訓令

社字第四九二七號

令 城區各區公所
南京市青年團指導部

查本市每屆歲尾年初例有冬防之舉在此期內由軍警加緊防務而保甲人員本守望相助之義自應盡力協助茲已時屆冬令亟宜援案舉辦業經本府召集有關機關及各區公所舉行冬防會議當經決議在冬防期內鄉區責成原有自衛團加意防範城區仍照上年辦法各坊一律組織保甲巡查班於夜間分班巡邏防杜宵小並定於本年十二月一日起開始辦理至三十年二月底爲止必要時得延長之等語紀錄在卷除由本府制定南京市城區冬防期內保甲巡查規則呈報行政院備案並分別函請各有關機關飭屬隨時協助暨分令外合行抄發是項規則一份令仰該區長該主任卽便遵照趕速妥慎辦理仍將遵辦情形具報察核毋稍忽忽切切知照並轉飭所屬一體隨時予以協助爲要

此令

中華民國二十九年十一月日

市長 蔡培
社會局長 盛開偉

南京市政府訓令 社字第四九二七號

令鄉區各區公所

查本市每屆歲尾年初例有冬防之舉在此期內由軍警加緊防務而保甲人員本守望相助之義自應盡力協助茲已時屆冬令亟宜援案舉辦業經本府召集有關機關及各該區公所舉行冬防會議當經決議在冬防期內城區照上年辦法各坊一律組織保甲巡查班鄉區仍責成原有自衛團加意防範不另組織並定於本年十二月一日起開始辦理至三十年二月底爲止必要時得延長之等語紀錄在卷除呈報並分別函令外合行令仰該區長遵照轉飭所屬鄉鎮原有自衛團務於冬防期內切實辦理仍將遵辦情形具報察核毋稍怠忽切切

此令

中華民國二十九年十一月　日

市長　蔡培

社會局長　盛開偉

南京市政府指令 社字第四九二九號

令一五區公所

案查本京茶社舞廳爲一般遊人麕集之所歌舞女體格是否健康有無傳染病症關係公共衛生

至深且鉅亟應設法取締以策安全經飭衛生局訂定檢驗歌舞女規則十二條暨衛生許可證一種核准施行在案茲定於十二月一日起實施檢驗除函首都警察廳查照協助並分令財政局轉飭妓捐征收所知照衛生局第四診療所遵照暨通知各該商場經理人外合行檢發檢驗歌舞女健康規則一份令仰該區遵照通知轄境淸唱茶社及舞廳經理人轉飭歌舞女一體遵照逕向本府衛生局第四診療所按期受檢領證營業勿違

此令

附規則一份（略）

中華民國二十九年十一月　日

市長　蔡　培

社會局長　盛開偉

南京市政府訓令　社字第四三六一號

令第三區區長方　灝

據報該區轄境玄武湖環洲地方有諾那佛堂（俗名喇嘛廟）一座係由前中央委員柏文蔚等集資建築事變以後主持乏人宵小乘機盜竊不但廟屋佛像損毀卽一應傢俱供器亦蕩然無存等語查此項建築物關繫全湖風景亟應加以保護現經飭據社會局簽報以該區第十一坊長耆士鈺人品

端正長齊禮佛有年堪以擔任保護之責該坊長亦自願住廟負責保管等情前來查該所稱尚屬可行合亟令仰該區長卽便轉飭該坊長蒼士鈺遵照尅日入廟保管整理仍仰將該坊長入廟日期及整理情形隨時具報備查爲要

此令

中華民國二十九年十一月　日

市長　蔡　培

社會局長　盛開偉

南京市政府指令　社字第四八七二號

令安德門區公所

呈一件　爲呈報關於七里街細谷部隊汽油船倉庫被焚一案之正犯時文龍業由第三坊密緝歸案轉呈鑒核准予傳令嘉獎以資鼓勵由

呈悉該區第三坊坊長趙鑫銓辦理此案尙屬迅速應卽傳令嘉獎除通令各區轉飭所屬坊保甲長一體知照外仰卽轉飭知照

此令

中華民國二十九年十一月　日

市長　蔡　培

社會局長 盛開偉

南京市政府指令 財字第四八六二號

令八卦洲洲產整理處

呈一件 呈送征收秋租佃戶花名冊暨繳還災冊祈核備由

呈冊均悉該洲本年秋租按照歉熟成分分全征及八成六成三種經加複核尚屬實在應准照辦其全被水淹顆粒無收者准予免租以示體恤茲定自本年十二月五日起至十二月三十一日止爲征收秋租之期除布告外仰即如期啓征務須依限掃征報解所有上期春租尾數並應一併追征解繳以重庫收至三步墾登記事宜暨本年秋租究竟應否征收仍仰該處長遵照迭令辦理並詳切核議復奪來冊存布告收據及實征秋租分數清單隨令附發此令

計發布告六十份洲租收據二十本（整洲字第一號起至第二千號止）

實征秋租分數清單一份（略）

中華民國二十九年十一月一日

市長 蔡培

南京市政府布告 財字第四八六三號

案查八卦洲圩墾田地本年應征秋租業經本府派員前往實地履勘並飭據八卦洲洲產整理處

按照歉熟成分查造租册計頭二步墾合田叁萬捌千叁百伍拾玖畝陸分分全征及八成六成三種征收其全被水淹顆粒無收者免租等情經本府詳加複核尙屬實在自應准照所擬辦理茲定自本年十二月五日起至十二月三十一日止爲征收秋租之期合亟布告該洲佃農一體知悉仰將本名下應繳本年秋租遵限前往該洲整理處如數淸繳掣據安業倘有遲延觀望逾限不繳者並照章科以滯納罰金不貸其各遵照毋違切切此布

中華民國二十九年十一月　日

市長　蔡　培

南京市政府布告　財字第九二〇號

查本市鄉區田賦爲市有正項收入自應及時啓征以裕市庫茲定於十二月一日爲二十九年度第一二期（卽上下忙）併行開征之期除在本市後王府五十六號財政局田賦征收處設櫃征收並飭警散發加蓋核減實征紅戳田賦通知單暨分令外合將納賦須知刊刻布告仰本市鄉區各業戶一體遵照務各按期親自持單攜帶應納稅款前赴該征收處投櫃淸完掣照安業毋稍玩誤切切此佈

附刊納賦須知

中華民國二十九年十一月　日

市長　蔡　培

納賦須知

一　各業戶應納賦稅分一二兩期完納（即上下忙）每期按照應納正稅原額清完

二　各業戶按期完納賦稅時應照稅額加征百分之五手續費（即征收費）

三　自開征日起滿兩個月後完納者應照納稅原額加征百分之十滯納金

四　自開征日起滿四個月後完納者應照納稅原額加征百分之二十滯納金

五　各業戶應納賦稅自開征日起逾四個月後仍未完納者除科收上項滯納金外得斟酌情形隨時拘案押追

六　各業戶應納賦稅確係災歉經報請查勘屬實者得照核定成數扣除並加蓋紅戳於征册單照上標明災歉若干成字樣以示區別而杜浮收

七　各業戶如有甫經回歸未及如期登記者可逕赴各該鄉區公所或財政局征收處聲請補登幷須補繳二十七八年度應完賦稅

八　各業戶應繳賦稅須攜帶通知（即由單）赴財政局征收處完納製照安業

九　本通知單概不取費繳納田賦時必須攜帶此單

十　本通知單如有錯誤限接到後十日內聲請更正

十一　本通知單如有遺失得覓具妥保來財政局征收處證明繳納

南京市政府佈告　社字第四八〇五號

查玄武湖環洲地方有諸那佛堂（俗名喇嘛廟）一座事變以後主持乏人致被宵小乘機盜竊不但廟屋佛像損壞即一應傢俱供器亦復蕩然無存此項廟宇關繫佛教暨全湖風景例應加以保護

除令第三區公所轉飭該管第十一坊長著士鈺住廟負責保管外合行布告周知自布告後倘有不法之徒仍敢前往盜竊一經查獲定即從嚴懲辦決不寬貸切切

此布

中華民國二十九年十一月　日

市長　蔡　培

社會局長　盛開偉

南京市政府批

社字第四七二二號

批藝報社社長朱國棟

呈一件　爲呈送發行小型文藝報紙登記聲請書祈核示由

呈暨附件均悉已據情轉咨　警政部察核辦理矣仰即知照此批附件存轉

中華民國二十九年十一月　日

市長　蔡　培

社會局長　盛開偉

法規

南京市城區冬防期內保甲巡查規則

第一條　南京市政府爲冬防期內根據保甲制度守望相助之原則督飭城區各區長按各坊組織巡查班於夜間巡查防杜宵小時制定本規則

第二條　南京市城區各區公所應於每坊組織一巡查班設班長一人巡查員六人至十人依區域之廣狹人口之多寡支配之巡查班之番號卽照各區坊之數字依次編列稱第幾區第幾坊第幾巡查班

第三條　巡查班班長由坊長或選擇幹練之保長充任之巡查員就本坊之公民具有左列資格之一者徵充之

一、曾受訓練之青年團團員

二、二十歲至四十歲之壯丁

第四條　有左列各款之一者不得充任巡查員

一、無正當職業者

二、有不良嗜好及惡疾者

三、曾受刑事處分者

第五條　巡查班受區長之監督指揮兼受該管警察局長之監督暨南京市青年團指導部之指導

第六條　區長秉承市長暨社會局長之命負責辦理左列各事項

（一）指揮監督本區各坊巡查班並考核其勤惰將應奬應懲之事實隨時報告於市政府

(二)須隨時與軍警及靑年團之主管官員取得切實聯絡

(三)督飭各坊坊長勸募冬防捐款彙收秉公支配

(四)稽核各坊收支款項按月彙報市政府

第七條 坊長承區長之命負責辦理左列各事項

(一)充任本坊巡查班班長如班長係遴選保長充任者坊長須負同樣之負任

(二)將各巡查員之勤惰及應獎應懲之事實隨時報告區長

(三)切實注意巡查員之品行思想應負責任

(四)督飭各保甲長勸募冬防捐款彙送區公所聽候公平支配

(五)按月造具收支款項報銷清册送區彙呈市政府

第八條 各坊巡查班每日下午九時起至翌晨七時止爲巡查時間得分二組於前後半夜交替出巡在出巡時應攜帶左列物品

1.臂章（圍於左臂）

2.木棍

3.捕繩

4.警笛

5.手電筒或其他適用之燈

第九條 巡查班所需費用由各區自向區內之商店及住戶募捐須視其營業之狀況資產之多寡責成各坊長盡力勸募不得勒索但商店最低不得少於二角住戶最低不得少於一角赤貧免收

第十條 捐款收據先由社會局編製經各區長繳價取轉發各坊長於收捐時塡寫計分三聯一聯交捐款人餘兩聯連同捐款送

區由區長蓋章後以一聯彙呈本府稽核一聯發還各坊長存執

第十一條　捐款之考核及徵信依左列手續辦理之

一、各商店住戶按月繳納冬防捐款後須將收據保存或貼於門首以備抽查

二、各保保長按月須將本保內各戶捐款數額詳列姓名捐數清單揭示於保長辦公處門首俾本保內居民咸知

三、各坊坊長按月須將本坊內每保之捐款總數按保開列清單揭示於坊公所門首

四、區長須將本區巡查收支款項每月月終造具報銷清册連同單據於次月五日以前呈報市政府審核由社會局派員抽查核對同時並須榜示於區公所門首

第十二條　有左列情事之一者得呈請市政府核奬

一、在其巡查區域內無竊盜案件發生者

二、查獲被通緝之案犯立卽送交該管警察局所者

三、拘獲現行犯立卽送交該管警察局所者

四、發覺形跡可疑之人立卽報告因而破獲案件者

五、對於戶口異動未報告之居民能查明報告者

六、其他對於巡查異常出力確有事實證明者

七、區長坊長對於巡查親自督察卓著勤勞者

八、坊長對於勸募捐款能不擾民而收數較多或開支特別節省者

第十三條　有下列情事之一者市政府得予以懲處其情節較重涉及刑事者由府送交法院依法辦理

一、明知盜竊或其他犯罪之人徇情不舉發者

二、對於形跡可疑之處所或行人毫不注意者
三、誣陷良善或濫用權力擾民者
四、不服從監督指揮及故違指導者
五、不遵守規定時間出巡或一月內請假至三次以上者（但確有疾病或其他重大事故經查明屬實者不在此限）
六、無故缺勤二次以上者
七、募收捐款時勒索擾民或開支浮濫者
八、經手款項不實不盡者
九、區長坊長對於巡查怠於躬親督察者
十、其他有不忠實盡職之行爲者

第十四條　巡查班長及巡查員倘因公受傷或致死時由區長迅卽報告社會局查明呈請　市長從優撫卹

第十五條　本規則經南京市政府公佈施行並呈報　行政院備案

南京市政府教育局調查學齡兒童實施細則

第一條　南京市政府教育局爲調查全市學齡兒童起見依照教育部所頒調查學齡兒童辦法訂定本細則

第二條　學齡兒童之調查在小學區未劃分前暫以行政區爲單位卽第一第二第三第四第五等五城區及上新河燕子磯孝陵衛安德門等四鄉區

第三條　學齡兒童之調查在學董未設置前爲督導便利起見每區暫指定小學三校或五校負主持之責其他學校均應協同辦理

第四條　調查學齡兒童應由各區所有小學全體教職員負責辦理並遴選高級學生協助之

第五條　學齡兒童之調查應由各區主持學校邀請各該區區公所暨警察局或分駐所會商一切調查事宜

第六條　學齡兒童之調查應由各區主持學校會商區公所及警察局將本區分爲若干小學區由區內所有各小學平均分負調查之責

第七條　調查學齡兒童時除請由警察局或分駐所派警按戶曉諭予以協助外並請由區公所令飭全區所有坊保甲長協助辦理

第八條　各區小學調查學齡兒童時應依照頒發丁種表式詳細調查加以統計列入丙表報告主持學校再行彙呈教育局

第九條　教育局俟各區主持學校將調查表彙呈後即行統計按照頒發甲種表式塡註於每學年度開始時連同丙表裝訂成冊彙報　教育部備核

第十條　調查學齡兒童應用之各種表式由教育局依照部頒表式複印分發應用

第十一條　各區調查學齡兒童所需經費由教育局統籌列入預算酌予津貼

第十二條　在辦理調查學齡兒童以前由教育局與各報社接洽發行特刊或專號並印發傳單與標語廣爲宣傳使民衆普遍了解以免發生阻力

第十三條　全市各區學齡兒童之調查由教育局規定於同一時期內全部動員調查完竣俾得正確之數字

第十四條　調查學齡兒童如發現有人鼓煽阻礙者可隨時報請各該區警察局或分駐所依法嚴予懲處

第十五條　本細則如有必要時得隨時修正之

第十六條　本細則自呈奉　南京市政府暨　教育部備案後施行

南京市政府教育局監督私立職業補習學校傳習所登記辦法

第一條　南京市政府教育局為監督并管理本市私立職業補習學校傳習所起見特定本辦法

第二條　凡私人或團體設立之職業補習學校傳習所均依本辦法規定辦理

第三條　私立職業補習學校傳習所不得以街巷等地名為校名或所名並須冠以南京市三字

第四條　私立職業補習學校傳習所之設立應開具左列各項呈請南京市政府教育局審核

一、名稱

二、目的

三、地址

四、經費來源

五、基金準備

六、設立者之姓名、性別、年齡、籍貫、職業及住址。

七、課程編制及章程

八、校具設備

九、教職員姓名表（須開具學歷及經歷）

十、學生數及開辦日期

在本辦法未公布以前成立之私立職業補習學校傳習所曾經前主管教育行政機關之認可而辦理確有成績者得免其呈請設立手續

第五條　私立職業補習學校傳習所經核准設立後三個月內開具左列各項呈請南京市政府教育局核明登記

一、名稱
二、設立地點
三、批准設立年月日
四、設立者之姓名、性別、年齡、籍貫、職業及住址
五、經費來源及收支詳細項目
六、呈驗基金存摺
七、設備概況
八、敎職員姓名表（須開具學歷經歷及任職年月）
九、學生一覽表

第六條　私立職業補習學校傳習所之編制分爲左列兩種
一、學期　以學期爲單位以修了若干學期爲終了前項學期之起訖不受一般學期起訖之限制
二、學科　以學科爲單位以修完某種學科爲終了

第七條　私立職業補習學校傳習所入學資格須曾受相當識字教育年在十五足歲以上者

第八條　私立職業補習學校傳習所修業期限得視各該職業之性質而定但至少以三個月爲原則

第九條　私立職業補習學校傳習所之學科分普通與職業兩種普通學科以公民體育爲必修科職業學科包含職業知識技能與職業事務
前項公民科內容得較普通學校之公民科爲廣

第十條　私立職業補習學校傳習所之職業學科及實習至少應佔全數百分之七十普通學科至多只能佔全數百分之三十

第十一條　私立職業補習學校傳習所學生修業期滿或修完應修科目時經學校考試及格者由校給予學業成績證明書學業成績由考試成績與平時成績合併計算平時成績佔學業成績三分之二考試成績佔三分之一

前項學業成績證明書應註明修業時期及職業學科

第十二條　私立職業補習學校傳習所得酌量徵收學費每月以二元至五元為限其學習消耗者按照消耗程度得酌予增收但須經南京市政府教育局之核准

第十三條　私立職業補習學校傳習所開辦一年以上其成績優異者得由南京市政府教育局酌予補助

第十四條　私立職業補習學校傳習所辦理不善或不依規定收費經查明確實者得令其停辦

第十五條　私立職業補習學校傳習所設校長或所長一人綜理校務

第十六條　私立職業補習學校傳習所校長或所長及教員須有左列資格之一者方得充任

一、高初級職業學校專科或專門學校畢業後有一年以上之職業經驗者

二、具有專門技能者

第十七條　私立職業補習學校傳習所校長或所長除前條規定外凡曾任人民團體職業機關主要職務而有成績者均得充任之

第十八條　本辦法如有未盡事宜得由教育局隨時呈准南京市政府修改之

第十九條　本辦法自呈奉南京市政府核准教育部備案後公佈施行

南京市私塾登記暫行辦法

第一條　南京市政府教育局爲整理全市私塾起見訂定本辦法舉辦私塾總登記

第二條　凡屬本市私塾均須依照本辦法聲請登記

第三條　私塾總登記暫分二種以（一）曾經登記合格者（二）已設塾而未登記者爲限

第四條　凡具有左列資格之一者得聲請登記塡具設立私塾表詳載設塾地點房屋設備連同資格證明文件及最近二寸半身相片兩張呈送本府教育局經審查檢定合格發給設塾許可證後始得設立

一、簡易師範科或師範講習所以上學校畢業者

二、初級中學以上學校畢業者

三、曾任學校教師一年以上者

四、精通國學具有教學經驗成績優良者

五、曾領有市府發給設塾許可證者

第五條　凡已在本市設立之私塾應於本辦法公佈後一個月內按照本辦法之規定補行登記手續經審查檢定合格後發給設塾許可證

第六條　凡在本市設立之私塾所用教材課程及訓管方法應遵照　教育部頒定之改良私塾辦法第三章各條辦理之

第七條　凡領有本市設塾許可證之合格塾師經考查認爲成績優良者得給予補助金或頒發奬狀以資鼓勵

第八條　凡在本市設立之私塾如有辦理不善違反教育宗旨經調查屬實者得隨時撤銷其許可證幷勒令停止設立

第九條　凡未領設塾許可證之私塾一律不得在本市設立

第十條　本辦法自教育局呈奉　南京市政府核准　教育部備案後公佈施行

公牘

呈行政院文

案查本市每屆舊歷歲尾年初例有舉辦冬防在此期內由軍警加緊防務而保甲人員本守望相助之義均應盡力協助茲已時屆冬令亟宜援案辦理爰經本府召集有關機關及各區公所舉行冬防會議當經決議在冬防期內鄉區責成原有自衞團加意防範城區仍照上年辦法各坊一律組織保甲巡查班於夜間分班巡邏防杜宵小並定於本年十二月一日起開始辦理至三十年二月底爲止必要時得延長之等語紀錄在卷除由本府制定南京市城區冬防期內保甲巡查規則令發各區遵照辦理並分別函咨各有關機關查照協助外理合將籌辦冬防情形並繕具城區冬防期內保甲巡查規則一份呈請

鈞院鑒核俯賜備案實爲公便謹呈

行政院院長汪

計繕呈南京市城區冬防期內保甲巡查規則一份（見法規欄）

南京市市長　蔡　培

中華民國二十九年十一月　日

南京市政府咨 社字第四九一五號

查本市每屆舊歷歲尾年初例有冬防之舉在此期內由軍警加緊防務而保甲人員本守望相助之義均應盡力協助茲已時屆冬令亟宜援案辦理爰經本府召集有關機關及各區公所舉行冬防會議當經決議在冬防期內鄉區責成原有自衞團加意防範城區仍照上年辦法各坊一律組織保甲巡查班於夜間分班巡邏防杜宵小並定於本年十二月一日起開始辦理至三十年二月底爲止必要時得延長之等語紀錄在卷除由本府制定南京市城區冬防期內保甲巡查規則呈報
行政院備案並令飭各區公所遵照辦理外相應檢同規則一份咨請
查照轉飭所屬隨時予以協助俾利進行至紉公誼此咨

內政部

警政部

計抄送南京市城區冬防期內保甲巡查規則一份（見法規欄）

市長 蔡培

中華民國二十九年十一月 日

南京市政府咨

查本市土地工作旬報表業經咨送至本年十一月份上旬在案茲造具本年十一月份中旬旬報

南京市政府辦理土地登記工作十一月份中旬旬報表

中華民國二十九年

日 \ 事項 件數	接收登記聲請書	土地所有權登記	房屋登記	更正登記	塗銷登記	移轉登記	分割登記	共有權登記	住所變更登記	繕寫查驗證	發給查驗證	備註
11		2				3					3	
放假 12												
13		4				2				1	5	
14		1				2				5	8	
15		3				1					7	
16		1								4	10	
星期 17												
18		2				1				12	12	
19		2				3				2	3	
20		6									3	
總計件數		21件				12件				24件	51件	

表一份相應備文咨送即希

督照爲荷

此咨

內政部

計咨送土地工作十一月份中旬旬報表一份

市長　蔡　培

中華民國二十九年十一月　日

南京市政府咨

社字第四七二一號

案據藝報社社長朱國棟呈以本京對於宣達政情之報紙已有中報南京新報等報惟關于文藝性質之小型報紙尙不多見國棟有鑒於斯擬創辦專刊小品文字之報紙定名爲藝報其內容以不涉政治不事攻訐不重抑揚專事研究小品文藝及提高藝術水準爲宗旨每三日出版一次基金業已籌足先後檢送藝報組織細則暨職員表幷遵照修正出版法第九條暨仝法施行細則第九條之規定塡具新聞紙雜誌登記聲請書四份前來相應檢同原送聲請書三份並抄附藝報組織細則暨職員表各一份咨請

察核辦理見復爲荷此咨

警政部

計附送登記聲請書三份藝報組織細則暨職員表各一份（略）

市長　蔡　培

中華民國二十九年十一月　日

南京市政府公函　教字第四六四七號

案查本府教育局前為籌設市立中心民眾學校兩所，經覓定建鄴路一三〇號房屋四進，現為難民二十餘家，雜居其中。復查該屋所有權人，稱係上海銀行所有；但事變後并未向本府地政局聲請登記。現既管理無人，自應暫歸公管，撥充辦理市立中心民眾學校之用。尚有東牌樓一三六號房屋四進，係屬市產，亦被少數難民佔住。關於各該屋住戶，迭經教育局會同財政局派員一再勸導遷徙，均屬無效。相應函請

貴廳轉飭所屬各該管警察局所，於本月二十六二十七兩日，派警協助勸令遷讓。除已飭由教育財政兩局，會同派員，前經各該管警察局所洽商辦理外，即請

查照迅予轉飭知照為荷！

此致

首都警察廳

市長　蔡　培

中華民國二十九年十一月　日

南京市政府公函　財字第四八九一號

案准

貴廳政四字第一〇九八三號公函略開以擬自本月份起征收住戶清潔捐三聯收據十萬張裝訂一千本派員送請財政局蓋印後仍由該員攜回分發征收等由准經飭局辦理茲據財政局呈稱查此項住戶清潔捐每月額征戶數捐款共該若干應先編造册送局查核以憑編列年度概算統收統支至前項捐款既於辦法內訂明由警察廳派員征收核與捐票名稱應有加戳說明之必要現擬對於捐票方面除由職局蓋用局印外另行加蓋紅戳（此項住戶清潔捐款暫由警察廳直接徵收）以明責任再所訂辦法第二條載三聯收據由財政局印製第四條載清潔捐以三分之二擴充清潔隊夫役及增加薪餉工資三分之一添置清潔器具等語所有捐票紙張印刷及辦公費用均未包括在內應否請其先行編造預算並修正辦法一面即由職局就原單上面加戳蓋印送還開始徵收以免延誤等情簽請核示前來查徵收前項住戶清潔捐款為地方收入科目之一應編列年度概算統收統支以符法案至徵册為編製捐票之根據加戳以明經徵之責任事所當然再查前訂辦法徵起之款全數支配於第二條及第四條兩項用途其所需之捐票紙張印刷及辦公費用似應通籌支配造具預算

並同時修正前訂辦法嗣後增印捐票幷應另定格式以臻妥善除批示照辦並飭一面將捐票蓋印加戳發囘徵收外相應函復

查照並希分別辦理見復爲荷此致

首都警察廳

市長 蔡 培

中華民國二十九年十一月 日

南京市政府公函 社字第四八〇二號

案據本市第二區區長于振寰呈稱

「案據第一坊坊長章培芝等呈以冬防將屆懇予轉呈函請警察廳於偏僻之區加派崗警以保安全祈核示等情據此除指令外理合據情呈請鑒核示遵實爲公便」

等情並抄附原呈一件到府據此查本屆冬防貴廳業已訂期開始辦理並訂有計劃大綱關於偏僻地區加派崗警一節當已通盤籌劃據呈前情除指令外相應抄同原附呈函請

查照轉飭南區警察局查明核辦以維治安實紉公誼

此致

首都警察廳

附抄原呈一件（略）

市長　蔡　培

中華國二十九年十一月　日

南京市政府牋函　教字第四八五一號

逕啓者：案據本府教育局簽呈稱：

「案據寒畯代表郭紹奇等呈請救濟失業寒畯，暨張弼臣……等環求援例救濟四案，查核名目雖殊：其目的實并無二致。竊以本市生活程度較諸往年增高數倍，是項失業寒畯，及失業書畫家之生活情狀，亦較往昔尤爲艱困，且嚴冬將屆對於救濟一節，似屬不容或緩，現擬依照往例，分期徵文及書畫三次，以十二月、一月、二月、舉行。每次錄取名額預計三百名，每名給予獎金拾元（往例陸元可糴米四斗現給拾元尙不足糴米二斗）共需三千元，至徵求書畫，亦擬仍照往例，每次錄取名額一百名，每名給予獎金十元。倘有不及格者，往例發給白米一斗，但目下米價高貴，斗米之給，自應變更，擬給予車費貳元。以示體卹，每期約有二百名，計四百元，三期合計一千二百元。其參加襄辦監試人員，約三十人，每人給車膳費貳元，每期六十元，三期合計一百八十元，以上各項，每期共需四千四百六十元，三期綜計壹萬三千三百八十元，是否可行？理合簽請鑒核示遵！」

等情；據此，查核簽呈各節，確屬實在，且事關救濟，值此嚴寒將屆，殊與冬賑有關，自應一併設法辦理，據呈前情，相應錄案函請

貴會核議見覆爲荷！

此致

首都冬振聯合委員會

南京市政府　啓

統計

南京市各區界內二十九年十一月份戶口統計表

區別 \ 戶口	戶數	人口數 男 成人	男 兒童	男 合計	女 成人	女 兒童	女 合計	總計
總計	146798	234440	106610	341050	182052	91019	273071	614121
第一區	27674	48565	19547	68162	38173	17296	55469	123581
第二區	38570	62334	29294	91628	51955	23805	75760	167388
第三區	18814	30807	13369	44176	22713	10910	33623	77799
第四區	11028	18111	7583	25694	13625	6621	20246	45940
第五區	9651	20086	6253	26339	12155	5762	17917	44256
上新河區	12524	20047	9164	29211	16651	8492	25143	54354
燕子磯區	9515	15503	8393	24396	12187	8020	20207	44603
孝陵衞區	4281	5638	4348	10286	5532	3583	9115	19401
安德門區	8741	13349	7859	21208	9061	6530	15591	36799

附註：表內數字係根據各區公所呈報之戶口月報

祕書處第二科統計股製

南京市各區界內二十九年十一月份戶口增減比較表

區別＼戶口增減	戶增減數	人口增減數 男 成人	男 兒童	男 合計	女 成人	女 兒童	女 合計	總計
總計	＋76	＋619	＋663	＋1282	＋1114	＋544	＋1658	＋2940
第一區	－41	－396	＋182	－214	＋426	＋109	＋535	＋321
第二區	＋20	＋211	＋157	＋368	＋164	＋112	＋276	＋644
第三區	－27	＋148	＋50	＋198	＋38	＋60	＋98	＋296
第四區	－61	＋72	＋23	＋95	＋68	＋21	＋89	＋184
第五區	＋250	＋514	＋154	＋668	＋352	＋177	＋529	＋1197
上新河區	－29	＋13	＋10	＋23	＋13	＋5	＋18	＋41
燕子磯區	－6	＋20	＋14	＋34	＋12	＋20	＋32	＋66
孝陵衛區	－18	＋20	＋42	＋62	＋7	＋14	＋21	＋83
安德門區	－12	＋17	＋31	＋48	＋34	＋26	＋60	＋108

附註：(1)表內數字係根據各區公所呈報之戶口月報
(2)有(＋)符號者爲增加，有(－)符號者爲減少

祕書處第二科統計股製

市政公報暫定價目表

期限	價目	郵費
零售	每冊三角	本市半分 外埠一分
半年	十二冊 三元五角	本市六分 外埠一角二分
全年	二十四冊 七元	本市一角二分 外埠二角四分

市政公報廣告刊例

頁數	價目
一頁	每期十一元
半頁	每期六元
四分之一頁	每期三元

刊登廣告在四號以上者每期按照七折計算連續十號以上者每期按照六折計算長期另議

出版日期 本公報暫定每月二次

編輯者 南京市政府祕書處

發行者 南京市政府祕書處

印刷者 南京惠文印務局
地址：中華路府東街
電話：二三二八三號

中華郵政登記認為第一類新聞紙類

中華民國二十九年十二月十五日

第六十一期

市政公報

南京市政府秘書處印行

目錄

命令

法規

公牘

南京市政府訓令 財字第五四二二號

令本府所屬

案奉

行政院行字第一二二三號訓令內開

「現奉

國民政府文一訓字第一八八號訓令開『查審計部組織法現經修正明令公布應即通飭施行除分令外合行檢發該組織法令仰知照并轉飭所屬一體知照此令』等因計檢發修正審計部組織法一份奉此除分令外合行抄發該組織法令仰該市府知照并轉飭所屬一體知照」

等因附發修正審計部組織法一份奉此除分行外合行抄發該組織法令仰知照

此令

計抄發修正審計部組織法一份（略）

中華民國二十九年十二月　日　市長　蔡培

南京市政府訓令 祕字第　號

令各局處及區公所

案准

國民政府考試院銓敍部二〇號公函開

「逕啓者現任公務員甄審期間業奉國民政府第一五七號訓令展限六個月並通令在案所有在展限期內各機關任用之公務員俟滿三個月時仍應依法塡甄審表送審相應函請查照辦理」

等由准此自應照辦除分令外合行令仰遵照

此令

中華民國二十九年十二月　日　市長　蔡培

南京市政府訓令 祕字第　號

令本府所屬機關

案奉

行政院行字第一二二二號訓令開：

「案奉　國民政府府文二訓字第一九〇號訓令開：『據本府文官處簽呈稱：「准中央政治委員會祕書廳中政祕字第六六一號公函內開：『查二十九年十一月二十八日中央政治委員會第二十八次會議，討論事項第四案：委員溫宗堯梁鴻志等二十二人提：「查國民政府還都，業經半載，主席職務尙係代理，當時中央政治會議，原冀重慶方面，抗戰份子，不久卽能覺悟，全面和平指日可期，現在時閱七月，渝方頑强分子，依舊執迷，且道路封鎖，交通斷絕，各級公務人員，雖多心向和平，一時不能囘京供職，而國民政府主席對內對外，代表政府，爲國家元首，尤不便長此虛懸，茲擬公推　汪兆銘先生爲國民政府主席，卽日就職，以繫中外之望，而奠統一之基，是否有當，伏候公決案。』當經決議『通過』除紀錄在卷外，相應錄案，函請查照轉陳』等由；理合簽請鑒核。」等情；自應依議辦理，茲定於中華民國二十九年十一月二十九日上午八時，敬謹宣誓就任國民政府主席，除分行外，合行令仰該院知照。并轉飭所屬一體知照！此令。』等因；奉此，除分令外，合行令仰知照，並轉飭所屬一體知照！此令。」

等因，奉此；除分令外，合行令仰知照！

此令。

中華民國二十九年十二月　　日　　市長　蔡培

南京市政府訓令　社字第五三〇七號

令城鄉各區公所

案准

國民政府振務委員會振字第一九七號公函內開：

「案查首都貧民紛向本會請求救濟收容惟查本會所屬救濟院房舍名額均屬有限難於盡數留養茲已訂定收容標準三項(一)男婦年滿六十歲確無工作能力並無親屬扶養者(二)男婦殘廢不能工作並無親屬扶養者(三)孤兒無親屬扶養者此後該院收容貧民概以上列三項為準則但仍視名額有無餘空酌量辦理除令行該院佈告週知外相應函請查照並轉飭所屬知照為荷」

等由准此自應照辦除分令外合行令仰該區長知照並轉飭所屬一體知照

此令

中華民國二十九年十二月　　日

市長 蔡培
社會局長 盛開偉

南京市政府訓令 財字第五一四九號

令南京市商會整理委員會
營業稅處捐稅征收所第一二三四五孝陵衛區公所

案據本市屠宰稅局呈稱

「江蘇省財政廳近在本市境內大勝關雨花台燕子磯鎭寶塔橋等處分設江蘇省猪隻營業專稅查驗所征收猪稅商民以一地兩稅叫苦連天事關越境征捐不惟影響市稅抑且重苦猪商合亟報請鑒核」

等情據此除指令並電請江蘇省政府轉令財政廳將凡在本市區內所設猪隻查驗所迅予撤回以免弊混而清界限外合行令仰知照嗣後凡屬發現類似此項越境征稅機關卽仰查明具報爲要切切

此令

中華民國二十九年十二月 日

市長 蔡培

南京市政府訓令 社字第五〇八九號

令各城區區長

查清查戶口一舉關繫社會安寧至深且鉅値此冬防期內若不嚴密複查實不足以肅清奸宄而維治安茲訂於十二月六日起舉行城區戶口總複查同時換塡市民聯保切結統限十日辦理竣事除分令并將空白結表另行檢發外合亟檢發戶口總複查及換塡切結辦法口份令仰該區長遵照督率所屬認眞辦理依限完成具報切勿敷衍塞責致干未便切切

此令

附發戶口總複查及換塡切結辦法　份（見法規欄）

中華民國二十九年十二月　日

市長　蔡培

社會局長　盛開偉

南京市政府訓令

社字第五三一二號

令孝陵衛 安德門 燕子磯 上新河 區公所

查各鄉田地農產品收穫豐歉關計國計民生至鉅本年秋收已經完成所有生產數量亟應詳查以資考核茲製定二十九年度收穫農產品數量調查表一種除分令外合行檢發表式令仰該區遵照尅日轉發各鄉鎮長切實查塡限於十二月二十日彙齊呈府以憑查核

南京市二十九年度　區收穫農產品數量調查表

項別 ／ 農產品名稱	秈稻	糯稻	赤豆	綠豆	豌豆	蠶豆	青豆	黃豆	蕎麥	芝蔴	油菜子	棉花	高粱	玉蜀黍	山芋	花生	黃麻	大麻	白麻	苧麻	蔬菜	果樹	桑樹	煙葉	藕	甘蔗						
產區 鄉																																
產量 種植面積畝																																
產量 每畝產量石																																
產量 收穫總量石																																
備註																																

說明

一、本年麥收數量業經調查統計故未列入

二、本表以鄉爲單位每鄉查塡一張

三、表列產量各欄務須翔實查塡不得隨意減縮或缺漏

四、本表未經列入各農產田各鄉查明塡入空欄內仍於備考內註明

二十九年　月　日

此令

計發調查表　張

中華民國二十九年十二月　日

市長　蔡　培
社會局長　盛開偉

南京市政府訓令

社字第五三八二號

令城鄉各區公所

案准

江蘇省政府祕一字第一八二號咨開：

「查本省自事變以還各地伏莽未靖萑苻遍野雖迭經當地駐軍暨警察隊自衛團剿撫兼施地方治安稍趨穩定但以現值冬防期屆誠恐宵小滋害匪氛易熾亟應實施冬防以安閭閻並爲謀防剿匪盜各縣取得密切聯絡起見同時實施聯防以杜竄擾爰由本府擬訂本省省會及各縣冬防綱要暨各縣聯防暫行辦法各一種除飭由民政廳警務處督飭各縣及各警察局所遵照辦理並分別呈咨外相應抄附本省冬防綱要暨各縣聯防辦法各一份咨請貴府查照並轉行各縣區知照隨時聯防爲荷」

等由幷附冬防綱要及各縣聯防辦法各乙份到府准此自應照辦除咨復並分令外合行抄發原件令

仰該區長卽便知照並轉飭所屬一體知照切切

此令

計抄發江蘇省冬防綱要暨各縣聯防辦法各乙份

中華民國二十九年十二月　日

市長　蔡培

社會局長　盛開偉

江蘇省省會及各縣辦理冬防綱要

一、冬防期間規定自二十九年十一月十五日起至三十年二月十五日止但各地遇有特殊情形得酌量延長之

二、各縣縣長應會同各警察局所長召集各軍警機關自衛團體及各區區長地方士紳開全縣冬防會議討論分配防區以及籌劃防務上之一切事項是項冬防會議至少每月應開會兩次如有特殊情形得隨時召集

三、各縣爲實施冬防便利指揮起見得聯合各軍警機關組織冬防辦事處其名稱卽爲某某縣冬防辦事處於期滿後撤銷其辦事處主任以各該縣縣長兼任並以警察局所長與駐防軍隊長官兼任副主任

前項辦事處以不支經費爲原則必要時僅可酌支辦公用費至職員則由縣府及警察局所調用

四、省會方面召集冬防會議應由省會警察局主持辦理其省會冬防辦事處主任亦由省會警察局長兼任之

五、各縣與鄰近各縣或鄰省市之縣均應實施聯防並在舉辦冬防之前由各該縣縣長警察局所長會商冬防期內一切辦法或聯合鄰近各縣召開聯防會議

六、各縣應就原有警察分駐所之管轄區域（如鄉區並無駐警之處卽依自治區範圍）劃分爲冬防區省會地點應就原有之各警

察署管轄區域劃分爲冬防區以利指揮

七、各冬防區之間暨縣與縣之間均應確定路線地點日期實施會哨並將會哨情形及會哨證隨時分別呈報各該冬防辦事處查核

八、省會及各縣均應組織臨時檢查隊在各交通要隘城門車站輪埠等處分別嚴密檢查詳加盤詢又組織巡邏隊隨時在繁盛市區巡察各街道以防宵小混跡

九、各縣應審察防務情形對於境內各重市鎮或水陸要隘得隨時抽調部隊前往警戒或增加駐防實力

十、凡距離警察局所及駐軍處所較遠之鄉鎮應由各該冬防區徵集自衛團員或地方壯丁組織鄉區巡察隊隨時梭巡警戒

十一、凡有水警組或水巡隊組織之各縣應組織水上巡察隊嚴密梭巡警戒

十二、嚴密保甲組織隨時抽查戶口警務人員並應與保甲人員互相聯絡按期開警保連繫會議

十三、在冬防時期之一切防務應隨時與友軍聯絡

十四、在冬防期內所有官警士兵以及消防人員非因疾病或重大事故一概不准請假

十五、各縣舉辦冬防所有防務支配及各項實施辦法與冬防會議等紀錄均應專案分報省政府及民政廳警務處查核

江蘇省各縣聯防暫行辦法

一、本省爲鞏固地方治安聯絡防剿匪盜起見特訂定本辦法實施各縣聯防

二、各縣聯防區域暫劃分吳縣吳江無錫爲一區崑山常熟太倉爲一區松江金山青浦爲一區武進宜興江陰爲一區丹徒丹陽金壇爲一區句容江寧溧水爲一區江都儀徵六合江浦爲一區南通靖江海門爲一區共計八區

三、各聯防區爲籌劃設施各該區內防務上一切事項每月至少舉行聯防會議一次此項會議定名爲某某某某縣聯防區聯防會議必要時召開臨時會議

四、各聯防區爲謀防務上各項設施之聯絡得設立聯防辦事處以爲聯絡機關

前項聯防辦事處職員由縣政府派員兼任不另支薪

五、各縣防區之聯防會議指定吳縣崑山松江武進丹徒句容江都南通各縣縣長分別負責召集之以各該縣長爲會議主席並兼任聯防辦事處主任

六、聯防會議除各縣長應出席外各縣警察所長均應出席必要時得函請各該區內之駐軍長官出席或指定其他與防務上有關之人員列席會議

七、各聯防會議之議決各案應由各該會議之主席分別專案呈報省政府與警務處民政廳（以下簡稱省廳處）察核其會議紀錄並應分別呈報省廳處暨函送各出席人員密存

八、各聯防區應隨時互通情報並參照本省各縣辦理冬防綱要實施會哨

九、各聯防區在防務上必要時得與鄰近之聯防區或鄰省鄰市之各縣區聯絡防務並商請鄰省接境之各該縣長或鄰市之區署長與鄰省市之駐軍長官出席各該區內之聯防會議

十、各聯防區發生匪警應以迅捷方法聯絡兜剿如遇匪情重大應即飛報省廳處一面就近商同駐軍會剿

十一、各聯防區之一切防務應隨時與友軍聯絡

十二、本辦法如有未盡事宜得由省政府隨時修正之

十三、本辦法經江蘇省政府訂定施行

南京市政府訓令　地字第　號

令孝陵衛　安德門
燕子磯　上新河區公所

查本市區內不動產賣買應聲請地政局核准其未經核准者不能發生效力早經前市政府頒布

不動產賣典暫行規則並規定買主應出具甘結賣主呈繳圖狀取具相當妥保布告周知在案近查城區遵章聲請賣買完稅過戶者固多而附郭及各鄉區意存觀望或希圖漏稅隱匿不報者亦所在多有須知不動產之賣買一經報請官廳核准投稅過戶領取管業書據則其賣買業已完成合法手續依法自屬絕對有效倘私相授受不獨顯違功令抑亦自干究處其中利害至爲分明爲此令仰該區長卽便遵照凡附郭及各鄉區在事變以前已向前地政局聲請移轉登記未經辦結以及事變後私自約定賣買尚未聲報賣買者統限自布告之日起一個月內前往地政局補行移轉登記以憑核辦倘逾限延不登記定卽嚴予處罰決不寬貸除布告外仰卽切實協助勸導並轉飭所屬一體遵照爲要

此令

中華民國二十九年十二月　日

市長　蔡培

地政局局長　胡政

南京市政府訓令　教字第　號

令市私立各中小學

查時屆嚴冬，朔風怒號，一般無告貧民，平昔既感無以爲生，此時益難爲計，卽或求得餘食，聊以果腹，然寒夜衣單，情殊可憫，若不設法救濟，誠恐强者挺而走險，弱者轉乎溝壑，既違人道，復礙治安，茲據本府教育局呈送擬訂首都冬振學界勸募寒衣辦法前來，查核尙無不合，除轉咨振務委員會備案暨分令外，合行檢發原辦法一份，令仰該校長卽便遵照辦理，並轉飭遵照！

此令

附發首都冬賑學界勸募寒衣辦法一份（見法規欄）

中華民國二十九年十二月　日

市長　蔡培

教育局長　徐公美

南京市政府訓令　工字第　號

令燕子磯區區長

案查前據該區長呈以據七里笆斗燕子磯等三鄉鎭先後轉呈災農代表劉瑞卿等請求救濟暨撥款修築圩堤以重水利一案據經分別轉咨振務水利兩委員會查照辦理在案茲准水利委員會工字第一九五號咨開查各省市舉辦水利工程事宜前經本會擬訂各省市舉辦水利工程通則呈奉行政院核准備案並以工字第一二八號咨達查照在案關於該區擬請修築七里笆斗燕子磯等鄉鎭臨江圩堤一節應卽查照上項通則之規定依序辦理准咨前由相應咨復卽希查照辦理等由准此查各省市舉辦水利工程通則第三條凡擬舉辦工程須先備具：一、工程意見書二、工程位置圖三、工程概算書四、測量預算書又第四條工程核准舉辦後應卽測量設計備具：一、工程計劃書二、工程位置圖三、實測圖表四、設計圖五、施工細則六、工程預算書送由水利總局審核履勘轉呈行政院核示該區長所請修築圩堤工程一節現已飭工務局併入三十年度擬辦水利工程案內應俟

水利委員會議決後再行按照規定手續辦理仰卽知照此令

中華民國二十九年十二月　日

市長　蔡　培

南京市政府訓令　財字第五一五七號

令八卦洲洲產整理處

案准

振務委員會函以乞丐收容所月需柴草一百五十担請轉飭洲產管理處保留十個月供給一千五百担等由過府事關地方救濟事業本府自應如數協助並經議妥由所方每担酌貼割工及運費八角除函復並請轉飭乞丐收容所知照外合行令仰該處遵照卽在該洲本年所產蘆柴自行割售部份提出一千五百担運往該所檢收取具收據連同應行收回之割工及運費一千二百元列册報查

此令

中華民國二十九年十二月　日　市長　蔡培

南京市政府訓令 工字第五〇八七號

令車輛登記所

爲令遵事案准

首都警察廳政二字第一一四四五號公函內開

「案奉　警政部保特總會第一號訓令內開『查陸上交通管理規則係公布於民國二十三年十二月迄今已閱五年有半時代既經變遷內容亦有未盡完善之處且自國府還都以後各地交通次第恢復往來車輛頻繁對於交通管理若無統一規定致使交通警察執行職務時無所依據本部爲統一交通管理及交通警指揮車馬手勢實施辦法起見爰將陸上交通管理規則及交通警察指揮車馬實施辦法加以修正藉資適用除公布呈報行政院備案並分令外合亟檢發陸上交通管理規則及交通警察指揮車馬實施辦法令仰該廳即便遵照並轉飭所屬一體遵照自文到日起所有前內政部頒行之陸上交通管理規則應即廢止併仰知照此令』等因「計檢發陸上交通管理規則交通警察指揮車馬手勢實施辦法交通警察指揮車馬手勢圖暨標道標誌圖各乙份」奉此所有本廳前會同前督辦南京市

政公署工務局頒訂南京市陸上交通管理規則自應一併廢止另行規定除通令所屬遵照辦理外相應檢件函請查照並轉行工務局知照爲荷」

等由「計檢送陸上交通管理規則交通警察指揮車馬實施辦法交通警察指揮車馬手勢圖及標道標誌圖各一份」准此合行抄發陸上交通管理規則等件令仰該所卽便遵照辦理

此令

計抄發陸上交通管理規則交通警察指揮車馬手勢實施辦法交通警察指揮車馬手勢圖及標道標誌圖各乙份(略)

中華民國二十九年十二月　日　市長　蔡培

南京市政府布告　地字第　號

查本市區內不動產賣買應聲請地政局核准其未經核准者不能發生效力早經前市政府頒布不動產賣典暫行規則並規定買主應出具甘結賣主呈繳圖狀取具相當妥保布告周知在案近查城區遵章聲請賣買完稅過戶者固多而附郭及各鄉區意存觀望或希圖漏稅穩匿不報者亦所在多有須知不動產之賣買一經報請官廳核准投稅過戶領取管業書據則其賣買業已完成合法手續依法自屬絕對有效倘私相授受不獨顯違功令抑亦自干究處其中利害至爲分明爲此剴切布告仰各業

戶一體知悉凡附郭及各鄉區在事變以前已向前地政局聲請移轉登記未經辦結以及事變後私自約定賣買尙未聲報賣買者統限自布告之日起一個月內前往地政局補行移轉登記以憑核辦倘逾限延不登記定卽嚴予處罰決不寬貸除派員嚴密調查外仰各凜遵毋得違延自誤切切此布

中華民國二十九年十二月　日

市長　蔡　培

地政局局長胡政

南京市城區戶口總複查及換塡聯保切結辦法

一、本屆戶口總複查及換塡聯保切結暫以城區爲限鄉區暫緩辦理

二、總複查及換結期限爲十二月六日起至十五日止

三、各區複查戶口及換塡切結人員除由區公所職員及坊保甲長負責辦理外另由擔任保甲巡查班之靑年團團員協同辦理統歸區長負責指揮

四、前項工作人員對於市民請示塡寫結表手續應以和藹態度應對并詳加指示不得嚴詞厲色或敷衍從事

五、前項工作人員應帶同該管保甲長挨戶淸查並嚴密注意戶內異動情形遇有發覺形跡可疑者立卽報告附近警局傳究

六、複查時應攜帶各區坊原有之戶口表册及異動表册如戶口查與原表不符隨時記於表內事畢交回區公所換塡新戶口表其與原表戶口相符者毋庸換塡

七、市民聯保切結一律換塡新結除由具保結人簽名蓋章外各坊保甲長應於結內第幾坊第幾保第幾甲數目字上分別加蓋名章以明責任

八、空白切結應於複查期前發交市民俾其覓保至複查戶口時再行收集所有各區市民原送舊結俟新結取齊後由各區公所於三日內發還市民

九、聯保切結應以同保或同甲之附近五戶聯保爲原則如市民遇有覓其鄰保發生困難時得以二家商店或現任公務員聯保之

南京市政府各局處及征收機關派駐會計人員暫行規則

第一條 本府爲整理財政及謀會計獨立起見特於有直接收入各局處并徵收機關派駐會計主任或會計員

第二條 會計人員由 市長委派秉承財政局長及主管局處長官之命辦理各該機關歲計會計事宜

第三條 會計人員職掌如左

一 編製預算決算及初步審計事項

二 登記賬册及編製報表

三 收入現金積存應隨時督促掃解如查有捺留挪用情事應據實呈報核辦

四 會同該機關主管人員簽塡請款書

五 該機關主管人員所塡繳款書領款書以及借墊款項契約及單據均應查核數目簽名蓋章與主管人員連帶負責

六 收入款之憑證及存根應與主管人員共同簽名蓋章

七 主管人員移交清册應核對賬簿有無錯誤遺漏及其他情弊查核後應簽名蓋章

八 各種賬簿報表負保管之責

九 其他 市長交辦事項

第四條 會計人員不負現金出納及保管之責惟各機關徵存款項應逐日暫存銀行其支款印鑑應由會計人員加章方得支付

第五條 會計人員不隨主管人員之任免爲任免但遇不能盡職或有過失及非法行爲時除由財政局長隨時査察外得由主管人員呈報 市長核明酌予更調或撤懲

第六條 會計人員所用賬簿報表格式及登記辦法均須呈准財政局實行

第七條 各種賬簿須送財政局蓋印并須於交替時專案移交

第八條　會計人員之薪金及辦公用具仍就原機關預算內撙節開支

第九條　應派會計人員之機關由　市長以明令定之

第十條　本規則自公布日施行如有未盡事宜得隨時修改之

首都冬賑學界勸募寒衣辦法

第一條　南京市政府教育局爲勸募冬賑寒衣起見特組織首都冬賑學界勸募寒衣隊負責勸募

第二條　本勸募隊以教育局局長爲總隊長教育局各科科長及督學爲副總隊長市私立各中小學校校長爲隊長各校級任教師爲分隊長

第三條　各中小學各成一隊各級各成一分隊每一分隊須有四或五區隊每區隊以十人爲限

第四條　區隊設正副隊長各一人由各分隊長指派之

第五條　每日課後或星期假日各區隊應全體動員出發分區勸募

第六條　應行勸募之衣物如後

(一)棉被　(二)棉褥　(三)棉衣　(四)棉褲　(五)棉鞋或單鞋　(六)襪子　(七)帽子　(八)其他

第七條　每一區隊隊員至少須募得上列各項衣物之一

第八條　每星期六由各隊長各區隊長暨各分隊長指導將勸募情形繕具報告呈報教育局備查

第九條　每月月終由各隊隊長將募得衣物及清單一併送呈教育局以便轉送冬賑委員會

第十條　各隊勸募成績優良者由教育局呈請　市政府酌予奬勵其辦法另定之

第十一條　本辦法自呈奉　市政府核准並轉咨　賑委會備案後施行

公牘

呈行政院文

竊市長于十月三十日由京啓程東渡參加日本紀元二千六百年慶祝典禮及東亞大都市聯盟結成或并順道攷察市政茲已于本月一日公畢返京到府視事除攷察經過另案報告外理合將返京日期先行具報仰祈

鑒核備查謹呈

行政院院長汪

南京市市長　蔡　培

中華民國二十九年十二月　日

呈行政院文

案查本府呈報接收友邦村山部隊交還俘虜經過情形幷擬將該俘虜等移歸軍政部接收辦理一案奉

鈞院行字第八一三號指令內開「呈悉此項俘虜究應如何處置已令知軍政部先行核議具報再行飭遵至該市府暫行墊支收養此項俘虜一切費用准予專案呈報再憑撥款歸墊此令」等因奉此查

此項俘虜前准軍政部來咨轉飭陸軍看守所訂期接收幷據陸軍看守所飭派職員虞朝通朱廷瑞來府接洽除俘虜六十六名中姚登發一名因病身故前已呈報有案又魏光玉武瑞昌兩名原籍安徽已自費回籍外其餘六十三名當經飭令經管管理員造具名册於九月十一日按名點交軍政部陸軍看守所來員接收至前次所購發給俘虜一切用具幷據該所接收人員面請借用亦經飭令開列清册派員逐一點交所有以上移交俘虜及借給器具均據接收人員於清册內署名蓋章幷出具收據存查核計本府此次收容俘虜計發口粮食米四十二石九斗四升八合係在糶米項下撥發按照每石糶價三十元計算計支一千二百八十八元四角四分除此項支款已彙入前次呈報平糶結束案內請在應領糶米虧耗費項下開支外所有購置應用器具暨製發衣鞋以及一切用費計墊支法幣一千八百四十四元二角三分又墊支俘虜高宗連及已故之姚登發兩名住同仁會南京醫院診病膳費日幣十三元八角理合錄具移交俘虜名册幷檢同墊支用費清册暨單據粘存簿一併備文呈送仰祈鑒核准予核銷幷乞將墊支費用撥款歸墊實爲公便謹呈

行政院院長汪

計附呈移交俘虜名册一份

墊支用費清册一份

單據粘存簿一本自一號起至一百一十六號止

（略）

南京市市長　蔡　培

中華民國二十九年十二月　日

南京市政府咨

教字第　號

案據本府教育局簽呈稱：

「竊以時屆隆冬，朔風凜冽，無食則民不耐其飢，無衣則民不堪其寒，飢寒交迫，則强者挺而走險，弱者轉乎溝壑，是以每至冬令，各界人士，咸發起籌辦冬賑，或散放振米，或散發寒衣，一以慰已飢已溺之懷，一以盡保障治安之責局長秉承　鈞長愛民之心，特發起組織首都冬振學界勸募寒衣隊，并擬自任隊長，督導所屬募集寒衣，冀爲災黎聊盡棉薄於萬一，藉副　鈞座民胞物與之至德，是否有當，理合檢同擬就首都冬賑學界勸募寒衣隊辦法一種簽請鑒核示遵。」

等情；並附呈首都冬賑學界勸募寒衣辦法一份，據此，查核尚無不合，自應准予施行，除分令外，相應檢同原辦法一份，咨請

貴會查照備案，并希

見復爲荷

此致

振務委員會

附首都冬賑學界勸募寒衣辦法一份（見法規欄）

市長　蔡　培

中華民國二十九年十二月　日

南京市政府咨

案查本市土地工作旬報表業經咨送至本年十一月份中旬在案茲造具本年十一月份下旬旬報表一份相應備文咨送請煩

查照爲荷

此咨

內政部

計咨送土地工作十一月份下旬旬報表一份

市長　蔡　培

中華民國二十九年十二月　日

南京市政府咨

案查本市土地工作旬報表業經咨送至本年十一月份下旬在案茲造具本年十二月份上旬旬報表一份相應備文咨送請煩察照爲荷

此咨

南京市政府辦理土地登記工作十一月份下旬旬報表

中華民國二十九年

事項／件數／日	接收登記聲請書	土地所有權登記	房屋登記	更正登記	塗銷登記	移轉登記	分割登記	共有權登記	住所變更登記	繕寫查驗證	發給查驗證	備註
21		4				2				4	1	
22		4								14	3	
23		1				1				12	2	
星期 24												
25		1				1				16	2	
26		4				1				16	4	
27		2								12	2	
28		4				2				4	4	
29		7				2				7	4	
30		4								5	1	
總計件數		31件				9件				90件	23件	

南京市政府辦理土地登記工作十二月份上旬旬報表

中華民國二十九年

事項／件數／日	接收登記聲請書	土地所有權登記	房屋登記	更正登記	塗銷登記	移轉登記	分割登記	共有權登記	住所變更登記	繕寫查驗證	發給查驗證	備註
星期 1												
2		4								2	3	
3						2					5	
4						3				1	4	
5		4				2					6	
6		5				2					4	
7		3				2					7	
星期 8												
9											5	
10										5		
總計件數		16件				11件				8件	34件	

內政部

計咨送土地工作十二月份上旬旬報表一份

市長 蔡 培

中華國二十九年十二月 日

南京市政府咨 衛字第 號

案查醫藥人員請領部證已將第十二批登記合格者咨請
貴部核發證書在案茲續據醫師蘇樵山等二人護士王志强等二人中醫尹守仁等四人合計八人申請轉部核發證書前來均經查核尙屬合格相應繕具名冊一份檢同各該證件計八宗領換證書印花等費四十元咨請
貴部察核發給證書爲荷此咨
內政部

附十三批請領部證名冊一份證件八宗證書印花費四十元（略）

市長 蔡 培

中華民國二十九年十二月 日

南京市政府咨 財字第五二九二號

案准

貴部會字第二六一〇號咨開

「案查此次召集地方財政整理會議據本部會計司提擬具統一地方會計組織原則請公決案又浙江財政廳廳長提派駐各縣會計主任監督指導財務帳册案當經發交併案審查僉以地方會計組織原則辦法應由財政部分咨各省市察酌地方情形定期咨部實行報由大會議決照審查報告意見通過在案自應照辦除分行外相應抄同原提案及審查報告並議案咨請貴市府查照並轉飭財政局遵照」

等由附抄件准此查本府前爲整理財政及謀會計獨立起見業經飭由財政局擬訂各局處及征收機關派駐會計人員暫行規則一種准咨前由相應抄附前項規則咨請

貴部查照備案此咨

財政部

附抄暫行規則一份（見法規欄）

市長　蔡　培

中華民國二十九年十二月　　日

南京市政府咨　社字第五三八一號

案准

貴府祕字第一八二號咨開

「略以時屆冬令誠恐宵小滋害匪氛易熾亟應實施冬防並爲取得密切聯絡起見同時實施各縣聯防咨請查照轉飭所屬知照」

等由並附冬防綱要及各縣聯防辦法各乙份到府准此自應照辦除分令所屬城鄉各區公所知照外相應咨復卽請

查照爲荷

此咨

江蘇省政府

市長 蔡 培

中華民國二十九年十二月 日

南京市政府公函 社字第五〇八八號

查冬防期屆本府爲肅清奸宄維護治安起見訂於十二月六日起舉行本市城區戶口總複查同時換塡市民聯保切結統限十日辦理竣事所有本市市民在各機關服務者亦應遵照保甲制度塡具市民切結如覓具隣保發生困難時得以現任公務員二人或兩家商店聯保之除令飭各區公所遵照辦法幷分函外相應函達卽希

查照轉飭所屬一體知照至紉公宜此致

各院祕書廳
各部會

市長　蔡　培

中華民國二十九年十二月　日

南京市政府公函　財字第五一五六號

案准

貴會函以乞丐收容所月需柴草一百五十担囑轉飭洲產管理處保留十個月供給一千五百担等由事關地方救濟事業本府自應如數協助茲經與所方議妥由所方每担酌貼割工及運費八角除令行八卦洲洲產整理處遵照辦理外相應函復查照並煩轉飭乞丐收容所知照

此致

振務委員會

市長　蔡　培

中華民國二十九年十二月　日

南京市政府公函　祕字第　號

逕啓者查本府修建逸仙橋所需木材除前購洋松壹萬板尺大來柳等壹萬四千板尺及洋松大料壹

根外尙須添購洋松大料(十四吋方三十呎長)十根不日由滬運京事關公用爲特函請
查照前例併予免稅實紉公誼
此致
上海江海關
市長 蔡 培
中華民國二十九年十二月 日

市政公報暫定價目表

期限	價目	郵費
零售	每冊三角	本市半分 外埠一分
半年	十二冊 三元五角	本市六分 外埠一角二分
全年	二十四冊 七元	本市一角二分 外埠二角四分

市政公報廣告刊例

頁數	價目
一頁	每期十一元
半頁	每期六元
四分之一頁	每期三元

刊登廣告在四號以上者每期按照七折計算連續十號以上者每期按照六折計算長期另議

出版日期 本公報暫定每月二次

編輯者 南京市政府祕書處

發行者 南京市政府祕書處

印刷者 南京惠文印務局 地址：中華路府東街 電話：二三二八三號

中華郵政登記認爲第一類新聞紙類

中華民國二十九年十二月三十一日

第六十二期

市政公報

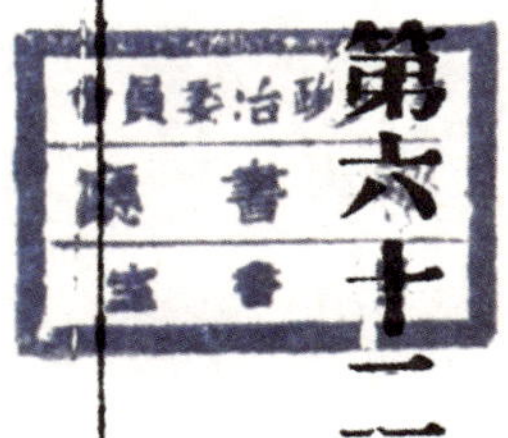

南京市政府秘書處印行

目錄

命令

公牘

統計

南京市政府委令 祕字第　號

令許之鳳

茲派該員代理工務局祕書此令

中華民國二十九年十二月　日

市長　蔡　培

南京市政府訓令 祕字第　號

令各區公所

案奉

行政院行字第一二三八號訓令內開：

「案奉　國民政府府文一訓字第一九一號訓令開：『據本府文官處簽呈稱：「准中央政治委員會祕書廳中政祕字第六六二號公函內開：『查二十九年十一月二十八日中央政治委員會第二十八次會議，討論事項第三案：委員陳公博褚民誼等二十二人提：「查國民政府組織法第十一條規定國民政府主席不負實際政治責任，此種規定本爲責任內閣制國家憲法上之條規，於我國政情誠非適合，茲謹提請修正將本條『但不負實際政治責任』九字刪去，又十二條『國民政府主席不得兼任其他官職』與前條有連帶關係亦應全條一併刪去，以下條文數目卽依次遞升，是否有當敬候公決案。」當經決議；「通過，送國民政府公布，並通知立法院。」記錄在卷；除分函立法院查照外，相應錄案函達，請煩查照轉陳明令公布』等由；理合簽請鑒核」等情；到府，自應照辦，除明令公布並分行外，合行抄發修正中華民國國民政府組織法乙份，令仰知照，並轉飭所屬一體知照。此令』等因；附發修正中華民國國民政府組織法乙份，奉此。除分令外，合行抄發修正中華民國國民政府組織法，令仰知照，並轉飭所屬，一體知照！此令。」

等因附發修正中華民國國民政府組織法乙份奉此除分令外合行抄發修正中華民國國民政府組織法令仰知照

此令

附發修正中華民國國民政府組織法一份

中華民國二十九年十二月　日

市長　蔡　培

中華民國國民政府組織法

民國二十九年十一月二十八日修正公布

第一章 總則

第一條 國民政府依據中華民國訓政時期約法第七十七條之規定制定中華民國國民政府組織法

第二章 國民政府

第二條 國民政府總攬中華民國之治權

第三條 國民政府統率海陸空軍

第四條 國民政府行使宣戰媾和及締結條約之權

第五條 國民政府公布法律發布命令

第六條 國民政府行大赦特赦及減刑復權

第七條 國民政府授與榮典

第八條 國民政府以左列五院獨立行使行政立法司法考試監察五種治權

一 行政院

二 立法院

三 司法院

四 考試院

五 監察院

前項各院得依據法律發布命令

第九條　國民政府於必要時得設置各直屬機關直隸於國民政府其組織以法律定之

第十條　國民政府設主席一人委員二十四人至三十六人各院設院長副院長各一人由中央政治委員會選任之

第十一條　國民政府主席爲中華民國元首對內對外代表國民政府

第十二條　國民政府主席任期二年得連任一次但於憲法頒布時應依法改選之

國民政府主席出缺或因故不能執行職務時由行政院院長代理之行政院院長同時出缺或因故不能執行職務時由其他各院院長依次代理之

第十三條　國民政府所有命令處分以及關於軍事動員之命令由國民政府主席署名行之但須經關係院院長部長副署始生效力

第十四條　憲法未頒布以前行政立法司法考試監察各院各自對中央政治委員會負責

第三章　國民政府委員會

第十五條　國民政府委員會以國民政府主席及委員組織之

第十六條　院與院間不能解決之事項由國民政府委員會議決之

第十七條　國民政府委員會會議規程另訂之

第四章　行政院

第十八條　行政院爲國民政府最高行政機關

第十九條　行政院設各部分掌行政之職權關於特定之行政事宜得設委員會掌理之

第二十條　行政院各部設部長一人政務次長常務次長各一人各委員會設委員長副委員長各一人委員若干人行政院各部長委員長之人選由行政院院長提請國民政府主席依法任免之

各部之政務次長常務次長及各委員會之副委員長委員由行政院院長提請國民政府主席依法任免之

第二十一條　行政院院長因事故不能執行職務時由副院長代理之

第二十二條　行政院會議由行政院院長副院長各部部長各委員會委員長組織之會議時以行政院院長為主席

第二十三條　左列事項應經行政院會議議決

一　提出於立法院之法律案

二　提出於立法院之預算案

三　提出於立法院之大赦案

四　提出於立法院之宣戰媾和案

五　荐任以上行政官吏之任免

六　行政院各部及各委員會間不能解決之事項

七　其他依法律或行政院院長認為應付行政院會議議決事項

第二十四條　行政院所有命令及處分其關於一般行政者須經全體部長之副署其關於局部行政者須經各關係部部長之副署始生效力

第二十五條　行政院之組織以法律定之

第五章　立法院

第二十六條　立法院為國民政府最高立法機關

立法院有議決法律案預算案大赦案宣戰案媾和案及其他重要國際事項之職權

第二十七條　立法院院長因事故不能執行職務時由副院長代理之

第二十八條　立法院會議時各院院長及行政院各部會長得列席說明

第二十九條　立法院設立法委員四十九人至九十九人由立法院院長提請國民政府主席依法任免之

第三十條　立法院委員任期二年但得連任

第三十一條　立法院委員不得兼其他官職

第三十二條　立法院會議以立法院院長爲主席

第三十三條　立法院之組織以法律定之

第六章　司法院

第三十四條　司法院爲國民政府最高司法機關

關於特赦減刑及復權事項由司法院院長依法提請國民政府主席署名行之

第三十五條　司法院設最高法院行政法院及公務員懲戒委員會

第三十六條　最高法院院長得由司法院院長兼任公務員懲戒委員會委員長得由司法院副委員長兼任

第三十七條　司法院院長對於行政法院及公務員懲戒委員會之審判認爲有必要時得出庭審理之

第三十八條　司法院院長因事故不能執行職務時由副院長代理之

第三十九條　司法院關於主管事項得提出議案於立法院

第四十條　司法院之組織以法律定之

第七章　考試院

第四十一條　考試院爲國民政府最高考試機關依法行使考試銓敍之職權

第四十二條　考試院院長因事故不能執行職務時由副院長代理之

第四十三條　考試院關於主管事得提出議案於立法院
第四十四條　考試院之組織以法律定之

第八章　監察院

第四十五條　監察院爲國民政府最高監察機關依法行使彈劾審計之職權
第四十六條　監察院院長因事故不能執行職務時由副院長代理之
第四十七條　監察院設監察委員二十九人至四十九人由監察院院長提請國民政府主席依法任免之
第四十八條　監察委員之保障以法律定之
第四十九條　監察院會議以監察委員組織之監察院院長爲監察院會議之主席
第五十條　監察委員不能兼任其他公職
第五十一條　監察院關於主管事項得提出議案於立法院
第五十二條　監察院之組織以法律定之

第九章　附則

第五十三條　本法自公布日施行

南京市政府訓令　祕字第　號

令本府所屬各機關

案奉

行政院行字第一二六八號訓令內開：

「案據外交部褚兼部長呈送所擬『外交部特派交涉員辦事處組織及職務規程草案』

經交本院祕書處簽註意見提出本院第三十七次會議決議：『（一）修正通過（二）前頒之「省政府及隸屬行政院之市政府設置特派交涉員暫行辦法」同時廢止並呈報中央政治委員會』紀錄在卷除呈報並通行外合行抄附上項通過之規程一份令仰該市政府遵照並轉飭所屬知照此令」

等因附發外交部特派交涉員辦事處組織及職務規程一份奉此除分令外合行抄發前項組織及職務規程一份令仰遵照

此令

附抄發外交部特派交涉員辦事處組織及職務規程一份

市長　蔡　培

中華民國二十九年十二月　日

外交部特派交涉員辦事處組織及職務規程

第一條　外交部為統一指揮全國對外交涉事宜，在重要各省市置特派交涉員，其機關稱曰，「外交部駐某省或某市特派交涉員辦事處」本規程所稱之市係指直屬行政院之市。

第二條　特派交涉員兼辦二省或一省一市或二省以上之交涉時，由外交部擬定其管轄區域及駐在地點，呈請行政院核定之。

第三條　特派交涉員秉承外交部之命，受地方最高長官之監督，辦理地方交涉事件，並監督所屬職員。

第四條　未設特派交涉員之省或市政府，得設外事處或外事室，承省或市政府之命，辦理涉外行政事宜，如發生交涉事件，由省或市政府咨請外交部核辦，外交部於必要時，得派員前往協助，或指定駐在其他省市之特派交涉員襄辦之。

第五條　特派交涉員，對於下列事項，非奉有外交部命令，或經呈奉核准者，不得辦理之。

（一）關於含有政治性質之地方交涉事項。

（二）關於訂立條約協定契約合同等類事項。

（三）關於外人要求償卹及外人租地建造之特許事項。

第六條　特派交涉員，於職務上遇有與地方行政或軍事關係事項，除呈報外交部外，得隨時呈請省或市政府核辦，或商請軍事機關長官協助辦理。

第七條　特派交涉員，於職務上所關事項，如必須由地方行政司法或軍警機關協助或執行者，得隨時商請各該機關辦理，並將辦理情形，呈報外交部。

第八條　中央各機關主管事項，有須特派交涉員辦理者，及特派交涉員執行職務，有須中央各機關核辦者，其往返行文，除特殊情形或緊急事件外，均應咨行或呈請外交部核轉。

第九條　特派交涉員辦事處之組織，分甲乙二種，由外交部視事務之繁簡，酌定一種，呈請行政院核定之。

（甲）置特派交涉員一人，祕書二人至三人，科長二人至三人，科員八人至十二人。

（乙）置特派交涉員一人，祕書一人至二人，科長一人至二人，科員五人至八人。

特派交涉員辦事處，因事務之必要，得酌用雇員，但至多不得過六人。

第十條　特派交涉員由外交部請簡，祕書科長由外交部呈荐，科員雇員由特派交涉員委派，呈部核准備案。

第十一條　各特派交涉員辦事處之辦事細則，由特派交涉員依據本規程擬訂，呈請外交部核定之。

第十二條　本規程自公布之日施行。

南京市政府訓令　祕字第五七九三號

令本府所屬機關

案奉

行政院行字第一三五六號訓令內開：

現據財政部呈稱；「案查公務員及軍職官佐各項卹金節經由部遵令撥支發交各該故員服務機關領取轉發在案茲查二十三年六月七日公佈之公務員卹金條例施行細則第十五條載公務員卹金依其最後服務機關之經費按照畫分國地支出標準屬於國家支出者其卹金歸國家支給屬於地方支出者其卹金歸地方支給又第十八條載公務員年卹金及遺族年卹金以領受卹金人現住地之行政院直轄市財政局或各縣市政府按期將卹金撥發後應隨時檢同各領受卹金人領據向本省財政廳抵解正款財政廳應於每年六月底及十二月底彙集各縣市呈送之領據除本省應發者外其屬於中央者賫同各領據呈請財政部撥還屬於其他省市者檢同各領據分別咨請撥還又同年七月十二日公佈之畫一卹金支撥辦法內載有一次卹金公務員屬中央者由財政部發交最後服務機關具領轉發屬地方者由該省財政廳發交最後服務機關具領轉發各等語是各項卹金應分國家支給與地方支給兩種並非

全由中央負担至由財政部直接發交最後服務機關具領轉發者亦僅有應歸國家支給一次卹金之一種其餘概由財政廳或各該地地方政府給領撥發如有中央應給之款再行呈請撥還已有明文規定近來給卹案件日見增多應歸地方支給之一次卹金及續發公務員年卹金遺族卹金各該受卹人有時來自遠方亦覺深感不便嗣後給卹各案似應按照上開規定劃分辦理以符定例是否有當理合具文呈請鑒核如蒙核准應請通行各省市一體遵照並乞指令祇遵」！等情據此查所擬辦法依據向章甚屬妥當應即照准通令遵行除指令外合行令仰該市府遵照並轉飭所屬一體遵照！此令

等因奉此除分令外合行令仰遵照

此令

中華民國二十九年十二月　日　市長　蔡　培

南京市政府訓令　社字第五七二〇號

令助理祕書瞿正川
主任科員蘇　源

案奉

行政院敬代電內開：

「查大民會已決定解散所有各地大民會聯合支部及支部着由各該地方政府於本年十二月二十八日分別通飭派員接收並將接收經過情形具報備查除分電外仰卽遵照」等因奉此並准行政院祕書處函送大民會南京支部一覽表一紙到府自應遵辦茲派該員等屆期前往分別會同各該管區長接收除分令外合行抄發本市大民會支部一覽表令仰遵照仍將接收情形具報爲要

此令

計抄發大民會南京支部一覽表一紙

中華民國二十九年十二月　日

市長　蔡培

社會局長盛開偉

名稱	部長姓名	成立日期	部址
南京市第一支部	劉連祥	二八・四・一	南京瞻園路
南京市第二支部	于振寰	二九・八・二〇	南京昇州路
南京市第三支部	方灝	二八・四・一	南京珠江路
南京市第四支部	詹榮光	二八・四・一	南京山西路
南京市第五支部	沈桂森	二八・五・一	南京下關寶善街

南京市第六支部　宋世凱　二八・四・一　南京朱雀路
南京市第七支部　陳良知　二九・三・一　南京上新河
南京市第八支部　鄭　斌　二九・四・十　南京安德門
南京市第九支部　張汶驊　二九・九・十　南京孝陵衛

南京市政府訓令　社字第五七二一號

令城鄉各區區長（燕子磯區免發）

案奉

行政院敬代電內開：

「查大民會已決定解散所有各地大民會聯合支部及支部着由各該地方政府於本年十二月二十八日分別通飭派員接收並將接收經過情形具報備查除分電外仰即遵照」

等因奉此並准行政院祕書處函送大民會南京支部一覽表一紙到府自應遵辦除派本府助理祕書瞿正川社會局主任科員蘇源會同該區長屆期妥爲接收並分令外合行抄發本市大民會支部一覽表令仰遵照仍將辦理情形具報爲要

此令

計抄發大民會南京支部一覽表一紙（略）

中華民國二十九年十二月　日

市長　蔡　培
社會局長盛開偉

南京市政府訓令　財字第　號

令各局　商會
各征收機關

案查本府經征各項捐稅原定以華興幣征收旋因市價起落無定折算困難為體恤納稅人民起見改為中水二成一律征收法幣歷經辦理無異迺查近來各商人對於此項中水往往多所誤會間與經征人員發生爭執甚有要求停止者惟此項中水有關本府整個預算萬難停止茲為免除紛爭劃一征收起見自三十年一月一日起卽將前項中水二成併入正稅概照法幣合計征收所有中水名義卽予取銷除布告暨分行外合行令仰該局遵照並轉飭所屬一體遵照辦理
商會知照併轉飭各業公會一體遵照
○遵照辦理並將各項稅票加蓋「中水二成」木戳取銷為要切切

此令

中華民國二十九年十二月　日

市長　蔡　培

南京市政府訓令 財字第　　號

令本府所屬各機關

案准

審計部公字第一二八號公函內開

「案查支出憑證單據證明規則業經本部呈奉　監察院轉呈　國民政府核准並於本年十一月三日以部令公布在案除呈報並分函外相應檢同支出憑證單據證明規則一份隨函送上卽希查照並轉飭所屬一體知照爲荷」

等由幷附送支出憑證單據證明規則一份到府准此除分行外合行抄發原件令仰該○知照

此令

抄發支出憑證單據證明規則一份

中華民國二十九年十二月　日

市長　蔡　培

支出憑證單據證明規則（二十九年十一月三日審計部呈准公布）

第一條　各機關支出憑證單據之證明除法令別有規定外依本規則行之

第二條　凡支出以正當受款人或其代理人之收據爲主要證明其他憑證單據均爲參考附件

凡支出非有收據不能證明但事實上不能取得收據者得由經手人聲敘理由開單署名蓋章證明並須由主管人員核准

第三條　凡收據須由正常受款人或其代理人親筆署名蓋章但不識字者得由經手人開單使其加捺指模或蓋章證明

第四條　凡收據須塡明實收數目收款年月日機關並付款之名稱

購買物品應由商號於發貨單上註明實收現金數目及日期並其機關查照字樣作爲收據其另具收據者仍應附具發貨單

前項實收數目上須蓋用商號印章

第五條　凡各機關人員出差經費須依旅費規則辦理並應聲明左列事項

一　出差事由

二　起訖日期

三　停留地（指更換車舟之地點而言）

四　關於輪船火車等之艙位車位等級及其他交通器具之價目

第六條　凡工程經費除單據外應加具工程估計書各項圖說暨監工人員技師等之證明書件其訂有合同及招商投標者並應抄送合同及投標文件

第七條　各項憑證單據均由出納人員及經手人員署名蓋章並將用途簡單註明

第八條　按照印花稅法應貼用印花之憑證單據均須貼用印花

第九條　憑證單據有雜列各種貨幣者應註明折合國幣總數及當地市價之折合率

第十條　凡非漢文之憑證單據應由經手人將其中重要條件附譯漢文

第十一條　原憑證單據所開名目價值數量如有不甚明晰之處並不能使受款人補塡完備者應由經手人另加註明於數目上蓋章並附說明

第十二條　各機關應備憑證單據黏存簿將各憑證單據按支出計算書區分項目節依次編號黏存每件右角由出納人員在騎縫蓋章並於憑證單據上註明所屬項目節每項目節之後塡一總數

裝訂成冊之憑證單據不得拆改黏簿但須在黏存簿中詳細註明備查

凡供參考之憑證單據均應註明係某號憑證單據之附件按號附列於後並於該號憑證單據上註明附件總數

第十三條　國家營業機關之憑證單據因營業之便利及有特殊情事者由主管機關轉報審計部核准後歸各該機關保存審計部得隨時派員檢查之

第十四條　本規則如有未盡事宜得由審計部呈請監察院核轉國民政府修訂之

南京市政府訓令　社字第五六九九號

令南京市商會整理委員會
　城鄉各區公所

案奉

行政院行字第一一九四號訓令開：

「現奉

國民政府府文一訓字第一八六號訓令開『查奬勵工業技術條例現經修正明令公布應即通飭施行除分令外合行檢發該條例令仰知照並轉飭所屬一體知照』等因計檢發修正奬

勵工業技術條例一份奉此除分令外合行抄發該條例一份令仰該市府知照並轉飭所屬一體知照」等因奉此除分行外合亟抄發原件令仰該會區長即便遵照轉飭所屬一體知照爲要

此令

附發 修正獎勵工業技術條例一份

中華民國二十九年十二月 日

市長 蔡培

社會局長 盛開偉

獎勵工業技術條例

二十九年十一月二十三日修正公布

第一條 凡中華民國人民對於工業上之物品或方法首先發明者得依本條例呈請獎勵

第二條 依本條例受獎勵者得享有十年或五年之專利權前項專利權以全國爲區域

第三條 有左列情形之一者不予獎勵

(一)有同一之發明核准獎勵在先者

(二)妨害公共秩序善良風俗或衞生者

第四條 凡發明於軍事上有祕密之必要者不予專利權但政府應給以相當之報酬

第五條 因發明受獎勵者在其專利權期內對於原物品或方法再有新發明時得呈請追加獎勵但其期限至原專利權限期屆

滿時爲止

第六條　凡利用他人物品或方法在其專利權期內再有發明時得呈請奬勵但新發明人應給原發明人以相當之補償金或協議合製原發明人如無正當理由不得拒絕

第七條　發明受奬勵後原發明人與他人爲同一之再發明而同時呈請時僅奬勵原發明人

第八條　凡二人以上同一之發明各別呈請時應就最先呈請者奬勵之如同時呈請則依呈請者之協議定之協議不諧時均不給予奬勵

第九條　凡依本條例呈請奬勵而其發明之一部份與其他呈請相同者其相同之部份應就最先呈請者奬勵之

第十條　以公司名義或兩人以上聯名呈請時應載明發明人之姓名並應附證明有呈請權之文件

第十一條　奬勵呈請權專利權均得讓與或繼承

第十二條　發明因經營上之經驗由多數人之共助行爲而成者其專利權應屬於僱用人以他人之委託或僱用人之費用發明者其專利權應爲雙方所共有

第十三條　專利權爲共有時非得各共有人之同意不得行使其專利權但訂有契約者從其契約

第十四條　呈請奬勵應向工商部爲之經審查確定後發給證書其專利權之期限自發給證書之日起算

第十五條　呈請經核駁而不服者得於決定書送達後三十日內呈請再審查

第十六條　呈請經審查認爲應予奬勵時應卽公告之自公告之日起六個月內利害關係人得提起異議前項公告期滿無人提起異議時卽爲審查確定

第十七條　專利權有左列情事之一者應撤銷之並追繳其證書

（一）違背本條例第一條第三條之規定者

(二)得獎勵後滿二年未實行製造並未呈經工商部核准者

(三)專利權期內無故休業二年以上並未呈經工商部核准者

(四)以詐僞方法朦請核准者

第十八條 專利權期限屆滿或依前條之規定撤銷時工商部應公告之

第十九條 專利權撤銷而其追加獎勵未撤銷者視爲獨立之專利權另給證書仍至原專利權期限屆滿時爲止

第二十條 專利權期滿時得呈准工商部延展之並加給證書但以一次爲限並不得逾原專利權之期限

第二十一條 專利權讓與或繼承時應呈由工商部換給證書

第二十二條 僞造發明品損害他人之專利權者處三年以下有期徒刑得併科五千元以下罰金

第二十三條 仿造發明品或竊用其方法損害他人之專利權者處二年以下有期徒刑得併科三千元以下罰金

第二十四條 明知爲僞造或仿造之發明品而販賣或意圖販賣而陳列者處六月以下有期徒刑拘役或一千元以下罰金

第二十五條 前三條之罪須被害人告訴乃論

第二十六條 專利權證書費不得逾一百元其延展期限加給證書者不得逾二百元均得分年交納

除前項外不得另收其他費用

第二十七條 本條例施行細則由工商部定之

第二十八條 本條例自公布日施行

南京市政府訓令 工字第五七七三號

令第一二三四區區長

案准

首都警察廳政二字第一二九一五號公函內開：

「案查本廳前以市內各路電燈除通衢大道業已相繼恢復外其他各街巷電燈多未裝設此項路燈關係地方治安交通良非淺鮮當經函准貴府工字第四一五九號函復已轉函華中水電公司依照本廳前送電燈裝設地點數目一覽表尅日裝設在案嗣以時屆冬防此項電燈更屬需要復經派員與該公司接洽催促乃公司方面以裝電手續材料各費未准中國官廳籌撥以致裝設尚無時日茲擬救濟辦法如下（一）未裝電燈各街巷由府在可能範圍儘量籌撥裝電各費擇要先行裝設（二）次要街巷由區公所會同警察局依照歷年成案勸辦臨時公益煤油路燈如各該處居民情願公同出資裝設電燈者可由府商請華中水電公司減價收費俟電燈接火即將公益煤油路燈停止（三）裝有門燈各機關商店住戶由區會局勸令終夜開放電火其因此而消耗之電費商請水電公司酌減上述各節是否可行相應備函奉達請煩查照見復」

等由准此查關於救濟辦法第一項擬由本府派員會同首都警察廳先事查勘認為必需先行裝設以維治安者共若干處再行籌劃經費商請華中水電公司裝設其餘二三兩項自應照辦除函復並分行外合行令仰該區長遵照商同警察局協力進行隨時報查為要此令

中華民國二十九年十二月　日

市長 蔡培

南京市政府訓令 教字第五六三〇號

令市立各中小學

查本府爲籌備三十年元旦慶祝事宜，業經組織首都各界慶祝三十年元旦籌備委員會，並於本月十七日召開第一次籌備會議，關於宣傳一案，當經決議由教育局令飭市立各學校組織宣傳隊，紀錄在卷，茲據該局簽呈規定辦法「市立三中學——每校組織二隊，每隊五人。小學方面——模範小學，淵聲巷，五台山，珠江路，漢口路，馬道街，倉巷，八府塘，夫子廟，顏料坊，莫愁湖，徐家巷，慧圓街，砂珠巷，考棚，建康路，鈔庫街，大行宮，朝天宮，程善坊，洪武路，長樂路，雨花路，楊將軍巷，承恩寺等二十五小學，及二板橋短期小學，每校一隊，每隊五人。宣傳時間定爲元旦日下午。地點，在各該校附近之通衢要道。」等情；核尙可行，除分令外，合行令仰該校遵照辦理爲要！

此令

中華民國二十九年十二月　日

市長 蔡培

教育局局長徐公美

南京市政府訓令 教字第五三七六號

令市立各校館

案查市立各級學校暨社教機關舉行週會一案，前經訂定辦法通令施行，並飭將週會紀錄應於每次月之第一週，將上月各項週會紀錄彙報本府教育局備查在案。茲查遵照規定如期舉行週會具報來府者，固屬多數，而意存觀望迄未辦理者，亦復在所難免，且有僅列講題而不記載內容，或擇要報告，語意簡略，凡此種種，均有未合！爲此將本年八月份起至十一月份止，市立各校館舉行週會次數統計表連同舉行週會辦法隨令各予檢發一份，務仰遵照賡續查報，併自本年十二月份起一律須將講題全文詳細列入紀錄，按期呈報備查，事關各該主管人員考績，幸勿視爲具文，切切！

此令。

計發各校館舉行週會次數統計表一份（略）
各校館舉行週會辦法一份

中華民國二十九年十二月　日

市長　蔡　培

教育局局長徐公美

南京市政府訓令 祕字第　號

令園林管理處

案准

國民政府文官處處文一公字第一四八〇號公函開：

「案奉 主席交下本府祕書陳宗虞呈為擬具整理國府庭園車場等意見乞核示一案，並奉諭：『所擬甚是卽着陳祕書宗虞主任辦理並由文官處參軍處分別令知及在國府委員會節餘經費內撥款實報實銷』等因；奉此，除分函外。相應錄諭並抄同原呈，函送貴府請煩查照辦理爲荷」

等由並抄附原呈一件准此合行令仰該處遵照辦理並具報備查此令

附抄原呈一件

中華民國二十九年十二月 日

市長 蔡培

抄陳宗虞祕書原呈

爲呈請事現 國府門首原有所植樹木複雜零亂有礙觀瞻玆已屆冬先將門首樹木遷移另植庭園觀賞樹以壯觀瞻惟首都自事變後園林摧殘而庭園觀賞樹尤感缺乏府內地方遼闊植樹種類數目甚多已由公共事務管理委員會撥款一千元交園藝組向金陵大學農場五洲公園苗圃購讓觀賞樹復擬於陵園區域苗林抽調行道樹及觀賞樹移植於府內爲佈置禮堂前後園地及行政院門面之用

擬請　指飭市府會同府內園藝組辦理查陵園區域環境特殊復擬請　派憲警在場服務以期施工方便輸運迅速又國府每因慶典或開大會則各院部會汽車集於禮堂前面園地若爲關防愼密起見似宜將　國府門首東園草地（還都紀念碑亭前後左右）整理平坦作爲停車場大可安放百輛汽車惟此處若取交通捷徑則於　國府門首左邊（靠近外交部）東門相對之處架設木橋俾可直達東園草地則汽車出入往返利便並擬趕及新歷元旦建築完成是否有當仍候　指令祇遵謹呈

文官長徐轉呈

主席汪

職陳宗虞謹上十二月十四日

南京市政府訓令　財字第　號

令捐稅征收所

財政局案呈南京市柴行業公會籌備會呈稱

「竊本會自奉社會部社會運動指導委員會南京市分會暨南京市商會整理委員會核准許於組織公會開始籌備登記會員惟柴行各戶散處京市各地在以前向由公會代爲聲請領帖營業事變以還經營柴業者相率歸來對於營業漫無限制本會有鑒於斯若不組織加以規則流弊滋多不特會員無所調整而影響人民生活甚鉅爲此具文呈請鈞長鑒核准許請領柴

行牙帖以便柴業人民有所依歸實爲公便」等情據此查前市府以報領牙帖開設柴行竟有藉帖欄路索費形同征稅情事深恐影響本市燃料曾經暫停核發柴行牙帖在案據呈前情合亟令仰該所遵照按照現情核議具復以憑核辦切切

此令

中華國二十九年十二月　日　　市長　蔡　培

南京市政府訓令　財字第　號

令八卦洲洲產整理處

案准

警政部保二字第一〇五號函開

「案查前准貴府公函略開案據本府專員兼八卦洲洲產整理處處長俞步九呈請調用自衛團函請貴部轉飭沿江民衆自衛團隨時協助以利洲務」等由准此卽經令飭本部政治警察署查明詳情具報去後茲據復略稱「前經函特工總部復『據南京區稱「查八卦洲沿江自衛團前爲當地民衆組織已於八月一日改爲本區外勤警衛第一大隊其主要任務爲郊外特工機構之警衛事宜且收編未久正須施以加緊之訓練對八卦洲洲產整理處所請准聽候該處隨時調遣一節實有未便至在不妨礙本身任務及訓練原則之下予以協助則尙屬可

行除已令該第一大隊本上列原則辦理外理合將所有情形備文呈復仰祈鑒核」等情據此相應函復即希查照呈復爲荷』等由到署理合將調查詳情據實呈復仰祈鑒核」等情前來除指令外相應據情函復即希查照爲荷』等由准此查此案前據該處長來呈節經函請警政部轉飭八卦洲民衆自衞團隨時協助並指令在案准函前由合行令仰該處知照

此令

中華民國二十九年十二月　日

市長 蔡培

南京市政府指令 財字第五四七九號

令園林管理處

呈一件 呈復農鑛部水產局函請撥用玄武湖櫻環二洲間水面養殖經營具意見祈察奪施行由

呈及繳件均悉據稱農鑛部水產局所請撥用玄武湖櫻環二洲間一部份水面對於湖面收益尚無若何影響等語自可由該局闢作養殖試驗場之用惟玄武湖爲本市市產未便遽予撥充應作爲租用並須訂定年限租金原有之蓮藕荷葉茭菜菱芡魚類等之水產收息應統計在內除函復農鑛部轉飭水

產管理局查照派員前往該處會同協議幷妥擬租用辦法草議租約呈候核辦仰卽遵照

此令

中華民國二十九年十二月　日

市長　蔡　培

南京市政府指令　財字第五五一六號

令園林管理處

呈一件　爲遵令造送代放軍政部營地淸册祈鑒核由

呈册均悉惟册列營產佃戶應繳歷年租籽有無欠繳情事本年上下期租金已未繳納均未敍明仍應轉飭中山陵園辦事處分別詳細查明轉呈察核又收租員張維漢所經收和平門區歷年營產租款並仰該處遵照本府十二月七日財字第五一三一號代電從速核辦併復候奪勿延爲要

此令（册存候轉）

中華民國二十九年十二月　日

市長　蔡　培

南京市政府批　財字第五五八九號

批具呈人劉純甫

呈一件　爲遵批造送開墾九袱洲計劃書並要求給示布告免生誤會而利進行由

呈件均悉查放墾九袱洲市有洲地業經令飭地政局派員登洲測丈所陳開墾計劃俟該局將測丈手續辦竣呈復再行核辦飭遵至請頒發布告以資籌備一節准予照辦仰即知照此批（計劃書存布告隨發）

中華民國二十九年十二月　日　　市長　蔡培

南京市政府佈告　財字第五五九〇號

案據農民代表劉純甫等呈請放墾九袱洲市有蘆地以資墾殖等情到府當以事關振興農業尚屬可行經飭據該代表條陳墾荒辦法並請發給籌備墾地布告以利進行等情前來除批准予照辦並由本府財政地政兩局會同計劃督促實施外合先布告仰該洲居民人等一體週知此佈

中華民國二十九年十二月　日　　市長　蔡培

南京市政府布告　社字第五五八三號

查本市爲首都所在之地，民食問題，至關重要，本市長對於糧食疏通來源抑平米價諸端，竭力進行，本年秋收以後，民食來源，尚稱通暢，乃邇來米價纖漲增高，每石已至七十元以外，影響民生，殊匪淺鮮，現據查報市內各米店所存之米，並非短絀，而本府又經商得工商部同意，將西貢米平價出售，在此時期，各米商遽將米價任意抬高，祇圖私利，罔顧民艱，實堪痛恨，除由本府派員密查隨時檢舉外，合行佈告週知，仰各米商激發天良，共維民食，倘經查有藉端囤積，任意抬價出售，以及攙入水份暨其他有礙衛生物質等情事，定卽嚴懲，其各凜遵，切切，此佈。

中華民國二十九年十二月　日

市長　蔡培

社會局局長盛開偉

南京市政府布告　財字第　號

案查本府經征各項捐稅原定以華興幣征收旋因市價起落無定折算困難爲體恤納稅人民起見改爲申水二成一律征收法幣歷經辦理無異迺查近來各商人對於此項申水往往多所誤會間與經征人員發生爭執甚有要求停止者惟此項申水有關本府整個預算萬難停止茲爲免除紛爭劃一征收起見自三十年一月一日起卽將前項申水二成併入正稅概照法幣合計征收所有申水名義卽予取銷除分行外合行布告仰全體納稅商民人等一體遵照勿違切切此布

中華民國二十九年十二月　日

市長　蔡培

公牘

呈行政院文

案查本府經征各項捐稅原定以華興幣征收旋因市價起落無定折算困難爲體恤納稅人民起見改爲中水二成一律征收法幣會咨准前維新政府財政部查核歷經辦理在案迺查近來各商人對於此項中水往往多所誤會間與經征人員發生爭執甚有要求停止者查此項中水有關本府整個預算萬難停止茲爲免除紛爭劃一征收起見自三十年一月一日起暫將前項中水二成併入正稅概用法幣征收所有中水名義卽予取銷除咨財政部查照並佈告分行外理合備文呈報仰祈

鑒核備案謹呈

行政院院長汪

南京市市長　蔡　培

中華民國二十九年十二月　日

南京市政府咨　衛字第五七四八號

案查醫藥人員請領部證已將第十三批登記人員咨請

貴部核發證書在案茲續經申請登記審查認爲合格者計醫師蘇淑媛一人藥劑生厲恩濤等五人助產士丁思芳一人中醫徐兆元等八人合計十五人外認爲擬予補行甄別者計史濟宏等七人相應繕具名冊二份檢同各該證件計二十二宗領換證書印花等費一百四十二元咨請
貴部審查分別核發證書及准予補行甄別爲荷此咨
內政部

附第十四批請領部證名冊二份證件二十二宗證書印花費一百四十二元

市長 蔡 培

中華民國二十九年十二月 日

南京市政府咨

案查本市土地工作旬報表業經咨送至本年十二月份上旬在案茲造具本年十二月份中旬旬報表一份相應備文咨送請煩
詧照爲荷
此咨
內政部

計咨送土地工作十二月份中旬旬報表一份

南京市政府辦理土地登記工作十二月份中旬旬報表

中華民國二十九年

事項 件數 日	接收登記聲請書	土地所有權登記	房屋登記	更正登記	塗銷登記	移轉登記	分割登記	共有權登記	住所變更登記	繕寫查驗証	發給查驗証	備註
11		2								1		
12		3				1						
13		2										
14		1									14	
星期 15												
16		10				1				3		
17		2				1				9		
18		2				1						
19		2										
20		2				1				1		
總計件數		26件				5件				14件	14件	

市長 蔡 培

中華民國二十九年十二月　日

南京市政府咨　財字第　號

案查本府經征各項捐稅原定以華興幣征收旋因市價起落無定折算困難爲體恤納稅人民起見改爲中水二成一律征收法幣曾咨准前維新政府財政部查核歷經辦理在案迺查近來各商人對於此項中水往往多所誤會間與經征人員發生爭執甚有要求停止者查此項中水有關本府整個預算萬難停止茲爲免除紛爭劃一征收起見自三十年一月一日起暫將前項中水二成併入正稅概用法幣征收所有中水名義卽予取銷除呈　行政院備案並布告分行外相應咨請

查照爲荷

此咨

財政部部長周

市長 蔡 培

中華民國二十九年十二月　日

南京市政府咨　財字第五五一七號

案查前准

貴部需字第七七九號大咨以園林管理處代辦之營產事務暨事變後經市府所屬各局處區公所臨時代管之各項營產均應移交本部軍需司接管咨請飭屬移交等由准此當經咨復幷分令各局處區公所遵照辦理去後茲據園林管理處呈稱案奉令轉前因奉經飭據中山陵園辦事處遵將歷經代放營地農場田地分別造册送請鑒轉前來幷據其他各處局區公所呈復均無代管各項營產事務等情據此相應檢同清册咨請

查收接管幷盼見復爲荷

此咨

軍政部

計送園林管理處代放營地農場清册一份(略)

市長　蔡　培

中華民國二十九年十二月　日

南京市政府咨　財字第五四八〇號

案查前准

貴部漁字第一三〇號大咨略以據本部水產管理局呈請商撥玄武湖櫻環二洲間一部份水面闢爲水產養殖試驗場等情應請轉飭園林管理處約期會商水陸場地撥用手續囑卽查照見復以利漁政

等由並准水產管理局函同前由過府准經檢同原件令行園林管理處核議復奪去後茲據復稱查水產管理局所請撥用湖面位於環櫻二洲夾套之間若櫻環二洲相過壩口之小橋處設立斷隔水閘自可與整個湖面不相溝通至所請該處一部陸地撥充場址一節該二洲全部陸地並非市有無以撥借復請察奪等情前來查玄武湖爲本市市產

貴部水產管理局擬就該湖櫻環二洲間一部份水面闢作養殖場自可租用關於年限租金如何訂定除指令妥擬租用辦法呈候核定議租外相應咨復

查照希卽轉飭水產管理局派員前往該處會商辦法仍盼見復爲荷

此咨

農鑛部

市長　蔡　培

中華民國二十九年十二月　日

南京市政府公函　社字第五五九六號

案准

貴廳政一字第一〇〇九二號公函內開案於十月二十一日據本廳督察處查報略稱查有本京昇州路程善坊口四號聚興茶社說書人甘松錡於本月十一日起每晚七時半在該社開講其言論全係根

據滬市大陸新報大美晚報及渝方報紙所載當衆宣揚確有宣傳作用等情前來并據該管西區警察局將該茶社主人馬玉松及說書人甘松筠解送到廳查該社擅講時事新聞不啻爲上海各反動報紙作宣傳不僅影響治安抑且淆亂觀聽除將該甘松筠及馬玉松飭科嚴鞫究辦暨通令各警察局隨時注意查禁外惟本市茶館酒肆附設彈唱評話講說新聞者恐不僅該聚興茶社一家似應會同擬定取締辦法以資管理而免再有前項情事發生相應備函奉商請煩查照見復等由准經飭據社會局擬具取締書場簡則九條查核尚屬可行相應抄同簡則送請

查照審核如荷

贊同希卽見復以便公布施行

此致

首都警察廳

附取締書場簡則一份（略）

市長 蔡培

中華民國二十九年十二月 日

南京市政府公函 工字第五七六九號

案准

貴廳政二字第一二九一五號公函以各街巷應裝電燈迄未如約裝設擬具救濟辦法請查照酌核辦理見復等由准此查救濟辦法第一項未裝設電燈各街巷擇要先行裝設一節擬請貴廳派員會同本府工務局先事查勘認爲必須先行裝設以維治安者共若干處再行籌劃經費商請華中水電公司裝設其餘二三兩項自應照辦除分令各區公所商同警察局協力進行隨時報查外准函前由相應復請

查照爲荷

此致

首都警察廳

市長 蔡培

中華民國二十九年十二月　日

統計

南京市各區界內二十九年十二月份戶口統計表

區別 \ 戶口	戶數	人口數 男 成人	男 兒童	男 合計	女 成人	女 兒童	女 合計	總計
總計	140080	234994	107076	342070	182523	91379	273902	615972
第一區	27563	48590	19585	68175	38188	17311	55499	123674
第二區	38456	62205	29449	91654	51890	23887	75777	167431
第三區	18712	30876	13372	44248	22748	10919	33667	77915
第四區	10841	18124	7531	25655	13632	6581	20213	45868
第五區	9934	20610	6447	27057	12520	5937	18457	45514
上新河區	12412	20070	9175	29245	16726	8541	25267	54512
燕子磯區	9405	15608	8945	24553	12305	8056	20361	44914
孝陵衞區	4193	5585	4705	10290	5470	3619	9089	19379
安德門區	8564	13326	7867	21193	9044	6528	15572	36765

附註：表內數字係根據各區公所呈報之戶口月報

秘書處第二科統計股製

南京市各區界內二十九年十二月份戶口增減比較表

戶口增減／區別	戶減增數	人口增減數 男 成人	男 兒童	男 合計	女 成人	女 兒童	女 合計	總計
總計	－718	＋554	＋466	＋1020	＋471	＋360	＋831	＋1851
第一區	－111	＋25	＋38	＋63	＋15	＋15	＋30	＋93
第二區	－114	－129	＋155	＋26	－65	＋82	＋17	＋43
第三區	－102	＋69	＋3	＋72	＋35	＋9	＋44	＋116
第四區	－187	＋13	－52	－39	＋7	－40	－33	－72
第五區	＋283	＋524	＋194	＋718	＋365	＋175	＋540	＋1258
上新河區	－112	＋23	＋11	＋34	＋75	＋49	＋124	＋158
燕子磯區	－110	＋105	＋52	＋157	＋118	＋36	＋154	＋311
孝陵衞區	－88	－53	＋57	＋4	－62	＋36	－26	－22
安德門區	－177	－23	＋8	－15	－17	－2	－19	－34

附註：(1)表內數字係根據各區公所呈報之戶口月報
(2)有(＋)符號者爲增加，有(－)符號者爲減少

秘書處第二科統計股製

市政公報暫定價目表

期限	價目	郵費
零售	每冊三角	本市半分 外埠一分
半年	十二冊 三元五角	本市六分 外埠一角二分
全年	二十四冊 七元	本市一角二分 外埠二角四分

市政公報廣告刊例

頁數	價目
一頁	每期十一元
半頁	每期六元
四分之一頁	每期三元

刊登廣告在四號以上者每期按照七折計算連續十號以上者每期按照六折計算長期另議

出版日期 本公報暫定每月二次

編輯者 南京市政府祕書處

發行者 南京市政府祕書處

印刷者 南京惠文印務局 地址：中華路府東街 電話：二三二八三號

中華郵政登記認爲第一類新聞紙類

中華民國三十年一月十五日

市政公報

第八十二期

南京市政府秘書處印行

目錄

命令

法規

公牘

南京市政府公布令　祕字第　號

茲制定本府職員保證暫行規則公布之此令

附錄南京市政府職員保證暫行規則（見法規欄）

市長　蔡　培

中華民國三十年一月　日

南京市政府令　祕字第　號

令工務局技正胡達義

　　　　　　史材

茲調派該員爲本府工務局第二三科科長此令

市長　蔡　培

中華民國三十年一月　日

南京市政府令　祕字第　號

令工務局第三科科長查委平 黃慶沂

茲調派該員爲本府工務局技正此令

市長　蔡培

中華民國三十年一月　日

南京市政府訓令　祕字第　號

令本府祕書蔣國珍等

案奉

行政院行字第一四三六號訓令內開：

准文官處文字第七號公函開奉　國民政府二十九年十二月二十七日令開兼行政院院長汪兆銘呈據南京市市長蔡培呈請任命蔣國珍爲南京市政府祕書處祕書俞樸華允琦爲南京市政府祕書處科長楊良爲南京市政府祕書處主任諶斐梅慰農金自元爲南京市政府社會局科長王世泰爲南京市政府財政局祕書鄧周熹華若愚翁士鐸爲南京市政府財政局科長張文欣爲南京市政府教育局祕書錢伯賢徐震爲南京市政府教育局科長朱劍煒爲南京市政府教育局督學朱章槩查委平黃慶沂爲南京市政府工務局科長周平爲南京市政

府主任技正胡達義爲南京市政府工務局技正尹純爲南京市政府地政局祕書萬霖生畢浩如潘雄飛爲南京市政府地政局科長史乃勛爲南京市政府衛生局祕書顧澄龔亦祁莊立爲南京市政府衛生局科長應照准此令等因除由府另行頒給荐任狀外相應錄令函達請煩查照飭知等由准此合行令仰該市政府查照飭知此令」

等因奉此正辦理間復准

國民政府文官處函送各該員等荐任狀計二十八件到府除函復外合行檢發該員任命狀令仰祇領收執

此令

附發該員荐任狀一件(略)

中華民國三十年一月　日　市長　蔡　培

南京市政府訓令　祕字第　號

令本府所屬

奉案

行政院行字第一三六四號訓令開：

「現奉　國民政府府文一訓字第一九八號訓令開：『據本府文官處簽呈稱「准中

央政治委員會祕書廳本年十二月二十日中政祕字第七〇八號公函內開『查二十九年十二月十九日中央政治委員會第三十一次會議討論事項第二案委員兼祕書長周佛海委員兼法制專門委員會主任委員梅思平提奉交擬具中央及地方軍政各機關暨各部隊任用職員手續補充辦法提請公決案當經決議通過送國民政府通飭遵照除紀錄在卷外相應錄案抄同上項辦法函請查照轉陳公布施行並通飭遵照』等由理合簽請鑒核」等情到府自應照辦除明令公布並通飭施行外合行抄發該補充辦法令仰遵照並轉飭所屬一體遵照』等因附抄發中央及地方軍政各機關暨各部隊任用職員手續補充辦法一份奉此除通令外合行抄發原附件令仰該市府遵照並轉飭所屬一體遵照此令」

等因附抄發中央及地方軍政各機關暨各部隊任用職員手續補充辦法一份奉此除分令外合行抄發原附件令仰該□遵照——

此令

附抄發中央及地方軍政各機關暨各部隊任用職員手續補充辦法一份

市長 蔡 培

中華民國三十年一月 日

中央及地方軍政各機關暨各部隊任用職員手續補充辦法 二十九年十二月二十三日公布

第一條 中央及地方軍政各機關暨各部隊長官任用所屬職員除依法律規定辦理外其任用手續並應依本辦法行之

第二條 軍政各機關及各部隊任用職員應先查詢來歷考察品性並驗明最近退職證明文件方可任用

第三條 如無退職證明文件應由該機關長官函詢該員退職之機關查明退職原委再爲任用但該員退職之機關已經撤銷者應由該員取得原服務機關同等職務人員之書面證明呈驗

第四條 甲機關或部隊現職人員乙機關或部隊擬於任用時必須由乙機關或部隊長官商得甲機關或部隊長官同意方可予以新職

第五條 前條調任新職人員不得超級敍用

第六條 各機關或部隊任用職員如有違反本辦法之規定者得由上級主管機關以命令撤銷其任用或令其將所用之人員改敍職級

第七條 經上級主管機關以命令調用或其任用事先專案呈奉核准者得不適用本辦法之規定

第八條 本辦法自公布日施行

南京市政府訓令 財字第四四二號

令本府附屬各機關

案准

財政部幣字第九號咨開

「案查中央儲備銀行業經組織就緒定於三十年一月六日在首都正式成立開始營業於重要都會分期設立分行以資發展並由政府授予特權發行兌換券及輔幣券舉凡人民納稅匯兌及一切公私往來一律行使且爲穩定金融市場保障人民資產起見對於現在流通之

各種舊法幣暫准與中央儲備銀行之法幣等價流通應請貴市政府通令所屬遵照本部上年十二月十九日發表聲明主旨分別佈告週知並召集地方重要團體剴切曉諭共同協助務使新幣流通暢行無阻人民生活得趨安定除分咨外相應檢同中央儲備銀行兌換券及輔幣券樣本各五份咨請查照辦理并希見復爲荷」

等由并附送兌換券及輔幣券樣本各五份到府准此除分令并咨復外合行令仰該　卽便遵照辦理

此令

計發樣本一份（略）

中華民國三十年一月　日

市長　蔡　培

南京市政府訓令　財字第四二七號

令本府附屬各機關

案准

財政部咨送中央儲備銀行法及整理貨幣暫行辦法各一份請予轉飭所屬一體知照等由准此除分行外合行抄發原件令仰該口知照

此令

附發中央儲備銀行法暨整理貨幣暫行辦法各一份

中央儲備銀行法

二十九年十二月十九日公布

市長　蔡培

第一章　總則

第一條　中央儲備銀行為國家銀行由國民政府設置之

第二條　中央儲備銀行資本總額定爲國幣壹萬萬元由國庫撥足

中央儲備銀行於必要時經理事會議決監事會同意得呈請國民政府核准擴充資本總額幷得召集商股但商股總額不得超過資本總額百分之四十

國民政府於必要時得將其所有中央儲備銀行股額之一部讓爲商股招集商股或經國民政府將其所有之股額讓爲商股時應由本國經營銀錢業之法人儘先認購俟各法人所購商股已達到中央儲備銀行資本總額百分之三十以上時始許本國人民個人入股但人民個人入股應經財政部長之核准

第三條　中央儲備銀行由國民政府授予左列特權

一、發行本位幣及輔幣之兌換券

二、經理政府所鑄本位幣及輔幣之發行

三、經理國庫

四、承募內外債並經理其還本付息事宜

第四條　中央儲備銀行設總行於首都設分支行處於國內各地並得於國外必要地點設代理處

分支行處及國外代理處之設置或廢止須經理事會之議決呈報國民政府備案

第五條　中央儲備銀行自成立日起營業期限三十年滿期二年前得呈請國民政府核准延長之

第二章　組織

第六條　中央儲備銀行設理事會由國民政府特派理事七人至十一人組織之任期三年期滿得續派連任理事會設常務理事五人由國民政府於理事中指定之

前項理事名額及選派方法於招收商股時另定之

第七條　中央儲備銀行設監事會由國民政府特派監事三人至五人組織之任期二年但第一任監事中有二人任期一年由國民政府指定之

監事會之主席由監事互推之

第六條第二項之規定於本條中適用之

第八條　中央儲備銀行設總裁一人特任副總裁一人簡任由國民政府於常務理事中任命之任期均爲三年期滿得續加任命

第九條　總裁總理全行事務執行理事會議決之事項並爲理事會之主席

第十條　副總裁輔佐總裁處理全行事務遇有總裁不克出席理事會時由副總裁代理主席

第十一條　左列事項經理事會議決由總裁執行

一、業務方針

二、兌換劵發行總額

三、準備數額

四、預算決算

五、資本之擴充
六、各項規程之訂立
七、國內分支行處及國外代理處之設置及廢止
八、總裁提議事項
前項第二第四第五第六第七各款應經國民政府核准方得執行

第十二條　監事會之職務如左
一、帳目之稽核
二、準備金之檢查
三、兌換券發行數額之檢查
四、預算決算之審核

第十三條　中央儲備銀行總行事務經國民政府核准得酌設局處辦理之
前項局處之局長副局長處長副處長由總裁提請理事會同意任用之

第十四條　中央儲備銀行總行各局處得分科辦事
前項各科之主任副主任由總裁派充之

第十五條　中央儲備銀行分行經理由總裁提請理事會同意任用之

第三章　發行

第十六條　中央儲備銀行發行兌換券之最高額應經國民政府核准

第十七條　中央儲備銀行發行兌換券得分爲一元五元十元五十元一百元五種并得發行十進輔幣兌換券

第十八條　中央儲備銀行兌換劵爲中華民國法幣無限制流通

第十九條　中央儲備銀行兌換劵得由總行以本位貨幣或外幣兌換之

第二十條　中央儲備銀行兌換劵准備金至少須有百分之四十現金準備其餘以國民政府發行或保證之有價證劵與合於本法第二十四條第六款至第八款之票據爲保證準備

第二十一條　中央儲備銀行發行兌換劵之現金準備分左列二種

一、銀幣及生金銀

二、外國貨幣及外國貨幣之存放款項

第二十二條　中央儲備銀行兌換劵準備金完全公開發行數目及準備金額每週公表之

第二十三條　中央儲備銀行兌換劵得免納發行稅

第四章　業　務

第二十四條　中央儲備銀行除國民政府所授予之特權外得營左列業務

一、經理國營事業金錢之收付

二、管理全國銀行準備並經理各銀行間匯撥清算事宜

三、代理地方公庫及公營事業金錢之收付

四、經收存款

五、國民政府發行或保證之國庫證劵及公債息票之重貼現

前款證劵及息票之到期日自重貼現之日起至多不得過六個月

六、國內銀行承兌票國內商業匯票及期票之重貼現

前款票據須爲供貨物之生產製造運輸或銷售所發生其到期日自本銀行取得之日起至多不得過六個月並至少有殷實商號二家簽名但附有提單棧單或倉單爲担保品且其貨物價值超過所担保之票據金額百分之二十五時有殷實商號一家簽名亦得辦理之

七、買賣國外支付之匯票

前款匯票如係由進出口貿易所發生見票後其到期日不得過四個月如係承兌票其到期日自本銀行取得之日起不得過四個月所有依照商業習慣定支付日期之匯票應至少有殷實商號二家簽名但附有提單棧單或倉單爲担保品且其貨物價值超過所担保之票據金額百分之二十五時有殷實商號一家簽名亦得辦理之

八、買賣國內外殷實銀行之即期匯票支票

九、買賣國民政府發行或保證之公債庫劵其數額由理事會議定之

十、買賣生金銀及外國貨幣

十一、辦理國內外匯兌及發行本票

十二、以生金銀爲抵押之放款

十三、以國民政府發行或保證之公債庫劵爲抵押之放款其金額期限及利率由理事會議定之

十四、政府委辦之信託業務

十五、代理收付各種款項

第二十五條　中央儲備銀行取得不動產以左列各款爲限

一、本銀行營業上必需之不動產

二、因清償債務而取得之不動產

前項第二款不動產應自取得日起一年以內處分之但有特別情形經理事會議決呈請國民政府核准者不在此限

第二十六條　中央儲備銀行業務應受左列各款限制

一、放款期限不得過六個月

二、對於私人或公司或其他私法人之放款重貼現或其他墊款及收買其匯票支票或其他之票據合計每戶不得超過五十萬元如係股份有限公司不得超過該公司資本及公積金總額三分之一

三、左列各種票據不得收買或重貼現或作其他放款之附屬担保品但應追加担保或為保全本行利益者不在此限惟應於取得該種票據之日起一年內處分之

甲、供長期投資購置地產礦產房產機器等項用途所發生之票據

乙、供消費目的而非用於目前業務上需要所發生之票據

丙、供投機買賣所發生之票據

四、不得承受貨物為借款之担保品但有特別情形經理事會議決者不在此限

五、不得直接經營各項工商業

六、不得為第三者担保或為票據之承兌

七、不得為信用放款或透支

八、不得為有投機性質之營業

第五章　决　算

第二十七條　中央儲備銀行以每年十二月終為總決算期應造具左列表册書類交由理事會議決監事會審定呈報國民政府備案

一、財產目錄

二、資產負債表

三、營業報告表

四、損益計算書

五、盈餘分配表

前項資產負債表及損益計算書應登載國民政府公報及總分行所在地報紙

第二十八條 中央儲備銀行每屆決算於純益項下提百分之五十以上爲公積金公積金達資本總額時經理事會議決監事會同意得減爲百分之二十五以上

第二十九條 中央儲備銀行純益除提充公積金外得由總裁提經理事會議決在餘額內酌提行員酬金餘額解繳國庫

第三十條 中央儲備銀行依第二條之規定招收商股後其純益分配辦法另訂之

第六章 附則

第三十一條 本法自公布日施行

整理貨幣暫行辦法

民國二十九年十二月十八日部令公布

第一條 國民政府授予中央儲備銀行發行兌換券之特權以期逐漸完成幣制之統一

第二條 中央儲備銀行發行之兌換券爲中華民國之法幣其種類及準備金比率等項應遵照中央儲備銀行法第十六條至二十三條之規定辦理之

第三條 民國二十四年十一月三日頒布之新貨幣法令所規定之各種法幣（以下稱舊法幣）與中央儲備銀行發行之法幣暫行等價流通

第四條 中央儲備銀行得以其發行之法幣暫依等價收換現行流通之各種舊法幣以促成幣制之統一

上項收換辦法得斟酌區域及情形隨時分別規定之

第五條　華興商業銀行之發行權取消之其已發行之紙幣之收回辦法另訂之

第六條　凡人民完糧納稅及其他對於政府之支付一律行使中央儲備銀行發行之法幣但暫准以舊法幣與中央儲備銀行發行之法幣同樣行使

第七條　凡政府機關各項經費之支付一律行使中央儲備銀行發行之法幣

第八條　關於前二條之規定在特定區域內暫不適用特定區域另以命令定之

第九條　凡不屬於上述之各種紙幣而現在尚在流通者及各地現在流通之各種輔幣券之整理辦法另訂之

第十條　華北政務委員會管轄區域內暫維現狀本辦法之規定暫不適用

第十一條　本辦法自三十年一月六日施行

南京市政府訓令　祕字第　號

令本府所屬

案准

首都警察廳第一三三五七五號公函開

「案查本廳前辦機關公務人員自衞槍枝調查事宜原爲查驗槍炮申請書及執照在未奉國民政府頒發以前係一種權宜辦法茲奉警政部令發前項申請書及執照到廳自應遵照開始施行查驗并發給執照所有前項調查槍炮事宜應卽停止關於貴府前送公務人員自衞槍枝調查表業經登記茲依照所塡槍枝數目檢奉申請書三份保證書三紙連同修正國民

政府查驗自衛槍炮及給照暫行條例隨函奉達即希查照轉知按照條例之規定將申請書及保證書塡就連同照費相片一併送由該管警察局對保註冊轉呈本廳俾便施行查驗烙印發給執照以符規定」

等由附送申請書保證書查驗自衛槍炮及給照條例等到府准此除分令外合行抄錄該項申請書保證書式樣暨自衛槍炮及給照條例各一份令仰知照并轉飭所屬一體知照

此令

附抄發申請書保證書查驗自衛槍炮及給照條例各一份

市長 蔡 培

中華民國三十年一月 日

修正國民政府查驗自衛槍砲及給照暫行條例

第一條 凡人民與法團及公署機關人員所有自衛槍砲其查驗及給照概依本條例辦理

第二條 所有槍砲執照及申請書均由本府印發由軍政部主辦並由軍政部及警政部分別核發

第三條 凡軍事（軍事教育）機關及各部隊「以師（獨立旅團隊）爲單位」之現役軍人所需自衛槍砲執照由各機關部隊逕向軍政部領發其他公署機關及各省（特別市行政區）及縣（市）各級政府公務員地方法團及人民所需自衛槍砲執照均向所在地警察機關領發轉報警政部

第四條 各承辦槍砲執照機關應預估所需各種執照及申請書各若干張向軍政部請（咨）領空白執照依據條例確實辦理

第五條　槍砲執照規定如下

甲種　軍事（軍事教育）機關與部隊用者定爲四聯一聯發給領照人一聯存請領機關（部隊）一聯存軍政部一聯存國民政府備案

乙種　首都警察廳特別市（行政區警察局用者定爲五聯一聯發給領照人一聯存警察廳（局）一聯存警政部一聯存軍政部一聯存國民政府備案

丙種　縣（市）警察局用者定爲六聯一聯發給領照人一聯存警察局一聯存警務處一聯存警政部一聯存軍政部一聯存國民政府備案

第六條　查驗槍砲應依槍砲種類分別等次凡屬甲等特種槍砲應依照第三條領照系統層轉軍政部給價收歸官有（各公署機關公務員有用特種槍砲自衛經本府特許者不在此限）所有乙丙兩等槍類均按照本條例規定發給執照

甲等特種槍砲類

各種管退砲　各種架退砲　各種藥包砲　各種重機關槍　各種輕機關槍　各種機關砲　各種步兵砲

乙等新式槍類（每張照費二元）

各種無烟五響步馬槍　駁殼手槍　白郎林手槍　左右輪手槍　曲尺手槍　其他各種新式手槍　村田槍　曼利夏槍　異造鳥槍　五百斤以上重量大砲附

丙等舊式槍類（每張照費一元）

毛瑟槍　黎意槍　堅地利槍　馬地利槍　來復粵槍　大機長槍　大機台槍　其他各種舊式步馬砲　金山擘朋製手槍　五響打心手槍　土造火機手槍　土造鳥槍　土造單響槍　五百斤以下重量大砲附

第七條　查驗槍砲發給執照事宜屬於現役軍人者由該管軍事（軍事教育）機關及部隊辦理屬於人民法團公署機關其在

首都者由警察廳辦理其在各省者由警務處辦理其在特別市行政區者由警察局辦理每屆月終由承辦機關及部隊則逕咨（呈）軍政部並由軍政部彙呈本府備案將照費清結彙解財政部

第八條　凡人民及公署機關公務員請領執照時應先赴所在地警察機關領取申請書填就蓋章並覓具殷實商店之保證書及二寸半身免冠照片（像片數目依照第五條規定執照聯數照送）連同照費呈由所在地警察機關驗明槍砲種類號碼註册烙印並施行查驗後分別轉請或逕發執照其現役軍人請領執照時應依照以上相同手續向該管各軍事（軍事教育）機關及部隊請領該管長官查核後依據條例發給執照凡隨從所佩之槍枝執照上須用主管像片

第九條　發給槍砲執照每槍一枝每砲一門須各領執照一張不得以多數槍砲共領一張致涉牽混

第十條　如槍砲係屬法團公置者領照手續除按照第八第九兩條規定外其申請書應注明公置及法團之名稱與駐在地點加蓋領袖人名章免用像片及保證書惟應將槍砲數目及團體人數分別造册呈由所在地警察機關依據條例切實辦理

第十一條　凡屬個人請領自衞槍砲執照者槍不得過兩枝砲不得多于一門每槍子彈不得過二百粒砲彈不得過一百發（各機關長官有隨從者不在此限）

第十二條　法團槍砲數目之限制由該管官廳體察地方情形及該法團之需要而酌定之但每槍子彈不得過五百粒每砲子彈不得過一百發

第十三條　已領執照之槍砲其執照與槍砲須同置一處以便稽查

第十四條　已領執照之槍砲遇有意外失落時立將失落情由報告原領執照機關並將原照繳銷如執照遺失　亦應報請註銷另行照章請領新照

第十五條　領槍砲執照後如遷移住址須呈報發照機關備案

第十六條　已領槍砲執照之人如因遷移或遠行不便攜帶槍砲必須轉讓時應先將轉讓情由及承受人姓名住址職業連同保證

書呈請原發照機關核准後方許轉讓並應將執照交由承受人遵照本條例換請新照並將舊照繳銷

第十七條　槍砲執照限用一年期滿應按照本條例呈請換發新照並將舊照繳銷

第十八條　凡各地承辦槍砲執照機關准在照費內提支二成爲辦理給照及查驗槍砲之手續費（外省由縣（市）警察局查驗警務處給照者則各提一成）

第十九條　凡派員查驗槍砲註冊烙印所須旅費等項歸公開支不得向領照人需索分文違者依法處罰

第二十條　担保之商店須在各該地商會註册者方爲有效然每店所保之槍不得過十枝砲不得過兩門

第二十一條　各地承辦執照機關得時常派員查驗所發槍砲執照如有與執照不符者得將該槍砲沒收查究

第二十二條　已領執照之槍砲不得借與他人或用爲私鬥違者按法懲辦

第二十三條　已領執照之槍砲如查有接濟匪人情事除將槍砲所有人按律懲辦外其担保商店一併查究

第二十四條　各法團槍砲應呈報實數如以私人槍砲或以圖謀不利於民衆之械彈混入朦蔽請領執照一經查覺或被告發將所有槍砲概行沒收並從嚴究辦

第二十五條　如有隱匿槍砲未經報驗請領執照者一經查覺以私藏軍火論罪

第二十六條　查驗槍砲機關如有呈報不實或包庇敲詐等情事一經查覺或被告發應按照情節輕重予以相當處分

第二十七條　凡經註册烙印及給照之槍砲卽受政府之保護無論何項軍隊警察不得藉端收繳

第二十八條　本條例施行後無論何種機關以前所發槍砲執照概行作廢須依照本條例換領新照方生效力

第二十九條　本條例自公布日施行

保證書

茲於　　　局保證　　　所有　　　槍砲　　　支門確係作自衛之用其申請書所填各項均屬實在倘有虛偽情事本保證人願負完全責任所具保證書是實須至保證書者

保證人姓名　　　蓋章

年齡

籍貫

職業

住址

加蓋店戳

中華民國　　年　　月　　日對保人（簽名）（蓋章）（日期）

自衛槍砲請領執照申請書

為申請事茲有　　槍一枝係　　廠造口徑　　號碼
配子彈　　發確為自衛之用除照章覓保蓋章連同照費
另行呈繳外理合造具申請書請領執照以資保護謹呈
　　鑒核

申請人姓名	年齡	籍貫	職業	住址

中華民國　　年　　月　　日

填寫說明

一　「……槍」填步槍之步字馬槍之馬字手槍之手字機關槍之機關等字餘類推
二　「係……廠造」填上海廠之上海二字漢陽廠之漢陽二字餘類推
三　「口徑……」填六五或七九或其他等字
四　「號碼……」填造槍時原刻數字無號碼者填一無字
五　「配子彈……」填現有子彈實數
以上各項係指槍言若為砲則將槍字改為砲字一枝改為一門槍彈發改為粒
六　第四行鑒核二字上應填所向申請之機關如某省市警察局某縣警察局某軍事機關某部隊長之類
七　「申請人姓名」如為公有槍枝則填主管人職銜姓名
八　「籍貫」填縣名「住址」填鄉鎮街村及門牌號數「年齡」「職業」照現在情形填明
九　「年月日」按填寫時之年月日記入之公署機關須在年月上鈐印私人名義則在字下蓋章或按本人右拇指印

南京市政府訓令 社字第一三二號

令城鄉各區公所

案查本京市茶寮酒肆間有附設書場（包括評話彈詞在內）演講小說書傳等類惟是項書場流品不齊而說書人又智識淺陋信口雌黃甚且雜入時局戰事爲取悅聽衆資料若不嚴加取締影響治安實非淺鮮茲經本府會同首都警察廳擬定取締簡則九條除即日公佈施行外合行附發是項簡則一份令仰該區長查明轄境內所有茶寮酒肆附設書場若干分別發給各店主遵照並將辦理情形具報爲要此令

附抄發會擬取締書場簡則一份（見法規欄）

中華民國三十年一月　日

市長　蔡　培

南京市政府訓令 社字第一六一號

令城鄉各區公所

案奉

行政院行字第一四〇一號通令內開：

「頃據振務委員會呈稱查本會各省市分會組織規程第二條關於分會委員人選除甲

項外乙爲中國國民黨各省市黨部高級人員二人丙爲各省市政府高級人員二人丁爲各省市民衆團體代表三人至五人又該規程第十條規定分會得聘請地方公正人士爲顧問或專員呈報本會備案原爲網羅各方人士藉以集思廣益增加推行振務效率起見在各地方行政長官關心民瘼熱心振務視分會之任務一如己事者原不乏人但遇有對於本會各分會之地位及職權未能明瞭每自分但有協助之可能而無義務之必要以此推行政務分會與地方政府時感隔閡甚且以公文來往拘牽程式誤會滋多坐視餓殍載途而中央德惠無由展布查縣爲地方自治單位一切政務推行皆以此爲基礎振務爲目前要政本會各省市分會雖應各就職掌悉心竭力以赴事功但欲求推行順利而敏速非縣區長自顧考成引爲己責未易推行盡利擬請通令省市長官在未設支會各縣區振務各縣區長固屬責無旁貸已設支會各縣區雖由縣區長及縣黨部常委地方公正士紳共同負責但縣區長爲親民之官爲國爲民均應盡力協助請將辦振一項列入考成以重職責而資懲勸再各省社會運動指導委員會分會已呈奉鈞院核准列席省政會議本會擬請援社運分會例准予於各省市政府會議遇有關於振務事項各省市分會主席委員亦應邀同列席以期緊密聯繫而增效果所有遵令聲敍各節是否有當理合備文呈請鑒核訓示祇遵等情據此除指令照准並通令外仰卽轉飭所屬及各縣區一體遵照辦理爲要

等因奉此除分令外合行令仰該區長遵照辦理

此令

中華民國三十年一月　日

市長　蔡　培

社會局局長　盛開偉

南京市政府訓令　社字第三五二號

令城鄉各區公所

案准首都冬振委員會公函內開查本會第二次全體委員會議議決南京市各界自動施振或原有之慈善救濟團體自行辦理冬振原無不可惟不得用振務委員會或冬振委員會等項名義另組團體以免與本會界限不清應由本會分函南京市政府及社會運動指導委員會暨其南京市分會查照嗣後如遇有以前項名義呈請立案者勿予核准等語紀錄在卷除分函外相應錄案函達卽祈查照爲荷等因准此除分令外合亟令仰隨時查察轉飭遵照

此令

中華民國三十年一月　日

市長　蔡　培

社會局局長　盛開偉

南京市政府訓令　社字第五二六號

令城鄉各區公所

案准

軍政部部需辛字第三三一號咨開：

「查民營軍裝業有關軍需之補給自應由本部管理以一事權所有民營軍裝業登記規則及登記請求書產銷數量表登記許可執照等件業經本部參酌以往成案及現在實際情形逐一制定並經呈奉行政院行字第八二五號指令業經連同附件咨准軍事委員會核復准予照辦在案凡民營軍裝業亟應遵照該規則規定手續辦理以符功令除分咨並佈告外相應檢同該核項規則等件咨請查照轉飭遵辦並希見復至紉公誼」

等由並附送民營軍裝業登記規則等件到府准此除分行外合行抄發各原件令仰該區長即便轉飭民營軍裝業商人一體遵照辦理爲要

此令

附抄發民營軍裝業登記規則一份民營軍裝業登記請求書一份軍裝產銷數量報告表一份民營軍裝業登記許可執照樣本一份（略）

市長　蔡培

中華民國三十年一月　日

南京市政府訓令　財字第三一一二號

令城鄉各區公所

案准

財政部稅一字第二號咨開

「案查蠶絲建設特捐業於本年七月一日在滬設處積極開征並檢附蠶絲特捐暫行條例咨請飭屬協助辦理各在案數月以還尙著成效茲爲確立行政系統健全組織機構起見經已援照各區稅務局組織法制度分區設處直隸本部稅務署管轄以便指揮監督而資推行盡利當將原有蠶絲建設特捐處改爲蘇浙皖區蠶絲建設特捐處仍以許江爲處長並派李棟爲廣東蠶絲建設特捐處處長赴粵籌備開征以專責成除分別咨令外相應咨請貴市政府查照仍希轉飭所屬一體協助至紉公誼」

等由准此函復並分令外合行令仰該區轉飭所屬一體遵照

此令！

中華民國三十年一月　日

市長　蔡培

南京市政府訓令 教字第　號

令各區區公所

本府茲爲優待隱貧起見特由教育局會同首都冬賑委員會訂期考試隱貧定額一千名凡錄取者每名給米一斗國幣四元爰經擬訂首都冬賑隱貧登記辦法十條暨首都冬賑隱貧登記表式一種並訂於本月八日上午八時起在夫子廟小學白下路市立第一中學珠江路小學三處開始登記至十一日上午十二時截止十二日上午八時至十二時在上列地點同時舉行考試除分令外合行檢發前項辦法及表式各十份令仰該區長卽便遵照迅予轉知各該區內隱貧文儒遵照規定履行登記聽候考試毋稍遲延

此令

計附首都冬賑隱貧登記辦法暨首部冬賑隱貧登記表式各十份（略）

市長　蔡　培

教育局局長　徐公美

中華民國三十年一月　日

南京市政府佈告 社字第六二號

案查首都冬振委員會辦理本年冬振關於貧戶調查係將中央振務委員會上年七月舉辦特振

時之清册重行復查所有一切手續概照地方行政區域辦理意在求實際公平分配以惠及貧民爲宗旨近數月來迭據市民向中央振務委員會及本府并其他機關團體請願救濟類多不具保甲戶籍甚且有不列地址者以致主管機關難於處理茲經訂定此次查得各戶每戶之超過八口者減爲八口每口給米五升惟一戶之內小口除一二口者照給外三四口者照三口計給米一斗五升五六口者照四口計給米兩斗七八口者照五口計給米兩斗五升籍將給餘之米勻給其他或有漏查之貧民以資普及此項貧民除由冬振委員會調查組複查振務組補發振票外凡確係赤貧而未經得到振票者應准於本月十五日起至二十日止向該區各坊公所聲請登記彙由各該區公所造册送冬振委員會複查如果確係赤貧准予補發振票茲後如有任何請願不具保甲戶籍及住址者概不受理仰各市民等一體知悉

此佈

中華民國三十年一月　日

市長　蔡培

南京市政府布告

衛字第四三六號

案查鼠疫一症最易傳染蔓延尤烈據報哈爾濱天津甯波及浙東漢口武昌一帶已有發現南京爲長江上下流域中心應予嚴密防範茲定於本月十五日起至二月十五日止開始捕鼠所有城鄉居

民應予努力捕捉藉保安全本府爲獎勵捕鼠工作效率起見出價收買每隻活鼠法幣一角死鼠二分仰市民將所捕活鼠死鼠逕交各該區公所照數給價事關預防鼠疫及公共安甯起見仰全市民衆一體知照此佈

本府所屬區公所地址列後

收買地點 第一區公所 瞻園路　第二區公所 昇州路

第三區公所珠江路　第四區公所山西路

第五區公所下關寶善橋　燕子磯區公所燕子磯鎮

安德門區公所中華門外普善堂內　上新河區公所上新河荷花池

孝陵衛區公所孝陵衛鎮　本府衛生局中山北路

中華民國三十年一月　日

市長 蔡培

南京市政府布告 工字第五三六號

茲重行制定南京市政府營造業登記章程公布之所有前督辦南京市政公署工務局修正營造業登記暫行規則同日廢止之此布

計附南京市政府營造業登記章程（見法規欄）

中華民國三十年一月　日

市長　蔡　培
工務局局長　謝學瀛

南京市政府布告　工字第五三七號

查本市工業技師技副自事變以來迄未舉辦登記現在市面日漸繁榮該項技師技副亟應從事登記以資整頓茲將南京市政府工業技師技副執行業務規則重行布告仰本市承辦設計監工之工業技師技副遵章先向本府工務局聲請登記經核發執業證書方得執行業務勿違爲要此布

計附南京市政府工業技師技副執行業務規則（見法規欄）

中華民國三十年一月　日

市長　蔡　培
工務局局長　謝學瀛
社會局局長　盛開偉

南京市換發汽車新號牌通告

查本市道路橋梁現正積極從事修整以利交通自國府還都以來市面日趨繁榮汽車一項已日

見增多所有以前汽車之登記每假機關名義領用號牌爲日既久亟待更正戶名以期明確茲值年度開始本市爲維護交通整理登記并取締破舊車輛避免危害起見經由本府特製新號牌重編號碼定自一月十六日起至一月三十一日止所有在本市通行之汽車除部隊軍用別有規定外無論前已領有號牌或新備之自用公用或營業公共客貨汽車一律均須依限開至白下路車輛登記所從事檢驗檢驗合格卽予登記發給行車執照并向車捐處繳納春季車捐領得捐牌後再向登記所領取新號牌一副俾便通行至登記照牌等費業經分類規訂仰逕向登記所查照繳付特此通告

市長　蔡　培

中華民國三十年一月　日

法規

南京市政府營造業登記章程

第一條　凡在本市區內以承攬各項建築工程為營業者如建築公司營造廠水木作等均為本章程所稱之營造業

第二條　凡營造業對於本章程之規定及本市建築規則暨其他有關係之章則令文布告均須切實遵守

第三條　營造業應先向工務局申請登記俟核准給照後方得營業其已在他埠登記領有執照而欲在本市承辦各項工程者亦同

但在吊銷執照期間內之營造廠商不得變更牌號另行申請登記

第四條　前項營造業執照每滿一年更換一次營造業執照申請登記人之資本經驗學歷分為左列四等

甲等　資本在五萬元以上而有左列資格之一者

一、曾承辦十萬元以上之工程成績優良者(須呈驗證明文件如合同等)

二、曾在國內外公私立專門以上學校土木科或建築科畢業並曾任所習學科之職務滿一年成績優良取得證明書者

三、曾在國內外公私立專門以上學校修習土木科或建築科在三年以上並曾任所習學科之職務滿二年成績優良取得證明書者

四、曾領有乙等登記執照承辦本市二萬元以上之工程累計滿十萬元經工務局認為成績優良者

乙等　資本在一萬元以上而有左列資格之一者

一、曾承辦二萬元以上之工程成績優良者（須呈驗證明文件如合同等）

二、曾在高級職業學校或同等程度學校之土木科或建築科畢業並曾任所習學科之職務滿一年成績優良取得證明書者

三、曾領有丙等登記執照承辦本市五千元以上之工程累計滿二萬元經工務局認為成績優良者

丙等　資本在三千元以上而有左列資格之一者

一、曾承辦五千元以上之工程成績優良者（須呈驗證明文件如合同等）

二、曾在中學畢業並曾任土木建築工程界之職務在二年以上成績優良取得證明書者

三、曾領有丁等登記執照承辦本市一千元以上之工程累計滿五千元經工務局認為成績優良者

丁等　資本在一千以上而有左列資格之一者

一、原係營造廠商（小包）營業在一年以上者

二、有承辦工程之學識能力經驗經同業二家證明者

第五條　前條甲乙丙三等如聘用有左列資格之人為經理者亦得聲請登記

甲等　在本市開業之土木科或建築科技師

乙等　在本市開業之土木科或建築科技師或技副

丙等　有前條本等第二款資格者

前項經理人以一人担任一廠為限

第六條　營造業申請登記時須填具工務局製定之登記表保證書各一份檢同本人最近二寸半身相片三張及關於資本經驗學歷之證明文件呈局審查

其以聘用經理人申請登記者並須將該經理人之相片及其執行業務或學歷經驗之證明文件一併送核該項證明文件均于審查完竣後發還

第七條　聲請登記者經審查合格後應照左列規定繳納登記費領取執照

甲等　伍拾元

乙等　貳拾元

丙等　拾　元

丁等　肆　元

第八條　營造業執照須懸掛店內易見之處

第九條　已登記之營造業得各按其等級承辦左列工程

甲等　得承辦市內一切大小營造工程

乙等　得承辦五萬元以下工程

丙等　得承辦一萬元以下工程

丁等　得承辦五千元以下工程

第十條　已登記之營造業承辦市內各項工程應於開工前及竣工後檢同發給之工程記載表送請工務局查核此項工程記載表于請領執照時一併發給每本收工料費壹元伍角

第十一條　已登記營造業有左列情事之一者得吊銷其登記執照其期間以三個月至六個月爲限其情形較輕者或處以五十元以下之罰鍰但違反左列第三款至第六款之規定者並須限期令其拆退改造或督令完工

一、登記後發現申請人之資格與本章程第四條之規定不合或因故喪失能力者

二、以登記執照牌號借讓他人頂替或混充者

三、所建工程不遵照工務局核定之退縮綫退縮或侵佔公私土地者

四、不遵照工務局核定之工程圖樣營造者

五、偷工減料因而發生危險者

六、於承辦工程包價以外無正當理由向業主需索或逾期不完工者

七、無施工執照擅行動工者

八、其他有違反章則文告事項經二次通知仍不遵照者

第十二條　依前條規定吊銷登記執照者其已繳之登記費概不發還

第十三條　已登記之營造業在登記期內能遵守定章或承辦工程成績優良者得由工務局給予成績優良證明書

前項證明書式樣另定之

第十四條　凡未經本工務局登記之營造業概不得在本市承攬各項建築工程違者視承辦工程價格之大小科以百分之三至百分之五之罰鍰並勒令補行登記一切登記手續均照本章程第四、五、六、七條之規定辦理在未審查合格發給執照前倘再違犯則按照本條罰鍰加倍處罰

第十五條　已登記之營造業如因故自行停業應先期呈報工務局備查並繳銷所領執照及工程記載表

第十六條　各營造業所領執照每年一換以每年正月為換照期其已經吊銷執照之營造業須俟吊銷期滿方得重行登記換照時已登記之營造廠商如仍以原等級申請登記者得免繳關于經驗方面之證明文件

第十七條　各營造業所領執照如有遺失時除登報聲明作廢外同時應向本府工務局申敘理由並檢同報紙依第七條規定費額繳納百分之三十補照費呈請補發

補照之有效期間以自原照發給之日計算

第十八條　已登記營造業如有變更組織改易名稱或換主開張時須依本章程重行申請登記其更易經理人者並須按照原登記手續報經核准

第十九條　營造業之已登記期滿或變更組織換主易牌尚未重行登記或所易經理人尚未核准者均不得在本市承辦各種工程

違反前項之規定者除勒令停工外並得按左列各款辦理

一、吊銷執照停止重行登記或停止營業三個月以上三年以下

二、處二十元以下五元以上之罰鍰

第二十條　營造業之保證人應以同額以上資本之商號或其同業担任之但同業商號應以左列規定爲限

一、丁等以丙等擔保

二、丙等以乙等擔保

三、乙等以甲等擔保

四、甲等以甲等三家擔保

第二一條　出保商號如中途改組或因故停業或申請退保時應依照前條規定另覓妥保呈候審核違則暫行吊銷其登記執照限期覓保並處以二十元以下五元以上之罰鍰

第二二條　已登記之營造業如違犯本章程而不遵工務局處分或無力履行者其原具保證書之商號應負全責

第二三條　本章程如有未盡事宜得隨時修正之

第二四條　本章程自公布之日施行

附　則　本章程施行後前南京市政府工務局修正營造業登記暫行規則即予廢止

南京市政府工業技師技副執行業務規則

第一條　本規則所稱技師技副暫以左列科目爲限

一　土木科

二　建築科

三　機械科

四　電機科

第二條　凡依技師登記法或工商部技副登記條例領有前條所列各科技師或技副證書擬在本市開設事務所執行業務者概須依照本規則之規定報請工務局會同社會局核發執業證書

第三條　凡請領執業證書者須塡具申請書檢同工商部登記證書及本人最近二寸半身相片二張呈請工務局會同社會局審査合格後發給之

第四條　前條申請書須詳載左列各事項其格式另定之

一　姓名、年歲、籍貫、住址、

二　出身

三　經歷

四　證書號數及登記年月

五　事務所地址

第五條　凡領有執業證書者得在本市承辦關于各該科目之設計監工等事項

第六條　執業證書除依法貼用印花外並須依照左列規定向工務局繳納證書費

一　技師十元

二　技副五元

第七條　執業證書須懸掛于事務所易見之處

第八條　執業證書如有遺失時應登報三天聲明作廢並須檢同報紙補具相片依本規則第六條所定費額繳納百分之二十補證費呈請補發

第九條　凡領有執業證書者如變更事務所地點或自行停業時均應呈報工務社會兩局備案其自行停業者並須持原領執業證書繳銷

第十條　凡領有執業證書者須於每年一月十五日以前將原領證書送請工務社會兩局查驗蓋章概不收費逾期即將原發證書註銷

第十一條　凡被註銷執業證書之技師技副如將來繼續執行業務時須依本規則之規定另行申請

第十二條　凡依本規則領有執業證書承辦第五條各項事務之技師技副准按左列規定向委託者收取酬金但設計並兼監工者得照左列規定加倍收取之

工程費在一萬元以下者不得過千分之三十

工程費在一萬元以上至三萬元者不得過千分之二十五

工程費在三萬元以上至五萬元者不得過千分之二十

工程費在五萬元以上者不得過千分之十五

第十三條　凡現任公務員一律不准請領執業證書如於領證後充任公務員者應即繳銷原證

第十四條　凡未經核准給予執業證書而擅自承辦第五條各項事務者除飭令限期申請外並處以二十元以下五元以上之罰鍰但公務員領有工商部技師技副登記證爲其服務機關辦理第五條各項事務者不在此限

第十五條　凡領有執業證書者對於承辦第五條之設計事項必須親自辦理如有將他人設計之工程圖樣代爲頂名蓋章朦報情事除吊銷其執業證書外並處以五元以上二十元以下之罰鍰

第十六條　凡領有執業證書者如有違犯法規情事工務社會兩局得依照技師登記法及工商部技副登記條例之規定呈報市政府咨請工商部註銷其登記並追還其證書如情節較輕者得酌量情形停止其營業三月至一年

第十七條　凡依前條規定受停止營業處分者在停業期間不得經辦第五條規定之各項事務

第十八條　本規則自公布之日施行

南京市政府
首都警察廳會訂取締書場簡則

第一條　凡在本市內開設書場者（包括評話彈詞等項）均適用本規則之規定

第二條　凡書場不論露天講演或附設於茶社酒肆內者均應先向本市政府社會局申請登記核准發給營業執照一面向本廳呈請備案後方能開始營業其申請書式另定之

第三條　凡申請登記之書場其申請人應遵照書內所列各欄詳細塡載不得漏略

第四條　說書人須遵照本府所訂管理藝員規定聲請登記給證後方能開講

第五條　凡書場評講書傳應將擬講書傳名目於前一星期塡具書目單呈送社會局審查後方准開講前項書目單得適用劇目單

第六條　說書人不得開講已經核准書傳以外之事故如時事新聞或戰時消息尤爲絕對禁止評講倘有陽奉陰違一經查出隨

時取銷該書場營業執照一面將說書人傳集訊明按其情節輕重分別法辦（如係附設茶社酒肆內者并將該店主同時傳訊）

第七條　說書人科諢說白以及各種動態不得涉及淫褻情調違者按照左列各款分別處罰

一、警告

二、處五元以上十五元以下之罰金

三、停講十日

第八條　本規則如有未盡事宜得隨時修改之

第九條　本規則自公布日施行

南京市政府職員保證暫行規則

第一條　本府職員均應繳具保證書依照本規則辦理之

第二條　職員在任職之前應向本府領取保證書由保證人或商舖填明呈由本府核准存案

第三條　保證人或商舖須符合下列條件

保證人　一、現任政府職員其職位須高過於被保人之階級

二、須在本市有固定之住址者

三、本府職員不得為本府職員之保證人父子兄弟叔姪不得為保證人

商舖　一、須確在當地現時之商會註冊及營業可靠之店舖或字號

二、須蓋用店舖或字號之重要圖章並店主或經理簽名蓋章

第四條　管理出納款項及徵收稅款之職員除照前條由保證人具保外須另具本市殷實舖保或個人銀錢担保呈由本府審查核定之

第五條　保證書呈繳後本府須派員覆查由保證人或商舖於覆查時加蓋原印圖章於覆查時之蓋章處並簽名證明之

第六條　每一保證人或商舖承保本府職員至多不得過三人

第七條　保證人之職業或住址及商舖地址有變更時應隨時書面呈明本府

第八條　保證人或商舖退保時須直接用書面呈明本府請求解除保證責任被保人應即另具新保證書

第九條　職員解職時經查明並無經手未完事件及已交代清楚後始得發還保證書

第十條　本規則於公布之日起施行

公牘

呈行政院文

案准教育部祕字第二七二四號咨開：

「案據國立南京中等學校理科實驗所呈稱：『竊查本所設立初旨原在集中人力財力節省開支以供給京市各學校理科實驗之用一俟國庫稍裕當以各校自行設備實驗室爲宜是本所目前之工作不過爲非常時期一種過渡辦法前奉鈞部普通教育司八月二十六日來函囑釐訂三年實施計劃本所謹依政府提高科學教育之政綱與鈞長提倡生產教育之至意一方面謀劃一全國理科設備之標準以促進科學之發達一方面使本所改爲生產機關冀使收支平衡而儘量免費供給學子之實驗爰擬擴充計劃將來於物理組設物理儀器製造廠化學組設化學玻璃製造廠生物組設生物標本製造廠並於各廠附設藝徒班訓練專才從事各項工作至其詳細計劃及廠方設備圖樣等正在着手編擬中茲查本所毗隣有空地一方足敷建築廠房之用經向南京市政府地政局調查該地連本所現址均屬前南京市衛生事務所所有其四週界址東至豐富路南至前政治學校西至清真寺北至馬姓民房總計面積四畝九分七厘九毫五（地政局所列該地圖契編號爲二〇〇三號）可否由鈞部轉咨南京市政府

將該地劃歸本所應用理合具文呈請鑒核示遵』等情：據此查所擬計劃尙屬可行相應咨請查照准予撥歸該所領用並希見復」等由；准此。當經飭據地政局查明，該產坐落豐富路，面積四，九七九五畝，係屬前市政府衞生事務所所有；並經前地政局於民國二十五年四月核准登記在案，等情呈復前來。查該部咨請將該產撥歸理科實驗所建築廠房，事屬公用，按照前南京市公有土地處理規則第十條所載：「各級政府機關需用公有土地時應商同該公地管有機關予以撥用或租用同時報請行政院備案」之規定，自可照辦。除咨復外，理合檢同該產形勢圖，備文呈請

鈞院鑒核，仰祈

俯賜備案。實爲公便。謹呈

行政院院長汪

計呈國立南京中等學校理科實驗所擬使用衞生事務所地產形勢圖一份（略）

南京市市長　蔡　培

中華民國三十年一月　日

南京市政府咨　衞字第三七八號

案查醫藥人員請領部證已將第十四批登記人員咨請貴部核發證書在案茲續據醫師蘇守仁

等二人藥劑生陸雲祥一人護士朱玉梅等二人中醫郭寧一人合計六人申請咨部核發證書前來查核尙屬合格相應繕具名册一份檢同各該證件計六宗領換證書印花等費三十六元咨請

貴部審查核發證書爲荷

此咨

內政部

附第十五批請領部證名册一份證件六宗證書印花費三十六元正（略）

市長 蔡 培

中華民國三十年一月 日

南京市政府咨 地字第 號

案查本府前擬擴充本市新住宅區域，經繪具圖表呈請行政院核示，及咨請

督照，並准咨復，俟奉指令，錄令咨知，以便查攷在案。茲奉

行政院行字第一八〇〇號指令內開：

「呈暨附件均悉，既據稱該府地政局所擬尙屬實情，應予照准！此令。」

等因；奉此。相應錄令咨達，即希

查照爲荷。

此咨

內政部

市長　蔡　培

中華民國三十年一月　日

南京市政府咨　地字第　號

查本市土地工作旬報表業經咨送至二十九年十二月份中旬在案茲造具二十九年十二月份下旬旬報表一份相應備文咨送卽請

察照爲荷

此咨

內政部

計咨送土地工作二十九年十二月份下旬旬報表一份

市長　蔡　培

中華民國三十年一月　日

南京市政府咨　地字第　號

查本市土地工作旬報表業經咨送至二十九年十二月份下旬在案茲造具三十年一月份上旬

南京市政府辦理土地登記工作元月份上旬旬報表

中華民國三十年

事項 件數 日	接收登記聲請書	土地所有權登記	房屋登記	更正登記	塗銷登記	移轉登記	分割登記	共有權登記	住所變更登記	繕寫查驗証	發給查驗証	備註
年假 1												
〃 2												
〃 3												
4		3								4	4	
星期 5												
6		4				3					1	
7		4				2						
8		2										
9		4										
10		4									2	
總計件數		21件				5件				4件	7件	

旬報表一份相應備文咨送卽請

詧照爲荷

此咨

內政部

計咨送本市土地工作一月份上旬旬報表一份

市長 蔡 培

南京市政府咨 財字第二五五號

中華民國三十年一月 日

案准

貴部幣字第十號咨附送中央儲備銀行發行新幣佈告囑飭屬張貼等由幷附佈告一百份准此除發交各區公所分別張貼外相應咨復卽請

詧照

此咨

財政部

市長 蔡 培

中華民國三十年一月 日

南京市政府咨 財字第三一一號

案准

貴部稅一字第二號咨開略以將原有蠶絲建設特捐處改爲蘇浙皖區蠶絲建設特捐處咨請飭屬一體協助等由准此除令飭各區公所一體協助外相應復請

查照爲荷

此咨

財政部

市長 蔡培

中華民國三十年一月 日

南京市政府咨 財字第四四三號

案准

貴部幣字第九號來咨以中央儲備銀行發行之兌換券及輔幣券須一律行使囑卽通令所屬分別佈告周知幷召集地方重要團體剴切曉諭俾新幣流通暢行無阻等由幷附送兌換券及輔幣券樣本各五份到府准此除通令所屬遵辦幷將樣本發交內外附屬各機關外相應咨復卽希

查照

此咨

財政部

市長 蔡 培

中華民國三十年一月 日

南京市政府咨 地字第 號

案准

貴部咨請撥用前衛生事務所所址空基建築理科實驗所廠房一案業經飭據地政局查明該產坐落豐富路面積四・九七九五畝係屬前市政府衛生事務所所有等情呈復前來此次

貴部咨請撥用該產以作公用自可照辦除呈報

行政院備案並函復外相應咨復即請

查照爲荷

此咨

教育部

市長 蔡 培

中華民國三十年一月 日

南京市政府咨　社字第五二七號

案准

貴部部辛字第三二號咨附送民營軍裝業登記規則登記請求書產銷數量表登記許可執照樣本一份請轉飭遵辦見復等由自應照辦除分令各區公所轉飭民營軍裝業商人一體遵照辦理外相應復請查照

此咨

軍政部

中華民國三十年一月　日

市長　蔡　培

南京市政府公函　工字第二五七號

案准

貴部上年十二月六日外總字第三〇四號公函以逸仙橋暨通飛機場之一段道路損壞不堪囑儘先設法修理等由准經轉飭工務局遵照辦理去後茲據聲稱逸仙橋修理工程業已於上年十二月三日開工不久即可告竣至該段道路前經派工前往修建嗣准友邦總司令部來電謂該路工程已決定由飛機場關係方面自行辦理所派工人請調他處工作等由當以該處工程既由友邦擔任自無須本府

派工修理卽調他處工作案准前由相應函復卽希

查照爲荷此致

外交部

市長 蔡 培

中華民國三十年一月 日

南京市政府公函 地字第 號

案准

貴所函請撥用前衞生事務所所址空基建築廠房一案業經飭據地政局查明該產坐落豐富路面積四，九七九五畝係屬前市政府衞生事務所所有等情呈復前來此次貴所函請撥用該產以作公用自可照辦除呈報

行政院備案並咨復外相應函復卽請

查照爲荷

此致

國立南京中等學校理科實驗所

市長 蔡 培

中華民國三十年一月 日

南京市政府箋函

敬啓者查檢驗各種車輛本府歷經辦理在案現屆三十年度春季亟應援例舉行玆規定本月十六日起先行檢驗汽車重編號碼換發號牌以資整飭關於貴團在二十九年度已領未用完之磁號牌應清送還車輛登記所並請將上年度十二月以前代收各費逕向登記所結算清楚以資結束至本年度需用之磁牌仍請查明數量與該所接洽領用相應專函奉達卽希察照辦理爲荷此致

大日本居留民團

南京市政府啓

南京市政府箋函　教字第　號

案據本府教育局簽呈稱：

「竊查本市各小學學生，貧苦無告者，爲數甚夥，爲救濟及獎勵是項學生篤志求學，俾宏造就起見，擬請首都冬振委員會在冬振項下，提出振款或振米若干，分別予以救濟。茲特擬具首都冬振委員會援獎清寒小學生辦法一種，懇祈鈞長准予轉函冬振委員會酌奪辦理，是否有當，理合檢同原擬是項辦法一份，簽請鑒核示遵。再此案係由冬振委員會勸募組鍾福慶先生提議，并函示援獎辦法應有各點，合併呈明。」等情，并附呈草擬首都冬振委員會援獎清寒小學生辦法一份；據此，查本市各小學學生，家境清寒者，確屬甚多，此類學生，不無可造之材，值此薪桂米珠之際，若不加以援助誠恐因貧輟學，致國家蒙受莫大之損失，據呈前情，相應檢同原擬是項辦法一份，函請查照提會，酌予提撥振款及振米以資救濟，并希迅予見復爲荷

此致

首都冬振委員會

附送草擬首都冬振委員會援獎清寒小學生辦法一份（略）

南京市政府啓

市政公報暫定價目表

期限	價目	郵費
零售	每冊三角	本市半分 外埠一分
半年	十二冊 三元五角	本市六分 外埠一角二分
全年	二十四冊 七元	本市一角二分 外埠二角四分

市政公報廣告刊例

頁數	價目
一頁	每期十一元
半頁	每期六元
四分之一頁	每期三元

刊登廣告在四號以上者每期按照七折計算連續十號以上者每期按照六折計算長期另議

出版日期 本公報暫定每月二次

編輯者 南京市政府祕書處

發行者 南京市政府祕書處

印刷者 南京惠文印務局 地址：中華路府東街 電話：二三二八三號

中華郵政登記認爲第一類新聞紙類

中華民國三十年一月三十一日

市政公報

第六十四期

南京市政府秘書處印行

目錄

命令

法規

公牘

統計

行政院訓令 行字第一五八五號

令南京市政府

現准軍事委員會軍二字第十一號咨開

「案據蘇浙皖綏靖總司令任援道呈一件略稱；『爲據本軍揚州地區司令熊育衡，呈送冬防期內取締散兵游勇暨攜帶武器暫行辦法，業經加以修改。轉請鑒核示遵！』等情；附呈辦法一案到會。查値此冬防期間，爲防微杜漸，維持治安計，核其所擬呈之暫行辦法，尙無不合，業經指令准予施行在案。除分行外，相應檢抄一份，咨請查照。轉飭所屬一體遵照！」

等由；附蘇浙皖綏靖總司令部冬防期間取締散兵游勇暨攜帶武器暫行辦法一份，准此，除分令外，合行令仰該市府遵照。并轉飭所屬一體遵照！

此令。

附發：蘇浙皖綏靖總司令部冬防期間取締散兵游勇暨攜帶武器暫行辦法一份

院長 汪兆銘

中華民國三十年一月 日

蘇浙皖綏靖總司令部冬防期間取締散兵游勇暨攜帶武器暫行辦法

一、各地區綏靖部隊對於防區內正在收編之官兵，凡未奉有軍事委員會發給之證明文件者，得勒令解散之。

前項解散之官兵，有犯罪行爲者，各地區司令部應予以捕押，倘情節較重者，應呈解總司令部處理。

二、凡現職軍警人員，佩帶槍枝出其防地或管轄區域之外者，須持有該管最高級機關給予之證明執照並附粘本人相片，以杜流弊。

三、凡商民團體備有自衞槍枝者，須依照國民政府公布之自衞槍照規則辦理。

四、凡無照攜帶槍枝者，一經查出，應予以逮捕，押送各地區司令部依法處理。

前項無照攜帶槍枝，倘情節較重者，應解送總司令部辦理。如有抗拒行爲，在場執行之軍警得實施正當防衞。

五、凡散兵游勇及革除之警察團丁，如無一定居所而逗留境內者，應責成各保甲長隨時嚴密注意，酌量情節，報告主管機關處理，不得徇情隱庇。

六、本辦法於冬防期內適用之。

七、本辦法自呈准之日施行。

南京市政府令 祕字第 號

令地政局長胡政

查該局第三科科長潘雄飛因病出缺茲派該局長暫行兼領此令

中華民國三十年一月　日

市長　蔡　培

南京市政府令　祕字第　號

令專員劉頌聲

茲派該專員暫行兼代本府祕書處第二科科長此令

中華民國三十年一月　日

市長　蔡　培

南京市政府令　祕字第　號

令祕書處第二科科長華允琦

茲調派該員爲本府社會局第一科科長此令

中華民國三十年一月　日

市長　蔡　培

南京市政府令　祕字第　號

令購料委員會委員顧慰椿

茲派該員代理本府財政局第一科科長此令

中華民國三十年一月　日　市長蔡培

南京市政府委令　祕字第　號

令瞿正川

茲委該員代理本市第二區區長此令

中華民國三十年一月　日　市長蔡培

南京市政府訓令　祕字第　號

令本府所屬各機關

案准

財政部賦字第二五號公函開：

「逕啓者查關於政府機關單據證照應貼印花稅票前經本部製就飭由國庫司發行在案茲以前項印花稅票行銷事宜已經移交中央儲備銀行國庫局辦理嗣後各機關需用印花稅票應請備價逕往購領除分函外相應函達即請查照並希轉飭所屬一體知照爲荷」

等由准此自應照辦除分令外合行令仰知照

此令

中華民國三十年一月　日　市長蔡培

南京市政府訓令

祕字第　號

令本府所屬各機關

案奉

行政院行字第一五五四號訓令開：

「現奉　國民政府一月十七日第七號訓令開『查修正陸軍服制條例現經明令定自三十年四月一日起施行應卽通行飭知除分令外合行令仰知照並轉飭所屬一體知照』等因奉此除分令外合行令仰該府知照並轉飭所屬一體知照此令」

等因奉此除分令外合行令仰知照幷飭屬一體知照

此令

中華民國三十年一月　日　市長蔡培

南京市政府訓令　祕字第六八六號

令本府所屬各機關

案准

內政部民字第十號咨開：

「查公務員特種撫卹條例業奉明令公布施行在案凡依本條例請卹者應塡具請給特種卹金證書以憑核辦茲准公務員特種撫卹事務委員會函送請給特種卹金證書過部相應檢同式樣三份咨請查照轉飭所屬一體遵照嗣後如有請給特卹案件均應照式塡具證書四份呈轉來部以歸一律爲荷」

等由；幷咨送請給特種卹金證書式樣三份過府自應照辦除分令外合行抄發上項請給特種卹金證書式樣一份令仰遵照

此令

附抄發請給特種卹金證書式樣一份（略）

中華民國三十年一月　日

市長　蔡培

南京市政府訓令　祕二字第　號

令本府所屬各機關

案查本府各局處及所屬各機關二十九年下半年各月份經臨各費支出計算書類遵期編送呈報者甚爲寥寥殊非愼重計政之道茲爲彙送審計起見限各該機關於二月十日以前將所有報銷遵限呈核不得延緩除分令外合亟令仰該□長遵照爲要

此令

中華民國三十年一月　日　　市長　蔡　培

南京市政府訓令　財字第　號

令工務局

案據捐稅徵收所呈稱

「竊查本市車輛業經工務局車輛登記所定期分別檢驗本所車捐處對於各種車捐牌照似有整理之必要茲擬具整理車捐辦理手續是否可行理合備文呈請鈞長鑒核示遵」

等情附呈整理車捐手續暨編號表及免捐證式樣各一紙據此除指令「呈暨附件均悉察閱所擬各項整理手續尙屬妥善應准備查其與工務局車輛登記所應行聯繫之處除以整理車捐手續暨編號表令發該局轉飭車輛登記所遵照隨時與該所車捐處連絡辦理並將免捐證式樣飭由財政局印製備領外仰卽知照此令」印發外合亟抄發原件令仰該局遵照並轉飭車輛登記所遵照辦理爲要切切

此令

計抄發整理車捐手續及編號表各一份

中華民國三十年一月　日

市長 蔡培

整理車捐辦理手續

一、查各項車輛牌照過去每期未用留存者甚多似應按照需用數目製就以資節省費用

一、對於每期發用各項車輛之牌照由財政局先期製就由所於開始收捐之前五日內領用免致收捐時無牌照發給車戶

一、各項車捐牌照往往內中短少塊數號碼不全者應飭磁牌店留意毋再缺少

一、各項車輛牌照分別種類編定號碼例如汽車自一號起至百號止發給自用客汽車二百一號起至三百號止發給營業客汽車其他汽車以此類推至於各種免捐汽車牌照及居留民會領用之各種汽車牌照似應分別另編號碼易於識別惟現在距離檢驗車輛之期迫切汽車一項祇可在每類汽車號碼內分別酌定之例如自用汽車假定一百號內一號至五十號發給納捐者五十一號至七十號發給免捐者七十一號至百號發給居留民會者其他亦類推之玆將擬編各種汽車牌碼另行列表以備參攷

一、凡各種車輛於開始檢驗時應先向車輛登記所報驗驗畢領取行車執照持照向車捐處報捐繳捐後領取捐票持票再向登記所領取號牌否則登記所拒絕不發如此聯絡辦法藉以杜偷漏之弊

一、凡免捐各種車輛除發給牌照外另發免捐證以資查攷（免捐證另附）

一、凡免捐車輛由市政府通知各機關開具種類數量送由市政府令發車輛登記所以憑登記並由登記所將原文送由車捐處以憑發給免捐照證

一、車捐處所發之牌照其號碼須照登記所所發之車牌號碼相同不得少有參差

一、登記所車牌號碼應順序編發其中毋得留有空號車捐處牌照亦得挨號編發
一、各項車輛於此次檢驗換給新換號牌完畢後，並須函請首都警察廳及中外憲兵隊轉飭所屬如遇各項車輛無新換號牌者一律扣留不准行駛

南京市財政局捐稅徵收所擬編各種汽車牌照數目表

汽車種別	納捐		捐免		居留民會		合計
	捐牌起訖號碼	塊數	捐牌起訖號碼	塊數	捐牌起訖號碼	塊數	
自用客汽車	自1至250止	二五〇	自301至350止	五〇	自501至650止	一五〇	四五〇
營業客汽車	自1001至1100止	一〇〇			自1201至1300止	一〇〇	二〇〇
自用貨汽車	自2001至2020止	二〇	自2101至2120止	二〇	自2201至2260止	六〇	一〇〇
營業貨汽車	自3001至3150止	一五〇			自3301至3500止	二〇〇	三五〇
公共客汽車	自5001至5010止	一〇			自5021至5030止	一〇	二〇
營業公共汽車	自5501至5510止	一〇			自5511至5560止	五〇	六〇
三輪機力脚踏車	自1至20止	二〇	自51至70止	二〇	自101至170止	七〇	一一〇
共計							一二九〇塊

南京市政府訓令　工字第　號

令各區公所
車輛登記所

案准

首都警察廳政一字第一〇一公函內開

「查本京交通日益頻繁各種車輛亦逐漸漲增曾經本廳呈准訂定取締車行業規則辦理登記核發許可證係限於行主方面所有各種車行之車夫夥計人數繁夥品類複雜若任其散漫不加限制實與治安攸關茲本廳為謀便於查考起見依據呈准人力車夫捺印指紋變更辦法特擬訂發給車行車夫夥計許可證暫行規則並報告單登記表許可證等式樣業經呈奉警政部保參會字第二一號指令核准施行在案嗣後關於車行行主登記仍應依照向例辦理至車行車夫夥計自本規則公布日起無論新舊各車行均應一律按照規定各條分別遵辦勿得觀望致干處罰除將本規則公布日期呈報警政部並函知有關機關及通令本廳所屬各警察局切實遵辦並布告外相應檢同原規則及空白許可證各一份備函送請查照為荷」

等由附送發給車行車夫夥計許可證暫行規則一份空白許可證一份到府准此除分行外合行抄發該項規則等件令仰遵照

此令

計抄發首都警察廳發給車行車夫夥計許可證暫行規則及空白許可證各一份

市長　蔡　培

中華民國三十年一月　　日

中華民國　　年　　月　　日

首都警察廳發給

南京市車行
車夫
夥計
許可證

政一字第　　號

車行行主

姓名	年籍	車行種類牌號	營業地址	附記

車夫（機司）夥計

姓名	年籍	住址	夫夥別	右拇指三面指印紋	附記

車夫夥友遵守事項

一、許可證須隨身攜帶如經調閱立即呈驗
一、人力車夫須領到此項許可證方得向人力車公會交妥保登記
一、許可證如遇遺失應由本車行主具結證明按照規定手續報請補發並准減半繳費
一、車行如更換行主或遷移地址變更牌號以及車夫夥友中途移轉車行等情事應將許可證繳由原車行主呈報註銷另照規定手續換發新證並准減半繳費
一、車夫夥友如被車行主辭退或另謀他業亦應將許可證呈繳註銷
一、車夫夥友如違反以上各項一經查出即依法處罰

照片

右給

收執

首都警察廳發給車行車夫夥計許可證暫行規則

第一條　凡車行司機車夫夥計等捺印指紋領取許可證悉照本規則之規定

第二條　車行行主應取具本行司機車夫夥計每人最近二寸半身正面照片三張及指紋證明單向該管警察局領取報告單登記表照式分別塡寫送局查明轉呈本廳核發許可證其已捺印指紋報廳者亦應向該管警察局補領報告單照前項規定辦理

許可證暫行收費伍角

第三條　許可證應隨身攜帶遇有調驗時須立即呈出

第四條　許可證每年總查驗二次分春秋二季舉行每次查驗由查驗人員加蓋該管機關某年月日驗訖戳以杜弊端凡未經查驗之許可證應立卽調銷之

第五條　許可證如有遺失時本行行主具結證明按照本規則第二條規定報請補發新證證費減半繳納

前項許可證驗訖戳記蓋滿後定期換發新證

第六條　車行如更換行主或遷移地點變更牌號如車夫等如移轉車行等情事應由原車行主將車夫等所領許可證分別收回呈送原報警察局轉廳註銷並依照本規則第二條規定另行請領新證證費減半繳納

第七條　許可證由廳發該管警察局轉飭領取並飭各本人在許可證指紋欄內捺印右拇指三面印指紋一個

第八條　司機車夫夥計如被車行行主辭退或中途歇業及另謀他業等情應將許可證呈繳原報警察局註銷

第九條　人力車夫領到本廳許可證後方得向人力車工會具保登記

第十條　司機車夫夥計如不遵章申請發給許可證一經查出連同車行行主一併依法處罰

第十一條　本規則如有未盡事宜得隨時呈請修正之

第十二條　本規則自呈奉　警政部核准施行

南京市政府訓令

祕二字第　　號

令城鄉各區公所

查各區所用市民證申請書究係如何規定本府無案可稽前經令飭檢送一份以憑查核茲據第三區等先後呈送前來形式固屬參差應行塡報各項又多未能詳盡若不妥爲釐訂殊不足以資整飭現經依據本府發給市民證辦法詳爲訂定除分行外合行檢發樣張令仰該區長遵照即日依式刷印備用以示一律毋違

此令

計發各區應用市民證申請書樣張一紙

中華國民三十年一月　日

市長　蔡　培

第　區　字市民證申請書　第　號

請領人姓名	年齡	性別	職業	住址	門牌	坊鎮別	保別	甲別	備攷

一、凡各區市民請領普通市民證應向該管區公所索取市民證申請書依式塡就幷附相片兩張外應取具下列各款之一以資證明，一、呈驗門牌戶口證，二、坊保甲長蓋章證明，三、呈驗該管警局已報戶口通知單或戶口登記補査聯

二、各區公所經辦市民證人員收到市民證申請書後應於五日內發給申請人倘有藉故稽延勒索情形准市民隨時向市府告發

三、申請時須附呈相片兩張隨繳手續費每張五分當面掣取收據如有額外需索准市民告發査實嚴懲

中華民國　年　月　日

坊長　保長　甲長

南京市政府訓令 祕二字第　號

令城鄉各區公所

案准

國民政府行政院警政部保三字第一一七號公函內開：

「據首都警察廳呈稱案奉鈞部保三字第三二號訓令略開以據保安司第三科殷科長冠之簽報視察戶籍消防狀況并擬具改進戶籍辦法五項消防辦法四項轉令本廳切實辦理并仰具報等因奉經分別函請南京市政府轉飭各區公所照辦暨令飭各警察局水巡隊遵辦在案茲准南京市政府祕字第五七一一號公函略開以市民請領市民證手續各區公所悉依照本府發給市民證辦法第五條辦理茲准前由已將該條酌予修正俾於整理戶口之中仍寓便利市民之意一面令飭各區可由警局隨時派員前往各區公所查抄底册以資連絡相應抄附發給市民證辦法第五條原條文及修正條文函復等由附抄送南京市政府發給市民證辦法第五條原條文及修正條文一紙准此除關於消防遵辦事項另案呈復并分行外理合抄同原條文及修正條文備文呈復仰祈鈞長鑒核備查等情附抄呈南京市政府發給市民證辦法第五條原文及修正條文一紙據此查貴府修正前項辦法條文甚感精誠合作增進該廳調查戶口效率至大除指令知照外相應函請貴府轉飭所屬切實照辦以收實效爲荷」

等由准此自應照辦除分行外合行令仰該區長遵照切實辦理爲要

此令

中華民國三十年一月　日

市長　蔡培

南京市政府訓令　社字第　號

令城鄉各區公所

案准

警政部保二字第二三五號咨開：

「案查十二月二日曾准貴府社字第四九一七號咨送南京市城區冬防期內保甲巡查規則請飭屬隨時協助等由當經轉飭首都警察廳遵照並咨復各在案茲據該廳擬具本屆冬防計劃大綱呈送前來並於來呈尾稱：『嗣為增進各局界內遇有匪警互相協助效率起見復將城區下關各警察局劃分四個聯防組計南區西區警察局為第一聯防組東區中區警察局為第二聯防組北區警察局警士教練所為第三聯防組下關警察局水巡隊為第四聯防組各郊警察局各單獨為一組並以保安警察隊督察處為總預備隊假定第一聯防組內南區發生匪警西區即派警應援西區發生匪警南區亦派警應援之第二聯防組各該局發生匪警應援辦法與第一聯防組同第三聯防組北區發生匪警警士教練所派學警五十名應援之第四聯防組下關區發生匪警水巡隊派警應援之其各郊局發生匪警則由總預備隊派警應援經

已通令各該局隊處所遵照辦理各在案奉令前因理合將本屆加緊辦理冬防經過情形撮要呈復仰祈鑒核備查』等情，據此，除該項冬防計劃，業據該廳分函有關機關免予重敘外相應咨達卽希查照爲荷」

等由；准此。查前准首都警察廳函送冬防計劃大綱到府，業經抄發原件，令仰該區知照，切實注意聯絡在案茲准前由。除分令外，合再令行該區轉飭所轄各坊巡查班遵照在此舊歷歲尾，冬防工作緊張之際，務與軍警保持密切聯絡，以收實效，毋稍因循爲要。

此令

中華民國三十年一月　日

市長　蔡　培

南京市政府訓令　社字第　號

令城鄉各區公所

案准

農鑛部復興農村事務局農字第四號公函內開：

「查時屆冬令正値農隙之時農民正當娛樂各地旣無設備復尠提倡每以紙牌牌九作爲消遣不肖之徒往往利用機會於陰歷歲尾年初開設賭場以便抽頭無如農民終年勞動羨餘無幾一入賭場恆傾所有小者妻子詬誶家庭不和大者抵當借貸益陷困窮桀黠不法之輩

迫於生活挺而走險爲害地方更不堪設想且賭風一開日以繼夜良莠雜遝不特爲盜匪之媒抑亦成盜匪之窟當此物價高昂治安尚未恢復之際尤應勸導農民努力本業勿爲無益之舉對於賭窟賭攤無論城鎭鄉村一律查禁庶幾正本淸源民生得維常軌本局職司復興農村此種流弊知之深悉若非積極剷除實於農村前途至多妨害除分請各省市轉飭所屬一律布告曉諭幷查禁外相應函達卽希查照見復」

等由准此查聚賭抽頭向干例禁値此生活高昂農村經濟竭蹶之時凡屬農民允宜愛惜有限之金錢以謀農事之發展若或循蹈故轍洵如來函所云小則自傾身家大則爲害地方自應嚴行禁止除函復並分令外合亟令仰該區長遵照轉飭各坊鄉鎭保甲長會同當地警察機關對於賭窟賭攤一律查禁倘有包庇放縱情事一經查實或被告發定卽嚴懲不貸切切

此令

中華民國三十年一月　日　　市長　蔡　培

南京市政府訓令　財字第　號

令各鄉區公所

案准

行政院水利委員會咨開：

「案查沿江沿湖灘地人民任意私墾有妨水利前經本會咨請貴市政府飭屬嚴禁關於請領沙灘一節并經本會擬訂全國江湖流域新漲灘地放墾暫行辦法商准內政財政農礦三部同意會呈　行政院核示各在案茲奉　行政院行字第一八七三號指令內開呈悉准如所議辦理仰即知照此令等因奉此應即施行除咨內政財政農礦三部查照並公布暨分咨各省市外相應檢附上項辦法一份咨請查照通飭施行」

等由並附新漲灘地放墾暫行辦法准此除函復並分令外合行抄發原送暫行辦法一份令仰該區長知照

此令

計抄發全國江湖流域新漲灘地放墾暫行辦法一份

市長　蔡　培

中華民國三十年一月　日

全國江湖流域新漲灘地放墾暫行辦法

一、關於江湖流域新漲沙灘放墾手續應照本辦法辦理之

二、沿江河巨川湖泊沼澤新漲灘地凡為尋常洪水（約十年一遇之洪水）流線所及與洪水停蓄所需之範圍界內一律不得放墾

三、凡江湖已經測量並備具適當水文資料足資根據者得由當地主管官產沙田機關（官產沙田專設機關未成立以前暫以當地財政廳局為主管機關）就確無妨礙之沿岸土地劃定界限依法辦理

四、人民請領新漲灘地須先報請當地主管官產沙田機關派員查勘測量繪具清丈圖表開列畝數清册呈由財政部咨送水利委員會暨有關各部會同審核必要時得派員復勘依照下列情形分別辦理

（甲）凡新漲灘地認爲與水利有關者不得放墾

（乙）凡新漲灘地在未放墾以前對於河道上下游有酌加改善者（如上游建設水庫下流拓寬河糟）應先由當地水利機關擬具詳細計劃連同實施辦法分呈財政部及水利委員會核定後再予依法放墾

（丙）凡新漲灘地經財政部及水利委員會認爲對於水利確無妨礙者得由當地主管官產沙田機關依法放墾呈請財政部給照管業

五、凡放墾新漲沙灘應依照核定圖表劃定確切界址辦理承墾人不得私自逾越

六、本辦法自呈奉　行政院核准公布之日施行

南京市政府訓令　社字第　號

令第五區公所
上新河區公所

案准

行政院糧食管理委員會稽字第七四二二號咨開：

「查本會實施糧食管理期於糧食之運輸配給納入正軌糧食之價格得以平定皖南區蕪湖地方向爲產米之區採購商人匯集該處其不肖商人不遵照請領證照偷漏私運在所難免本會爲求管理嚴密防止私運起見特於京市三汊河地方設置京蕪查驗總站並於京蕪兩

地交通要隘隨時酌量情形設立分站經調派蘇淞常區常錫分辦事處主任黃亦候爲總站站長籌備成立開始查驗除分咨外相應檢同本會京蕪查驗總站組織章程咨請貴府查照轉飭所屬隨時予以協助是爲至荷」

等由；並附組織章程一紙到府准此，除分行外，合行檢發原章程令仰該區隨時協助爲要。

此令

附發組織章程一份

市長　蔡　培

中華民國三十年一月　日

糧食管理委員會京蕪查驗總站組織章程

第一條　糧食管理委員會爲嚴密管理並防止蕪湖上下游以迄南京糧食私運起見特組設京蕪查驗總站專司京蕪一帶各要隘糧食查驗事宜

第二條　京蕪查驗總站暫設在南京三汊河另於水陸各要隘適當地點酌設查驗分站或派駐守稽查員

第三條　京蕪查驗總站直屬於糧食管理委員會總辦事處其有關於皖南南京兩區事務得隨時商同各該區辦事處處長辦理之

第四條　京蕪查驗總站設站長一人總理全部事務副站長一人協助站長處理一切事務

第五條　站長副站長之下設督查三人稽查十二人守望員三人由站長派駐上下游水陸各要隘分掌左例各項事務

一、關於食米私運之查緝事項
二、關於證照之查驗事項
三、關於食米夾帶之查驗事項
四、關於食米運輸路線之指導事項

第六條　各查驗站查獲私運食米應隨時報告總站轉請糧食管理委員會依法懲處之

第七條　京蕪查驗總站視事務之需要得設幹事僱員

第八條　京蕪查驗總站辦事細則另訂之

第九條　本章程如有未盡事宜得隨時修正之

第十條　本章程經糧食管理委員會主任委員核定公布施行

南京市政府指令　財字第　號

令八卦洲洲產整理處處長俞步九

呈一件　爲呈送八卦洲三步墾佃畝清冊祈核備案暨起征租額乞遵由

呈冊均悉該洲南部三步墾新墾田畝上年秋租准予照冊七折征收以示體恤茲定於本月二十一日起至二月二十日止爲征收之期除布告外仰即如期啓征務須依限掃征報解至外四隴墾地併仰迅速查造佃田清冊呈府核奪此令冊存佈告隨發

計發佈告十份

中華民國三十年一月　日

南京市政府指令 財字第　號

市長 蔡 培

令捐稅征收所所長李熙曾

呈一件 爲擬具整理車捐手續請核示由

呈暨附件均悉察閱所擬各項整理手續尙屬妥善應准備查其與工務局車輛登記所應行聯繫之處除以整理車捐手續暨編號表令發該局轉飭車輛登記所遵照隨時與該所車捐處連絡辦理並將免捐證式樣飭由財政局印製備領外仰卽知照

此令

中華民國三十年一月　日

市長 蔡 培

南京市政府布告 財字第　號

審查八卦洲頭二步墾田地上年秋租早經佈告啓征在案茲據該洲洲產整理處造具三步墾南部墾地佃戶花名清册並請按照七折征租以昭公允等情前來除令准照辦外茲定於本月二十一日起至二月二十日止爲征收三步墾二十九年份秋租之期合行佈告該洲佃農一體知悉仰卽各將本名下應繳租金遵限前往該整理處如數淸繳掣據安業倘有遷延觀望逾限不繳者並照章科以滯納

罰金不貸其各遵照毋違切切此布

中華民國三十年一月　日　市長　蔡培

南京市政府布告　工字第八三一號

茲重行制定南京市政府工務局檢驗車輛規則公布之所有前督辦南京市政公署工務局檢驗汽車規則同日廢止之此布

計附南京市政府工務局檢驗車輛規則（見法規欄）

中華民國三十年一月　日　市長　蔡培

工務局局長謝學瀛

南京市政府通知　社字第　號

案查前據該公會呈稱以各米舖領照赴產區採辦食米皖南區辦事處延不發照致未能搬運抄具請領食米搬運護照清單懇予轉請　行政院糧食管理委員會仍由南京發給搬運護照並請友邦憲兵予以便利等情據經抄件轉函在案茲准　行政院糧食管理員員會管字第八〇三號函開

「查蕪湖地方爲產米重要區域最近各商紛紛前往採運本會爲便於稽核並防止各方競收致將米價抬高起見經規定所有由蕪採運食米均將護照發交皖南區辦事處加蓋戳記再行轉發並由該處指定當地商號採辦在案該公會所請護照仍由南京區辦事處發給亦卽礙難照辦至皖南區辦事處對於各商前往採運食米時責令先繳公米再行給照則有之延不發給尙非事實又生泰米廠在當塗被友邦憲兵扣照一案已轉請日本大使館交涉當可獲有解決辦法准函前由除令飭皖南區辦事處對於南京市已經核發運照之米應予統籌配給以維京市民食外相應函達卽希查照」

等由准此合亟通知該公會知照

右通知

南京市米糧業同業公會

中華民國三十一年一月　日

市長　蔡培

社會局局長　盛開偉

法規

南京市政府工務局檢驗車輛規則

第一條 凡在本市行駛之各種車輛均應依照本規則於檢驗期內駛赴本局車輛登記所檢驗

第二條 車輛之分類如左

(1)汽車 (2)馬車 (3)騾車 (4)板車 (5)人力車 (6)自行車 (7)小車 (8)水車

第三條 各種汽車檢驗事項如左

(一)與登記各項有無不合之處

(二)車輛規定之設備有無遺漏

(三)號牌懸掛之地位是否符合

(四)車前大小燈光及車後紅燈是否完備

(五)車後紅燈是否對準後車牌

(六)制動器方向器曾否調準

(七)出汽管是否裝置減聲器

(八)發動機速率箱開合器電氣裝置等有無損壞

(九)客車之車篷坐位貨車之箱板等是否堅固完好

(十)運貨汽車之本身重量及其載重量須明白標誌車外其所載重量不得超過之

(十一)各種載客汽車內須備掛乘客坐位數目表其所載乘客不得超過表上數目

(十二)運貨汽車載重在三噸以上者須於司機座旁懸掛小鏡一面以便察看來自後方之車輛

第四條　馬車檢驗事項如左

(一)車身是否堅固

(二)軸輪旋轉是否正直輪上橡皮是否完好

(三)車槓是否適合最大馬匹

(四)車箱座位內外各部是否清潔

(五)車篷雨布是否完好

(六)車上脚鈴車燈是否完備

(七)馬匹有無疾病及耳聾目盲

第五條　騾車檢驗事項如左

(一)車身構造是否堅固

(二)車身尺度是否適合載重數量

(三)軸輪是否正直輪外包鐵有無損壞馬路之可能

(四)牲畜有無疾病及耳聾目盲

第六條　各種板車檢驗事項如左

(一)車身構造是否堅固

(二)車身尺度及載重是否適合規定

1.甲等板車長三、八〇公尺 載重一三〇〇公斤
寬一公尺

2.乙等板車長三、五〇公尺 載重九〇〇公斤
寬一公尺

(三)軸輪是否正直輪外包胎如非橡皮者其鐵皮有無損壞馬路之可能

(四)車槓長度是否適合人力拖拉之地位

第七條 人力車檢驗事項如左

(一)車身輪軸鋼板是否正確完好

(二)葉子護輪板車篷車墊等是否清潔完好

(三)車槓長短及兩端距離是否合宜

(四)手鈴車燈是否設備完好

第八條 自行車檢驗事項如左

(一)車上零件是否完備

(二)車身車胎輪軸是否堅固完好

(三)制動器及手鈴等有無裝置

第九條 各種小車檢驗事項如左

(一)貨箱車之構造是否符合載重面積不得超過一、五公尺

(二)獨輪或雙輪之小手車構造是否合宜

(三)各種小車之載重不得超過二〇〇公斤

第十條　水車檢驗事項如左

(一)載水車箱不得過於笨大

(二)水箱有無漏水濺水情形

(三)車槓輪軸是否堅固

第十一條　各種車輛不合規定者認爲不合格不予登記須依照指正各項調整後重行檢驗合格者方得領牌行駛

第十二條　各種車輛如有變更內部構造者應於五日內呈報本局重受檢驗

第十三條　本規則如有未盡事宜得隨時修正之

第十四條　本規則自呈奉　市長核准後公布施行

公牘

南京市政府咨 衞字第　號

案查醫藥人員請領部證已將第十五批登記合格者業經咨請
貴部核發在案茲續經醫師龔逸驥等九人助產士陳志清一人護士朱善嘉一人中醫馮端生等十四人合計二十五人查核均尚合格相應繕具名冊一份檢同各該證件二十五宗領換證書印花等費一百四十元零五角咨請
貴部審查核發證書爲荷
此咨
內政部

附第十六批請領部證名冊一份證件二十五宗證書印花費一百四十元零五角（略）

市長 蔡 培

中華民國三十年一月　日

南京市政府咨 地字第　號

查本市土地工作旬報表業經咨送至本年一月份上旬在案茲造具本年一月份中旬旬報表一份相應備文咨送請煩

詧照爲荷

此咨

內政部

計咨送本市土地工作一月份中旬旬報表一份

市長　蔡培

中華民國三十年一月　日

南京市政府咨　教字第　號

案據本府教育局呈稱：

「案據本局督學室簽呈稱查小學教育事業乃立國之根本樹人之始基其關係社會民族至深且重而小學教育之成效如何恆視工作人員之勤惰而定竊職等自我鈞長蒞任以來向本大公無私之精神不偏不倚之態度使賢者得能展其才愚者難以隱其過則賞罰嚴明獎懲公允師資自可整理事業定能進步茲特擬訂「南京市小學教職員服務考核辦法」一種內分四等八級按照視察實情規定各項等第爲人事調整之依據作事業改進之參考所擬上項考核辦法用意至善懇祈鈞長俯准施行以重教育」

南京市政府辦理土地登記工作一月份中旬旬報表

中華民國三十年

事項 件數 日	接收登記聲請書	土地所有權登記	房屋登記	更正登記	塗銷登記	移轉登記	分割登記	共有權登記	住所變更登記	繕寫查驗証	發給查驗証	備註
11		1			1	1						
星期 12												
13		2			1	3					11	
14						2				2		
15		4										
16		1				4						
17					2							
18		1								6		
星期 19												
20					2						15	
總計件數		9件			6件	10件				8件	26件	

等情附呈南京市立小學教職員服務考績辦法一份據此查核所擬辦法尚屬可行相應檢同原擬辦法一份咨請

貴部查照備案實爲公便

此咨

教育部部長趙

計附南京市立小學教職員服務考核辦法一份(略)

市長 蔡 培

中華民國三十年一月 日

南京市政府咨 財字第 號

案准

貴會工字第二二一五號大咨內開

「案查沿江沿湖灘地人民任意私墾有妨水利前經本會咨請貴市政府飭屬嚴禁關於請領沙灘一節并經本會擬訂全國江湖流域新漲灘地放墾暫行辦法商准內政財政農礦三部同意會呈 行政院核示各在案茲奉 行政院行字第一八七三號指令內開『呈悉准如所議辦理仰卽知照此』令等因奉此應卽施行除咨內政財政農礦三部查照並公布暨分咨

各省市外相應檢附上項辦法一份咨請查照通飭施行」
等由並附放懇暫行辦法一份准此自應照辦除分令各區公所知照外相應咨復
查照
此咨
行政院水利委員會
市長　蔡　培
中華民國三十年一月　日

南京市政府咨　財字第　號

案准
貴府祕一字第二二七號咨開
「案據本省財政廳呈稱案據棉花營業專稅征收局長陸雲翼等　呈以江寗征收所借設於大勝關幷在頭關官塘設查驗所懇於轉請南京市警察局予以協助等情據此查該局所請在南京市區設所自係爲便利征務起見擬懇鈞府轉商南京市政府查照轉飭協助除指令外理合據情呈請鑒核施行等情據此相應咨請查照予以協助」
等由准此查省市區域各有界限越境征稅殊與省市劃界原則不合應請

貴府轉飭財政廳迅卽制止棉花營業專稅局在本市大勝關等地區設立查驗所以免侵越而杜糾紛相應咨復希卽
查照辦理仍盼
見復爲荷
此致
江蘇省政府

市長 蔡 培

中華民國三十年一月 日

南京市政府公函 社字第 號

案准

工商部商字第一四號咨開：

「案准首都冬振委員會公函：略以本年振款籌劃不易所有撥購西貢米價款擬請每石核減二元俾資節省等由准此查撥購西貢米施放冬振一案前准首都冬振委員會函請撥售過部卽經函復以每石陸拾元轉售應用並分咨貴市府及行政院糧食管理委員會查照暨令行南京市發售西貢米委員會遵辦各有案茲准前由除允將第二次到米內驗與原樣略有

不符之二號西貢米伍千袋依照三井洋行原減價格計每袋核減二元至每袋重量超過一石（八十公斤）仍應平均核計（卽每袋核減二元並非每石核減二元）其餘仍照每石陸拾元計算並分咨　行政院糧食管理委員會查照暨令行南京市發售西貢米委員會遵辦外相應咨達卽希查照」

等由准此相應函達卽希

查照爲荷

此致

首都冬振委員會

市長　蔡　培

中華民國三十年一月　日

南京市政府公函　社字第　號

案准

貴局農字第四號公函以時屆冬令正値農隙之時農民缺乏正當娛樂每以紙牌牌九爲消遣不肖之徒往往利用機會於陰歷歲尾年初開設賭場聚賭抽頭囑飭屬查禁等由准此除通令城鄉各區公所轉飭所屬坊鄉鎭保甲長會同當地警察機關切實查禁外相應復請

查照此致

農鑛部復興農村事務局

市長 蔡培

中華民國三十年一月 日

南京市政府公函 工字第七六一號

案查本府爲整理全市交通起見歷年舉行各種車輛總檢驗有案現屆三十年度春秋開始亟應援例舉行以資整飭茲規定由一月十六日起至三十一日止爲各種汽車檢驗時期凡在本市內行駛之各種汽車除友邦各部隊另有規定外均應於規定時期內一律重行申請登記換發新號牌並經制訂南京市車輛檢驗登記領用牌照收費簡則十條除布告並分函暨令行車輛登記所遵照外相應檢附該項簡則及汽車牌號式樣函請查照飭屬認真協助檢查如過期有違章不申請檢驗換領新號牌之汽車並請飭屬從嚴取締以重交通至紉公誼此致

大日本憲兵總隊

首都警察廳

附送南京市車輛檢驗登記領用牌照收費簡則十份（見法規欄）

汽車牌號式樣十一十二塊（略）

中華民國三十年一月　日

市長蔡培

統計

南京市戶口統計表三十年一月份

區別	戶數	人口數						
		總計	男性			女性		
			合計	成人	兒童	合計	成人	兒童
總計	140185	617597	343039	235635	107404	274558	182982	91576
第一區	27580	123999	68365	48741	19619	55639	38292	17347
第二區	38465	167788	91906	62366	29540	75882	51944	23938
第三區	18731	78242	44436	31034	13402	33806	22863	10943
第四區	10798	45997	25764	18188	7576	20233	13654	6579
第五區	10048	46022	27294	20742	6552	18728	12712	6016
上新河區	12400	54543	29268	20082	9186	25275	16729	8546
燕子磯區	9421	44954	24586	15638	8948	20368	12309	8059
孝陵衛區	4167	19365	70258	5532	4726	9107	5459	3648
安德門區	8575	36687	21167	13312	7855	15520	9020	6500

附註：一、本表根據各區公所填報之戶口月報。
二、各外國僑民戶口不在此內。

秘書處第二科統計股製

南京市戶口增減比較表民國三十年一月份

區別	戶增減數	人口增減數 總計	男性 合計	男性 成人	男性 兒童	女性 合計	女性 成人	女性 兒童
總計	+ 105	+1625	+ 969	+ 641	+ 328	+ 656	+ 459	+ 197
第一區	+ 17	+ 325	+ 185	+ 151	+ 34	+ 140	+ 104	+ 36
第二區	+ 9	+ 357	+ 252	+ 161	+ 91	+ 105	+ 54	+ 51
第三區	+ 19	+ 327	+ 188	+ 158	+ 30	+ 139	+ 115	+ 24
第四區	− 43	+ 129	+ 109	+ 64	+ 45	+ 20	+ 22	− 2
第五區	+ 114	+ 508	+ 237	+ 132	+ 105	+ 271	+ 192	+ 79
上新河區	− 12	+ 31	+ 23	+ 12	+ 11	+ 8	+ 3	+ 5
燕子磯區	+ 16	+ 40	+ 33	+ 30	+ 3	+ 7	+ 4	+ 3
孝陵衛區	− 26	− 14	− 32	− 53	− 21	+ 18	− 11	+ 29
安德門區	+ 11	− 78	− 26	− 14	− 12	− 52	− 24	− 28

附註：一、本表根據各區公所填報之戶口月報
二、各外國僑民戶口不在此內
三、有(+)符號者爲增加，有(−)符號者爲減少

秘書處第二科統計股製

市政公報暫定價目表

期限	價目	郵費
零售	每册三角	本市半分 外埠一分
半年	十二册 三元五角	本市六分 外埠一角二分
全年	二十四册 七元	本市一角二分 外埠二角四分

市政公報廣告刊例

頁數	價目
一頁	每期十一元
半頁	每期六元
四分之一頁	每期三元

刊登廣告在四號以上者每期按照七折計算連續十號以上者每期按照六折計算長期另議

出版日期 本公報暫定每月二次

編輯者 南京市政府祕書處

發行者 南京市政府祕書處

印刷者 南京惠文印務局 地址：中華路府東街 電話：二三二八三號

中華郵政登記認爲第一類新聞紙類

中華民國三十年二月十五日

市政公報

第八十五期

南京市政府秘書處印行

目錄

命令

法規

公牘

會議紀錄

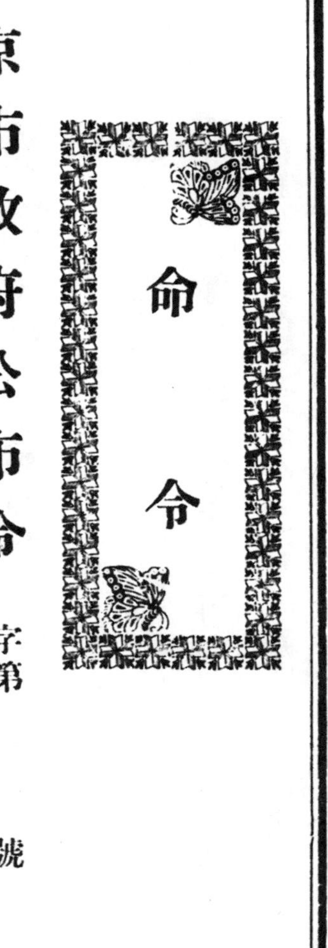

南京市政府公布令 字第 號

茲制定南京市社會教育工作人員登記辦法公佈之此令

附南京市社會教育工作人員登記辦法（見法規欄）

市長 蔡培

中華民國三十年二月 日

南京市政府令 祕字第 號

令高懋學

茲派該員代理本府地政局第三科科長另候呈荐此令

市長 蔡培

中華民國三十年二月 日

南京市政府訓令 祕字第 號

令本府各附屬機關

案查例行公文承轉過繁於時間效率俱不經濟嗣後關於此類文件概予刊登本府公報不再通令藉省手續除分令外合行令仰該口卽便知照此令

市長　蔡　培

中華民國三十年二月　日

南京市政府訓令　財字第一三三九號

令本府附屬各機關

案准

財政部會已字第二五一號咨開

「案查前據浙江財政廳二十九年十二月儉代電稱「查本省改組以後關於省府及民建教警各廳處等凡於省庫項下支給經費者在本省審計處未成立以前其報銷賬目及支出計算書表連同單據是否仍由財政廳審核財政廳之經費支出計算書表單據等擬呈省政府審核又各書表單據全部審核後應否呈送鈞部審核抑由鈞部或省府轉送審計部彙核上列各點急待辦理電請示遵」等情當經本部一再函商審計部核復並代電飭知在案茲准審計部復稱『查審計法已明白規定中央與地方機關財務審計之界限則地方機關之審計事務

當以不越出省市政府之範圍爲是故在各省審計處未成立以前各省市政府之各廳處局計算書類自應暫以送至其上級主管機關省市政府爲止省市政府之計算書類則暫仍照向例自行辦理』等因准此查各省市政府之各廳處局計算書類既准審計部咨稱以送至省市政府爲止其省市政府之計算書類由省市政府自行辦理自應照辦俟仝部審核後應請仍將計算書表各一份每月咨送本部備核除分行各省市一體照辦外相應咨請貴市政府查照辦理並希轉飭遵辦爲荷」

等由准此除分行外合行令仰遵照辦理

此令

中華民國三十年二月　日

市長　蔡　培

南京市政府訓令　社字第　號

令城鄉各區公所
南京市商會整理委員會

案准

工商部商字第二七號咨開：

「查茶葉爲我國主要出產，關係國計民生至爲重大，本部現爲保護茶商營業，管

理茶葉運銷起見，擬訂茶葉運銷管理規則十四條，暨茶商請領營業證，採購證，及運輸護照申請辦法八條，俾利實施。除呈請
行政院備案，並由部令公布施行，暨令行茶葉運銷管理局遵照，及分咨外，相應檢附上項規則辦法全文各一份，咨請查照，並轉飭所屬一體知照，至紉公誼」。
等由；並附送茶葉運銷管理規則等件，准此。除分行並咨復外，合亟抄發原件，令仰該區長會卽便轉飭所屬一體知照。

此令

附抄發茶葉運銷管理規則一份（略）

茶商請領營業證採購證及運輸護照申請辦法一份（略）

中華民國三十年二月　日　　市長　蔡培

南京市政府訓令　財字第　號

令各區公所

查市有地產旗產，及鄉區市有洲地，事變後，前督辦南京市政公署財政局，曾經一度清查，據聞仍多隱漏，自應積極清理，以資整頓，而重市產，除佈告外，合行檢發佈告，並製就調查表式，通令各該區公所，一體遵照，迅卽督飭鄉保甲長等，將市有各項田房洲地，續

密調查，限文到一個月內查竣，塡表彙報，以憑淸理，案關整頓市產，毋稍忽視，仍將奉文日期報查，切切

此令

計發佈告二十份市產調查表表式一紙（略）

中華民國三十年二月　日

市長　蔡　培

南京市政府訓令　衞字第一一八四號

令各區公所
　　診療所

查上年冬季氣候暄和雨雪稀少對於人民健康影響殊鉅刻屆春令各種法定傳染病症有發生可能無適當診療勢必因循失治蔓延傳染爲害至烈茲爲愼重起見各該區如發現白喉霍亂赤痢傷寒斑疹傷寒猩紅熱流行性腦脊膜炎天花鼠疫各種法定傳染病症時立將該患者送入府塘市立傳染病院醫治不得隱瞞故違除分令外合行令仰該區長／所主任遵照並轉飭所屬一體遵辦爲要

此令

中華民國三十年二月　日

南京市政府訓令 財字第　號

市長 蔡培

令營業稅處

查本市營業稅在昔原係按季征收事變後初以商業蕭條爲商人易於繳納起見改定爲按月征收以致物力人力均不經濟現在市面繁榮無殊曩昔亟應恢復舊章按季征收其稅率仍循前案一律暫照各商號營業總收入額征收以期簡捷並經提交市政會議議決照辦在案茲查民國二十二年二月修正南京市營業稅征收章程第四條略載「凡在本市境內營業者無論新開舊設均須呈報營業稅處候核定稅額發給營業稅調查證」又本條尾載「前項營業稅調查證每年換領一次不取證費並應懸掛於易見之處以便調查」等語均應遵照辦理查本市營業稅額尙係上年春季所核定亟應澈底調整並照章核發營業稅調查證懸掛各商號營業處所俾各商號在一年內核定稅額得有保障茲定本年二月份爲舉行總複查時期三月份爲核發調查證時期並定自本年夏季開始按季征收除布告周知外所有營業稅總複查須用簿冊收據暨調查證式樣由本府財政局擬定後發交該處應用至商戶申報書式樣暨通知書式樣應由該處趕速擬製以便如期辦理事關整頓稅收勿稍延誤切切

此令

中華民國三十年二月　日

市長 蔡培

南京市政府訓令 衛字第　　號

令教育局

案查中華路菜場業經規定於本月十日正式開放承恩寺菜場自應照案閉歇歸還第二十小學應用以符功令除令飭菜場管理所遵照外合行令仰該局即便派員接收辦理具報備查爲要

此令

中華民國三十年二月　日　　市長　蔡　培

南京市政府訓令 衛字第　　號

令菜場管理所

案查教育局呈請遷移承恩寺菜場業經令飭該局俟中華路菜場開辦後即將該菜場停歇有案現中華路菜場業經規定於本月十日正式開放承恩寺菜場自應同時歇閉以符功令除令飭教育局派員接收外合行令仰該所即便遵照將承恩寺菜場閉歇即以辦理該場人員移辦中華路菜場幷將辦理情形具報備查爲要

此令

中華民國三十年二月　日　　市長　蔡　培

南京市政府指令　財字第　號

令菜場管理所

呈一件　爲中華路菜場定期開放請布告武定橋等處菜販遷入營業幷函請首都警察廳派警取締由

呈悉准如所擬辦理除函請警察廳飭屬派警協助外合亟檢發布告四紙仰卽按址分貼幷將辦理情形呈報備查

此令

附發布告四紙

市長　蔡　培

中華民國三十年二月　日

南京市政府布告　財字第　號

查本市營業稅在昔原係按季征收事變後初以商業蕭條爲商人易于繳納起見改定爲按月征收以致物力人力均不經濟現在市面繁榮無殊曩昔亟應恢復舊章按季征收其稅率仍循前案一律暫照各商號營業總收入額征收以期簡捷並經提交市政會議議決照辦在案茲查民國二十二年二月修正南京市營業稅征收章程第四條略載「凡在本市境內營業者無論新開舊設均須呈報營業

稅處候核定稅額發給營業稅調查證」又本條尾載「前項營業稅調查證每年換領一次不取證費並應懸掛于易見之處以便調查」等語均應遵照辦理查本市營業稅額倘係上年春季所核定亟應澈底調整並照章核發營業稅調查證懸掛各商號營業處所俾各商號在一年內核定稅額得有保障茲定本年二月份為舉行總複查時期三月份為核發調查證時期並定自本年夏季開始按季征收除令飭營業稅處遵照辦理外合亟佈告周知仰各商民人等一體遵照于總複查時務各將賬册呈閱以便核定稅額勿稍隱匿切切此布

中華民國三十年二月　日

市長　蔡　培

南京市政府佈告　財字第一二九八號

查市有地產旗產及鄉區市有洲地事變後前督辦南京市政公署財政局曾經一度清查據聞仍多隱漏自應積極清理以資整頓而重市產除製就調查表通令各區公所轉飭鄉保甲長等限期調查報告以憑清理外合行佈告市鄉各區民衆一體知悉凡有佔用市產迄未承租者應卽於布告後一月內具呈來府聲報當卽從寬准予立約承租不究既往倘有仍前隱佔或私自放墾收租情事一經查出除照侵佔官產例從重處罰外并將所佔產業由公家收回另行招租如有確知某處官地或旗產被人侵佔准其祕密舉發一經本府調查屬實自當酌予獎勵事關清查市產毋得視為具文自棄權利其各

凜遵切切此佈

中華民國三十年二月　日

市長　蔡培

南京市政府
首都警察廳

佈告

字第　號

案查本府前以廢歷年關期內，各米店相沿舊習休業，遂致米市紊亂，米價狂漲，當經商准行政院糧食管理委員會，將所集公米，先行移撥本市各米店領銷，曾由本府出示佈告，嚴禁米商囤積，一面經本廳派員調查，果有少數商人，將米囤積，本廳悉數充公，從嚴罰辦，姑念在廢歷年關停市之期，特別從寬處置，即由本府本廳會同糧食管理委員會南京區辦事處，以及市商會整理委員會，米糧業同業公會，公開將存米分等評定價格，且仍使其價與官米之價相等，支配各米店，即日出售，以濟民食，此係格外通融體卹辦法，以後無論商民人等，倘敢再有將米糧囤積居奇，高抬價格者，准人民隨時告發，一經查實，除將囤米全數充公外，並須從嚴懲辦，決不再稍予寬容，其各凜遵切切此佈

中華民國三十年二月　日

市長　蔡培

廳長　蘇成德

南京市政府佈告 社字第九三八號

查邇來適值廢歷年關各米店相沿舊習休業停市而各處運米工人亦皆沿用慣例怠於工作，因之市上米糧稀少，米價日昂，茲經商准　行政院糧食管理委員會，將所集之公米先行移撥，准本市各米店備價承領依照定價，標戳出售，接濟民食，爲防止囤積起見，暫定每人每次購買以五斗爲限，至此後本市應需食米，並經商請行政院糧食管理委員會，疏通來源，儘量供應，本市民食，絕無缺乏之虞，凡我市民，務各遵守秩序，逕向各米店購買，切勿爭先恐後，自相紛擾，如有米商不遵定價，或攙雜出售，或囤積居奇，一經查出，定卽嚴懲，除由本府密查，並函請首都警察廳轉飭各警局隨時查察外，合行佈告各市民一體週知，此佈。

中華民國三十年二月　日

市長　蔡　培

社會局局長　盛開偉

南京市政府佈告 衛字第　　號

爲布告事案准

內政部衛二字第二十七三十三號先後咨開略以醫師藥師助產士等三種暫行條例及護士暫行規則與管理中醫暫行規則業經本部加以修正呈奉　行政院核准公布施行嗣後各該地方從業人員不

論已否領有部證均應按照規定手續換領新證以便管理而重法令等由准此當經本府分令各醫師中醫公會診療區公所轉飭各開業醫師助產士護士暨中醫等從業人員遵照辦理各在案為期數月仍有違章請領者而意存觀望亦不乏人似此玩忽功令殊屬非是茲以限期在邇合行布告仰本市各從事人員等不論已否領有部證均應按照規定手續請領或換領新證若再任意延宕一經查出即行勒令停業其各凜遵毋違切切此布

中華民國三十年二月　日

市長　蔡培

南京市政府布告 財字第　號

案據菜場管理所主任金文賢呈稱竊查中華路菜場不日修理工竣擬於二月十日正式開放所有武定橋文德橋膺福街新橋等處菜販擬請布告飭令遵章登記遷至中華路菜場營業俾市容衛生兩有裨益等情據此自應照辦除函請首都警察廳派警執行外合亟布告仰武定橋文德橋膺福街新橋等處臨時菜場菜販一體遵照即日前赴菜場管理所申請登記遷入中華路菜場營業以肅市容而利交通毋稍延誤致干取締切切此布

中華民國三十年二月　日

市長　蔡培

法規

南京市社會教育工作人員登記辦法

第一條　凡本市社會教育機關工作人員之登記均適用本辦法之規定

第二條　本市舉辦社會教育工作人員登記事項由南京市政府教育局辦理之

第三條　社會教育工作人員登記分（甲）（乙）（丙）（丁）四種

第四條　凡具有左列資格之一者得聲請登記

（甲）（乙）種

一、國內外大學教育學院或教育科系高等師範科或師範大學畢業對於民衆教育確有研究者

二、本科師範及特別師範科或高中師範科畢業曾服務教育五年以上著有成績對於民衆教育確有興趣者

三、師範講習科及縣立師範或鄉村師範舊制中學或高中畢業從事民衆教育五年以上而確有成績證明者

（丙）（丁）種

一、本科師範及特別師範科或高中師範科畢業曾服務教育三年以上著有成績並對於民衆教育確有興趣者

二、師範講習科及縣立師範或鄉村師範舊制中學或高中畢業從事民衆教育三年以上而確有成績證明者

三、凡縣立師範或鄉村師範及高級中學畢業從事民衆教育二年以上而確有成績證明者

第五條　社會教育工作人員聲請登記時應塡具聲請登記表載明請求登記種類連同畢業證書及服務證件或檢定合格證書送局審查

第六條　凡社教工作人員聲請登記時其學歷證件已全部遺失或一部遺失者須繳驗左列各項證明文件始能聲請登記

一、原畢業學校同學錄

二、原服務社教機關足資證明之經歷證件

三、曾經服務機關之教職員錄

四、其他足以證明其學歷或經歷之有力文件

第七條　凡聲請登記人員須塡寫聲請登記表二紙照片三張及應行繳驗證件一併呈送教育局聽候試驗

第八條　凡聲請登記人員如無證件呈繳時須先受甄別試驗其試驗科目得依第九條筆試科目之規定俟及格後再行聲請登記

前項甄別試驗人員應塡甄別試驗表並多繳照片二張

第九條　凡願充任本市社會教育工作人員聲請登記者得由教育局定期舉行口試必要時或舉行筆試筆試科目列下

（一）國文（二）常識（三）社會教育概論

第十條　凡經公布登記之人員須向教育局塡具服務志願書靜俟分發各社會教育機關儘先聘用如不願在本市服務或經介紹而不應聘者至下屆登記時其資格即行取消之

第十一條　本辦法如有未盡善處得由教育局隨時修改之

第十二條　本辦法自呈奉南京市政府核准　教育部備案後公布施行

南京市政府辦理土地登記工作一月份下旬旬報表

中華民國三十年

事項／件數／日	接收登記聲請書	土地所有權登記	房屋登記	更正登記	塗銷登記	移轉登記	分割登記	共有權登記	住所變更登記	繕寫查驗証	發給查驗証	備註
21		2				2					2	
22		2				1					4	
23		2									5	
24		2				2					3	
25		2				1					4	
星期 26												
27												
28												
29					1							
30												
31												
總計件數		10件			1件	6件					18件	

公牘

南京市政府咨 地字第　　號

案查本市土地工作旬報表業經咨送至本年一月份中旬在案茲造具本年一月份下旬旬報表一份相應備文咨送卽請

查照爲荷

此咨

內政部

計咨送土地工作一月份下旬旬報表一份

市長蔡　培

中華民國三十年二月　日

南京市政府咨 社字第　　號

案准

貴部商字第二七號咨附送茶葉運銷管理規則暨茶商請領營業證採購證並運輸護照申請辦法囑

飭屬知照等由自應照辦除分令各區公所暨市商會飭屬知照外相應咨復

查照

此咨

工商部

市長　蔡　培

中華民國三十年二月　日

南京市政府咨　工字第　號

爲咨請事案據八卦洲三步壑佃農代表周其全等呈稱迭遭兵災水患生計告絕該壑埂堤未成亟待建築以免官民租息重遭淹沒一屆春季江潮泛漲工事卽無從着手現時國民政府賑務委員會宏猶飢猶溺之仁廣賑飢民擬求鈞府據情轉請賑務委員會俯念該洲佃農等迭遭兵災水患一視同仁撥款交鈞府照以工代賑辦法按戶振濟等情前來卷查此項工程前准

貴會咨開三十年度各省市舉辦水利工程通則本府曾經擇尤將本工程列入擬辦水利工程調查表欄內咨請

查照彙案核辦旋准

貴會工字第二一七號咨覆略以准咨送三十年度擬辦水利工程調查表經擇要修正彙編另案呈院

核示各在案茲據該洲佃農代表周其全等所稱該堤亟待建築春汛一到不能施工一節自係實情可否提前修理案關水利相應咨請

查照核辦見覆爲荷此咨

水利委員會

市長　蔡　培

南京市政府公函　社字第　　號

中華民國三十年二月　日

案准

貴會管字第一〇〇〇號咨略以本會調劑京市民食訂購西貢米及收買蕪湖揚州食米儲存市倉庫准予暫交米業同業公會所屬三辦事處價領分配各米商出售規定處理大綱由社會局盛局長開偉會同本會南京區辦事處梅處長少樵負責處理囑爲查照等由除飭社會局遵照規定處理大綱會同南京區辦事處辦理外相應函復即希

查照此致

行政院糧食管理委員會

市長　蔡　培

中華民國三十年二月　日

南京市政府公函　社字第九三九號

查邇來時值廢歷年關各米店相沿舊習休業停市而各處運米工人亦皆狃於慣例怠於工作因之市上米粮稀少米價日昂茲經商准行政院糧食管理委員會將所集公米先行移撥由本市各米店備價承領依照定價即日標籤出售以應民食需要並暫定每一人購買以五斗爲限除佈告並派員密查外相應檢同佈告二百張函請查照分發飭令張貼一面飭屬隨時查察如有米商不遵定價或攙雜出售或故意囤積務請從嚴究辦以維民食至紉公誼此致

首都警察廳

附送佈告二百張

市長　蔡　培

中華民國三十年二月　日

南京市政府公函　財字第　號

案據菜場管理所主任金文賢呈稱

「竊查中華路菜場不日修理完竣茲擬於二月十日正式開放惟城南街道紛歧武定橋

文德橋膺福街新橋等處菜販又極散漫且狡滑成性趨避多端勸其入場恐難就範擬請鈞府
佈告上列各地飭令各菜販遵章登記入場營業幷函請首都警察廳飭屬派警取締庶該販等
就範入場市容衛生兩有裨益」
等情據此除照准佈告外相應函請
貴廳轉飭該管警署派警執行俾資協助而便取締實紉公誼此致
首都警察廳

市長 蔡 培

中華民國三十年二月 日

南京市政府公函 衛字第一一八三號

查上年冬季氣候暄和雨雪稀少對於人民健康影響殊鉅刻屆春令各種傳染病症有發生可能若不經專門醫院隔離治療勢必因循失治蔓延傳染爲害至烈茲爲愼重起見貴院如發現白喉霍亂赤痢傷寒斑診傷寒猩紅熱流行性腦脊膜炎天花鼠疫等法定傳染病症時立將該患者送入府塘市立傳染病院醫治以資隔離而免傳染除令飭各區公所遵照外相應函請
診療
查照爲荷此致
中央醫院

市長　蔡　培

南京市政府箋函

財字第　　號

查事變以還硬幣輔幣絕跡市場一切零星收付專賴角票維持近四五年以來該項角票以授受過繁大都殘邊缺角字跡漫漶甚或裂成數片用紙粘連更相轉授遂至破爛不完難於使用本市稅收機關征收稅款數多奇零以故收入貨幣角票常爲大宗其中殘缺破爛當然難免日積月聚爲數不貲玆據本市捐稅征收所及屠宰稅局先後呈稱積存破爛及什色角票各行莊拒絕收受無法使用等情到府查

貴行主持全國金融對於該項破爛角票以及各地什票之處理當有規定辦法相應函請

查核見復以便轉飭遵辦爲荷此致

中央儲備銀行

南京市政府啓

中華民國三十年二月　　日

會議紀錄

南京市政府市政會議紀錄

時間　三十年一月二十五日上午十時

地點　本府會議室

出席人　蔡培　金國書　盛開偉　張心蒲　衛錫良　謝學瀛　顧慰椿
胡政　徐公美　佐藤鶴龜人

主席　市長蔡培　紀錄　翁量能　丁燁

開會如儀

甲、報告事項

一、主席報告：查二十九年度業已結束三十年度現正開始本府預算亟待編定若依現時財政狀況而論則支出方面自宜力維原狀惟一年來物價騰踊生活程度節節向上本府職員待遇不得不略予提高因之本年度上半年概算收支相抵不敷約二四八、六四七元此項差額應如何使其平衡又本年度各種工作應如何分別緩急力圖推進均屬目前亟待討論之事用特召開本會以資商榷而策進行

乙、討論事項

一、市長交議　財政局擬訂本府三十年度上半年收支概算草案請公決案

「決議」交財政局參照會議修正各點重行整理

二、社會局提議　擬請提高本府各局職員待遇案

「決議」由祕書處查明照案應加之數俟新編概算呈奉指令後再行核辦

三、社會局提議　恢復原有自治區域劃分區公所等級並強化組織機構改善工作人員待遇案

「決議」本案交參事室及有關各局審查由參事室召集

四、社會局提議　設立小本借貸處調劑平民案

「決議」交市銀行辦理

五、財政局提議　擬將現行各項捐稅章程稅率分別予以修正案

「決議」照案通過

六、財政局提議　擬將營業稅章程恢復事變前舊章並定期舉行總複查案

「決議」照案通過

七、財政局提議　擬舉辦南京市營業專稅案

「決議」原則通過由財政局派員前往蘇滬等處調查征收種類稅率章則手續暨辦理情形

一面並先查明鄰省在本市區內設局征收情形再行核辦

八、財政局提議　清查市有地產旗產及鄉區市有洲地以杜侵佔而重公產案

「決議」照案通過

九、財政局提議　代管日僑租賃房屋擬一律投報保火險以策安全案

「決議」照案通過

十、工務局提議　擬具三十年上半年度建設事業概算書及各項事業計劃說明書請核議案

「決議」專案呈請惟上年業經修補之路應說明重修原因或酌予剔除不再列入

十一、教育局提議　擬於本年度第二學期增設城區小學四校鄉區小學五校城鄉各區共計增設一百學級附具經費預算請公决案

「決議」專案呈請

十二、教育局提議　擬請撥款增設中學救濟青年失學案

「決議」專案呈請

十三、（略）

十四、（略）

十五、衛生局提議　擬提前整頓本市宰猪廠以重衛生案

「決議」酌購檢驗儀器認真辦理至獸醫待遇應視其成績如何酌量提高

十六、衛生局提議　擬整理各臨時菜場以新市容而利交通請公決案

「決議」照常辦理惟須規定擺攤時間

十七、衛生局提議　擬在下關鮮魚巷附近擇地建築菜場請公決案

「決議」酌量財力先行調查再行核辦

十八、（略）

十九、（略）

二十、衛生局提議　擬請撥款自製第一次霍亂預防注射疫苗請公決案

「決議」通過照成案辦理

丙、臨時動議

一、市長交議　籌設蔬菜園藝示範區請公決案

「決議」照案先行試辦南北兩區

市政公報暫定價目表

期限	價目	郵費
零售	每冊三角	本市半分 外埠一分
半年	十二冊 三元五角	本市六分 外埠一角二分
全年	二十四冊 七元	本市一角二分 外埠二角四分

市政公報廣告刊例

頁數	價目
一頁	每期十一元
半頁	每期六元
四分之一頁	每期三元

刊登廣告在四號以上者每期按照七折計算連續十號以上者每期按照六折計算長期另議

出版日期 本公報暫定每月二次

編輯者 南京市政府祕書處

發行者 南京市政府祕書處

印刷者 南京惠文印務局 地址：中華路府東街 電話：二三二八三號

中華郵政登記認爲第一類新聞紙類

中華民國三十年二月二十八日

第六十六期

市政公報

南京市政府秘書處印行

目錄

命令

法規

公牘

統計

南京市政府訓令

祕字第　　號（不另行文）

令本府所屬各機關

案奉

行政院行字第一七二六號訓令內開：

「案奉　國民政府第二二三號訓令開：『查强制執行法現經制定明令公布應卽通飭施行除分令外合行檢發該强制執行法一份令仰該院知遵並轉飭所屬一體知照此令』等因附發强制執行法一份奉此除分令外合行抄發强制執行法一份令仰知照並轉飭所屬一體知照此令」

等因附抄發强制執行法一份奉此除分令外合行抄發前項强制執行法一份令仰知照

此令

附强制執行法

中華民國三十年二月　日　　市長　蔡　培

强制執行法

三十年二月　日公布

第一章　總則

第一條　民事強制執行事務於地方法院設民事執行處辦理之

第二條　民事執行處置專任之推事及書記官辦理執行事務但在事務較簡之法院得由推事及書記官兼辦之

第三條　強制執行事件由推事書記官督同執達員辦理之

第四條　強制執行依左列執行名義爲之

一、確定之終局判決

二、假扣押假處分假執行之裁判及其他依民事訴訟法得爲強制執行之裁判

三、依民事訴訟法成立之和解或調解

四、依公證法作成之公證書但以債權人之請求係以給付金錢或其他代替物或有價證券之一定數量爲標的而於證書上載明應逕受強制執行者爲限

五、抵押權人依民法第八百七十三條之規定爲拍賣抵押物之聲請經法院爲許可強制執行之裁定者

六、其他依法律之規定得爲強制執行名義者

第五條　強制執行因債權人之聲請爲之但假扣押假處分及假執行之裁判其執行應依職權爲之

第六條　債權人聲請強制執行應依左列規定提出證明文件

一、依第四條第一款聲請者應提出判決正本並判決確定證明書或各審級之判決正本
二、依第四條第二款聲請者應提出裁判正本
三、依第四條第三款聲請者應提出筆錄正本
四、依第四條第四款聲請者應提出公證書
五、依第四條第五款聲請者應提出債權抵押權之證明文件及裁定正本
六、依第四條第六款聲請者應提出得爲強制執行名義之證明文件

前項各款證明文件債權人未經提出者執行處應調閱卷宗但受聲請之法院非係原第一審法院時不在此限

第七條　法院於民事裁判得爲強制執行時應將裁判正本移付執行處

第八條　關於強制執行事項及範圍發生疑義時執行處應調閱卷宗

前項卷宗如爲他法院所需用時應自作繕本或節本或囑託他法院移送繕本或節本

第九條　開始強制執行前除因調查關於強制執行之法定要件或執行之標的物認爲必要者外無庸傳訊當事人

第十條　實施強制執行時債務人如具確實擔保經債權人同意者得延緩執行

第十一條　供強制執行之財產權其取得設定喪失或變更依法應登記者爲強制執行時執行法院應通知該管登記機關登記其事由

第十二條　當事人或利害關係人對於強制執行之命令或對於執行推事書記官執達員實施強制執行之方法強制行執時應遵守之程序或其他侵害利益之情事得於強制執行程序終結前爲聲請或聲明異議但強制執行不因而停止

前項聲請及聲明異議由執行法院裁定之

不服前項裁定者得於五日內提起抗告

第十三條　執行法院對於前條之聲請聲明異議或抗告認爲有理由時應將原處分或程序撤銷或更正之

第十四條　執行名義成立後如有消滅或妨礙債權人請求之事由發生債務人得於强制執行程序終結前提起異議之訴如以裁判爲執行名義時其爲異議原因之事實發生在前訴訟言詞辯論終結後者亦得主張之

第十五條　第三人就執行標的物有足以排除强制執行之權利者得於强制執行程序終結前向該管法院對債權人提起異議之訴如債務人亦否認其權利時並得以債務人爲被告

第十六條　債務人或第三人就强制執行事件得提起異議之訴時執行法院得指示其另行起訴或諭知債權人經其同意後即由執行法院撤銷强制執行

第十七條　執行處如發見債權人查報之財產確非債務人所有者應命債權人另行查報於强制執行開始後始發見者應由執行法院撤銷其執行處分

第十八條　有回復原狀之聲請或提起再審或異議之訴或對於第四條第五款之裁定提起抗告時不停止强制執行但法院因必要情形或命當事人提出相當確實擔保而爲停止强制執行之裁定者不在此限

當事人對於前項裁定不得抗告

第十九條　强制執行事件有調查之必要時除命債權人查報外執行推事得自行或命書記官調查之

第二十條　已發見之債務人財產不足抵償聲請强制執行之債權時執行處得因債權人之聲請命債務人報告其財產狀況

第二十一條　債務人受合法傳喚無正當理由而不到場者執行法院得拘提之

第二十二條　債務人有左列情形之一者執行法院應命其提出擔保無相當擔保者得拘提管收之

一、顯有履行義務之可能故不履行者

二、顯有逃匿之虞者

三、就應供強制執行之財產有隱匿或處分之情事者

四、於調查執行標的物時對於推事或書記官拒絕陳述者

債務人違反第二十條之規定不爲報告或爲虛僞之報告者執行法院得拘提管收之

第二十三條　擔保人放縱債務人逃亡者執行法院得拘提管收之如於擔保書狀載明債務人逃亡或不履行由其負清償責任者執行法院得因債權人之聲請逕向擔保人爲強制執行

第二十四條　管收期限不得逾三個月

有管收新原因發生時對於債務人仍得再行管收但以一次爲限

第二十五條　債務人履行債務之義務不因管收而免除

第二十六條　管收條例另定之

第二十七條　債務人無財產可供強制執行或雖有財產經強制執行後所得之數額仍不足清償債務者經債權人同意得命債務人寫立書據載明俟有資力之日償還

前項情形如債權人不同意時應於二個月內續行調查經查明確無財產或命債權人查報而到期故意不爲報告執行法院應發給憑證交債權人收執載明俟發見有財產時再予強制執行

第二十八條　強制執行不得徵收費用但因執行所發生之必要費用由債務人負擔並應與強制執行之債權同時收取

前項費用執行法院得命債權人代爲預納

第二十九條　債權人因強制執行而支出之費用得求償於債務人者得準用民事訴訟法第九十一條之規定向執行法院申請確定其數額

前項費用及取得執行名義之費用得求償於債務人者得就強制執行之財產先受清償

第三十條　依判決爲強制執行其判決經變更或廢棄時受訴法院因債務人之聲請應於其判決內命債權人償還強制執行之費用

前項規定於判決以外之執行名義經撤銷時準用之

第三十一條　因強制執行所得之金額如有多數債權人參與分配時執行處應作成分配表並指定分配期日於分配期日前三日以繕本交付債務人及各債權人或並置於法院書記室任聽閱覽

第三十二條　他債權人參與分配者應於強制執行程序終結前以書狀聲明之如執行標的物不經拍賣而在聲明參與分配前已交付債權人或經執行處收受視爲已由債務人向債權人淸償者他債權人不得參與分配

第三十三條　對於已開始實施強制執行之債務人財產他債權人不得再聲請強制執行有再聲請強制執行者視爲參與分配之聲明

第三十四條　有執行名義之債權人聲明參與分配時應提出該執行名義之證明文件

無執行名義之債權人聲明參與分配時應提出其債權之證明並釋明債務人無他財產足供淸償

執行處接受前項聲明後應通知各債權人及債務人命於三日內爲是否承認聲明人參與之回答

第三十五條　債權人及債務人對於參與分配無異議時執行處應以聲明參與分配之債權加入分配表

債權人或債務人不於前條第三項之期間內回答或不於分配期日到場者以無異議論

第三十六條　債權人或債務人對於參與分配如有異議執行處應卽通知聲明人聲明人如仍欲參與分配應於十日內對異議人另行起訴並應向執行處爲起訴之證明經證明後其債權所應受分配之金額應行提存

第三十七條　實行分配時應由書記官作成分配筆錄

第三十八條　參與分配之債權人除有優先權者外應按其債權額數平均分配

第三十九條　債權人對於分配表有不同意者應於分配期日前向執行法院提出書狀聲明異議

第四十條　執行法院對於前條之異議認為正當而到場之他債權人不為反對之陳述者應卽更正分配表而為分配

異議未依前項規定終結者應就無異議之部分先為分配

第四十一條　異議未終結者聲明異議人非自分配期日起十日內對於他債權人起訴並向執行處為起訴之證明執行處得以原定分配表實行分配

第四十二條　強制執行事件應於開始強制執行後三個月內完結但遇有特別情形得報明院長酌予展限每次展限不得逾三個月

強制執行事件依其性質應分期執行者不適用前項之規定

第四十三條　依外國法院確定判決聲請強制執行者以該判決無民事訴訟法第四百零一條各款情形之一並經中國法院依判決宣示許可其執行者為限得為強制執行

第四十四條　強制執行程序除本法有規定外準用民事訴訟法之規定

第二章　對於動產之執行

第四十五條　動產之強制執行以查封拍賣或變賣之方法行之

第四十六條　查封動產由執行推事命書記官督同執達員為之於必要時得請自治團體商會或同業公會協助

第四十七條　查封動產由執行人員依左列方法行之

一、標封

二、烙印或火漆印

前項方法於必要時得併用之

第四十八條　查封時得檢查啓視債務人居住所事務所倉庫箱櫃及其他藏置物品之處所

查封時如債務人不在場應命其家屬或鄰右之有辨別事理能力者到場於必要時得請警察到場

第四十九條　查封時遇有抗拒得請警察協助

第五十條　查封動產以其價格足清償強制執行之債權額及債務人應負擔之費用者爲限

第五十一條　查封之效力及於查封物之孳息

第五十二條　查封時應酌留債務人及其家屬二個月間生活所必需之物

前項期間執行推事審核債務人家庭狀況得伸縮之但不得短於一個月或超過三個月

第五十三條　債務人及其家屬所必需之衣服寢具餐具及職業上或教育上所必需之器具物品不得查封

遺像牌位墓碑及其他祭祀禮拜所用之物不得查封

第五十四條　查封時書記官應作成查封筆錄及查封物品清單

查封筆錄應載明左列事項

一、爲查封原因之權利

二、動產之所在地種類數量品質及其他應記明之事項

三、債權人及債務人

四、查封年月日

五、查封之動產保管人

六、保管方法

查封人員應於前項筆錄簽名如有保管人及依第四十八條第二項規定之人員到場者亦應簽名

第五十五條　星期日或其他休息日及日出前日沒後不得實施關於查封之行爲但有急迫情形經執行推事許可者不在此限

日沒前已開始爲查封行爲者得繼續至日沒後

第一項許可之命令應於查封時提示債務人

第五十六條　書記官執達員於查封時發見債務人之動產業經因案受查封者應速將其查封原因報告執行推事

第五十七條　查封後執行推事應速定拍賣期日

查封日至拍賣期日至少應留七日之期間但經債權人及債務人之同意或因查封物之性質須迅速拍賣者不在此限

第五十八條　查封後債務人得於拍賣期日前提出現款聲請撤銷查封

第五十九條　查封之動產應移置於該管法院所指定之貯藏所其不便於搬運或不適於貯藏所保管者執行處得委託妥適之保管人保管之認爲適當時亦得以債權人爲保管人

查封物除貴重物品及有價證券外經債權人之同意得使債務人保管之債務人爲保管人時應諭知刑法所定損壞除去或汚穢查封標示或爲違背其效力之行爲之處罰

查封物交保管人時應命保管人出具收據

第六十條　在拍賣期日前執行處因債權人及債務人之聲請得不經拍賣程序將查封物之全部或一部變賣之

查封物易腐壞者執行處亦得不經拍賣程序依職權變賣之

第六十一條　拍賣動產由執行推事命書記官督同執達員於執行法院或動產所在地行之但執行處認爲適當時得委託拍賣行拍賣之

委託拍賣行拍賣時執行處應派員監督之

第六十二條　查封物爲貴重物品而其價格不易確定者執行處應命鑑定人鑑定之

第六十三條　執行處應通知債權人及債務人於拍賣期日到場無法通知或屆期不到場者拍賣不因而停止

第六十四條　拍賣動產應由執行法院先期公告

前項公告應載明左列事項

一、拍賣物之種類數量品質及其他應記明之事項

二、拍賣之原因日時及場所

三、閱覽拍賣物及查封筆錄之處所及日時

四、定有拍賣價金之交付期限者其期限

第六十五條　拍賣公告應揭示於執行法院及拍賣場所如認爲必要或因債權人或債務人之聲請並得登載於公報或新聞紙

如當地有其他習慣者並得依其習慣方法公告之

第六十六條　拍賣應於公告五日後行之但因物之性質須迅速拍賣者不在此限

第六十七條　金銀物品及有市價之物品得不經拍賣程序逕依市價變賣之

第六十八條　拍賣物之交付應與價金之交付同時行之

第六十九條　拍賣物買受人就物之瑕疵無担保請求權

第七十條　執行處因債權人或債務人之聲請或認爲必要時應依職權於拍賣前預定拍賣物之底價

執行處定底價時應詢問債權人及債務人之意見但無法通知或屆期不到場者不在此限

拍定應就應買人所出之最高價高呼三次後爲之

應買人所出之最高價如低於底價或雖未定底價而債權人或債務人對於應買人所出之最高價認爲不足而爲

反對之表示時執行拍賣人應不爲拍定由執行處定期再行拍賣

拍賣物依前項規定再行拍賣時應拍歸出價最高之應買人

第七十一條　拍賣物無人應買時執行處應作價交債權人收受債權人不收受時應由執行法院撤銷查封將拍賣物返還債務人

第七十二條　拍賣於賣得價金足以淸償強制執行之債權額及債務人應負擔之費用時應卽停止

第七十三條　拍賣終結後書記官應作成拍賣筆錄載明左列事項

一、拍賣物之種類數量品質及其他應記明之事項

二、債權人及債務人

三、拍賣之買受人姓名住址及其應買之最高價額

四、拍賣不成立或停止時其原因

五、拍賣之日時及場所

六、作成拍賣筆錄之處所及年月日

前項筆錄應由執行拍賣人簽名

第七十四條　拍賣物賣得價金扣除因強制執行所發生之必要費用及取得執行名義之費用後應將餘額交付債權人其餘額超過債權人所應受償之數額時應將超過額交付債務人

第三章　對於不動產之執行

第七十五條　不動產之強制執行以查封拍賣強制管理之方法行之

第七十六條　查封不動產由執行推事命書記官督同執達員依左列方法行之

一、揭示
二、封閉
三、追繳契據
前項方法於必要時得併用之

第七十七條　查封時書記官應作成查封筆錄載明左列事項
一、爲查封原因之權利
二、不動產之所在地種類及其他應記明之事項
三、債權人及債務人
四、查封年月日
五、查封之不動產保管人
查封人員及保管人應於前項筆錄簽名如有依第四十八條第二項規定之人員到場者亦應簽名

第七十八條　已查封之不動產執行法院得許債務人於必要範圍內管理或使用之

第七十九條　查封之不動產保管或管理執行法院得交由自治團體商會或同業公會爲之

第八十條　拍賣不動產執行法院應命鑑定人就該不動產估定價額經核定後爲拍賣最低價額

第八十一條　拍賣不動產應由執行法院先期公告
前項公告應載明左列事項
一、不動產之所在地種類及其他應記明之事項
二、拍賣之原因日時及場所如以投標方法拍賣者其開標之日時及場所定有保證金額者其金額

三、拍賣最低價額

四、交付價金之期限

五、閱覽查封筆錄之處所及日時

第八十二條　拍賣期日距公告之日不得少於十四日

第八十三條　拍賣不動產由執行推事自行或命書記官督同執達員於執行法院或其他場所爲之

第八十四條　拍賣公告應揭示於執行法院及該不動產所在地如當地有公報或新聞紙亦應登載如有其他習慣者並得依其習慣方法公告之

第八十五條　拍賣不動產執行法院得因債權人或債務人之聲請或依職權以投標之方法行之

第八十六條　以投標方法拍賣不動產時執行法院得酌定保證金額命投標人於開標前繳納之

第八十七條　投標人應以書件密封投入執行法院所設之標匭

前項書件應載明左列事項

一、投標人之姓名年齡住址及職業

二、願買之不動產

三、願出之價額

第八十八條　開標應由執行推事當衆開示並朗讀之

第八十九條　投標應預納保證金而未照納者其投標無效

第九十條　投標人願出之最高價額相同者以抽籤定其得標人

第九十一條　拍賣期日應買人所出之最高價未達於拍賣最低價額者執行拍賣人應不爲拍定由執行法院定期再行拍賣

依前項規定再行拍賣時執行法院應酌減拍賣最低價額酌減數額不得逾百分之二十

第九十二條　再行拍賣期日應買人所出之最高價未達於減定之拍賣最低價額者應準用前條之規定再行拍賣其酌減數額不得逾減定之拍賣最低價額百分之二十

第九十三條　前二條再行拍賣之期日距公告之日不得少於十日多於三十日

第九十四條　經二次減價拍賣而未拍定之不動產執行法院得依第二次減定之拍賣最低價額將不動產交債權人承受並發給權利移轉證書

第九十五條　前條未拍定之不動產債權人不願承受時應命強制管理在管理中依債權人或債務人聲請得再減價或另估價拍賣

第九十六條　供拍賣之不動產其一部分之賣得價金已足清償強制執行之債權額及債務人應負擔之費用時其他部分應停止拍賣

前項情形債務人得指定其應拍賣不動產之部分

第九十七條　拍賣之不動產買受人繳足價金後執行法院應發給權利移轉證書及其他書據

第九十八條　拍賣之不動產買受人自領得執行法院所發給權利移轉證書之日起取得該不動產所有權債權人承受債務人之不動產者亦同

第九十九條　債務人應交出不動產者執行人員應點交於債權人買受人或其代理人如有拒絕交出或其他情事時得請警察協助

第一百條　房屋內或土地上之動產除應與不動產同時強制執行外應取去點交債務人或其代理人家屬或受僱人

無前項之人接受點交時應將動產暫付保管向債務人為限期領取之通知債務人逾期不領取時得拍賣之而提

存其價金或爲其他適當之處置

第一百○一條　債務人應交出書據而拒絕交出時執行法院得將該書據取交債權人或買受人並得以公告宣示未交出之書據無效另作證明書發給債權人或買受人

第一百○二條　共有物應有部分之拍賣執行法院應通知他共有人但無法通知時應定期公告之

最低拍賣價額就共有物全部估價按債務人應有部分比例定之

第一百○三條　已査封之不動產執行法院得因債權人之聲請或依職權命付強制管理

第一百○四條　命付強制管理時執行法院應禁止債務人干涉管理人事務及處分該不動產之收益如收益應由第三人給付者應命該第三人向管理人給付

第一百○五條　管理人由執行法院選任之但債權人得推荐適當之人

執行法院得命管理人提供擔保

第一百○六條　強制管理以管理人一人爲之但執行法院認爲必要時得選任數人

管理人有數人時應共同行使職權但執行法院另以命令定其職務者不在此限

第一百○七條　執行處對於管理人應指示關於管理上必要之事項並監督其職務之進行

第一百○八條　管理人不勝任或管理不適當時執行法院得撤退之

第一百○九條　管理人因強制管理及收益得占有不動產遇有抗拒得請執行處核辦或請警察協助

第一百一十條　管理人於不動產之收益扣除管理費用及其他必需之支出後應將餘額速交債權人

債權人對於前項所交數額有異議時得向執行法院聲明之

第一百十一條　管理人應於每月或其業務終結後繕具收支計算書呈報執行法院並送交債權人及債務人

債權人或債務人對於前項收支計算書有異議時得於接得計算書後五日內向執行法院聲明之

第一百十二條　強制執行之債權額及債務人應負擔之費用就不動產之收益已受淸償時執行法院應即終結強制管理

第一百十三條　不動產之強制執行除本章有規定外準用關於動產執行之規定

第一百十四條　船舶之強制執行準用關於不動產執行之規定

前項船舶以海商法所規定者爲限

第四章　對於其他財產權之執行

第一百十五條　就債務人對於第三人之金錢債權爲執行時執行法院應依職權禁止債務人收取或爲其他處分並禁止第三人向債務人淸償

前項情形執行法院得以命令許債權人收取或將該債權移轉於債權人如認爲適當時得命第三人向執行法院支付轉給債權人

第一百十六條　就債務人基於債權或物權得請求第三人交付或移轉動產或不動產之權利爲執行時執行法院除以命令禁止債務人處分並禁止第三人交付或移轉外如認爲適當時得命第三人將該動產或不動產交與執行法院依關於動產或不動產執行之規定執行之

第一百十七條　對於前二章及前二條所定以外之財產權爲執行時準用前二條之規定執行法院並得酌量情形命令讓與或管理而以讓與價金或管理之收益淸償債權人

第一百十八條　前三條之命令應送達於債務人有第三人者並應送達於第三人已爲送達後應通知債權人

第一百十九條　第三人不承認債務人之債權或其他財產權之存在或於數額有爭議時應於接受法院命令後十日內提出書狀向執行法院聲明

第一百二十條　債權人對於前條第三人之聲明認爲不實時得向管轄法院提起訴訟並通知務債人

第一百二十一條　債務人對於第三人之債權或其他財產權持有書據執行法院命其交出而拒絕者得將該書據取出並得以公告宣示未交出之書據無效另作證明書發給債權人

第一百二十二條　債務人對於第三人之債權係維持債務人及其家屬生活所必需者不得爲強制執行

第五章　關於物之交付請求權之執行

第一百二十三條　執行名義係命債務人交付一定之動產而不交付者執行法院得將該動產取交債權人

第一百二十四條　執行名義係命債務人交出不動產而不交出者執行法院得解除債務人之占有使歸債權人占有

第一百二十五條　關於動產不動產執行之規定於前二條情形準用之

第一百二十六條　第一百二十三條及第一百二十四條應交付之動產或不動產爲第三人占有者執行法院應以命令將債務人對於第三人得請求交付之權利移轉於債權人

第六章　關於行爲及不行爲請求權之執行

第一百二十七條　依執行名義債務人應爲一定行爲而不爲者執行法院得以債務人之費用命第三人代爲履行前項費用由執行法院酌定數額命債務人預行支付必要時得命鑑定人鑑定其數額

第一百二十八條　依執行名義債務人應爲一定之行爲而其行爲非他人所能代爲履行者債務人不履行時執行法院得定債務履行之期間及逾期不履行應賠償損害之數額向債務人宣示或處或併處債務人以一千元以下之過怠金前項規定於夫妻同居之判決不適用之執行名義係命債務人交出子女或被誘人者除適用第一項規定外得用直接強制方法將該子女或被誘人取交債權人

第一百二十九條 執行名義係命債務人容忍他人之行為或禁止債務人為一定之行為者債務人不履行時執行法院得拘提管收之或處以一千元以下之過怠金處過怠金時並得因債權人聲請命債務人提出相當之擔保

前項管收準用第二十四條至第二十六條之規定

第一百三十條 為執行名義之判決係命債務人為一定之意思表示而不表示者視為自判決確定時已為其意思表示但意思表示有待於對待給付者自法院就已為對待給付或提出相當擔保給與證明書時視為已為其意思表示

第一百三十一條 關於繼承財產或共有物分割之執行執行法院應將財產總額核算分配並給與分得部分之權利移轉證書

前項分配於必要時得命鑑定人鑑定之

第七章 假扣押假處分之執行

第一百三十二條 假扣押或假處分之執行應於假扣押或假處分之裁定送達後立即開始或與送達同時為之

第一百三十三條 因執行假扣押收取之金錢及依分配程序應分配於假扣押債權人之金額應提存之

第一百三十四條 假扣押之動產如有價格減少之虞或保管需費過多時執行法院得因債權人或債務人之聲請或依職權定期拍賣提存其賣得金

第一百三十五條 對於債權或其他財產權執行假扣押者執行法院應準用第一百十五條及第一百十六條之規定分別發禁止處分清償之命令

第一百三十六條 假扣押之執行除本章有規定外準用關於動產不動產執行之規定

第一百三十七條 假處分裁定應選任管理人管理係爭物者於執行時法院應使管理人占有其物

第一百三十八條 假處分裁定係命令或禁止債務人為一定行為者法院應將該裁定送達於債務人

第一百三十九條 假處分裁定係禁止債務人設定移轉或變更不動產上之權利者法院應將該裁定揭示

第一百四十條　假處分之執行除前三條規定外準用關於假扣押執行之規定

第八章　附則

第一百四十一條　本法施行前已開始強執制行之事件視其進行程度依本法所定之程序終結之其已進行之部分不失其效力

第一百四十二條　本法自公布日施行

南京市政府訓令　祕字第　號（不另行文）

令本府所屬各機關

案奉

行政院行字第一六八五號訓令內開：

「現查本院人事評判委員會業於本月三日組織成立卽日起開始辦公除分令外合行檢發該會組織規程登記規則審查規則及分發規則各一份令仰該市政府知照此令」

等因附發行政人事評判委員會組織規程等四份奉此除分令外合行抄發該項組織規程等令仰知照

此令

附行政院人事評判委員會　審查規則　登記規則　組織規程　分發規則

中華民國三十年二月　日

市長　蔡培

行政院人事評判委員會組織規程

第一條 行政院爲甄審敍用返京報到及投効之公務員起見特組織人事評判委員會（以下簡稱本會）

第二條 本會設委員七人由 院長就行政院秘書參事中指派之並指定一人爲主任委員

第三條 本會設秘書一人辦理日常及交辦事項

第四條 本會置登記審查及分發三組各組設組長一人就委員中選任之分掌各組事務

第五條 本會設辦事員若干人承長官之命分掌主官事務

第六條 本會職員以調用爲原則但必要時得酌用雇員

第七條 本會決定事件應即簽呈 院長核定之

第八條 人員之登記審查及分發其規則另訂之

第九條 本規程如有未盡事宜得隨時呈請修改之

第十條 本規程自呈奉 院長核准之日施行

行政院人事評判委員會登記規則

一、本規則依人事評判委員會章程第八條之規定制定之。

二、凡具有左列情形之一者，得申請登記。

1. 渝方現任公務人員，確係最近脫離渝方，前來報到者。
2. 參加和平運動人員、尙未指派職務者。
3. 事變後留職停薪之公務人員。

4. 有專門技術而失業者。

三、投効人員聲請登記時，應塡具登記審查表，並呈繳下列各件：

1. 最近半身二寸照片三張。

2. 履歷書二份。

3. 證明文件。

4. 現任薦任職以上公務員二人具名之保證書。

四、投効人員申請登記時，應依本會制定表格，塡明現任職務等級，或其最後停職時所任職務及等級。

五、第三項第三款之證明文件，須提出任用狀，委任令，畢業證書，或著作，如不能提出時，須有左列之一之證明：

1. 原機關或原校之證明。

2. 有關係之公文書。

3. 公報職員錄，畢業同學錄，或其他足資證明之文件。

六、登記審查表及保證書格式另定之。

七、本規則自公布日施行。

行政院人事評判委員會審查規則

一、本規則依人事評判委員會（以下簡稱本會）組織章程第八條之規定制定之。

二、本會接收投効人員登記表及證明文件應即審查並定期召見由接見委員塡具意見表。

三、投効人員所繳證件認爲不完備或有疑義時應通知其補行呈送。

四、審查終結後將審查結果函請主任委員提會決定並呈報　院長核奪合格者給予書面通知。

五、審查合格人員分為左列三種：

一、簡任職人員。

二、薦任職人員。

三、委任職人員。

六、簡任職人員須具有左列各款資格之一：

一、現任或曾任簡任職者。

二、現任或曾任最高級薦任職三年以上者。

三、曾於中華民國有特殊勳勞或致力和平運動有特殊勳勞經證明屬實者。

四、在學術上有特殊之著作或發明經審查合格者。

七、薦任職人員須具有左列各款資格之一：

一、現任或曾任薦任職者。

二、現任或曾任最高級委任職三年以上者。

三、曾於中華民國有勳勞或致力和平運動有勳勞經證明屬實者。

四、在教育部認可之國內外大學畢業而有專門著作經審查合格者。

八、委任職人員須具有左列各款資格之一：

一、現任或曾任委任職者。

二、現充或曾充雇員繼續服務三年以上而成績優良者。

三、曾致力和平運動而有成績經證明屬實者。

九、有左列情形之一者應不予審査：

一、違反國民政府現行政綱政策者。

二、褫奪公權尚未復權者。

三、虧空公款尚未清償者。

四、曾因贓私處罰有案者。

五、吸食鴉片或其代用品者。

六、謊報資格及虛僞之證明者。

十、接見委員意見表格式另定之。

十一、本規則自公布日施行。

行政院人事評判委員會分發規則

一、本規則依人事評判委員會（以下簡稱本會）組織章程第八條之規定制定之。

二、本會審査合格人員須經本委員會通過並呈經　院長核奪後方得分發試用

三、分發人員由本會呈院轉呈國民政府分派各機關以試用名義酌派職務但向在鐵路服務人員須俟鐵道交還時得儘先任用。

四、分發人員於接到分發公文後應依限期向分發機關報到如不能依限到達者應詳述理由呈請被分發機關核辦。

五、分發人員於報到後有左列情事之一者得予以重行分發：

甲、本會認爲不必要時。

乙、各機關調用時。

丙、分發人員遇有特別情形呈經本會核准時。

六、分發各機關試用人員試用三個月後被分發機關應將該分發人員之工作成績自行考核報告銓敍部以備考績。

七、分發各機關試用人員應按其原職酌支最低級俸額。

八、分發人員如被分發機關認爲成績優良得於試用期間提前任用。

九、被分發機關對於分發人員如不能悉數予以試用得分別轉爲分發所屬機關但須將轉分情形報由本會備案。

十、分發人員有違反本規則之規定者不予分發或停止任用。

十一、本規則自公布日施行。

南京市政府訓令 祕字第 號 （不另行文）

令本府所屬各機關

案奉

行政院行字第一六五二號訓令內開

「現奉 國民政府第一一號訓令開『據本府文官處簽呈稱「准中央政治委員會祕書廳本年一月三十一日中政祕字第七八九號公函開『茲奉 主席交下中國國民黨中央執行委員會祕書廳本年一月二十日祕函字第五一二號公函一件錄送中央常務委員會第二十四次會議通過中央政治委員會政治報告審查意見一份囑查照等由並奉諭「送國民政府分飭知照」等因暨提出中央政治委員會第三十五次會議報告在案查此案前由本廳

遵奉　主席諭函准府院部會分別將自二十九年還都之日起至十月十日止工作成績送廳彙編「中央政治委員會政治報告」提出中國國民黨第三次中央執行委員全體會議報告並分別檢送亦在案茲奉前因除函復外相應錄諭並抄同原函及附件各一份函達至希查照轉陳分飭知照』等由理合簽請鑒核」等情到府自應照辦除分令外合行抄發原附件令仰知照並轉飭知照此令』等因計抄發原函及附件各一件奉此自應照辦除分令外合行抄發原附件令仰知照並轉飭知照此令」

等因附抄發原函及附件各一件奉此除分令外合行抄發原函及附件等令仰知照

此令

附原函及附件

市長　蔡培

中華民國三十年二月　日

抄中國國民黨中央執行委員會祕書廳原函

案奉

中央常務委員會第二十四次會議決議案內開

「三中全會交議政治組報告奉交審查中央政治委員會工作報告擬具意見請公決案

（經大會決議照審查意見通過）決議送中央政治委員會」等因紀錄在卷相應檢同大會決議案一份錄案奉達至希

查照爲荷

此致

中央政治委員會

附送三中全會決議案一份

祕書長褚民誼　三十年一月二十日

對於中央政治委員會工作報告之決議案

查還都迄今，時僅八月，値此時局艱難之會，地方殘破之餘，而綜觀府院部會行政報告，尙能把握實現，綱舉目張，使和平反共建國之基礎，賴以確立，此悉由我　主席偉大精神之感召，與夫全國上下同心戮力之所致，本黨負建國之使命，應時勢之要求，各院部會工作，胥以福國利民爲鵠的，以言行政院，屬於內政部者，整頓地方行政，推進自治，辦理衛生事項，規畫地政。屬於外交部者，調整中日關係，恢復駐外領館。屬於財政部者，整頓關務，稅收，鹽務，及地方財政，廢除苛雜，籌備中央儲備銀行。屬於軍政部者，改進軍務實施剿匪計劃。屬於海軍部者，接收砲艇，收容海軍官兵，辦理中央海軍學校。屬於教育部者，恢復中央大學，整頓中小學教育。屬於司法行政部者，減輕訟費，調整各級法院，整頓監獄，辦理赦免減刑。屬於工商部者，接收日軍管理工廠，採辦洋米，調劑民食，交換南北物資，發展國際貿易。屬於農礦部者，恢復及設立農礦機關，調整中日礦業合資公司。屬於鐵道部者，調查各路交通狀況，成立部路請求復職人員資歷審查委員會。屬於交通部者，收回郵權，整理電政航政。屬於社會部者，推進社會事業，指導社會運動，調解勞資糾紛，促進合作事業登記專門人才，提倡社會服務。屬於宣傳部者，闡揚和平理論，改進宣傳事業設置宣傳機關，辦理國際宣傳。屬於警政部者，革新警政，辦理警察訓練。設置政警及特警機關，防止反動。屬於振務委員會者，設置救災準備金，實行平糶，辦理首都急振，接辦首都救濟事業。屬於邊疆委員會者，設置西藏駐京辦事處及邊疆人員招待所，保送邊疆來京求學學生，恢復班禪駐京辦事處。屬於僑務委員會者，調查僑務狀況，救濟囘國失業僑胞，辦理僑胞國內產業損失登記，指導華僑子弟囘國升學。屬於水利委員會者，核發蘇浙皖京滬二十九年防汛經費，測勘蘇滬海塘及皖省淮堤，堵修蚌埠淮河六缺口工程，籌堵黃河中牟決口。以言立法院，修正各院部會組織法，及各種法規條例。以言司法院，屬於最高法院者，增設華北分院，編輯法規補編。屬於行政法院及中央公務員懲戒委員會者，亦分別受理案件。以言考試院，屬於銓敘部者，辦理公務人員甄審，及審核撫卹案件。屬於考選委員會者，舉行高等考試。以言監察院，嚴查不肖公務員勾結奸商囤米，嚴行審計及稽察事務。以言軍事委員會，籌設中央軍官學校，組織點編委員會，建設空軍，淸剿匪共，辦理軍訓，政訓。其他如實施憲政爲當務之急，政府延攬各方賢達，成立憲政實施委員會，並定期召集國民大會，至華北政務委員會，在河北，山東，山西，三省，及北京，天津，靑島三市境內處理防共，治安，經濟，及國府委任其他各項政務，並監督各省市政府，凡此諸端，皆舉其犖犖大者，悉能本既定方針，積極推進，惟是和平建國大業，經緯萬端，民困未蘇，建設匪易，所望本黨同志及政府同人，仰體

總理遺教，接受　主席領導，以大無畏之精神，爲進一步之努力，庶我國之獨立，得以確保而東亞之復興，亦可計日而待也。

政治審查組召集人陳羣
陳耀祖

南京市政府訓令

祕字第　號（不另行文）

令本府所屬各機關

案奉

行政院行字第一六五八號訓令開：

「現奉　國民政府第一一三號訓令開：『查財政部關務署組織法現經修正明令公布應卽通飭施行除分令外合行檢發該組織法令仰知照並轉飭所屬一體知照此令』等因計

檢發修正財政部關務署組織法一份奉此自應通飭施行除分令外合行抄發該組織法令仰知照並轉飭所屬一體知照此令」

等因附抄發修正財政部關務署組織法一份奉此除分令外合行抄發前項組織法令仰知照此令

附修正財政部關務署組織法

中華民國三十年二月　日

市長　蔡培

財政部關務署組織法

三十年二月五日修正公布

第一條　關務署承財政部部長之命掌理全國關務行政

第二條　關務署置左列各科

一、總務科

二、關政科

三、稅則科

第三條　總務科掌左列事項

一、關於收發分配撰擬繕校及保管文件事項

二、關於典守印信事項

三、關於本署職員之任免遣調及訓練事項

四、關於公用物品之購辦及核發事項
五、關於本署財產物品之登記及保管事項
六、關於本署現金票據證券之出納及保管事項
七、關於本科職掌事務之各種表册及報告之編製事項
八、關於本署庶務及其他不屬各科事項

第四條　關政科掌左列事項
一、關於關政之規劃及施行事項
二、關於關務法規之擬訂及解釋事項
三、關於各關之組織及關卡之設置或裁併事項
四、關於各關人員任免遷調訓練考績之監督事項
五、關於稅務所用一切票照單證之審核擬訂及考核事項
六、關於徵免稅項暨減稅退稅案件之審核及關稅稅款收支之稽核事項
七、關於貨物進出口之禁止及漏稅之防止事項
八、關於違禁科罰案件之處理事項
九、關於各關關產管理及建築修繕工程之監督事項
十、關於海關代管事務之監督事項
十一、關於本科職掌事務之各種表册及報告之編製事項
十二、關於關政之其他事項

第五條　稅則科掌左列事項

一、關於關稅稅則之審訂修改及解釋事項

二、關於傾銷貨物稅稅率之審定修改及解釋事項

三、關於稅則分類與估價爭議事件之處理事項

四、關於條約上有關稅則之審核事項

五、關於國際貿易情形之研究及考查事項

六、關於獎勵實業案件之審查及核定事項

七、關於本科職掌事務之各種表册及報告之編製事項

八、關於稅則之其他事項

第六條　關務署署長綜理全署事務並指揮監督所屬職員及各機關副署長輔佐署長處理署務

第七條　關務署設祕書二人或三人承長官之命辦理機要文牘綜核稿件及其他交辦事務

第八條　關務署設科長三人科員二十四人至三十人助理員九人至十五人承長官之命辦理各科事務並得酌用僱員辦理繕校及其他事務

第九條　關務署設編譯二人承長官之命分掌關於關稅制度法規及圖書文件之編譯事項

第十條　關務署設視察二人承長官之命分赴各關考察關務成績及調查臨時發生之事件

第十一條　關務署設會計主任一人統計員一人科員助理員各若干人分別辦理歲計會計統計事務受署長及財政部會計長之指揮監督

第十二條　關務署祕書科長編譯視察及科員六人薦任其餘科員助理員委任

第十三條　關務署對外公文以財政部名義行之但關於左列事項得發署令
　一、遵照部令應行轉飭事項
　二、依照部令所定辦法督率進行事項
　三、曾經呈部核准事項
第十四條　關務署辦事規則由關務署擬訂呈請財政部核定之
第十五條　關務署於各關設關監督公署辦理關政一切事務其組織以法律定之
第十六條　本法自公布日施行

南京市政府訓令　祕字第　號　（不另行文）

令本府所屬各機關

案奉

行政院行字一六五七號訓令內開

「現奉　國民政府第一二二號訓令開『查財政部鹽務署組織法現經制定明令公布應即通飭施行除分令外合行檢發該組織法令仰知照並轉飭所屬一體知照此令』等因計檢發財政部鹽務署組織法一份奉此自應通飭施行除分令外合行抄發該組織法令仰知照並轉飭所屬一體知照此令」

等因并抄發財政部鹽務署組織法一份奉此除分令外合行抄發前項組織法令仰知照

此令

附財政部鹽務署組織法

中華民國三十年二月　日

市長　蔡　培

財政部鹽務署組織法

三十年二月五日公布

第一條　鹽務署承財政部部長之命掌理全國鹽務並兼管硝磺事務

第二條　鹽務署置左列各科處室

一、總務科

二、場產科

三、運銷科

四、筦權科

五、設計科

六、稅警處

七、技術室

第三條　總務科掌左列事項

一、關於收發分配撰擬繕校及保管文件事項

二、關於典守印信事項

三、關於本署及所屬機關職員之任免遷調及訓練事項
四、關於鹽務營造修繕工程經費之審訂事項
五、關於公用物品之購辦核發及各項單照之製備事項
六、關於財產公物之登記及管理事項
七、關於本署現金票據證劵之出納及保管事項
八、關於稅警場警一切購置費用之覆核事項
九、關於本科職掌事務之各種表册及報告之編製事項
十、關於鹽務公報之編輯事項
十一關於庶務及其他不屬各科處室事項

第四條　場產科掌左列事項
一、關於產區鹽觔收放之管理事項
二、關於製鹽許可及產鹽之估計調節事項
三、關於農業工業漁業用鹽變性或變色之指導事項
四、關於產地倉坨之設置及場價之考核事項
五、關於鹽副產物之管理及取締事項
六、關於鹽𡒄整理及產地測量之規劃事項
七、關於硝磺產製之統制及稅費審訂事項
八、關於本科職掌事務之各種表册及報告之編製事項

九、關於鹽民生計之改良及失業鹽民之救濟事項

第五條　運銷科掌左列事項

一、關於各項鹽類及硝磺之運輸事項

二、關於各銷區食鹽之調節事項

三、關於運輸鹽觔硝磺所用票照之擬訂事項

四、關於鹽觔掣驗復查之章則擬訂事項

五、關於商運之取締及救濟事項

六、關於食鹽售價之平定事項

七、關於商運配銷之調整事項

八、關於商運耗斤之審訂事項

九、關於本科職掌事務之各種表册及報告之編製事項

第六條　筦權科掌左列事項

一、關於鹽稅章則及稅率之擬訂及解釋事項

二、關於鹽稅收入預算之編訂事項

三、關於鹽稅及其他款項之收解事項

四、關於鹽及鹽副產物減稅免稅案件之處理事項

五、關於硝磺之徵稅或專賣事項

六、關於徵稅所用一切票照單證之擬訂考核保管發給及繳銷事項

七、關於鹽稅收支之造報考核事項
八、關於本科職掌事務之各種表册及報告之編製事項
九、其他有關鹽硝之徵稅事項

第七條　設計科掌左列事項
一、關於鹽務及硝磺法規之擬訂及解釋事項
二、關於鹽務行政及徵稅之改進設計事項
三、關於鹽類及硝磺產製運輸之改良設計事項
四、關於本科職掌事務之各種表册及報告之編製事項
五、其他設計事項

第八條　稅警處掌左列事項
一、關於各產鹽場區警務之配備改進及處理事項
二、關於各產鹽場區水陸稅警之編制訓練指揮遣調事項
三、關於製鹽放鹽及鹽副產物之稽查事項
四、關於鹽場倉坨及鹽務官署之保衛事項
五、關於鹽觔及硝磺私製私運之查禁事項
六、關於稅警場警服裝械彈之購辦發給及保管事項
七、關於稅警薪餉之發給及審核事項
八、關於稅警之奬懲事項

九、關於本處職掌事務之各種表册及報告之編製事項
十、其他有關稅警事項

第九條 技術室掌左列事項
一、關於鹽質鹽類副產物及硝磺之化驗或檢定事項
二、關於鹽務營造修繕工程之設計勘定實施或監督事項
三、其他技術事項

第十條 鹽務署署長綜理全署事務並指揮監督所屬職員及各機關副署長輔佐署長處理署務
第十一條 鹽務署設秘書二人或三人承長官之命辦理機要文牘綜核稿件及其他交辦事務
第十二條 鹽務署設科長五人科員八十八人至一百人助理員十六人至二十四人承長官之命辦理各科事務並得酌用僱員辦理繕校及其他事務
第十三條 鹽務署稅警處設處長一人承長官之命辦理稅警事務
第十四條 鹽務署技術室設技正二人或三人技士四人至六人承長官之命辦理鹽務及硝磺之技術事務
第十五條 鹽務署設視察四人調查員四人至六人承長官之命分赴各鹽務機關考察鹽務成績及調查臨時發生之事件
第十六條 鹽務署設會計主任一人統計主任一人科員助理員各若干人分別辦理歲計會計統計事務受署長及財政部會計長之指揮監督
第十七條 鹽務署於必要時得酌用專員
第十八條 鹽務署稅警處組織規程及辦事細則另定之
第十九條 鹽務署經財政部部長之核准於各產鹽區域設置鹽務管理局督率所屬機關辦理各該區之產鹽運銷徵稅放鹽並指

揮監督區內稅警及其他事務

第二十條　各鹽務管理局設局長一人承主管長官之命辦理各該局事務於必要時經財政部部長之核准得酌設副局長一人輔佐局長處理局務

第二十一條　鹽務管理局設祕書一人總務課產銷課筦權課稅警課各設課長一人承長官之命分掌各該管事務

第二十二條　鹽務管理局按事務之繁簡設課員視察及技術員各若干人承長官之命分掌各項事務並得酌用僱員

第二十三條　鹽務管理局設會計主任一人由財政部委派課員助理員各若干人由局長遴員呈由署長轉請財政部委任承主管長官之命辦理歲計會計事務並受財政部及鹽務署長官之指揮監督

第二十四條　鹽務署因事實上之必要經財政部部長之核准得於重要區域設置鹽稅管理總局辦理轄境內各鹽務管理局鹽稅之稽徵報解事務

第二十五條　鹽稅管理總局設局長一人承主管長官之命綜理全局事務並指揮所屬各職員

第二十六條　鹽稅管理總局設祕書二人總務課稽徵課稅警課各設課長一人承長官之命分掌各該管事務

第二十七條　鹽稅管理總局按事務之繁簡設課員巡視員及助理員各若干人承長官之命辦理各項事務並得酌用僱員

第二十八條　鹽稅管理總局設會計主任一人由財政部委派課員助理員各若干人由局長遴員呈由鹽務署轉請財政部委任承主管長官之命辦理歲計會計事務並受財政部及鹽務署長官之指揮監督

第二十九條　鹽務管理局所轄鹽場得由鹽務署劃分區域設置鹽場公署管理之

鹽場公署依左列標準分爲四等

一、年產鹽二十萬公噸以上者爲一等

二、年產十萬公噸以上者爲二等

三、年產鹽五萬公噸以上者爲三等
四、年產鹽不滿五萬公噸者爲四等

第三十條 各鹽場公署設場長一人承鹽務管理局局長之命辦理各該場鹽稅之徵收鹽類之產製檢定及秤放等事務並指揮稅警場警

場長由鹽務署任免遷調並受鹽務管理局之指揮監督

第三十一條 鹽場公署設場務員僱員各若干人承長官之命辦理各項事務

第三十二條 鹽場公署因事務之需要經鹽務署核定得酌設收稅或秤放辦事處稅警派出所由各該場長直接指揮並受鹽務管理局之監督

第三十三條 鹽場公署設會計員一人由財政部委派助理員若干人由場長呈請鹽務署委任承主管長官之命辦理歲計會計事務並受財政部鹽務署及鹽務管理局長官之指揮監督

第三十四條 鹽務管理局局長副局長鹽稅管理總局局長簡任稅警處處長簡任待遇鹽務署秘書科長技正視察及科員十二人鹽務管理局秘書課長鹽稅管理總局秘書課長及課員三人鹽場公署場長薦任其餘科員技士調查員視察課員助理員巡視員技術員場務員委任

第三十五條 鹽務署對外公文以財政部名義行之但關於左列事項得發署令

一、遵照部令應行轉飭事項
二、依照部令所定辦法督率進行事項
三、曾經呈部核准事項

第三十六條 鹽務署在就場徵稅未完成時經財政部部長核准於不產鹽之重要省區因事務上之必要得設鹽務管理處或鹽務辦

事處辦理存鹽及徵收完納未足額之鹽稅等事務

第三十七條　鹽務署及所屬各區鹽務管理局鹽稅管理總局鹽務管理處鹽務辦事處鹽場公署之辦事規則由鹽務署擬訂呈請財政部核定之

第三十八條　本法自公布日施行

南京市政府訓令

祕字第　　號

（不另行文）

令本府所屬各機關

案奉

行政院行字第一六五九號訓令內開：

「現奉　國民政府第一四號訓令開：『查財政部稅務署組織法現經修正明令公布應卽通飭施行除分令外合行檢發該組織法令仰知照並轉飭所屬一體知照此令』等因計檢發修正財政部稅務署組織法一份奉此自應通飭施行除分令外合行抄發該組織法令仰知照並轉飭所屬一體知照此令」

等因附發修正財政部稅務署組織法一份奉此除分令外合行抄發前項組織法令仰知照

此令

附修正財政部稅務署組織法

中華民國三十年二月　日

市長　蔡　培

財政部稅務署組織法

三十年二月五日修正公布

第一條　稅務署承財政部部長之命掌理全國貨物出產稅貨物出廠稅貨物取締稅印花稅及菸酒稅等事務

第二條　稅務署置七科分掌本署事務

第三條　第一科掌左列事項

一、關於收發分配撰擬繕校及保管文件事項

二、關於典守印信事項

三、關於本署及所屬機關職員之任免遷調及訓練事項

四、關於所屬機關之設置或裁併事項

五、關於本署所掌各稅稅務法規之擬訂及解釋事項

六、關於稅務所用一切票照單證之製印及保管事項

七、關於公用物品之購辦及核發事項

八、關於財產公物之登記及保管事項

九、關於稅警服裝械彈之採辦及保管事項

十、關於本科職掌事務之各種表册及報告之編製事項

十一、關於稅務公報之編輯事項

十二、關於庶務及其他不屬各科事項

第四條　第二科掌左列事項

一、關於所屬各機關稅收成績之考核及稅款之審核事項

二、關於各項稅款之徵收報解及印花稅稅款分配之執行事項

三、關於稅務所用一切票照單證之擬訂核發及有價稅票之保管核發事項

四、關於收稅票照之核對事項

五、關於徵收所管各稅進口貨品之審核及登記事項

六、關於本署及所屬機關經費之領發事項

七、關於罰鍰及沒收貨物變價收入之處理事項

八、關於本科職掌事務之各種表册及報告之編製事項

前項第七款事項之處理應會同國庫司爲之

第五條　第三科掌左列事項

一、關於捲菸菸葉各稅稅務及捲紙取締之設計改進及處理事項

二、關於捲菸菸葉各稅稅率之審訂事項

三、關於所屬各機關辦理捲菸菸葉各稅稅務成績之考核事項

四、關於捲菸菸葉退稅或免稅案件之處理事項

五、關於捲菸菸葉捲紙等稅務糾紛及訴願案件之處理事項

六、關於捲菸菸葉菸絲捲紙市價之審核及其商號商標之登記事項

七、關於本科職掌事務之各種表册及報告之編製事項

第六條　第四科掌左列事項

一、關於棉紗礦產各稅稅務之設計改進及處理事項

二、關於棉紗礦產各稅稅率之審訂事項

三、關於所屬各機關辦理棉紗礦產各稅稅務成績之考核事項

四、關於棉紗礦產退稅或免稅案件之處理事項

五、關於棉紗礦產各稅稅務糾紛及訴願案件之處理事項

六、關於棉紗礦產市價之審核及其商號商標之登記事項

七、關於本科職掌事務之各種表册及報告之編製事項

第七條　第五科掌左列事項

一、關於火柴水泥麥粉各稅稅務之設計改進及處理事項

二、關於火柴水泥麥粉各稅稅率之審訂事項

三、關於所屬各機關辦理火柴水泥麥粉各稅稅務成績之考核事項

四、關於火柴水泥麥粉退稅或免稅案件之處理事項

五、關於火柴水泥麥粉各稅稅務糾紛及訴願案件之處理事項

六、關於火柴水泥麥粉市價之審核及其商號商標之登記事項

七、關於本科職掌事務之各種表册及報告之編製事項

第八條　第六科掌左列事項

一、關於火酒啤酒洋酒土菸土酒及印花各稅稅務之設計改進及處理事項

二、關於前款各稅稅率之審訂事項
三、關於所屬各機關辦理第一款各種菸酒稅稅務成績之考核與印花稅之推行及監督事項
四、關於第一款各貨物稅之退稅或免稅案件之處理及印花稅之免貼事項
五、關於各種菸酒市價之審核及其商號商標之登記事項
六、關於第一款各稅稅務糾紛及訴願案件之處理事項
七、關於本科職掌事務之各種表册及報告之編製事項

第九條　第七科掌左列事項
一、關於本署所管各稅防止漏稅之設計改進及處理事項
二、關於沒收貨物之保管事項
三、關於稅警之編制訓練指揮調遣事項
四、關於稅警服裝械彈之核發事項
五、關於稅警之其他行政事項

第十條　稅務署署長綜理全署事務並指揮監督所屬職員及各機關副署長輔佐署長處理署務

第十一條　稅務署設祕書二人或三人承長官之命辦理機要文牘綜核稿件及其他交辦事務

第十二條　稅務署設科長七人科員一百人至一百二十人助理員三十五人至四十二人承長官之命辦理各科事務並得酌用僱員辦理繕校及其他事務

第十三條　稅務署設技正一人或二人技士二人至四人承長官之命辦理本署所管各稅之技術事務

第十四條　稅務署設編譯二人承長官之命分掌關係各稅制度法規及圖書文件之編譯事項

第十五條　稅務署設視察二人至六人調查員四人至六人承長官之命分赴各省區考察本署所管各稅稅務成績及調查臨時發生之事件

第十六條　稅務署設稽核十二人至十六人承長官之命稽核徵稅各貨品之產製及徵稅狀況駐廠駐場人員辦事之勤惰並監視徵收所管各稅之貨品進出口事項

稅務署設印花菸酒稅督察員十六人至二十人承長官之命督察印花稅票之推銷及菸酒稅徵稅狀況監製員四人至六人承長官之命監視徵稅所用各種稅票之印製

第十七條　稅務署設會計主任一人統計主任一人科員助理員各若干人分別辦理歲計會計統計事務受署長及財政部會計長之指揮監督

第十八條　稅務署祕書科長技正編譯視察稽核督察員及科員十四人荐任其餘科員技士調查員監製員及助理員委任

第十九條　稅務署對外公文以財政部名義行之但關於左列事項得發署令

一、遵照部令應行轉飭事項

二、依照部令所定辦法督率進行事項

三、曾經呈部核准事項

第二十條　稅務署辦事規則由稅務署擬訂呈請財政部核定之

第二十一條　稅務署得分區設置稅務總局辦理各稅徵收事務其組織以法律定之

第二十二條　本法自公布日施行

南京市政府訓令　祕字第　號　（不另行文）

令本府所屬各機關

案准

軍政部部務辛字第二七五號公函開

「案奉　軍事委員會三十年一月三十日會公字第一一八號訓令內開「案奉　國民政府第七號訓令內開『查修正陸軍服制條例現經明令定自三十年四月一日起施行應即通行飭知除分令外合行令仰知照並轉飭所屬一體知照』等因奉此除分令外合行令仰知照並轉飭所屬一體知照」等因奉此除分別函令外相應函請查照並飭屬知照爲荷」

等由准此除分令外合行令仰知照

此令

中華民國三十年二月　日

市長　蔡培

南京市政府訓令　祕字第　號（不另行文）

令本府所屬各機關

案准

警政部部務一字第二七四號咨開

「查各地警察機關職員領章上綴用星別星數間有參差不齊影響識別茲爲整齊及便利起見特制定現行各級警察機關職員任別星別星數職別一覽表分飭遵照除咨令外相應

現行各級警察機關職員任別星別星數職別一覽表

任別	星別	星數	職別
簡任	紅星	三枚	首都警察廳廳長
		二枚	省警務處處長 院轄市警察局局長
		一枚	省警務處副處長
薦任	金星	三枚	省會各市及特設警察局局長 首都警察廳祕書主任科長勤務督察處處長 省警務處視察長祕書主任科長 院轄市警察局祕書主任科長勤務督察處處長
		二枚	首都警察廳省警務處及院轄市警察局祕書 首都警察廳院轄市警察局勤務督察長 省會各市警察局祕書科長勤務督察長 特設警察局科長勤務督察長 首都警察廳之局長 院轄市警察局之分局長
		一枚	省警務處視察 省會各市及特設警察局之署長 各縣警察所所長
委任	藍星	三枚	首都警察廳省警務處及院轄市警察局科員勤務督察員局員署員技士 各縣警察所組長及分所長
		二枚	省會各市及特設警察局科員勤務督察員署員 各縣警察所及分所之所員
		一枚	各級警察機關之巡官

說明

一、本表係依據現行各級警察機關組織而定將來組織有修訂時，關於星別星數，當再另令行知。

二、本表爲一般警察人員而定，各級警察機關如有本表所舉以外合於法定組織之警察官，應由該管長官，按其地位之高下，職責之重輕，階級之不同，比照同等人員，擬訂呈請主管機關核定之，

檢表咨達卽希查照爲荷」

等由並附表一份准此除分令外合行抄發原表一份令仰知照

此令

附原表

中華國民三十年二月　日　　市長　蔡培

南京市政府訓令　祕字第　號（不另行文）

令本府所屬各機關

案准

蘇浙皖綏靖軍總司令部祕文字第七號公函開

「案奉　國民政府軍事委員會訓令會軍一字第一一〇號略開：『本會爲調整陸軍陣容劃一軍隊番號俾獲健全發展起見着將蘇浙皖綏靖軍改編爲第一方面軍原蘇浙皖綏靖軍及所轄各地區司令名義迅卽撤銷遵照改編方案及配屬部隊表自行調整改編爲陸軍第一二三四五六七等七師陸軍步兵獨立第八九兩旅及教導旅一旅陸軍步兵獨立第十十一兩團除呈請國民政府明令發表暨通令知照外合行令仰該總司令遵照改編具報並將撤銷及就職日期先行呈報備查爲要此令』等因附發改編方案及配屬部隊表奉此自應遵辦本總司令於二月十五日在南京本總部就任新職並令各師旅團長於同日在各防次分別就職

同時將舊名義一律撤銷除呈報及分別函令外相應抄錄配屬部隊簡表一份函請查照並希轉飭所屬一體知照爲荷」

等由并附配屬部隊簡表一份准此正辦理間復奉

行政院行字第一七〇三號令同前由奉此除分令外合行抄發前項配屬部隊簡表一份令仰知照

此令

附配屬部隊表

中華民國三十年二月　日

市長　蔡培

第一方面軍配屬部隊表

師（旅團）號	部隊長
陸軍第一師	徐樸誠
陸軍第二師	徐鳳藻
陸軍第三師	龔國樑
陸軍第四師	熊育衡
陸軍第五師	程萬軍

陸軍第六師	沈席儒
陸軍第七師	王占林
陸軍步兵獨立第八旅	沈玉朝
陸軍步兵獨立第九旅	陳炎生
陸軍教導旅	任祖萱
陸軍步兵獨立第十團	楊英
陸軍步兵獨立第十一團	劉邁

南京市政府訓令 教字第　　號

令財政局

案查本府教育局籌設之市立第一中心民衆學校校址原擬設於建鄴路一三〇號嗣因該屋業經本府改撥爲市公典之用所有市立第一中心民衆學校校舍現經覓定洪武路一一〇號房屋惟以該屋現被難民佔居除函請首都警察廳轉飭該管警所派警協助勒令遷讓外合行令仰該局迅派稅警兩名前往洪武路一一〇號房屋駐守監視以免私折裝修仰卽遵照

此令

中華民國三十年二月　　日

市長 蔡 培

南京市政府訓令 祕字第 號

令本府衛生局

案准

銓敍部咨開

「爲咨行事本部辦理二十九年首都高等考試及格人員分發中央及地方各機關分別任用學習一案業經呈由 考試院轉奉 國民政府三十年一月二十一日第二五號指令內開：『呈表均悉准如所擬辦理仰卽遵照分發此令』等因奉此茲查本屆首都高考及格衛生行政人員趙春第一員應行分發貴市政府學習除依照分發規程第十六條之規定分別發給各該員分發憑照分派學習公文並令遵照分發程期表限期報到外相應咨請查照辦理見復爲荷」

等由附分發員名表一份學習成績考核表式一份准此除咨復外合行檢同前項原表各一份令仰該局知照

此令

附分發員名表一份學習成績考核表式一份（略）

中華民國三十年二月 日

南京市政府訓令 社字第　號

市長　蔡　培

令城鄉各區公所

案准

友軍南京警備參謀長幾師參警第五一號通牒內開

「南京駐屯地燈火管制規定中第二條第一號及第五號茲訂正如下(一)按照第一號及第五號之規定凡欲裝設電燈時須預先將設計圖樣燈光度數及其他必需事項具報警備司令部請求許可(二)裝置電燈時須於其上部裝設遮蔽之設備同時須將電線接於外線上務使於燈火管制時能同時一齊消滅爲要請查照辦理」

等由准此查此項燈火管制規定前於二十七年十一月間准友軍南京警備司令部函送到府其第一條第一號原訂爲「廣告招牌裝飾燈類暫時不許設備」第五號原訂爲「店舖門面下及住宅門面下燈暫時不許設備」卽經印發原件令飭遵照辦理在案茲准前由合再令仰該區遵照幷曉諭轄區內各住戶商號暨電料店一體遵照辦理爲要切切

此令

中華民國三十年二月　日

市長　蔡　培

南京市政府訓令 社字第　號

令第一二三四五安德門區公所

案查本府前爲冬防期內保衛地方治安防杜宵小活動起見曾經令飭各該區本保甲守望相助之義轉飭所屬各坊組織冬防期內保甲巡查班協助軍警巡邏在案茲以冬防時期屆滿前項保甲巡查班組織自毋庸存在應卽於本年二月底一律撤銷除呈報及分別函令外合行令仰該區長遵照並將臂章及未用空白捐款收據繳銷所有各坊班員名册及收支賬目連同單據暨收據繳核聯等件統限於文到十五日內一律造册報候查核毋稍遲延切切此令

中華民國三十年二月　日

市長　蔡培

南京市政府訓令 教字第　號

令市立各級小學

案查關於市立小學職教員服務攷績事宜業經教育局擬訂南京市小學職教員服務攷核辦法呈經本府核准并轉咨教育部備案在案除公布並分令外合行檢發上項辦法一份令仰知照並轉飭知照

此令

附發南京市立小學職教員服務考核辦法一份（見法規欄）

中華民國三十年二月　日

市長　蔡　培

南京市政府訓令　工字第一五三四號

令第一區區長

案據工務局報稱虹橋下之河道原爲秦淮河支流淮海路洪武路復興路北段等主要幹道下水道悉從該河流入秦淮主流事變後被附近居民將垃圾汚物傾倒入河日積月滋致虹橋一段約一八〇公尺完全壎平因此附近下水道出路被阻現在已派下水道工人前往將該段垃圾汚穢悉數淸除水流亦暢惟今後該河之保護淸潔仍須附近人民熱心維持否則不久仍將淤塞等情據此查下水道通暢則汚水不致停留疫癘可以減少是該河通塞實與該處人民衞生及全市健康俱有關係除函首都警察廳嚴行查禁不准再將垃圾傾棄入河外合行令仰該區長遵照轉飭該處保甲長切實諾誡居民勿再將垃圾汚穢傾棄入河以保通暢切切此令

中華民國三十年二月　日

市長　蔡　培

南京市政府訓令　教字第一八一二號

令南洋模範無綫電學校
　新華無綫電工程學校

案准

交通部交字第八九二號咨開

「查審查私立無綫電信傳習所規則及學術試驗電台設置規則前交通部曾先後公佈施行惟查前項規則之規定凡私立無綫電傳習所之設立及教材課程均應呈由教育部轉咨本部審查凡各學校學會裝設學術試驗電台須經交通部查驗給照方准設置本部現仍照原案施行業經咨請教育部會同辦理旋准祕字第三四八四號咨復略開容俟各省市轉報到部再行咨請審查等由在案本部爲實施原案起見茲檢同前項規則咨請貴市政府令飭教育局轉飭該項傳習所及學校照章呈請轉報教育部轉咨本部以便辦理」

等由准此自當照辦除分令外合行抄發原送規則各一份令仰該校遵照迅即具報以憑彙轉

此令

附抄發原送私立無綫電信傳習所規則及學術試驗電台設置規則各一份

市長　蔡　培

中華民國三十年二月　日

交通部審查私立無線電信傳習所規則

民國二十四年十月七日交通部公布

一、凡私人或團體設立之短期職業訓練班造就無線電報務技術人才者稱爲無線電信傳習所（以後簡稱傳習所）除遵照教育部公佈之短期職業訓練班暫行辦法辦理外並須依據本規則之規定審查之

二、傳習所得分設通信及工程兩班

修業期限　通信班至少十個月
　　　　　工程班至少十五個月

（除去春假暑假寒假以實授課程時間計算）

入學資格　通信班須具有初中畢業程度
　　　　　工程班須具有高中畢業程度

三、傳習所應以左列學科爲必修課目

一、電學概要（包括磁電直流電交流電）

二、無線電學（包括電報電話）

三、電信法規（包括國際電信公約及其附屬規則暨交通部現行電政法令）

四、無線電工程學（工程班主要科）

五、電報收發（通信班主要科）（包括人工及自動收發報機公電程式）

六、原動機概要（工程班主要科）（包括油機蓄電池電動機發電機等）

七、打字（通信班主要科）

八、無線電機裝設及修理（工程班應較通信班時間增加）

九、世界地理及電報線路

十、翻譯電碼

四、傳習所應將前條所定必修課目之授課時間按學期分配作成預總表及其教授材料呈由教育部轉咨交通部查核必要時交通部得派員視察之

五、傳習所除遵照短期職業訓練班暫行辦法第六條之規定辦理外並應呈由教育部核轉交通部審查之審查合格後由交通部咨請軍政部備案

六、傳習所開始上課及每屆結束時除遵照短期職業訓練班暫行辦法第八九兩條之規定外並應呈報交通部備案

七、傳習所學生修業期滿考試及格時應將成績證明書呈送交通部審查

持有前項證明書之學生交通部於舉行報務員機務員考試時准其應試

八、依本規則之審查傳習所交通部認為成績不良者得咨請教育部令其改善或撤銷其立案

九、凡未經教育部備案及本部審查之傳習所得斟酌情形咨請教育部飭令查閉之

十、傳習所內所裝設之收發無線電機須依照交通部學術試驗電台設置規則辦理

十一、本規則自公佈日施行

本規則施行前已經教育部或其附屬機關立案之傳習所應呈由教育部轉咨交通部補行審查

學術試驗無線電台設置規則

民國二十三年七月三日交通部公布
二十五年三月十七日修正

第一條　本規則依電信條例第三條之規定制定之

第二條　凡以研究無線電信學術為目的專供試驗而設之收發無線電信機器稱為學術試驗無線電台（以下簡稱試驗電台）其裝設及使用均依本規則之規定

第三條　左列各機關團體或個人經聲請交通部核准後得設置試驗電台

一、國立大學學院理工專門學校

二、在國民政府教育機關立案之私立專門以上理工學校及理工科學學會等合法團體

三、中華民國國民從事於無線電學術之研究及改良能在實際上有所貢獻並經前兩款學校或團體負責證明交通部認爲合格者

第四條 請求設置試驗電台者應將下列各項由本人或負責代表人於申請時詳細開明

一、本人或負責代表人之姓名履歴及地址

二、私立學校或學會之立案機關及其立案年月

三、關於第三條第三款之證明文件

四、電台之名稱地址組織及概算

五、電台之機件程式及工程計畫（附具有關圖說）

六、負責試驗人員之履歴姓名

七、機器製造廠家或自行配製

第五條 試驗電台負責試驗人員須具有收發莫爾斯信號之技能

第六條 試驗電台發信機之發射電力依左列之規定

一、個人設置者最大不得超過五十華脫

二、學會或國立及私立專門以上學校設置者最大不得超過一〇〇華脫

第七條 試驗電台所用發信機電波之週率以左列規定者爲限

一、五六〇〇〇—六〇〇〇〇千週（波長五・三五—五公尺）

二、二八〇〇〇—三〇〇〇〇千週（波長一〇・七—一〇公尺）

三、一四〇〇〇—一四四〇〇千週（波長二一・四—二〇・八公尺）

四、七〇〇〇—七三〇〇千週（波長四二・八—四一公尺）

五、三五〇〇—四〇〇〇千週（波長八五—七五公尺）

六、一七一五—二〇〇〇千週（波長一七八—一五〇公尺）

第八條　試驗電台所用週率應力求穩定使與原定週率相差不過千分之二並須避免多次波之發生

第九條　試驗電台應於呈准設置後六個月內裝置完竣並開具左列各項聲請交通部派員查驗發給執照及指定電台呼號

一、機器程式

二、機器詳細接線圖

三、發信機之發射電力天線最大電流及其高度

四、電波方式及其週率

五、通信方式及與其通信電台之地址呼號波長及電力

六、每日發射時間

第十條　在本規則未公布以前已設之試驗電台應於三個月內依照開具第四條及第九條各款事項申請交通部派員查驗補給執照

第十一條　執照之有效期間規定如下

一、凡在上半年填發者自填發日起至本年年底期滿

二、凡在下半年填發者自填發日起至次年六月底期滿

第十二條　執照期滿時如欲繼續設置應於期滿前一個月聲請交通部換給新照其有效期間為自舊照失效之次日起滿一年

第十三條 執照如有遺失或所載工程事項有所變更時應聲敍理由補繳照費申請交通部補給或更換之

第十四條 聲請發給換給或補給執照時間應附繳執照費十元印花費一元

第十五條 試驗電台負責代表人或負責試驗人員遇有更動應隨時報告交通部

第十六條 執照不得移轉頂替或租讓

第十七條 試驗電台除供給學術試驗之用外不得作其他任何通信及廣播之用並不得截取其他電台通信如屬於無意中收得亦應絕對保守祕密但遇有遇險呼叫時不在此限

第十八條 試驗電台不得擾亂或妨礙海陸空軍通信及國營或公衆通信機關之業務

第十九條 試驗電台之收信機應避免足以發生強大自振動之裝置

第二十條 試驗電台因故及自願停止使用時應將天線立即拆除並將執照繳銷

第二十一條 試驗電台之呼號電波發射時間與其通信之電台及其他有關事項經交通部規定或核准後不得自行變更

第二十二條 試驗電台如與其他電台通信時應依交通部所定學術試驗電台通報紀錄格式詳細塡註按季彙寄交通部査考

第二十三條 交通部得隨時派員檢査電台之機件執照及各項有關係之簿籍圖表各電台不得託故拒絕

第二十四條 試驗電台應於每年五月底及十一月底將試驗成績報告交通部

第二十五條 違反本規則之規定者交通部得依情節之輕重酌定期間停止其試驗或撤銷其執照並得依照電信條例第二十一條之規定辦理

第二十六條 本規則自公布日施行

南京市政府指令 財字第　號

令捐稅征收所

呈一件 爲呈復遵令核議柴行業公會請領牙帖一案並擬具南京市取締柴草營業規則

一種祈鑒核由

兩呈暨附件均悉查核所稱柴行業應領牙帖一節不爲無見自應准予核發至所擬取締柴草行營業規則尙屬妥善應准備案合行令仰該所遵照妥愼辦理以杜流弊而裕稅收是爲至要此令

中華民國三十年二月　日　市長　蔡　培

南京市政府佈告　社字第　號

查本府前以廢歷年關時米商休業運輸停滯以致市上米糧稀少價格日昂經商准行政院糧食管理委員會將所集之公米先行移撥准本市各米店備價領售幷爲防止囤積起見規定每人每次購買以五斗爲限業已佈告週知在案現在此項公米源源運京逐日發交米糧業公會配給各米店出售並經查明各米店存量尙無虞缺乏卽中華門外一隅所存米穀總數將近萬石自與廢歷年關時情形不同茲叠據京市各機關學校派員來府面稱以每次購買限於五斗不敷所需深感不便爲使供求相合嗣後凡機關學校等食米較多之處每次購米不以五斗爲限各米店不得藉詞拒絕如有不敷儘可隨時陳明准予增加配給除仍請首都警察廳轉飭各警察局隨時查察嚴禁囤積居奇操縱並由行政院糧食管理委員會南京區辦事處逐日調查各米店售出數量外合再佈告週知此佈

中華民國三十年二月　日　市長　蔡　培

法規

南京市立小學職教員服務攷核辦法

第一條　南京市政府教育局爲攷核市立小學職教員服務成績起見特擬訂本辦法

第二條　凡市立小學校長教員平日服務成績除局長科長抽查外由督學視察負責攷核報告局長提交局務會議決定之

第三條　凡市立小學教員之服務成績除由督學視察定期視察加以攷核外並將參攷各原校長所定之等第[illegible]

第四條　服務成績之等第規定爲四等八級

1. 甲——成績列九十分以上者
2. 甲下——成績列八十五分以上九十分以下者
3. 乙上——成績列八十分以上八十五分以下者
4. 乙——成績列七十五分以上八十分以下者
5. 乙下——成績列七十分以上七十五分以下者
6. 丙——成績列六十五分以上七十分以下者
7. 丙下——成績列六十分以上六十五分以下者
8. 丁——成績列六十分以下者

第五條　凡服務成績列入甲等或甲下者應傳令嘉奬或給予奬狀如連續兩學期者並得晉一級支薪

第六條　凡服務成績列入乙上乙等或乙下者如連續四學期者得晉一級支薪

第七條　凡服務成績列入丙等或丙下者應令飭改進或降級支薪

第八條　凡服務成績列入丁等者應予免職或解聘

第九條　本辦法自呈奉南京市政府核准轉咨教育部備案後施行

南京市區取締柴草行營業規則

第一條　凡在本市區內之各柴草行除依照南京市政府征收牙税暫行章程請領牙照外應遵守本規則之取締

第二條　各柴草行請領牙照時除取具三家同行保結外並由柴草業工會加蓋戳記以資證明而免糾紛

第三條　領有牙照之柴草行應聽客自願投行不准攔路拉客需索

第四條　各柴草行應照柴草業工會議定行佣公平抽取不准擅自變更

第五條　各柴草行自備資本堆存柴草者不准擅抬價格壟斷操縱

第六條　違犯本規則之規定者應照征收牙税暫行章程第七條處罸之

第七條　本規則自呈奉　南京市政府核准之日施行

公牘

呈行政院文

案奉

鈞院指令行字第二二一三號本府呈一件爲擬舉辦南京市營業專稅呈送條例請核准由內開：

「呈件均悉經飭據財政部核復節稱『查南京市財政支絀各項政費增加固係實在情形所請援案舉辦營業專稅自屬可行惟蘇浙皖營業專稅係對於大宗產品三省統一徵收而運銷過境之物品並不徵收專稅該市既請援案徵收自應依據二十九年十月五日　國民政府公布營業專稅條例辦理詳核所請擬徵收專稅物品除箔類已經蘇浙滬箔類稅局徵收蛋類係屬普通食品均未便議徵專稅外其餘皮毛、棉蔴、茶葉三種如係該市大宗產品應將產地數量詳晰敍明咨部以憑查核所擬條例草案對物產銷並徵核與專稅條例不符既請援案辦理似可無須再擬條例卽由該市遵照專稅條例另擬施行細則呈院咨部核定施行』等情據此合行令仰該市府遵照此令件存」

等因奉此自應遵照辦理惟查本府擬援案舉辦南京市營業專稅所列五項物品均係本市區內大宗出產核與　國民政府公布營業專稅條例尙無抵觸之處茲謹分陳如下

一、箔紙　查箔紙本爲浙江省產品事變後情格勢異交通梗阻運輸困難營此業者早已改絃易轍就地製造現在京市所售者均係本地產品經本府派員調查據報本市長樂路開泰箔廠及洪武路天順箔廠均係自行製箔行銷本市是此項錫箔純爲本市產品該兩廠年產物量總額在一萬塊左右現由蘇浙滬箔類稅局徵收稅款等語查蘇浙滬箔類稅局在其轄境內如有已徵專稅之物品而運銷京市者本市查驗單貨相符自應免予徵稅倘如開泰等廠明是本市產品該局似未便越俎徵稅以明界限而正系統此則本市所產箔類本府依據條例應徵專稅者一也

二、蛋類　查本市區內素以產蛋著稱大部份均係外銷經本府派員調查據報本市區內每年產蛋數量總額在一萬二千簍左右率都經由火車運滬轉售洋莊本府所擬征收專稅者卽係此項外銷物品至普通食品僅居一小部份其在本市銷售者自當免予征收此則本市所產蛋類本府依據條例應征專稅者二也

三、皮毛、棉蔴、茶葉、　查本市屠宰牲畜原由本府直轄管理其牛羊猪等每年所產皮毛爲數甚多而鷄鴨鵝毛尤爲本市特殊產品據調查報告全年產額不下二千餘担

棉蔴則市區所屬大勝關八卦洲等處皆爲出產區域據調查報告全年產額約在三千担左右

茶葉則本市中山門外紫金山麓向亦產茶據調查報告全年產額約在六百担左右此則本市所產皮毛、棉蔴、茶葉依據條例應征專稅者三也

綜合以上所列五項物品均爲本市區域以內產品並非運銷過境之物所擬征收營業專稅實與

國府公布條例原則相符奉令前因除咨部外理合擬具南京市營業專税施行細則具文呈請
鈞院鑒核示遵謹呈
行政院院長汪
計呈送南京市營業專税施行細則一份（略）
南京市市長 蔡 培
中華民國三十年二月 日

呈行政院文

案查本府前爲冬防期內保衛地方治安防杜宵小活動起見曾經令飭各城區公所本保甲守望相助之義轉飭所屬各坊組織冬防期內保甲巡查班協助軍警巡邏並呈奉
鈞院核准備案在案茲以冬防時期屆滿前項保甲巡查班組織自毋庸存在除令飭各該區公所於本年二月底一律撤銷並分别函知外理合備文呈報仰祈
鑒核俯賜備查實爲公便
謹呈
行政院院長汪
南京市市長 蔡 培

南京市政府咨 社字第　號

案查本府前爲保衞地方治安防杜宵小活動起見曾經令飭各城區公所本保甲守望相助之義轉飭所屬各坊組織冬防期內保甲巡查班協助軍警巡邏並咨請查照飭屬協助在案茲以冬防時期屆滿前項保甲巡查班組織自毋庸存在除令飭各該區公所於本年二月底一律撤銷並分別呈報函知外相應咨請查照卽希轉飭所屬一體知照爲荷

此咨

內政部

警政部

市長蔡　培

中華民國三十年二月　日

南京市政府咨 衞字第一八四〇號

案查醫藥人員請領部證已將第十六批登記合格者檢同證件證費咨請

中華民國三十年二月　日

南京市政府辦理土地登記工作二月份上旬旬報表

中華民國三十年

事項 件數 日	接收登記聲請書	土地所有權登記	房屋登記	更正登記	塗銷登記	移轉登記	分割登記	共有權登記	住所變更登記	繕寫查驗証	發給查驗証	備註
1		2										
星期 2												
3		2				1				3		
4										2		
5		4									1	
6												
7						1				4		
8					1	1				4	5	
星期 9												
10		2			1						2	
總計件數		10件			2件	3件				13件	8件	

貴部核發證書在案茲續經登記醫師高偉德等八人藥劑生李幹廷一人中醫何獨然等二人合計十一人查核均尙合格相應繕具名册一份檢同各該證件十一宗領換證書印花等費陸拾陸元咨請

貴部審查核發證書爲荷此咨

內政部

附第十七批請領部證名册一份證件十一宗證書印花費六十六元（略）

市長 蔡 培

中華民國三十年二月 日

南京市政府咨 地字第 號

案查本市土地工作旬報表業經咨送至本年一月份下旬在卷茲造具本年二月份上旬旬報表壹份相應備文咨送卽希

督照爲荷

此咨

內政部

計咨送本市土地工作二月份上旬旬報表壹份

市長 蔡 培

中華民國三十年二月 日

南京市政府咨 財字第　號

案奉

行政院指令行字第二二一三號本府呈一件爲擬舉辦南京市營業專稅呈送條例請核准由內開：

「呈件均悉經飭據財政部核復節稱『查南京市財政支絀各項政費增加固係實在情形所請援案舉辦營業專稅自屬可行惟蘇浙皖營業專稅係對於大宗產品三省統一徵收而運銷過境之物品並不征收專稅該市既請援案征收自應依據二十九年十月五日 國民政府公布營業專稅條例辦理詳核所請擬征收專稅物品除箔類已經蘇浙滬箔類稅局征收蛋類係屬普通食品均未便議征專稅外其餘皮毛、棉蔴、茶葉三種如係該市大宗產品應將產地數量詳晰敍明咨部以憑查核所擬條例草案對物產銷並征核與專稅條例不符既請援案辦理似可無須再擬條例卽由該市遵照專稅條例另擬施行細則呈院咨部核定施行』等情據此合行令仰該市府遵照此令件存」

等因奉此自應遵照辦理惟查本府擬援案舉辦南京市營業專稅所列五項物品均係本市區內大宗出產核與 國民政府公布營業專稅條例尚無抵觸之處茲特分述如下

一、箔紙　查箔紙本爲浙江省產品事變後情格勢異交通梗阻運輸困難營此業者早已改絃易轍就地製造現在京市所售者均係本地產品經本府派員調查據報本市長樂路開泰箔廠及洪武路天順箔廠均係自行製箔行銷本市是此項錫箔純爲本市產品該兩廠年產物量總額在一萬塊左右現由蘇浙滬箔類稅局征收稅款等語查蘇浙滬箔類稅局在其轄境內如有已征專稅之物品而運銷京市者本市查驗單貨相符自應免予征稅倘如開泰等廠明是本市產品該局似未便越俎征稅以明界限而正系統此則本市所產箔類本府依據條例應征專稅者一也

二、蛋類　查本市區內素以產蛋著稱大部份均係外銷經本府派員調查據報本市區內每年產蛋數量總額在一萬二千簍左右率都經由火車運滬轉售洋莊本府所擬征收專稅者卽係此項外銷物品至普通食品僅居一小部份其在本市銷售者自當免予征收此則本市所產蛋類本府依據條例應征專稅者二也

三、皮毛、棉蔴、茶葉、查本市屠宰牲畜原由本府直轄管理其牛羊猪等每年所產皮毛爲數甚多而鷄鴨鵝毛尤爲本市特殊產品據調查報告全年產額不下二千餘担

棉蔴則市區所屬大勝關八卦洲等處皆爲出產區域據調查報告全年產額約在三千担左右

茶葉則本市中山門外紫金山麓向亦產茶據調查報告全年產額約在六百担左右此則本市所產皮毛、棉蔴、茶葉依據條例應征專稅者三也

綜合以上所列五項物品均爲本市區域以內產品並非運銷過境之物所擬征收營業專稅實與

國府公布條例原則相符奉令前因除呈復外相應擬具南京市營業專稅施行細則備文咨請

貴部查核見復爲荷此咨

財政部部長周

計咨送南京市營業專稅施行細則一份（略）

市長 蔡 培

中華民國三十年二月 日

南京市政府咨 祕字第 號

案准

貴部咨開略以二十九年首都高等考試及格人員分發中央及地方各機關分別任用一案經呈奉核准本屆首都高考及格衛生行政人員趙春第一名應行分發本府學習除依照分發規程第十六條之規定發給該員分發憑照限期報到外囑查照辦理見復等由幷附分發員名表一份學習成績考核表式一份到府准此自應照辦除檢同前項表式令行本府衛生局遵照辦理外相應咨復卽希

查照爲荷此咨

銓敘部

市長 蔡 培

中華民國三十年二月 日

南京市政府公函 社字第 號

案查本府前爲保衛地方治安防杜宵小活動起見曾經令飭各城區公所本保甲守望相助之義轉飭所屬各坊組織冬防期內保甲巡查班協助軍警巡邏並函請

查照飭屬協助在案茲以冬防時期屆滿前項保甲巡查班組織自毋庸存在除令飭各該區公所於本年二月底一律撤銷並分別呈報函知外相應函請

查照卽希轉飭所屬一體知照爲荷

此致

警衛旅司令部

首都憲兵指揮部

首都警察廳

第一方面軍總司令部南京區獨立團

南京警備司令部

南京憲兵隊本部

南京特務機關

市長 蔡 培

中華民國三十年二月 日

南京市政府公函 社字第　號

查本府前以廢歷年關時米商休業運輸停滯以致市上米糧稀少價格日昂經商准行政院糧食管理委員會將所集之公米先行移撥准本市各米店備價領售幷爲防止囤積起見規定每人每次購買以五斗爲限業已佈告週知並函請　首都警察廳飭屬隨時查察在案現在此項公米源源運京逐日發交米糧業公會配給各米店出售並經查明各米店存量尙無虞缺乏卽中華門外一隅所存米穀總數將近萬石自與廢歷年關時情形不同茲疊據京市各機關學校派員來府面稱以每次購買限於五斗不敷所需深感不便爲使供求相合嗣後凡機關學校等食米較多之處每次不以五斗爲限各米店不得藉詞拒絕如有不敷儘可隨時陳明准予增加配給除佈告並函請　首都警察廳飭屬隨時查察外相應函達

查照至關於各米店逐日售出公米數量仍請

貴處派員隨時調查並希見復爲荷此致

行政院糧食管理委員會南京區辦事處

市長　蔡　培

中華民國三十年二月　日

南京市政府公函 衞字第一七六四號

査市民病故向由
貴廳先發死亡報告單再領掩埋證手續至爲詳明惟市民領取死亡報告單如僅據口頭報告不免發生流弊（如報載吳素娟事）爲愼重計凡市民病故除無力延醫及因急病暴卒未及醫治應由坊保甲長出具證明外其餘如無正式醫師之死亡診斷書或因病致死之處方箋報局不得塡發死亡報告單及掩埋證如此加以限制庶可減少作奸犯科情事對於警政衛生兩有裨益相應函達如荷
贊同卽請飭屬嚴格遵辦以杜流弊而重衛生至紉公誼

此致

首都警察廳

市長 蔡培

中華民國三十年二月　日

南京市政府公函 教字第　號

案查本府教育局籌設之市立第一中心民衆學校校址原擬設於建鄴路一三〇號嗣因該屋業經本府改撥爲市公典之用所有市立第一中心民衆學校校舍現經覓定洪武路一一〇號房屋惟以該屋現被難民佔居而此項中心民校定三月五日開學擬請
貴廳轉飭該管警所迅予派警協助勒令遷讓俾便如期開課相應函達卽希
査照辦理見復爲荷

此致

首都警察廳

市長 蔡 培

中華民國三十年二月　日

南京市政府公函　社字第　號

查本府前以廢歷年關時米商休業運輸停滯以致市上米糧稀少價格日昂經商准
行政院糧食管理委員會將所集之公米先行移撥准本市各米店備價領售幷爲防止囤積起見規定
每人每次購買以五斗爲限業已檢同佈告送請
貴廳分飭張貼一面飭屬隨時查察在案現在此項公米源源運京逐日發交米糧業公會配給各米店
出售並經查明各米店存量尙無虞缺乏卽中華門外一隅所存米穀總數將近萬石自與廢歷年關時
情形不同茲叠據京市各機關學校派員來府面稱以每次購買限以五斗不敷所需深感不便爲使供
求相合嗣後凡機關學校等食米較多之處每次不以五斗爲限各米店不得藉詞拒絕如有不敷儘可
隨時陳明准予增加配給除佈告幷函請
行政院糧食管理委員會南京區辦事處逐日調查各米店售出數量暨派員密查外特再檢同佈告二
百張函請
查照分飭所屬各警局張貼一面飭令隨時查察如有米商不遵規定藉詞拒絕或抬價出售暨假借機

關學校名義大量蒐購企圖囤積居奇操縱者務請從嚴究辦以維民食至紉公誼此致

首都警察廳

附送佈告二百張

市長 蔡 培

中華民國三十年二月 日

南京市政府公函 工字第一五三三五號

案據工務局報稱虹橋下之河道原爲秦淮河支流淮海路洪武路復興路北段等主要幹道下水道悉從該河流入秦淮主流事變後被附近居民將垃圾污物傾倒入河日積月滋致虹橋一段約一八○公尺完全填平因此附近下水道出路被阻現在已派下水道工人前往將該段垃圾污穢悉數清除水流亦暢惟今後該河之保護清潔仍須附近人民熱心維持否則不久仍將淤塞等情據此查下水道通暢則污水不致停留疫癘可以減少是該河通塞實與該處人民衞生及全市健康俱有關係除令第一區區長轉飭該處保甲長切實誥誡居民勿再將垃圾污穢傾棄入河外相應函達卽希查照轉飭該管警區嚴行查禁爲荷此致

首都警察廳

市長 蔡 培

中華民國三十年二月 日

統計

南京市戶口統計表三十年二月

區別	戶數	人口數						
		總計	男性			女性		
			合計	成人	兒童	合計	成人	兒童
總計	140231	617398	342865	235319	107546	274533	182887	91646
第一區	27572	123892	68287	48681	19606	55605	38262	17343
第二區	38472	167804	91926	62336	29590	75878	51912	23966
第三區	18729	78190	44409	31011	13398	33781	22841	10940
第四區	10793	46008	25794	18202	7592	20214	13630	6584
第五區	10108	45992	27178	20558	6620	18814	12752	6062
上新河區	12395	54488	29237	20062	9175	25251	16713	8538
燕子磯區	9419	44948	24585	15631	8954	20363	12302	8061
孝陵衛區	4170	19407	10277	5523	4754	9130	5467	3663
安德門區	8573	36669	21172	13315	7857	15497	9008	6489

註：一、本表根據各區公所填報之戶口月報。
二、各外國僑民戶口不在此內。

秘書處第二科統計股製

南京市戶口增減比較表民國三十年二月

區別	戶增減數	人口增減數						
		總計	男性			女性		
			合計	成人	兒童	合計	成人	兒童
總計	+ 46	− 199	− 174	− 316	+ 142	− 25	− 95	+ 70
第一區	− 8	− 107	− 73	− 60	− 13	− 34	− 30	− 4
第二區	+ 7	+ 16	+ 20	− 30	+ 50	− 4	− 32	+ 28
第三區	− 2	− 52	− 27	− 23	− 4	− 25	− 22	− 3
第四區	− 5	+ 11	+ 30	+ 14	+ 16	− 19	− 24	+ 5
第五區	+ 60	− 30	− 116	− 184	+ 68	+ 86	+ 40	+ 46
上新河區	− 5	− 55	− 31	− 20	− 11	− 24	− 16	− 8
燕子磯區	− 2	− 6	− 1	− 7	+ 6	− 5	− 7	+ 2
孝陵衛區	+ 3	+ 42	+ 19	− 9	+ 28	+ 23	+ 8	+ 15
安德門區	− 2	− 18	+ 5	+ 3	+ 2	− 23	− 12	− 11

註：一、本表根據各區公所塡報之戶口月報

二、各外國僑民戶口不在此內

三、有(+)符號者爲增加，有(−)符號者爲減少

祕書處第二科統計股製

市政公報暫定價目表

期限	價目	郵費
零售	每冊三角	本市半分 外埠一分
半年	十二冊 三元五角	本市六分 外埠一角二分
全年	二十四冊 七元	本市一角二分 外埠二角四分

市政公報廣告刊例

頁數	價目
一頁	每期十一元
半頁	每期六元
四分之一頁	每期三元

刊登廣告在四號以上者每期按照七折計算連續十號以上者每期按照六折計算長期另議

出版日期 本公報暫定每月二次

編輯者 南京市政府祕書處

發行者 南京市政府祕書處

印刷者 南京惠文印務局

地址：中華路府東街

電話：二三二八三號

中華郵政登記認爲第一類新聞紙類

中華民國三十年三月十五日

市政公報

第六十七期

南京市政府秘書處印行

目錄

南京市政府令 祕字第　號

令本府社會局第一科長華允琦
第三科長金自元

茲調派該員爲本府社會局第三一科科長此令

中華民國三十年三月　日

市長　蔡培

南京市政府令 祕字第一九〇〇號

茲制定南京市政府地政局發行官契紙規則公布之此令

附錄南京市政府地政局發行官契紙規則（見法規欄）

中華民國三十年三月　日

市長　蔡培

南京市政府訓令 祕字第　號

令 園林管理處處長 孝陵衛區公所區長 第五區公所區長

案查本市轄境遼闊各處公私荒地爲數甚多際茲民食不足之秋允宜多種雜粮以期地盡其利惟實施之初應先普遍調查以便統籌辦理除經本府派定職員會同第一二三四區公所調查辦理外合行令仰該處區長即便遵照調查該管地區內可以種植雜粮之公私荒地查明面積標插木牌編號登記造册呈核限三日內查竣具報應用木牌幷仰來府具領可也此令

中華民國三十年三月　日

市長　蔡　培

南京市政府訓令 祕字第　號（不另行文）

令本府所屬各機關

案奉

行政院行字第一七七六號訓令內開：

「現奉　國民政府第二十六號訓令開；『查審計處組織法現經修正，明令公布，應卽通飭施行。除分令外，合行抄發該組織法，令仰知照。並轉飭所屬一體知照。」

等因；計抄發修正審計處組織法一份，奉此，除分令外，合行抄發該組織法，令仰知照。並轉飭所屬一體知照。此令。」

等因；附抄發修正審計處組織法一份，奉此。除分令外，合行抄發該組織法，令仰知照。

此令。

附修正審計處組織法

市長 蔡培

中華民國三十年三月　日

審計處組織法

三十年二月二十五日修正公布

第一條　審計部於各省省政府所在地或行政院直轄市市政府所在地設審計處中央及各省公務機關公有營業機關其組織非由行政區域劃分者經國民政府之核准得由審計部設審計辦事處

第二條　審計處設審計一人簡任協審二人稽察一人祕書一人薦任佐理員委任其名額由審計部按事務之繁簡分別擬定呈請監察院核定之

第三條　審計處設處長一人由審計兼任承審計部之命綜理處務

第四條　審計處分左列四組

一、第一組掌理本省或本市內中央及地方各機關之事前審計事務

二、第二組掌理本省或本市內中央及地方各機關之事後審計事務

三、第三組掌理本省或本市內中央及地方各機關之稽察事務

四、總務組掌理本處文書統計會計庶務及其他不屬各組事務

第五條　前條各組各設主任一人第一組第二組主任以協審兼任第三組主任以稽察兼任均由審計部派充之總務組主任以祕書兼任

第六條　審計辦事處按事務之繁簡分左列二種

一、甲種辦事處之組織準用第二條至第五條之規定

二、乙種辦事處設協審一人兼任處主任並設佐理員分股辦事準用第二條之規定

第七條　審計辦事處辦理事前審計事後審計或稽察事務之人員於事務簡單之機關各得兼管數機關之同種事務

第八條　審計部組織法第十一條至第十四條及第二十條之規定於駐外審計協審稽察準用之

第九條　審計部組織法第十二條至第十四條之規定於辦理審計稽察事務之佐理員準用之

第十條　審計處及審計辦事處因事務上之必要得酌用僱員

第十一條　本法自公布日施行

南京市政府訓令　祕字第　　號　（不另行文）

令本府所屬各機關

案准

銓敍部第一四五號公函內開：

「逕啓者查各機關工務員經甄別審查後資格既已確定嗣後各該工務員升降調免自

應依法辦理關於貴府已經甄審合格之各人員如有升降調免等事項請將各該員本職及其升降調免之理由詳細申敍先行送交本部審查以符法令並希轉飭所屬一體遵照」等由准此自應照辦除分令外合行令仰該□遵照

此令

中華民國三十年三月　日　　市長　蔡培

南京市政府訓令　社字第一八七二號

令城鄉各區公所

案准

首都警察廳政一字第三三二九號公函內開：

「案查接管卷內，本廳遵令辦理本屆冬防一案，前經訂定冬防計劃大綱，自上年十二月一日起，至本年三月一日止，爲本屆冬防期間，並通令各屬遵照實施，一面呈奉 警政部令准備查並函達查照各在案。茲查本屆冬防瞬屆期滿，自應照案於三月二日起解除，以節警力，除呈報並分別函令外，相應函達即請查照並轉飭所屬一體知照爲荷」

等由；准此，除分令外，合行令仰該區長知照，並轉飭所屬一體知照。

此令。

中華民國三十年三月　日　市長　蔡培

南京市政府訓令　財字第二二五八號

令上新河區公所

案據私立南京孤兒院常務理事馬少園呈稱：

「案奉　鈞府財字第三八八八號訓令內開『前據呈請令飭上新河區公所，轉催莊首黃明山汪文忠等，責令各佃戶從速繳租，當經批示，並飭據該區長復據汪文忠聲稱已逕向孤兒院繳清秋租，黃明山聲稱除逕向該院先繳一部份外，餘俟早穀收獲後，自應照繳，各等情呈復前來，合行轉令該院知照。此令。』等因；奉此，足見慈善為懷，破格贊助，闔院同人感激無狀，遵經根據收租司事報告單開，莊首黃明山領種院田計二百二十一畝五分，未繳租者尚有一百八十一畝之多，而莊首汪文忠領種一百〇三畝，計未繳者亦有四十二畝五分之巨，純屬欺朦，值茲院費無出，待用孔殷，既未敢瑣瀆清聽，又來便任聽延宕，孤兒延頸，田賦難完，當即逕懇該區長轉催，兩經函請，迄無一復，矧旱穀收獲早過，轉瞬麥季又來，帑欠纍纍，何堪設想，緣該區長呈復，查與收到租數，兩相參差，顯爲該莊首等所朦飾，除附呈清單外，惟有不懼斧鉞，再行呈請鈞長俯賜貫澈初衷，恩施逾格，仍令該區長認真轉催，澈底究問，以維善舉，而免拖延，則留養孤兒有生之日，皆戴德之年，無任迫切待命之至。」

等情，幷欠戶清單據此，事關救濟孤兒經費，任令該莊首等，朦蔽拖久，殊屬妨礙善舉，除指令外，合亟抄單令仰該區長迅卽轉飭該莊首黃明山等，切實協催，責令各佃戶限期清繳，倘再拖延，卽擬具從嚴取締辦法，呈候核奪，切切此令

計抄單（略）

中華民國三十年三月　日　　市長 蔡培

南京市政府訓令 財字第　號

令車輛登記所

案准交通部交航字第九五三號函開以中華航空股份有限公司在京共有汽車四輛請援以前車捐暫予記賬辦法辦理等由附清單一紙准此自應照辦除函復外合行抄單令仰該所轉飭車捐處遵照循案辦理爲要

此令

附抄單一紙（略）

中華民國三十年三月　日

市長　蔡培

南京市政府指令　財字第二二五七號

令私立南京孤兒院常務理事馬少園

呈一件　爲懇請飭區諭莊首等從速繳租以濟孤兒口食而維慈善由

呈單均悉，已抄單轉令上新河區公所嚴飭該莊首黃明山等，切實協催清繳，倘再拖延即予嚴辦仰即知照，此令（單存）

中華民國三十年三月　日

市長　蔡培

南京市政府佈告　祕字第二二〇五號

查民食問題日趨嚴重來源不暢固爲最大原因而生產不足亦宜亟圖補救目前當務之急唯有設法增加生產稻麥而外尤宜多種雜糧如山芋玉蜀黍及各種豆類等不僅種植較易即營養價值亦不在米麥以下本市轄境遼闊各處荒山曠地爲數甚多如能遍種雜糧於補助民食收效必非淺鮮現

經派員分赴各區調查公私荒地編號登册標插木牌定名爲南京市政府臨時墾植地一俟調查竣事卽行訂期招人承種合亟布告市民一體周知其有私人荒地經本府指定爲臨時墾植地而自願耕種者亦可來府報明承領逾期卽由本府招人代墾至民居隙地亦應一律播種雜糧所需種籽概由本府免費發給總之五穀皆爲民食寸土亦可生產果使勞力土地各盡其用則民食問題自無不能解決之理凡我民衆應卽共喻斯旨戮力同心以求足食本市長有厚望焉切切此布

中華民國三十年三月　日

市長　蔡培

法規

南京市政府地政局發行官契紙規則

第一條　凡本市內土地及其定着物權利之設定或移轉申請登記時均應一律購用本局發行官契紙方予登記

前項官契紙格式另定之

第二條　官契用紙由本局製備編號加蓋騎縫印頒發各該區公所備用

第三條　各區公所經售官契用紙得提手續費二成

第四條　各該區公所具領該項官契後每月應將官契紙號數購用戶名暨稅額函報本局查考

第五條　前項官契紙每張收費如左

（一）城區及附郭區每張二元　（二）鄉區每張一元

第六條　各區公所應置官契紙發行簿官契紙保管簿現金收解簿各一種其格式另定之

第七條　該項官契紙應貼用印花其貼用印花額依照財政部十八年二月修正之印花稅暫行條例第二條第二類之規定辦理

第八條　各該區長隨時注意該區內地產之動態查有私自買賣匿不報稅情事應直接密報地政局經查明屬實依照本市修正不動產賣典暫行規則第十條其懲獎辦法依同法第十七條第十九條分別辦理之

第九條　本規則如有未盡事宜得隨時修正之

第十條　本規則自呈奉　市政府核准公布之日施行

南京市政府辦理土地登記工作二月份中旬旬報表

中華民國三十年

事項 件數 日	接收登記聲請書	土地所有權登記	房屋登記	更正登記	塗銷登記	移轉登記	分割登記	共有權登記	住所變更登記	繕寫查驗証	發給查驗証	備註
11		1			3					2		
12												
13		1									1	
14											2	
15		2								2	3	
星期 16												
17		1				4						
18											1	
19		1			2	2					5	
20		1				2				1		
總計件數		7件			5件	8件				5件	12件	

南京市政府辦理土地登記工作二月份下旬旬報表

中華民國三十年

日 \ 件數 \ 事項	接收登記聲請書	土地所有權登記	房屋登記	更正登記	塗銷登記	移轉登記	分割登記	共有權登記	住所變更登記	繕寫查驗証	發給查驗証	備註
21		2										
22		2								3		
星期 23												
24		2				2					3	
25		2									4	
26		2									3	
27		2									6	
28		1				1					2	
總計件數		13件				3件				3件	18件	

南京市政府辦理土地登記工作三月份上旬旬報表

中華民國三十年

事項 件數 日	接收登記聲請書	土地所有權登記	房屋登記	更正登記	塗銷登記	移轉登記	分割登記	共有權登記	住所變更登記	繕寫查驗証	發給查驗証	備註
1		4				1				2	2	
星期 2												
3		4				3				7	1	
4		5				1				3	2	
5		3				2						
6		4				2						
7					2						5	
8		1									5	
星期 9												
10		1				1				5	5	
總計件數		22件			2件	10件				17件	20件	

公牘

南京市政府咨　地字第　　號

案查本市土地工作旬報表業經咨送至本年二月份上旬在卷茲造具二月份中下旬暨三月份上旬旬報表各一份相應備文咨送卽希

督照爲荷

此咨

內政部

計咨送本市土地工作二月份中下旬暨三月份上旬旬報表各一份

市長　蔡　培

中華民國三十年三月　日

南京市政府公函　教字第　　號

頃准

貴院維學第一五九號函開

「本學院創設以還諸事叨蒙關照幸獲步趨順適漸臻善美之域銘感靡旣第三屆學生

將於三月中旬畢業現已全數决定就職理應繼續錄取下屆學生正在籌備一切茲略見就緒擬定根據別夾要項公募第四屆學生伏懇依例鼎力玉成厥美」等由並電報到府准此除交本府教育局代辦外相應函復卽希

查照爲荷

此致

上海維新學院

市長　蔡培

中華民國三十年三月　日

南京市政府公函　財字第一九九五號

案據安德門區區長尉遲琨於本年一月十日呈報海新鄉上方門四圩魚塲捕魚本區制止無效祈鑒核指示等情據此卷查此案二十八年十二月間曾據該區長呈報四圩農民代表周世懷袁必桂經存忠李鳳歧等在市縣共有魚塲（俗名龍窩）捕魚其收入爲補助四圩修堤用費向有成例等情當經派員調查並飭令將原呈所稱捕魚修隄成例查明聲復去後旋轉據周世懷稱民二十二年市縣劃界時市府派徐作人縣府派嚴德桂雙方討論界限將該魚塲劃入地方整個補助四圩修堤之用會報定案民曾抄存佈告事變後抄件遺失等語查本案要旨須先解決經界問題該魚塲是否市縣共有

本府檔案事變後散佚無存周世懷一面之詞不足取信案關管轄權限急須澈底清理以免被該四圩代表等所朦蔽除指令外相應抄錄原呈函達

查照請煩迅卽詳查檔案見復以便會商淸理爲荷此致

江寗縣政府

計抄附安德門區公所三十年一月十日原呈一件（略）

市長 蔡 培

南京市政府公函 財字第 號

中華民國三十年三月 日

案准

貴部交航字第九五三號函開以中華航空股份有限公司在京共有汽車四輛囑按以前車捐暫予記賬辦法辦理等由附淸單一紙准此除令飭捐稅征收所轉飭車捐處遵照循案辦理外相應函復卽希

查照爲荷

此致

交通部

市長 蔡 培

中華民國三十年三月　日

南京市政府公函 工字第一八五九號

案准

貴廳政二字第三三九號公函略以車輛數目及汽車變更部份日久未准函送對於各汽車車主號碼等項急欲明瞭以資取締函請轉行工務局車輛登記所迅將現有各種車輛數目及自用營業客貨各種汽車號碼等項分別列表見復嗣後遇有變更仍盼隨時按期造送等由准此查本府此次辦理車輛總檢驗係規定由一月份至四月份爲各種車輛分月檢驗時期關於各種車輛登記數目應俟全部檢驗完畢方能列表造送准函前由除飭工務局車輛登記所先將汽車類登記車主姓名暨號碼等項分別列表送候函轉外相應先行函復即希

查照爲荷此致

首都警察廳

市長　蔡培

中華民國三十年三月　日

南京市政府公函 財字第　號

案准

貴廳政二字第三二四號公函略以據南京市義勇消防聯合會呈請將本市月撥各消防會補助費八百元自二月份起由該會赴府逕領藉省手續囑查核見復等由准此查該會所請尙屬可行自可照辦相應函復卽希

查照轉知該會自本年二月份起逕向本府領款爲荷

此致

首都警察廳

市長 蔡培

中華民國三十年三月　日

南京市政府公函　祕字第　號

近查京市食鹽日形缺乏據報協興公司私將通源公司配給之食鹽運往城外暢銷以圖非法利得所致事關民生虛實均應澈究爲特函達卽煩

貴廳派員密查俾明真相並希

見復爲荷

此致

首都警察廳

市長 蔡培

中華民國三十年三月日

南京市政府聘函

茲聘請

台端爲奉迎東來觀音大士聖像籌備委員會名譽委員長此致

褚大使

附籌備委員會組織規程一份（略）

市長 蔡培

中華民國三十年三月日

市政公報暫定價目表

期限	價目	郵費
零售	每册三角	本市半分 外埠一分
半年	十二册 三元五角	本市六分 外埠一角二分
全年	二十四册 七元	本市一角二分 外埠二角四分

市政公報廣告刊例

頁數	價目
一頁	每期十一元
半頁	每期六元
四分之一頁	每期三元

刊登廣告在四號以上者每期按照七折計算連續十號以上者每期按照六折計算長期另議

出版日期 本公報暫定每月二次

編輯者 南京市政府祕書處

發行者 南京市政府祕書處

印刷者 南京惠文印務局 地址：中華路府東街 電話：二三二八三號

中華民國三十年三月三十一日

市政公報

第六十八期

南京特別市政府秘書處印行

目錄

命令

法規

公牘

統計

南京市政府令 祕字第　　號

令華允琦

茲派該員代理本府宣傳處處長除請簡外仰卽迅速籌備尅期成立此令

市長 蔡培

中華民國三十年三月　日

南京市政府訓令 祕字第　　號（不另行文）

令本府所屬各機關

案奉

行政院行字第一八四六號訓令內開

「現奉 國民政府第二九號訓令開「據本府文官處簽呈稱「准中央政治委員會祕書廳中政祕字第八四七號公函內開『案查前奉 主席交下行政院三十年二月五日呈一

件以據上海市政府呈請解釋公務員奉派兼任工商業之官股董事及監察人因兼職得支之辦公費是否包括爲報酬及地方官吏兼任是項職務之報酬究應繳交國庫抑市庫一案轉請核示俾便飭遵等情並奉諭「交法制財政兩專門委員會會同議復」等因當經遵照由廳函轉查照辦理去後茲准中央政治委員會法制專門委員會主任委員梅思平將前案審查意見「於本年二月十五日召集財政專門委員會會同審議僉以辦公費一項乃係因兼職而發生之必需之費用其性質係一種勞務之報償自不在報酬範圍之內但辦公費似應有定額以示限制又地方官兼任該項所指職務其報酬應繳交國庫抑市庫一節應視該公司爲國營抑市營以爲確定之標準如係國營應解交國庫市營則解交市庫」等由函送到廳經陳奉　主席諭「送國民政府通飭遵照」等因復奉提出三十年二月二十七日中央政治委員會第三十八次會議報告在案除分別函復外相應抄附行政院原呈一份函請查照轉陳通飭遵照』等由理合簽請鑒核」等情到府自應照辦除分令外合行令仰遵照並轉飭所屬一體遵照」等因奉此自應遵辦除分令外合行令仰該市府遵照並轉飭所屬一體遵照此令」等因奉此除分令外合行令仰遵照

此令

中華民國三十年三月　日

市長　蔡　培

南京市政府訓令 祕字第　號（不另行文）

令本府所屬各機關

案奉

行政院行字第一八一〇號訓令內開

「現准軍事委員會軍二字第二九號咨開『案查軍用圖書註冊規則業經本會制定明令公布在案除通飭軍事各機關及各部隊遵照施行外相應檢同該規則一份咨請貴院查照並希轉飭所屬知照爲荷』等由附軍用圖書註冊規則一份准此除分令外合行抄發原附件令仰該市府知照並轉飭知照此令」

等因並附軍用圖書規則一份奉此除分令外合行抄發原件令仰知照

此令

附軍用圖書規則

中華民國三十年三月　日

市長　蔡　培

軍用圖書註冊規則

第一條　本規則係根據審查軍用圖書規則第四條訂定之

第二條　凡軍用圖書及含有軍事性質之樂譜劇本照片模型等著作物不論已未出版或曾經前訓練總監部及其他軍事機關審查合格領有審查證者均應向軍事訓練部聲請審查合格後給予審查證再行聲請註册

第三條　軍用圖書註册事宜由軍事訓練部掌管之

第四條　凡有左列情形之一者不得註册

一、未經軍事訓練部審查發給審查證者

二、已通行多年或過於陳腐謬誤者

三、著作人自願任人翻印倣製者

四、不關軍事者

第五條　呈請註册應準如左之規定

一、呈驗審查證及著作物稿本

二、呈繳著作者二寸半身像片三張

三、著作者之出身經歷住所並述及著作物之動機及來源

第六條　著作物如以官署學校或其他法人及團體名義呈請註册時除適用第五條之規定外應記明該法人或團體之名稱及代表人之姓名住址

第七條　著作物之呈請註册其公費每件定額如左

一、著作物註册費按該著作物定價六倍收繳

二、承繼或接受著作權註册費與第一款同

三、註册證遺失補領費二元

四、查閱註册簿費一元

五、抄錄註册簿費每百字一元未滿百字者以百字計算

第八條　著作物經軍事訓練部註册後發給註册證始准出版必要時得指定印刷所

第九條　凡已註册之著作物出版時應於其末幅標明某年月日經軍事訓練部註册字樣註册證號數並記載發行人之姓名發行年月日及發行人印刷所之名稱及所在地

第十條　著作物未經註册而擅行出版者或有翻印倣製以及其他方法侵害著作權時由軍事訓練部呈請軍事委員會註銷其註册扣押其底版并科以五百元以下五十元以上之罰金其知情代為出售者亦同

第十一條　凡經註册之著作物如出版後與核准之原稿不符軍事訓練部得予以禁止或扣押之處分

第十二條　著作人及發行人認為有再版及增補及修正情形時應隨時呈報軍事訓練部經核准後方得印行其註册費仍準第七條辦理

第十三條　著作物出版發行時應呈繳十份於軍事訓練部再由軍事訓練部呈繳五份於軍事委員會備查

第十四條　軍事訓練部對於著作物認為有價值時得按其程度呈請頒發奬金或給奬狀以資勉勵

第十五條　著作者倘發生因著作物之爭執得依法辦理

第十六條　著作者不分國籍均依本規則辦理

第十七條　本規則如有未盡事宜得隨時呈請軍事委員會修正之

第十八條　本規則自公布日施行

南京市政府訓令　祕字第　　號

令本府所屬各機關

案准

國民政府文官處文字第四二一號函開

「逕啓者本年三月三十日爲　國民政府還都一周年紀念凡本京各機關備有汽車者屆期應一律於車首插小型旗一面以示紀念茲經本處與三通書局（本京太平路七號或朱雀路八十號）接洽妥當統由該書局承製發售並詢明每面價格爲法幣一元二角除分函外相應函達請煩查照逕向該書局購用並轉飭所屬一體遵辦爲荷」

等由准此除分令及飭科購用外合行令仰遵照辦理

此令

中華民國三十年三月　日

市長　蔡　培

南京市政府訓令　祕字第　號（不另行文）

令本府所屬各機關

案奉

行政院行字第一八四七號訓令開

「現奉　國民政府第三十號訓令開「案查現任公務員甄別審查期間前經本府於二十九年十月十五日令飭展限至三十年三月底截止在案玆據考試院呈稱「據銓敍部呈略稱『查前次展限甄審期限六個月係自二十九年十月一日至三十年三月三十一日爲止瞬即屆滿現中央各機關陸續送審之公務員已超過半數本部正督飭銓敍審查委員會暨有關係各司依法積極甄審中至京外各省市政府均尙未送審近准上海市政府函復本府組織法正在修正一俟修定後連同各機關名稱及應受甄審法定人員一併列表送審等由其未函復之各省市政府依此推測當亦因組織法尙待修正以致所屬各公務員未能一律正式任用故送審需時玆爲顧全事實暨統一甄審辦法起見擬援照事變以前呈准按續展限成案再將甄審期間展限六個月以利進行所擬是否有當理合呈請鈞院鑒核轉請　國民政府核定遵行』等情據此查所陳各節尙屬實情除指令仰候轉呈核示再行飭遵外理合備文轉呈仰祈鈞府鑒核示遵」等情到府應准照辦除指令暨分行外合行令仰遵照並轉飭所屬一體遵照」等因奉此合行令仰該市府遵照並轉飭所屬一體遵照此令」等因奉此自應遵辦除分令外合行令仰遵照并飭屬一體遵照

此令

中華民國三十年三月　日

市長　蔡　培

南京市政府訓令 祕字第　號

令本府所屬各機關

案准

水利委員會工字第二一八三號咨開

「為咨請事查本會對於全國水利行政職司監督所有各省市辦理水利人員自應隨時加以考核查民國十八年三月三十日內政部曾公布水利官員考績條例惟其時各縣皆設有建設局且條文內僅及各省未及各市故所訂各條於現時情形多不適用又該條例雖亦兼及水利工程但重在地方水利興廢現當事變以後各處海塘及江河堤岸閘壩等應行興修之工程極多對於辦理水利工程人員似尤不可不特定條例以昭勸懲經擬具辦理水利工程人員獎懲條例九條提交本會第十九次常務委員會議修正通過呈　院核示茲奉　行政院指令開「呈件均悉經交法制局審查大致尚無不合惟關於辦理水利工程人員延不依法報銷者等之懲戒應明文規定關於第六條第二款後應增列第三款文為『不依照水利委員會核准之施工細則及工程預算書辦理者』以下原三四五六七等款遞推為四五六七八款再於第八款後應增列一第九款文為『事竣後延不造送支出計算書者』又第六條第二項應修正為『關於前項七八兩款之規定除予懲戒外仍依司法程序辦理』仰卽依照修正補填逕由該會

公布可也此令附件存」等因奉此除遵照公布並分咨外相應檢送該條例咨請查照並通飭所屬一體知照爲荷」等由附送辦理水利工程人員奬懲條例一件到府除分令外合行抄發前項條例令仰知照此令

計發水利工程人員奬懲條例一件（略）

中華民國三十年三月　日

市長　蔡培

南京市政府訓令

祕字第　號

令衛生局

案准

銓敍部第〇三六號咨開

「案奉　考試院三月四日院文訓字第四三號訓令內開「案查前據該部呈爲南京市政府衛生局科員王鴻緒積勞病故請按其最後在職時之俸額給予遺族一次卹金二百元請核示一案業經轉呈並先指令各在案茲奉　國民政府三十年二月二十六日第五三號指令內開『呈表均悉准如所擬給卹仰卽轉飭知照表存此令』等因奉此合行令仰該部遵照此令」等因奉此遵卽塡具遺族一次卹金各項證書除事實表抽存一份外相應將遺族一次卹

金證書暨通知備查各聯連同原請卹事實表三份診斷書一份證明書一份委令四件外附公務員卹金條例施行細則卹金支付辦法各一份一併咨送貴府將一次卹金證書及診斷書證明書委令等件發交領受卹金人外其餘希按照公務員卹金條例施行細則第二十二條分別辦理並盼見復至紉公誼」

等由并附公務員卹金條例施行細則及卹金支付辦法卹金證書通知等件十四件過府除咨復并將請卹事實表二份及備查一聯抽存外合行檢發上項卹金證書及卹金證書通知連同事實表診斷書證明書委令等共計十件令仰分別存轉發交領受卹金人收執並候卹金領訖後卽將卹金證書製囘呈府咨部註銷爲要

此令

附發卹金證書及診斷書證明書委令等十件(略)

中華民國三十年三月　日

市長　蔡培

南京市政府訓令　社字第　號

令城鄉各區公所

案准

宣傳部咨事字第十七號咨開：

「案查修正出版法及施行細則業經於本年一月二十四日同月二十五日分別明令公布施行在案依照出版法規定所有出版法修正前出版之新聞紙雜誌及通訊社等應於公布日起兩個月內依法補行登記本部曾於一月二十五日將印就之新聞紙雜誌登記聲請書表及審查意見表咨送貴府查照分發所屬各縣市警察局以備領用在案茲因限期已迫除由本部通令各新聞紙雜誌通訊社等依限依法辦理登記外并希貴府迅卽飭屬分別督促當地未曾聲請登記之新聞紙雜誌通訊社等限於三月二十六日前依法補行聲請登記至依法聲請登記之各報均須於三月二十六日起在報端刊明『本報已聲請登記』字樣以符法令」等由附修正出版法及施行細則各一份准此查此案前准宣傳部咨送新聞紙雜誌登記聲請書表等件到府請轉發所屬警察局以備人民領用等由卽經送請首都警察廳查照飭屬辦理在案茲准前由除咨復并分行外合行抄發原附件令仰該區卽便遵照督促轄境內尚未聲請登記之新聞紙雜誌通訊社等依限向該管警察局領取聲請書表依法聲請登記至依法聲請登記之各報並須於三月二十六日起在報端刊明『本報已聲請登記』字樣以符法令切勿延誤為要

此令

計抄發修正出版法及施行細則各一份

中華民國三十年三月　日

市長　蔡培

出版法

三十年一月二十四日修正公布

第一章　總則

第一條　本法稱出版品者謂用機械印版或化學之方法所印製而供出售或散布之文書圖畫

第二條　出版品分左列三種

一、新聞紙　指用一定名稱其刊期每日或隔六日以下之期間繼續發行者而言

二、雜誌　指用一定名稱其刊期每星期或隔三月以下之期間繼續發行者而言但其內容以登載時事爲主要者仍視爲新聞紙

三、書籍及其他出版品　凡前二款以外之一切出版品屬之

新聞紙或雜誌之號外或增刊副刊等視爲新聞紙或雜誌

第三條　本法稱發行人者謂主辦出版品之人

第四條　本法稱著作人者謂著作文書圖畫之人

筆記他人之演述登載於出版品或令人登載之者其筆記之人視爲著作人但演述人於以承諾者應同負著作人之責任

關於著作物之編纂其編纂人視爲著作人但原著人於以承諾者應同負著作人之責任

關於著作物之翻譯其翻譯人視爲著作人

關於專用學校公司會所或其他團體名義著作之出版品其學校公司會所或其他團體之代表人視爲著作人

第五條　本法稱編輯人者謂掌管編輯新聞紙或雜誌之人

新聞紙所登載廣告啓事以委託登載人爲著作人如委託登載人不明或無負民事責任之能力者以發行人爲著作人

第六條　本法稱印刷人者謂主管印刷事業之人

第七條　本法稱地方主管官署者爲各地警察機關

第八條　出版品於發行時應由發行人分別呈繳左列機關各一份

一、宣傳部

二、警政部

三、地方主管官署

四、國立圖書館及立法院圖書館

改訂增删原有之出版品而爲發行者亦同

院部機關之出版品應依前二項規定分別寄送

第二章　新聞紙及雜誌

第九條　爲新聞紙或雜誌之發行者應由發行人於發行前塡具登記聲請書呈由發行所所在地之地方主管官署於十五日內

呈轉省政府或行政院直轄市政府審查

省政府或行政院直轄市政府於接到前項登記聲請書後應於十五日內連同審查意見轉請宣傳部核定發給登記證

宣傳部於發給登記證後應將核准登記經過咨達警政部

登記聲請書應載明左列事項

一、新聞紙或雜誌之名稱
二、刊載稿件之種類及性質
三、社務組織
四、資本數目來源及經濟狀況
五、刊期發行新聞紙者並載明其版數
六、發行所及印刷所之名稱及所在地
七、發行人編輯人印刷人之姓名年齡經歷及住所

第十條　第九條所定應聲請登記之事項有變更者其發行人應於變更後十日內按照登記時之程序聲請變更登記

前項變更登記之聲請如係變更新聞紙或雜誌之名稱或發行人者應附繳原領登記證按照第九條之規定重行登記

第十一條　第九條及第十條之登記不收費用

第十二條　新聞紙中專以發行通訊稿爲業者地方主管官署於必要時得派員檢查其社務組織及發行狀况

第十三條　有左列情形之一者不得爲新聞紙或雜誌之發行人或編輯人

一、國內無住所者
二、禁治產者
三、被處徒刑或一月以上之拘役在執行中者
四、褫奪公權尚未復權者

第十四條　有左列情形之一者得禁止其爲新聞紙或雜誌之發行人或編輯人

一、因違反第二十一條之規定受刑事處分者

二、因貪汚或詐行爲受刑事處分者

第十五條　新聞紙或雜誌廢止發行者原發行人應按照登記時之程序聲請註銷登記

新聞紙逾所定刊期已滿三個月雜誌逾所定刊期已滿六個月尚未發行者視爲廢止發行

第十六條　新聞紙或雜誌應記載發行人之姓名登記證號數發行年月日發行所印刷所之名稱及所在地

第十七條　新聞紙或雜誌登載之事項本人或直接關係人請求更正或登載辯駁書者在日刊之新聞紙應於接到請求後三日內更正或登載辯駁書在其他新聞紙或雜誌應於接到請求後第二次發行前爲之但其更正或辯駁之內容顯違法令或未記明請求人之姓名住所或自原登載之日起逾六個月而始行請求者不在此限更正或辯駁書之登載其地位應與原文所登載者相同

第三章　書籍及其他出版品

第十八條　書籍及其他出版品應於其末幅記載著作人發行人之姓名住所發行年月日發行所印刷所之名稱及所在地

前項書籍或其他出版品應向警政部登記

第十九條　通知書章程營業報告書目錄傳單廣告戲單秩序單各種表格證書證劵及照片不適用第八條之規定

第二十條　有關政治之傳單或標語非經地方主管官署許可不得印刷發行

第四章　出版品登載事項之限制

第二十一條　出版品不得爲左列各款言論或宣傳之記載

一、意圖破壞三民主義或違反國策者

二、意圖顚覆國民政府或損害中華民國利益者

三、意圖破壞公共秩序者

四、經宣傳部令令禁止登載者

第二十二條　出版品不得爲妨害善良風俗之記載

第二十三條　出版品不得登載禁止公開訴訟事件之辯論

第二十四條　戰時或有變亂及其他特殊必要時得依國民政府命令之所定禁止或限制出版品關於政治軍事外交或地方治安事項之登載

第二十五條　以廣告啓事等方式登載於出版品者應受前四條所規定之限制

第五章　行政處分

第二十六條　未經核准登記之新聞紙雜誌不得發行印刷人並不得承印

就應登記之事項爲不實之陳述而發行新聞紙或雜誌者經發覺後得停止該新聞紙或雜誌之發行

不爲第十條之聲請變更登記而發行新聞紙或雜誌者得於其爲合法之聲請登記前停止該新聞紙或雜誌之發行

第二十七條　前條所定處分其出版品在縣政府或市政府所在地發行者應呈轉省政府核准在省政府或行政院直轄市政府所在地發行者應呈轉宣傳部核准方得執行省政府核准執行者應咨報宣傳部備案

第二十八條　出版品載有二十一條所列事項之一或違背第二十四條所定禁止或限制之事項者得禁止出版品之出售及散布並得於必要時扣押之

依前項之規定扣押之出版品如經發行人之請求得於刪除該事項之記載或禁令解除時返還之

第一項所定其情節輕微者得由地方主管官署呈准該省政府或市政府予以警告並由該省政府或市政府轉報宣傳部及警政部

第二十九條　地方主管官署查有前條第一項之新聞紙雜誌或書籍及其他出版品如認爲必要時得暫行禁止出版品之出售散布

或暫行扣押同時呈由省政府或行政院直轄市政府分別轉報宣傳部或警政部核辦

第三十條　前條所定處分其出版品如爲新聞紙或雜誌在縣政府或市政府所在地發行者應呈轉省政府核辦在省政府或行政院直轄之市政府所在地發行者應呈轉宣傳部核辦

第三十一條　國外發行之出版品有應受第二十八條第一項或第三十四條第一項處分之情形者宣傳部得禁止其進口

依前項規定禁止進口之出版品省政府或市政府得於其進口時扣押之

第三十二條　因新聞紙或雜誌所載事項依第二十八條第一項所定之處分而其情節重大者宣傳部得定期或永久停止其新聞紙或雜誌之發行

違背前項禁止而發行之新聞紙或雜誌地方主管官署應扣押之

第三十三條　扣押書籍或其他出版品於必要時得並扣押其底版

依前項規定之底版準用第二十八條第二項之規定

第三十四條　出版品之記載有違反第二十二條之規定情形較爲重大者警政部或地方主管官署呈經警政部核准得禁止其出售散布並得於必要時扣押之

前項出版品如爲新聞紙或雜誌宣傳部或地方主管官署呈轉宣傳部核准得禁止其出售散布並得定期停止其發行

第三十五條　發行人違反第八條第一項或第二項之規定不呈繳出版品者處十元以下罰鍰

第三十六條　發行人不爲第九條或第十條之聲請登記而發行新聞紙或雜誌者處三十元以下之罰鍰

第三十七條　第十三條各款所列之人或因第十四條各款情形之一而受禁止之人發行或編輯新聞紙或雜誌者處三十元以下罰鍰

第三十八條　發行人違反第十五條第一項之規定者處二十元以下罰鍰

第三十九條　出版品不爲第十六條或第十八條所定之記載或記載不實者處發行人三十元以下罰鍰

第四十條　編輯人違反第十七條之規定者處三十元以下罰鍰

第四十一條　新聞紙因受本章所定之行政處分向處分機關之上級官署訴願時該官署應於接受訴願後十日內予以決定

第六章　罰則

第四十二條　發行人或印刷人違反第二十條之規定者處一百元以下罰金

第四十三條　違反第二十一條之規定者處發行人編輯人或著作人及印刷人一年以下有期徒刑拘役或一千元以下罰金

第四十四條　違反第二十二條或第二十三條之規定者處編輯人或著作人拘役或三百元以下罰金

第四十五條　違反第二十四條所定之禁止或限制者處發行人編輯人著作人及印刷人一年以下有期徒刑拘役或一千元以下罰金

第四十六條　出版品爲新聞紙或雜誌時著作人受第四十三條處罰者以對於其事項之登載具名負責者爲限受第四十五條處罰之著作人亦同

第四十七條　違反第二十六條第一項之規定處發行人編輯人及印刷人二百元以下之罰金違反第二十六條第二項或第三項所定之停止發行命令發行新聞紙或雜誌者處發行人編輯人印刷人一百元以下之罰金

第四十八條　妨害第二十九條所定扣押處分之執行者處二百元以下罰金

第四十九條　發行人違背第二十八條第一項所定之禁止者處一年以下有期徒刑拘役或一千元以下罰金其知情而出售或散布該項出版品者處六月以下有期徒刑拘役或五百元以下罰金

違背第二十一條第一項所定之禁止及知情而輸入出售或散布該項出版品者準用前項規定分別處罰

第五十條　妨害第二十八條第一項第三十一條第二項第三十二條第二項第三十三條所定扣押處分之執行者處六月以下有

期徒刑拘役或五百元以下罰金

第五十一條　發行人違背第三十二條第一項之禁止者處一年以下有期徒刑拘役或一千元以下罰金其知情而出售或散布該項新聞紙或雜誌者處六月以下有期徒刑拘役或五百元以下罰金

第五十二條　本法所定各罪之追訴權逾一年而不行使者因時效而消滅第四十三條第四十五條之情形其追訴權之時效期間自發行日起算

第五十三條　本法所定各罪不適用刑法累犯及數罪併罰之規定

其數罪併發者從一重處斷

第七章　附則

第五十四條　本法施行細則由宣傳部警政部會同定之

第五十五條　本法自公布日施行

修正出版法施行細則

第一條　本細則依出版法第五十三條之規定訂定之

第二條　出版法及本細則關於地方主管官署之規定於特區行政公署或設治局準用之

第三條　出版品審核標準除依出版法第四章各條規定者外並適用行政院會議關於出版品各項決議

第四條　出版品第二條第一項第二款所稱認爲新聞紙者以通常登載時事新聞地位在全部篇幅三分之二以上爲標準

依前項標準計算時應將登載之廣告除去

第五條　同一新聞紙或雜誌另在他地出版發行者視爲獨立之新聞紙或雜誌

第六條　出版法第九條第二項第三款所定登記聲請書應載明之資本數目如係刊行新聞紙者得依照左列規定其額數

一、在人口百萬以上之省政府或市政府所在地刊行報紙者一萬元以上刊行通訊稿者三千元以上

二、在人口未滿百萬之省政府或市政府所在地刊行報紙者六千元以上刊行通訊稿者一千元以上

三、在特區行政公署縣政府或設治局所在地刊行報紙者一千元以上刊行通訊稿者二百元以上但該地向無報社或通訊社之設立而創刊報紙者得減低至五百元以上創刊通訊稿者得減低至一百元以上

新聞紙在前項第一款至第三款所定區域以外之地方刊行者其資本額數得由省市政府或特區行政公署酌定分別咨呈宣傳部查核備案

第七條　出版法修正施行前已登記未登記之新聞紙雜誌應於出版法修正施行後兩個月內依照出版法及本細則之規定重新或補行登記

不依前項規定期限重新或補行登記者得依出版法第二十六條之規定停止該新聞紙或雜誌之發行

第八條　出版法第九條第二項第六款所定登記聲請書應載明之經歷如爲新聞紙之發行人時以具有左列資格之一者爲合格

一、在教育部認可之國內外大學或專科學校畢業得有證書者

二、在教育部認可之高級中學畢業並服務新聞事業三年以上有證明書者

三、在新聞事業之主管機關服務三年以上有證明文件者

四、服務新聞事業五年以上有證明文件者

第九條　新聞紙或雜誌之發行人依出版法第九條聲請登記時應照規定格式塡具登記申請書四份並附繳本人最近二寸半身照片爲之

第十條　地方主管官署於依出版法第九條第一項呈轉新聞紙或雜誌之登記聲請時應於審查意見表內加具意見以一份存查三份呈送省政府或行政院直轄之市政府

第十一條　省政府或行政院直轄之市政府於依出版法第九條第二項審查新聞紙或雜誌之登記聲請後除不予核轉登記者逕行飭知並咨報宣傳部外其准予核轉登記者於登記聲請書內加具意見一份存查二份咨送宣傳部

第十二條　前三條規定於新聞紙或雜誌變更登記或註銷登記時準用之

第十三條　新聞紙或雜誌因轉讓發行而聲請變更登記者應由前發行人與新發行人共同具名聲請之

第十四條　地方主管官署於依出版法第十二條檢查通訊社之社務組織及發行狀況時應將檢查結果呈報省政府或行政院直轄之市政府轉報宣傳部並由宣傳部函達警政部

第十五條　登記證因故遺失或損壞時其發行人應即登報聲明作廢并檢同所登聲明報紙呈請地方主管官署轉請補發之

違反前項規定者準用出版法第三十八條之規定處罰之

第十六條　出版法第八條第一項第四款所稱國立圖書館以國立中央圖書館及國立北平圖書館爲限

第十七條　發行人依出版法第八條第一項或第二項呈繳出版品時應繳備出版品呈繳簿蓋用郵政機關或呈繳機關之遞寄或收受戳記以備查攷

第十八條　宣傳部如發見新聞紙或雜誌有應收出版法處分之情形於執行處分時應函知警政部備查並得咨請協助辦理之

第十九條　出版法第二十六條第二項所定陳述不實之停止處分地方主管官署或省市政府於依出版法第二十七條規定程序辦理前應令該發行人呈復並派員查明之

第二十條　地方主管官署依出版法第二十八條第三項得予警告之出版品以新聞紙及雜誌爲限

前項警告應以書面行之

第二十一條　新聞紙及雜誌因事暫行停刊時其發行人應呈報地方主管官署轉報宣傳部並由宣傳部函達警政部

前項停刊日數每年積計在新聞紙不得逾三個月在雜誌不得逾六個月違者得註銷其登記

發行人違反第一項規定者準用出版法第三十八條之規定處罰之

第二十二條　有關政治之傳單或標語經宣傳部核准者得免除出版法第二十條規定之手續

第二十三條　出版法及本細則所規定之聲請書登記證等格式另定之

第二十四條　本細則如有未盡事宜由宣傳部警政部會同修正之

第二十五條　本細則自出版法施行之日施行

南京市政府訓令 教字第　號

令市私立中學

查國府還都週年紀念瞬將屆臨自應熱烈慶祝以示紀念茲規定於本月二十六八兩日下午二時以前本市市私立各中學全體學生須照表列規定名額準時分期前往國民大會堂舉行集訓又三月三十日上午八時以前應由各該學校全體師生齊集國民大會堂舉行紀念還都大會八時至九時恭聆

主席播音致訓九時半出發遊行關於參加人之服裝整潔及秩序維持尤應特予注意除分令外合行檢發集訓名額表一紙令仰該校長切實遵照辦理爲要

此令

計發集訓名額表一紙(略)

中華民國三十年三月　日　　市長　蔡培

南京市政府訓令　教字第　號

令市私立各級小學

查國府還都週年紀念瞬將屆臨自應熱烈慶祝以示紀念茲規定於本月二十六八兩日下午二時至五時由本市市私立小學校全體師生分爲甲乙兩組分別準時在各該校內舉行集訓是日並由國府還都週年首都各界紀念大會屆時派員指導講演

又三月三十日上午八時以前應由各該學校全體師生召集各該學生家屬齊集校內舉行紀念還都大會八時至九時恭聆主席播音致訓除分令外合行令仰該校長切實遵照辦理爲要

此令

中華民國三十年三月　日　　市長　蔡培

南京市政府訓令　教字第　號

令市立各級小學

案查二十九年度第一學期市立小學職教員待遇標準悉依二十八年度舊標準支給嗣因物價高漲爰有生活補助費暨發給米貼之規定藉示體恤茲以上項待遇標準原係權宜之計且領發手續過於紛繁現經根據上學期提高小學職教員待遇標準參酌教育經費實際情況並爲劃一職教員薪額起見特另訂定南京市立小學職教員待遇標準一種除公布並分令外合行檢發市立小學職教員待遇標準一份令仰該校長知照並轉飭知照

此令

計發南京市立小學職教員待遇標準一份（見法規欄）

市長　蔡培

中華民國三十年三月　日

南京市政府訓令　社字第　號

令第四區公所

案據蓮花念佛堂住持張淨貞呈稱

「竊住持向在下關蓮花念佛堂潛修於早年價買清涼山二十七號基地及破舊房屋一所經於民國念四年八月十二日依法呈請京市土地局登記民國念五年三月頒給五字第七三一號土地所有權狀一紙及第五區第〇二四一分段圖一紙民國念七年孫恆寶將所有土

地私產移交住持復依法向市政府地政局聲請登記製有登字一八八三號收據一紙以憑執業嗣由十方善信慨助重行修建平房四間二廂每逢溽暑香期之時設有萬勝茶蓬施茶以供香客飲用不取分文純屬慈善性質待七月香期過度卽行停止由保管人宗恆修等閉門濳修閱時數載從未發生問題詎於本月二十五日下午四時許有住居漢西門內堂子街三十五號季寶林者率領地方無賴二十餘人並僱用馬車三輛意欲强詐拆賣萬勝茶蓬並全部屋舍住持等以其勢洶洶事態嚴重不敢與拒旋邀請第四區第七坊保坊長子鈞出面調楚已被拆數椽並報第二區沈舉人巷派出所制止查該季寶林存心叵測僞造筆據希圖盜賣殊屬不法已極住持以證據確鑿難容侵佔爲此連同影攝京市政府土地局土地所有權狀分段圖暨地政局收據各一紙具文呈請鑒賜函請首都警察廳飭該管警察所隨時制止並請鈞府出示保護以維產權而儆刁頑」

等情并檢同附件據此查具呈人所稱各節經已飭據地政局查明屬實依法自應予以保護除函首都警察廳飭屬保護并批示外合行令仰該區長遵照并轉飭該管坊保甲長一體注意保護爲要

此令

中華民國三十年三月　日　　市長　蔡　培

南京市政府訓令　財字第　號

令營業稅處處長謝超
督催營業稅舊欠委員蔡祖圻

案據前營業稅處處長岳子章呈稱

「案查職處自接辦以來時經兩月所有前任移交二十九年舊欠稅款除已征獲報解外尚有疲玩商戶延不繳納者共計欠稅一一四一八・六二元又查本年一月份未征獲稅款計欠二八五七・三四元二月份應征額一三五四九・六四元尚未啓征所有欠繳各戶除經造册移交新任謝處長接收辦理外理合具文呈報仰祈鑒核備查」

等情據此查所列舊欠及二月份稅款數額甚鉅茲經本府委派該督催營業稅舊欠委員蔡祖圻員會同該營業稅處處辦理督催事宜除指令暨布告及分行外合行令仰該處長員遵照將舊欠及二月份稅款督飭征收人員加緊嚴催以裕稅收毋任延玩切切再應造旬月報表仍須按照規定塡送查核爲要此令

中華民國三十年三月　日

市長　蔡培

南京市政府訓令 財字第　號

令捐稅征收所

衛生局案呈據獸醫兼衛生檢查員劉振夏呈以查由外埠運京已宰之牛肉及猪肉片運京銷售

素干禁例事變後曾迭次請求鈞座嚴禁在案去冬稅局方面因據商民請求暫准在城關補稅惟時值隆冬天氣嚴寒雖經遠道而來肉質不至腐化於衛生上尙無甚關係現屆仲春氣候漸暖百病發生之際斷難再容是項不良肉質混入本市銷售影響衛生危害健康查牛肉來源均在六合蚌埠明光一帶而是項牛肉在未宰以前是否健全之牛無從查考宰後輾轉運輸更需相當時日方能到達無論如何肉質已生變化市民購食疾病叢生猪肉來源則在四鄉至少距離亦有七八十里且每以肉藏蒲色之內混入城市宰前既未經檢驗瘟病死猪夾雜其間市民購食焉能避免疾病職爲職責所在且事關市民生命安危未能緘默如任其商民魚目混珠爲利是圖致貽市民生命危險於不顧則影響本府衛生前途實匪淺鮮仰祈鈞座轉呈市長佈告嚴禁并令飭財政局轉飭捐稅征收所遵照辦理以保市民之健康而重衛生之實施等情據此查該獸醫所稱如果屬實殊屬有礙衛生自應嚴予查禁除指令外合亟令仰該所轉飭稽征人員對於不良肉片務須嚴予查禁以重衛生切切此令

中華民國三十年三月　日

市長　蔡培

南京市政府訓令 財字第　號

令妓捐征收所

財政局案呈准衛生局衛字第三〇〇號公函開案查本市各妓戶大都惟利是圖罔顧道德每將

未滿十六歲之雛妓迫使應客留髠發生慘劇喧擾社會殊屬有乖聽聞若不嚴厲取締何以戢頹風而障人權除函警察廳飭知各該區警察局對於各妓院幼妓登記應嚴格辦理外相應函請貴局嚴令妓捐征收所未足十六歲之幼女或鴇家故意隱瞞實際未足法定年齡者一概不准營業以維人道至紉公誼等由呈轉到府據此合行令仰該所遵照辦理

此令

中華民國三十年三月　日

市長　蔡　培

南京特別市政府訓令 祕字第　號

令本府所屬各機關

案奉

行政院行字第一八六三號訓令開：

「現准中央政治委員會祕書廳函開查三十年三月十三日中央政治委員會第三十九次會議討論事項第四案主席交議『行政院直轄市與普通市名稱無別易滋混淆擬請依據民國十八年以前原用名稱凡行政院直轄市皆加特別二字以資區別（南京特別市上海特別市漢口特別市）並飭立法院將市組織法予以修正請公決案』當經決議『通過交立法

院』紀錄在卷除分函立法院查照修正市組織法外相應錄案函請查照爲荷」等由准此除分令外合行令仰遵照此令」

等因奉此遵自即日起改稱爲南京特別市政府除呈請

行政院轉呈

國民政府鑄發本府及所屬各局新印章並分別呈咨通令外合行令仰知照再本府及各局公文在未

奉頒發新印以前暫用舊印併仰知照

此令

中華民國三十年三月　日

市長　蔡　培

南京特別市政府訓令 財字第　號

令營業稅處

財政局案呈奉財政部斌字第二十號訓令內開

「案查各省市國地兩稅前經明令遵照二十六年七月以前法令辦理所有營業稅稅率應遵照二十年六月奉頒營業稅法徵收上年本部召集地方財政整理會議議決通過並經通令遵照辦理各在案近查各省市地方徵收營業稅稅率既不一致辦法亦復各異甚至對物徵

收並不遵照稅法辦理所徵稅款屢經令催亦不按期呈報殊屬非是自此次通令之後各該地方機關徵收各業營業稅務須遵照二十年六月所頒營業稅法暨規定之稅率分級表分別徵收不得再有對物課稅及變更稅率情事所征稅款並應按期呈報以憑查核不得任意延宕以重稅務除分令外合行令仰該局卽便通飭所屬一體遵照辦理仍將遵辦情形報核此令」

等因轉呈到府除布告外合行令仰遵照辦理

此令

市長 蔡培

中華民國三十年三月 日

南京特別市政府訓令 地字第 號

令各鄉區公所

案查本市轄境遼闊各處公私荒地爲數甚多際此民食不足之秋允宜多種雜糧以期地盡其利惟實施之初應先普遍調查以便統籌辦理茲派本府職員程彤慶劉畢烈高漢傑于蔚梃四員卽日出發前往該區公所會同調查該管區內可以種植雜糧之公私荒地查明面積標插木牌編號登記造冊呈核除分令外合行令仰該區公所遵照自該員等到達之日起卽行會同調查限三日內辦竣毋稍延誤爲要

此令

中華民國三十年三月　日　市長　蔡培

南京特別市政府訓令　社字第　號

令城廂區各區公所

案查

國府還都週年紀念日舉辦平糶惠及窮黎一案迭經飭由社會局召集有關係各機關會商討論積極進行茲定平糶辦法十六條并指定城廂區域售米地點三十處限自本月三十日起開始糶米至四月十二日爲止暫定十四天所有該區購米貧民統計一萬一千九百八十九戶 一萬九千四百五十二戶 九千五百四十一戶 五千三百九十七戶 六千一百六十七戶共四萬七千〇七十三口 七萬五千八百六十九口 三萬七千八百三十一口 一萬九千八百九十二口 二萬四千八百二十二口應需米一千〇八十六石六斗二升 一千七百三十九石七斗二升 八百五十八石九斗二升 四百八十九石四斗二升 五百七十石〇六斗八升現在上項戶口業經照塡購米證除將售米地點及購米戶口飭由社會局先行函知按照規定區域售米地點購米戶口核實分配並由該區長先行遴與各該管地方售米處妥爲洽商即日具報以憑查核外合亟檢發平糶辦法十 八 四 四 四份貧民名冊四十一 四十九 二十三 二十四 十五本購米證一萬一千九百八十九 一萬九千四百五十二 九千五百四十一 五千三百九十七 六千一百六十七張仰即

備具鈐領派員來府具領該區長務於證上加蓋名章後發交坊保長蓋章轉發貧民收執所有平糶辦法由區巡發各售米處遵照辦理事關糶米要政仰卽遵照妥愼辦理毋得違誤切切此令

計發平糶辦法 十 八 四 四 四 份貧民名冊 四十一 四十九 二十三 二十四 十五 本（略）

購米證 一萬一千九百八十九 一萬九千四百五十二 九千四百五十一 五千三百九十七 六千一百六十七 張（略）

市長　蔡　培

中華民國三十年三月　日

國府還都周年紀念首都舉行平糶辦法

（一）國府還都周年紀念日首都開辦平糶以惠貧民由南京市政府依照本辦法辦理之

（二）平糶米總數量定爲五千石由糧食管理委員會撥發每石糶價定爲國幣五十元

（三）平糶米之搬運過磅夫役工資及經售人之飯食費每石准開支國幣一元（每石約計由倉庫過磅搬運至售米處夫役工資六角一分售米人之飯食等費三角九分）

（四）還都紀念日（三月三十日）開始發售預定四月十二日發售完畢每日上午八時開糶至是日配給之米售完時停止但如至四月十二日實難糶畢時得展期一次若在展期內再不來購則是貧戶自不願購勢難久待立卽結束

（五）准購平糶米之貧民以二十九年首都冬振委員會發放振米名册及補遺名册爲根據

前項名册由南京市政府分繕兩份一份存社會局一份發交區公所分交各售米處並按戶編號以資核對

（六）凡已受過冬振之貧戶每口准購米二升其在補遺內尚未得振米之貧戶每口准購米三升仍按戶合塡一購米證但不問每戶人口多少凡已受過冬振之貧戶每證總數不得超過一斗五升在補遺內未得振米之貧戶不得超過二斗均准其分次購買每次至少二升至多三升由售米處於購米證空白欄內加蓋購米數量戳記俟全數購完即由售米處將證收回

（七）購米證由市政府製定一律查對名册編號記名幷將購米數量及地點日期詳載證內加蓋市政府社會局鋼印發交各該管區公所分坊轉給各該貧戶戶主收執憑購米證及市民證購買幷即由各售米處隨時將證收回如逾定期尚未購買認爲自甘放棄證即作廢

（八）糶米地點計三十處1.由市黨部支配各區黨部担任六處2.南京市青年團指導部担任四處3.城區各區公所担任五處4.由米業同業公會公推米商十四處5.地方公會担任一處（在紅萬字會）（售米處另開清單）

前項糶米地點在平糶期間不准另行售賣其他任何米糧以杜流弊

（九）平糶售米處每日所售米量應照市政府配定價目先向社會局領單持往倉庫眼同過磅取米如果出倉以後短少斤量概歸售米處負責

前項售米數量每日應售若干石以配定數目爲標準如當日已將配米售完應即停止必須待至次日再售

（十）各售米處所收米款應逐日塡單繳納指定之銀行並將逐日售出米量收入米價分別塡具三聯單一聯存根一聯交銀行（與解款同交）一聯報府查核（與收回之購米證同繳）但甲日收款不得拖延至乙日下午以後繳納否則停發配米另改他處經售一面仍責清繳以重公帑如逾三天未繳清者即依法追究

（十一）售米處售米人員必要之膳食及雜用等費每售一石米得支三角九分（例如售米處一天售出米二十石准開支七元八角

)此款逕向市政府請領不准在米價內扣支

(十二)盛米蔴袋逐日繳囘原領倉庫取據報候查核倘有短少責由經售處賠繳每只價格國幣三元五角

(十三)各售米處由市政府函請有關機關派員前往監視所有售米數量收入米價是否卽解以及售米處有無違反本辦法情形均由監視員按日通知市政府

(十四)各售米處應將收得購米證按日繳府稽核

(十五)平糶結束後各售米處應在平糶名冊各戶下分別加蓋售訖或未售戳記或塡明實售數量繳囘市政府査核

(十六)本辦法卽日施行如有未盡事宜得隨時修正之

南京市政府布告 財字第　　號

案查本府前以補救地方財政擬援案舉辦南京市營業專稅一案業經遵照國民政府公布營業專稅條例擬訂施行細則呈奉　行政院行字第一八一九號訓令略開案經飭據財政部核議呈復據稱查核所列箔紙一項按之蘇浙兩省成案自可舉辦紙張專稅其錫箔一種已由蘇浙滬箔類稅局征收箔類稅倘該市政府以箔商既在市區內設廠製造錫箔係屬該市產品蘇浙滬箔類稅局不便在此設局征稅應逕咨商洽辦理其餘皮毛棉蔴茶葉等三項核與專稅原則尙屬相符自可援案辦理詳核所送施行細則大致均尙妥協呈報鑒核等情據此應准如擬辦理令仰遵照等因並准財政部咨同前由本府自應遵照辦理茲經詳細規劃應卽分類設立營業專稅稽征局所並定於本年四月一日起將前項呈准之四種物品一律啓征營業專稅其箔類稅一種暫由紙張專稅局兼辦除函請蘇浙滬箔類稅局轉飭原設本市箔類稅局停止征收卽日移交本市接收啓征外合行抄粘本

市營業專稅施行細則布告週知仰爾商民人等一體遵照須知商民納稅爲應盡之天職此項專稅既經　國府公布施行而蘇浙皖三省及上海市亦均先後遵照舉辦本市財政支絀甚於其他各省市務各共體時艱遵章繳納勿稍觀望是爲至要切切此布

計粘附南京市營業專稅施行細則（見法規欄）

中華民國三十年三月　日　　市長　蔡培

南京市政府布告　祕字第　號

查民食問題日趨嚴重來源不暢固爲最大原因而生產不足亦宜亟圖補救目前當務之急唯有設法增加生產稻麥而外尤宜多種雜糧如山芋玉蜀黍及各種豆類等不僅種植較易卽營養價值亦不在米麥以下本市轄境遼闊各處荒山曠地爲數甚多如能遍種雜糧於補助民食收效必非淺鮮現經派員分赴各區調查公私荒地編號登册標插木牌定名爲南京市政府臨時墾殖地一俟調查竣事卽行訂期招人承種合亟布告市民一體周知其有私人荒地經本府指定爲臨時墾殖地亦可來府報明承領逾期卽由本府招人代墾至民居隙地亦應一律播種雜糧所需種籽概由本府免費發給總之五穀皆爲民食寸土亦可生產果使勞力土地各盡其用則民食問題自無不能解決之理凡我民衆應卽共喩斯旨戮力同心以求足食本市長有厚望焉切切此布

中華民國三十年三月　日

南京市政府布告　財字第　號

市長　蔡　培

案查本府市有洲產事變後隱漏甚多前經佈告清理在案茲查大勝粽子鱔子磨盤等洲爲本府大部份洲產應卽專派委員積極清理以盡地利而免荒棄除派徐子煥爲該各洲清理委員尅日上洲實地查勘積極辦理外合行佈告各該洲民衆一體知悉如有私墾市洲尙未承租者務各逕向清理委員聲報聽候派員測丈照章補繳保證金立約承租按期繳納租金不究既往其未經開墾之地有願意領墾者亦准其逕向清理委員申請照章承佃倘有仍前隱佔或私自放墾收租情事一經查出卽照侵佔官產例從重處罰並將所佔產業由公家收回另行招租事關清查市產毋得視爲具文自棄權利其各凜遵切切此佈

中華民國三十年三月　日　市長　蔡　培

南京市政府布告　財字第　號

案據前營業稅處處長岳子章呈略稱以所有舊欠稅款及尙未啓征之二月份稅額經已造册移交新任謝處長接收辦理報請備查等情並開呈舊欠數目及二月份應征稅額前來據此查所列舊欠爲數甚鉅應予嚴催以裕稅收除令飭營業稅處嚴督征收人員加緊催收外合行布告周知仰各商民

務將舊欠及二月份稅款趕速遵章清繳毋再延玩致干罰辦切切此布

中華民國三十年三月　日

市長　蔡　培

南京特別市政府布告 財字第　號

財政局案呈奉財政部賦字第二十號訓令內開「案查各省市國地兩稅前經明令遵照二十六年七月以前法令辦理所有營業稅稅率應遵照二十年六月奉頒營業稅法征收上年本部召集地方財政整理會議議決通過並經通令遵照辦理各在案近查各省市地方征收營業稅稅率既不一致辦法亦復各異甚至對物征收並不遵照稅法辦理所征稅款屢經令催亦不按期呈報殊屬非是自此次通令之後各該地方機關征收各業營業稅務須遵照二十年六月所頒營業稅法暨規定之稅率分級表分別征收不得再有對物課稅及變更稅率情事所征稅款並應按期呈報以憑查核不得任意延宕以重稅務除分令外合行令仰該局即便通飭所屬一體遵照辦理仍將遵辦情形報核此令等因轉呈到府除令營業稅處遵照辦理外合行布告周知此布

中華民國三十年三月　日

市長　蔡　培

南京特別市政府布告 財字第　號

查本府各項捐稅應以本府財政局印據爲憑倘有征收稅款而未掣給前項收據者卽屬違法徵收納稅人應卽拒絕繳納幷報請查究以資整頓合行出示布告仰爾商民人等一體周知切切此布

中華民國三十年三月　日

市長　蔡　培

南京特別市政府布告　地字第　號

查本府鑒於民食問題日趨嚴重爲圖補救計經釐定臨時清荒墾殖綱則分別派員調查市區內公私有荒山曠地編號登記以憑一律招人承墾播種雜糧補助民食並經剴切布告各在案茲以調查登記事項均已竣事自應從速招墾播種以免失時合亟布告周知仰市民等迅卽來府報明領墾以憑核發籽證幸勿觀望自誤切切此布

中華民國三十年三月　日

市長　蔡　培

地政局局長胡政

南京特別市政府布告　地字第　號

查本府地政局前將登記測量部分設辦事處於城南建康路原屬權宜之計現爲便利統率增進工作效能起見定於本年三月二十八日將該辦事處撤銷所有該局登記測量部分一律遷入本府合

署辦公嗣後關於本市地產登記暨移轉各案件應卽逕向中山北路本府地政局聲請辦理除登報通告外仰本市人民一體知悉此布

中華民國三十年三月　日

市長蔡培

地政局局長胡政

南京市政府批　社字第　號

具呈人蓮花念佛堂住持張淨貞

呈一件　爲痞民䢴衆覬圖拆賣清涼山二十七號寺產附同證明文件影片及登記收據懇祈給示保護由

呈件均悉已函　首都警察廳暨令飭該管第四區公所分別予以保護矣仰卽知照附件存此批

中華民國三十年三月　日

市長蔡培

法規

南京市立小學職教員待遇標準

第一條　南京特別市政府教育局爲提高小學職教員待遇及劃一職教員薪額起見特訂定本標準

第二條　凡市立小學職教員之薪額由教育局就左列薪級依照標準核定之

薪級	月薪
1	110
2	105
3	100
4	95
5	90
6	87
7	84
8	81
9	78
10	75
11	72
12	69
13	66
14	63
15	60
16	58
17	56
18	54
19	52
20	50
21	48
22	46
23	44
24	42
25	40
26	38
27	36
28	34
29	32
30	30

第三條　小學校長支薪標準視學級數多寡規定如左

級數	薪級
5——6	14
7——8	13
9——10	12
11——13	11
14——16	10
17——19	9
20以上	8

附設幼稚園一級或二部制兩班均以一學級計

第四條　初級小學校長支薪標準視學級數多寡規定如左模範小學校長比照普通小學校長加四級支薪

級數	薪級
1——3	16
4——5	15
6——7	14
8——9	13
10以上	12

第五條　小學主任支薪標準視學級數多寡規定如左簡易小學校長比照初級小學校長低一級支薪

級數	薪級
5——6	16
7——8	15
9——10	14
11——13	13
14——16	12
17——19	11
20以上	10

模範小學主任比照普通小學主任加二級支薪

第六條　初級小學主任支薪標準視學級數多寡規定如左

級數	薪級
4——5	17
6——7	16
8——9	15
10以上	14

第七條　簡易小學不設主任四級以上之簡小得以級任一人兼教導職比照原薪加一級支薪

小學高級部級任教員支薪標準規定爲第十七級薪科任教員爲第十八級薪中級部級任教員規定爲第十八級薪科任教員爲第十九級薪低級部級任教員規定爲第十九級薪科任教員爲第二十級薪助教員爲第二十二級薪

附設幼稚園之主任比照高級部級任教員薪給班主任比照中級部級任教員薪給

日語教員以學級計一級支薪十三元每增一級加薪十三元簡易小學教員比照初級小學教員薪級

兼任小學初級小學分校主任之教員設立二級以上者比照原薪加一級支薪

模範小學教員比照普通小學教員加一級支薪

第八條　事務員助理事務員支薪標準規定如左

級數	薪級	
	事務	助理
6——8	27	
9——11	26	
13——15	25	28
16——18	24	27
20以上	23	26

第九條　各校聘任之職教員於開學前一星期呈局核准者自學期開始時支薪中途聘任之職教員自呈准正式授課服務之日起支薪

第十條　本標準如有未盡事宜得隨時呈請修改之

第十一條　本標準自呈奉　南京特別市政府核准並轉咨教育部備案後公布施行

南京市營業專稅施行細則

第一條　本細則依據二十九年七月五日　國民政府公布蘇浙皖營業專稅暫行條例第二條之規定訂定之

第二條　凡在市境內經營紙張皮毛（猪鬃在內）棉蔴茶葉等業者均須繳納營業專稅

第三條　本營業專稅征收後其普通營業稅免予征收

第四條　本營業專稅採用委辦制其稅率遵照中央營業專稅條例規定從價征收百分之五

第五條　本營業專稅由本府財政局營業專稅局負責辦理其在水陸衝要地點於必要時得設征收所或查驗所

第六條　營業專稅祇納專稅一次掣給納稅證如須分運准由該商持憑原納稅證向原征收機關請領分運單沿途經過查驗機關核驗相符隨時蓋戳放行不得重征

第七條　前項納稅證自塡發之日起以六個月爲限其請領分運單自塡發之日起以三個月爲限惟因特別事故均得由該專稅局所申敍理由酌予展限卽在原單證內註明事由及展限日期加蓋戳記以資證明

第八條　凡在市境內運銷紙張皮毛（猪鬃在內）棉蔴茶葉而有隱匿偷漏以多報少以粗作細以及塗改單證一證兩用單貨不符等情事除責令按率補稅外按其情節輕重處以應納稅額一倍以上五倍以下之罰金

第九條　納稅證分運單罰金收據均由本府財政局編號蓋印發交經征機關加蓋鈐記隨時塡用

第十條　本細則如有未盡事宜得隨時修正之

第十二條　本細則自呈奉　核准後施行

南京市成藥註册暫行規則

第一條　本規則依據南京市政府衞生局組織大綱第四條之規定訂定之

第二條　凡在本市區內營成藥業者遵照本規則向本府衛生局呈請註册外非經核准不得在本市區內營業

第三條　凡用兩種以上之藥料加工配合另立名稱或以一種藥料加工調製不用其原有名稱不待醫師指示卽供服用者如成藥其調製或輸入以供營業之用及販賣者應依本規則之規定

第四條　營業者在呈請註册時應將所調製或輸入之各成藥彙塡一表分別註明部頒署頒或各地衛生機關成藥許可證號數連同此項許可證之副本及各成藥原方與仿單或說明書呈請核辦其願將每一成藥分別註册者聽分銷藥商及零售小販得免驗許可證但號數仍須逐一註册成藥註册後登載廣告與仿單或說明書上所載明者相符不得登載虛僞誇大廣告

第五條　成藥註册後應隨時受本府衛生局之抽取化驗

第六條　營業註册後增售之成藥仍應依第三條之規定註册

第七條　呈請註册時應塡寫成藥註册表表式另訂之

第八條　衛生局核准註册時應分別給予左列各執照

(一)甲種執照　適用於調製或輸入各藥商每紙照費國幣五元印花稅五角

(二)乙種執照　適用於分銷藥商每紙照費二元印花稅二角

(三)丙種執照　適用於零售小販每紙照費五角印花稅五分

第九條　成藥營業場所應將衛生局所給之許可證張掛於便衆閱覽之處

第十條　成藥營業場所遷移時應於十日內呈報衛生局備查

第十一條　註册執照遺失時呈請補領惟須遵照本規則第七條各款之規定另繳各費

第十二條　執照不得轉讓他人並應每年換領一次其照費依第七條各款之規定減半繳納

第十三條　營業在本規則施行前者應於施行後一個月內補請註册

第十四條　營業者違反本規則各條之規定時除處以十元以上百元以下之罰鍰外並得予以暫時停業或永久停業及其他適宜之處分

第十五條　本規則於內政部成藥註册條例公佈後得依據修正之

第十六條　本規則自公佈之日施行

公牘

南京市政府咨 祕字第　號

案查本府組織南京市銀行業經擬訂章程咨請

貴部備案在案茲已籌備就緒預定下月初開始營業照章組織董事會及監察人會所有董事長董事常駐監察人及監察人之姓名籍貫相應依照該行章程第十條第三款及第十一條第三款之規定列表咨請

查照備案並希

見復爲荷此咨

財政部

附送簡表乙份（略）

市長 蔡 培

中華民國三十年三月　日

南京市政府咨 財字第　號

財政局案呈奉

貴部賦字第二十號訓令內開

「案查各省市國地兩稅前經明令遵照二十六年七月以前法令辦理所有營業稅稅率應遵照二十年六月奉頒營業稅法征收上年本部召集地方財政整理會議議決通過並經通令遵照辦理各在案近查各省市地方征收營業稅稅率既不一致辦法亦復各異甚至對物征收並不遵照稅法辦理所征稅款屢經令催亦不按期呈報殊屬非是自此次通令之後各該地方機關征收各業營稅務須遵照二十年六月所頒營業稅法暨規定之稅率分級表分別征收不得再有對物課稅及變更稅率情事所征稅款並應按期呈報以憑查核不得任意延宕以重稅務除分令外合行令仰該局卽便通飭所屬一體遵照辦理仍將遵辦情形報核此令」

等因轉呈到府除令行營業稅處遵照辦理並布告周知外相應咨復卽請

查照爲荷此咨

財政部

中華民國三十年三月　日　市長　蔡培

南京市政府咨　教字第　號

案據本府教育局呈稱

「竊查二十九年度第一學期市立小學職教員待遇標準悉依二十八年度舊標準支給

嗣因物價高漲爰有生活補助費暨發給米貼之規定藉示體恤前經分別呈奉核准照辦有案茲以上項待遇標準原係權宜之計且領發手續益覺紛繁現經根據上學期提高小學教職員待遇標準參酌教育經費實際情況並爲劃一職教員薪額起見另行訂定南京市立小學職教員待遇標準草案一種擬自二十九年度第二學期起實行敬請鈞長鑒賜核准俾得從速公布施行」

等情並附呈新訂市立小學職教員待遇標準一份據此查核所擬待遇標準尙屬可行除公布並通飭施行外相應檢同原訂標準一份咨請

貴部查照備案至紉公誼

此咨

教育部

附送南京市立小學職教員待遇標準一份（見法規欄）

市長 蔡 培

中華民國三十年三月 日

南京市政府咨 祕字號 號

案准

貴部第零三六號咨開

「案奉　考試院三月四日院文訓字第四三號訓令內開案查前據該部呈爲南京市政府衞生局科員王鴻緒積勞病故請按其最後在職時之俸額給予遺族一次卹金二百元請核示一案業經轉呈並先指令各在案茲奉　國民政府三十年二月二十六日第五三號指令內開『呈表均悉准如所擬給卹仰卽轉飭知照表存此令』等因奉此合行令仰該部遵照此令』等因奉此遵卽填具遺族一次卹金各項證書除事實表抽存一份外相應將遺族一次卹金證書暨通知備查各聯連同原請卹事實表三份診斷書一份證明書一份委令四件外附公務員卹金條例施行細則卹金支付辦法各一份一併咨送貴府將一次卹金證書及診斷書證明書委令等件發交領受卹金人外其餘希按照公務員卹金條例施行細則第二十二條分別辦理並盼見復至紉公誼」

等由幷附請卹事實表及公務員卹金條例施行細則卹金證書通知等八份證明書診斷書委令等六件准此除將卹金證書等發交衞生局轉飭領受卹金人按照規定手續具領外相應備咨復請督照爲荷此咨

銓敍部

市長　蔡培

中華民國三十年三月　日

南京市政府咨　社字第　號

案准

貴部咨事字第十七號咨送修正出版法及施行細則等件囑卽飭屬分別督促當地未曾聲請登記之新聞紙雜誌通訊社等限於三月二十六日前依法補行聲請登記至依法聲請登記之各報均須於三月二十六日起在報端刊明『本報已聲請登記』字樣以符法令等由准此查此案前准貴部咨送新聞紙雜誌登記聲請書表等件囑分發各警察局以備人民領用卽經送請首都警察廳飭屬辦理並咨復查照在案茲准前由除分函首都警察廳並通令城鄉各區公所遵照辦理外相應咨復

查照此咨

宣傳部

市長 蔡培

中華民國三十年三月　日

南京市政府咨 教字第　號

案據本府教育局局長徐公美呈稱：

「竊爲溝通中日文化推進善鄰友好教育起見擬組織南京市教育人員赴日攷察團名額預定二十人由局長就本市教育行政人員市立中小學教職員（包括日語教員）暨市立社教機關職員中遴選之攷察期間暫定一個月經費平均以每人四百元計算約需日金捌千

元擬請鈞府核撥半數其餘可咨請興亞院酌予補助是否有當理合檢同擬訂南京市教育人員赴日考察團辦法並造具經費預算一併簽請核示祇遵」等情並附呈南京市教育人員赴日考察團辦法暨經費預算各一份據此查溝通中日文化為推進善鄰友好教育之要圖教育人員考察之舉確屬需要察核原擬辦法暨經費預算尚無不合自應准予施行除准補助每人日金一百元共計日金二千元暨分別函咨外相應抄送原呈南京市教育人員赴日考察團辦法暨經費預算各一份咨請

貴部備案並希

賜撥考察補助費日金二千元以利遄行至紉公誼

此咨

教育部

計抄附原呈南京市教育人員赴日考察團辦法暨經費預算各一份（略）

市長　蔡　培

中華民國三十年三月　日

南京市特別政府咨　衛字第　號

案查醫藥人員請領部證業將第十七批登記合格者檢同證件證費咨請

貴部核發證書在案茲續經登記醫師徐名璋等十二人中醫姚福初等四人合計十六人查核尙屬合格相應繕具名册一份檢同各該證件計十六宗領換證書印花等費六十九元咨請

貴部審查核發證書爲荷此咨

內政部

附第十八批請領部證名册一份證件十六宗證費六十九元（略）

市長　蔡　培

中華民國三十年三月　日

南京市政府公函　教字第　號

案據本府教育局局長徐公美呈稱：

「竊爲溝通中日文化推進善鄰友好教育起見擬組織南京市教育人員赴日攷察團名額預定二十人由局長就本市教育行政人員市立中小學教職員（包括日語教員）暨市立社教機關職員中遴選之攷察期間暫定一個月經費平均以每人四百元計算約需日金捌千元擬請鈞府核撥半數其餘可咨請興亞院酌予補助是否有當理合檢同擬訂南京市教育人員赴日考察團辦法並造具經費預算一併簽請核示祇遵」

等情並附呈南京市教育人員赴日考察團辦法暨經費預算各一份據此查溝通中日文化爲推進善鄰友好教育之要圖教育人員考察之舉確屬需要察核原擬辦法暨經費預算尙無不合自應准予施

行除准補助每人日金一百元共計日金二千元暨分別函咨外相應抄送原呈南京市教育人員赴日考察團辦法暨經費預算各一份函請

貴院查照並希

賜撥考察補助費日金四千元以利遄行至紉公誼

此致

興亞院

計抄附原呈南京市教育人員赴日考察團辦法暨經費預算各一份（略）

市長　蔡培

中華民國三十年三月　日

南京市政府公函　財字第　號

案奉

行政院訓令行字第一八一九號略開以本府呈以補救地方財政擬援案舉辦南京市營業專稅一案業經飭據財政部核議呈復稱查核所列箔紙一項按之蘇浙兩省成案自可舉辦紙張專稅其錫箔一種已由蘇浙滬箔類稅局徵收箔類稅倘該市府以箔商既在市區內設廠製造錫箔係屬該市產品蘇浙滬箔類稅局不便在此設局徵稅應逕咨商洽辦理其餘准如所擬辦理令仰遵照等因奉此自應遵照辦理查省市界限本極分明前接

貴局函以在京設局徵收箔類稅等情當經函復並派員面請撤回在案茲奉前因應請
貴局迅令原設本府牛市四十八號第三分局南京稽徵所卽日停止徵收一面已由本府設局啓徵以
清界限除呈報外相應函請
查照辦理見復爲荷此致
蘇浙滬箔類稅局

市長 蔡培

中華民國三十年三月 日

南京市政府公函 社字第 號

案准
宣傳部咨事字第十七號咨開：
「案查修正出版法及施行細則業經於本年一月二十四日同月二十五日分別明令公布施行在案依照出版法規定所有出版法修正前出版之新聞紙雜誌及通訊社等應於公布日起兩個月內依法補行登記本部會於一月二十五日將印就之新聞紙雜誌登記聲請書表及審查意見表咨送貴府查照分發所屬各縣市警察局以備領用在案茲因限期已迫除由本部通令各新聞紙雜誌通訊社等依限依法辦理登記外幷希貴府迅卽飭屬分別督促當地未曾聲請登記之新聞紙雜誌通訊社等限於三月二十六日前依法補行聲請登記至依法聲請

登記之各報均須於三月二十六日起在報端刋明『本報已聲請登記』字樣以符法令」等由附修正出版法及施行細則各一份准此查此案前准

宣傳部咨送新聞紙雜誌登記聲請書表等件到府轉發所屬警察局以備人民領用等由卽經送請

貴廳查照飭屬辦理在案玆准前由除咨復並分令外相應抄錄原附件函請

查照辦理並希見復爲荷此致

首都警察廳

計抄送修正出版法及施行細則各一份（見命令欄）

市長 蔡 培

中華民國三十年三月 日

南京市政府公函 社字第 號

案據蓮花念佛堂住持張淨貞呈稱：

竊住持向在下關蓮花念佛堂潛修於早年價買清涼山二十七號基地及破舊房屋一所經於民國念四年八月十二日依法呈請京市土地局登記民國念五年三月頒給伍字第七三一號土地所有權狀一紙及第五區第〇二四一分段圖一紙民國念七年孫恆寶將所有土地私產移交住持復依法向市政府地政局聲請登記製有登記字一八八三號收據一紙以憑執業嗣由十方善信慨助重行修建平房四間二廂每逢溽暑香期之時設有萬勝茶蓬施茶以供

香客飲用不取分文純屬慈善性質待七月香期過度卽行停止由保管人宗恆修等閉門潛修閱時數載從未發生問題詎於本月二十五日下午四時許有住居漢西門內堂子街三十五號季寶林者率領地方無賴二十餘人並僱用馬車三輛意欲强詐拆賣萬勝茶蓬並全部屋舍住持等以其勢洶洶事態嚴重不敢與拒旋邀請第四區第七坊侯坊長子範出面調楚已被拆數椽並報第二區沈舉人巷派出所制止查該季寶林存心叵測僞造筆據希圖盜賣殊屬不法已極住持以證據確鑿難容侵佔爲此連同影攝京市政府土地局土地所有權狀分段圖暨地政局收據各一紙具文呈請鑒賜函請首都警察廳飭該管警察所隨時制止並請鈞府出示保護以維產權而儆刁頑

等情；附呈證明文件影片兩張登記收據一紙，據此，查核具呈人所稱各節，經已飭地政局查明屬實，依法自應予以保護，除令飭該管第四區公所保護并批示外，相應函達，卽希查照轉飭該管警察局隨時注意保護爲荷！此致

首都警察廳

市長　蔡　培

中華民國三十年三月　日

南京市政府公函　工字第　號

案准

貴廳政二字第三四〇號公函以據查報昇州路莫愁路南口交通崗亭標示燈及漢中路莫愁路北口交通崗亭紅綠指揮燈均已損壞請查照轉行公務局迅予勘修仍希見復等由茲查此項標示及指揮燈業經飭由工務局修理完竣相應函復卽希

查照爲荷此致

首都警察廳

市長 蔡 培

中華民國三十年三月 日

南京特別市政府公函 社字第　號

案據本市普豐麵粉公司呈以恭逢國府還都週年紀念自願特製麵粉一千袋每袋計重十磅減售四元送交本府社會局糶給貧民等情前來據此查該公司自願特製麵粉一千袋減價出糶自與平常營業性質完全不同禮隆紀念惠加平民義同輸將深堪嘉尚據呈前情除將麵粉一千袋飭交本府社會局按册分配并令逕函蘇浙皖統稅局寧浦分局請予免徵統稅以便出糶外相應函達請煩

查照電飭寧浦分局免徵統稅以惠平民而重紀念至紉公誼此致

上海蘇浙皖統稅總局

市長 蔡 培

中華民國三十年三月 日

統計

南京市戶口統計表民國三十年三月

區別	戶數	人口數 總計	男性 合計	男性 成人	男性 兒童	女性 合計	女性 成人	女性 兒童
總計	140439	619406	344142	236214	107928	275264	183369	91895
第一區	27598	124315	68519	48842	19677	55796	38395	17401
第二區	38512	168314	92340	62689	29651	75974	51978	23996
第三區	18717	78357	44522	31097	13425	33835	22886	10949
第四區	10813	46237	25951	18305	7646	20286	13675	6611
第五區	10217	46520	27453	20737	6716	19067	12906	6161
上新河區	12398	54518	29258	20070	9188	25260	16719	8541
燕子磯區	9426	44974	24598	15640	8958	20376	12313	8063
孝陵衞區	4178	19430	10290	5502	4788	9140	5470	3670
安德門區	8580	36741	21211	13332	7879	15530	9027	6503

註：一、本表根據各區公所塡報之戶口月報。
二、各外國僑民戶口不在此內。

秘書處第二科統計股製

南京市戶口增減比較表民國三十年三月

區別	戶增減數	人口增減數						
		總計	男性			女性		
			合計	成人	兒童	合計	成人	兒童
總計	+208	+2008	+1277	+895	+382	+731	+482	+249
第一區	+26	+423	+232	+161	+71	+191	+133	+58
第二區	+40	+510	+414	+353	+61	+96	+66	+30
第三區	−12	+167	+113	+86	+27	+54	+45	+9
第四區	+20	+229	+157	+103	+54	+72	+45	+27
第五區	+109	+528	+275	+179	+96	+253	+154	+99
上新河區	+3	+30	+21	+8	+13	+9	+6	+3
燕子磯區	+7	+26	+13	+9	+4	+13	+11	+2
孝陵衛區	+8	+23	+15	−21	+34	+10	+3	+7
安德門區	+7	+72	+39	+17	+22	+33	+19	+14

註：一、本表根據各區公所填報之戶口月報
二、各外國僑民戶口不在此內
三、有(+)符號者爲增加，有(−)符號者爲減少

秘書處第二科統計股製

市政公報暫定價目表

期限	價目	郵費
零售	每冊三角	本市半分 外埠一分
半年	十二冊 三元五角	本市六分 外埠一角二分
全年	二十四冊 七元	本市一角二分 外埠二角四分

市政公報廣告刊例

頁數	價目
一頁	每期十一元
半頁	每期六元
四分之一頁	每期三元

刊登廣告在四號以上者每期按照七折計算連續十號以上者每期按照六折計算長期另議

出版日期 本公報暫定每月二次

編輯者 南京市政府祕書處

發行者 南京市政府祕書處

印刷者 南京惠文印務局 地址：中華路府東街 電話：二三二八三號

中華郵政登記認爲第一類新聞紙類

中華民國三十年四月十五日

第六十九期

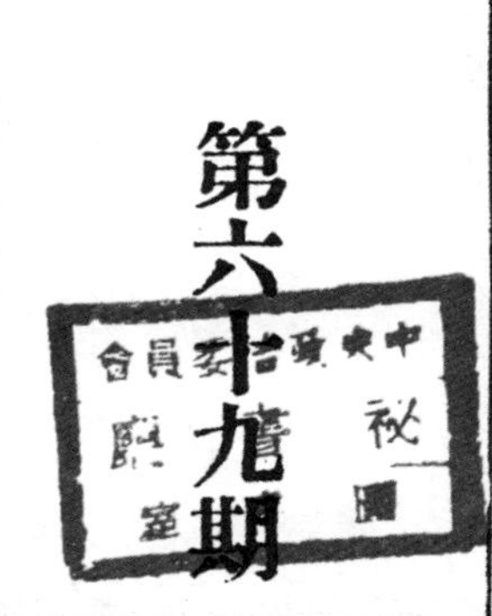

市政公報

南京特別市政府秘書處印行

目錄

南京特別市政府委令 祕字第 號

令崔龍

茲派該員代理本府祕書處祕書除呈荐外仰卽遵照此令

中華民國三十年四月 日

市長 蔡培

南京特別市政府委令 祕字第 號

令工務局第二科科長胡達義
主任技正周 平

茲調該員仍充本府工務局技正
委該員兼任本府工務局第二科科長此令

中華民國三十年四月 日

市長 蔡培

南京特別市政府委令　祕字第　號

令祕書處主任科員丁燁 唐獻廷

茲派該員暫兼代理本府宣傳處指導科科長聽候呈荐此令

中華民國三十年四月　日

市長　蔡培

南京特別市政府委令　財字第　號

令高鍾奎

茲委派該員爲本府財政局牲畜屠宰稅征收所所長兼屠宰廠廠長此令

中華民國三十年四月　日

市長　蔡培

財政局局長蹇先驄

南京特別市政府訓令　社字第　號　（不另行文）

令本府所屬各機關

案奉

行政院行字第一九〇二號訓令內開

「現奉　國民政府第三三一號訓令開『據本府文官處簽呈稱「准中央政治委員會祕書廳中政祕字第八六六號公函開『查三十年三月十三日中央政治委員會第三十九次會議討論事項第二案主席交議「據行政院呈為據財政部周兼部長呈擬具『信託公司暫行條例草案』經交本院參事廳法制局審查擬具意見提經本院第五十次會議決議照審查意見修正通過一案請公決案」當經決議「通過送國民政府公布並交立法院備查」紀錄在卷除分函立法院查照暨行政院轉飭財政部知照外相應錄案並抄附上項條例函請查照轉陳明令公布並通飭施行』等由理合簽請鑒核」等情到府自應照辦除明令公布並通飭施行外合行抄發信託公司暫行條例一份令仰知照並轉飭所屬一體知照』等因計抄發信託公司暫行條例一份到院奉此除分令外合行抄發該條例一份令仰該市府轉飭所屬一體知照」

等因附發信託公司暫行條例一份奉此除分令外合行抄發原附件令仰該冂長卽便知照

此令

抄發信託公司暫行條例

中華民國三十年四月　日

市長　蔡　培

信託公司暫行條例

三十年三月十三日公布

第一條　凡以公司組織經營本條例第十一條規定之業務者爲信託公司其有銀行附設專部兼營信託業務者準用本條例之規定

第二條　信託公司及銀行附設之信託部非經財政部核准不得設立

第三條　凡創辦信託公司者應先訂立章程載明左列各款事項呈請財政部或呈由所在地主管官署轉請財政部核准

一、信託公司之名稱

二、組織

三、總公司所在地

四、資本總額

五、實收資本

六、營業範圍

七、存立年限

八、創辦人之姓名住所

如係招股設立之信託公司除遵照前項辦理外並應訂立招股章程呈請財政部或呈由所在地主管官署轉請財政部核准後方得招募資本

銀行收足資本在一百萬元以上者得兼營信託業務但應劃分資本會計獨立另訂信託部章程呈請財政部或呈由所在地主管官署轉請財政部核准辦理

第四條　信託公司經核准並登記後滿六個月尙未開始營業者財政部得通知工商部撤銷其登記但有正當理由時信託公司得呈請延展

第五條　股份有限公司兩合公司股份兩合公司組織之信託公司其資本至少須達五十萬元無限公司組織之信託公司其資本至少須達二十萬元前二項規定之資本在商業簡單地方得呈請財政部或呈由所在地主管官署轉請財政部核減但第一項所規定者至少不得在二十五萬元以下第二項所規定者至少不得在十萬元以下

信託公司之資本不得以金錢外之財產抵充

第六條　兼營信託業務之銀行其信託部份資金之數額應照前條各規定辦理

第七條　凡經核准登記之信託公司應俟資本全數認足並收足總額二分之一時分別備具左列各件呈請財政部派員或委託所在地主管官署驗資具證經認爲確實由財政部核准註册發給營業執照後方得開始營業

一、出資人姓名住所清册

二、出資人已交未交資本數目清册

三、各職員姓名籍貫住所清册

四、所在地信託業同業公會或銀行同業公會或商會之保結

五、註册費

如係無限責任組織之信託公司除遵照第一項辦理外並應具左列各件

一、出資人詳細履歷

二、出資人財產證明書

如係股份有限公司組織之信託公司除遵照第一項辦理外並應具左列各件

一、創立會決議錄

二、監察人或檢查員報告書

第八條　信託公司未收之資本應自開始營業之日起三年內收齊呈請財政部派員或委托所在地主管官署驗資具證後備案如於前項所定期限內未經收齊應減少認足資本或增加實收資本使認定資本與實收資本相等但資額最低限度仍以合於第五條之規定者爲限

第九條　信託公司增加資本時其應行呈請驗資程序準用第七條之規定但非收足資本金額後不得增加資本

第十條　信託公司之股票應爲記名式

第十一條　信託公司經營業務之種類如左

一、財產管理

二、遺囑執行及遺產管理

三、信託金之收受及運用

四、公債公司債股票及其他有價證券之承募或承受

五、管理公司債及其他股票債券之担保品及基金

六、代理股票債券之登記事項

七、代理買賣有價證券

八、代人保管證券票據契約及其他貴重物品

九、代理房地產經租並介紹房地產之買賣及抵押

十、代理房地產過戶登記及納稅

十一、代理保險

十二、出租保管箱及辦理露封原保管箱

十三、辦理清算及整理事項

十四、辦理信用保證

十五、代理收付款項

十六、其他經財政部核准之信託事項

第十二條　信託公司經財政部之核准得兼營左列附屬業務

一、收受存款

二、辦理放款

三、票據貼現

四、匯兌或押匯

五、買賣有價證券及不動產

六、倉庫業

第十三條　信託公司不得爲商店或銀行或他公司之股東其在本條例施行前已經出資入股者應於本條例施行後三年內退出之逾期不退出者應按入股之數額減其資本總額

第十四條　信託公司收受之各項信託資金應分別管理不得與信託公司固有及其他資產相混合

第十五條　信託公司對於受託之事務及所收受之各項信託資金非因特別事故預得委托人之同意者不得轉託他公司或他銀

行

第十六條　信託公司對於受託之事務除向委託人收取相當之報酬外不得再從信託上取得不正當之利益並不得爲有損受益人利益之行爲

第十七條　信託公司不得收買本公司股票並以本公司股票作借款之抵押品

第十八條　無限責任組織之信託公司應於出資總額外照實資本繳納國幣百分之二十爲保證金存儲於中央儲備銀行但實收資本總額如已超過五十萬元以上時其超過之部份得按百分之十繳納保證金以達到三十萬元爲限

前項保證金得以國家債券或財政部認可之債券按市價折實抵充全部或一部

第十九條　無限責任組織之信託公司所繳保證金非經財政部核准不得提取

第二十條　有限責任組織之信託公司每屆分派盈餘時應先提出十分之一以上爲公積金但公積金已達資本總額一倍者得酌減之

第二十一條　銀行兼營信託業務時應將信託部與銀行部之資產負債劃分獨立信託部或銀行部之資產不得因一方之破產而受影響

第二十二條　每營業年度終信託公司應造具營業報告書資產負債表損益計算書呈送財政部查核

第二十三條　財政部於必要時得命令信託公司報告營業情形及提出文書賬册簿據並得派員或委托所在地主管官署檢查信託公司業務內容及其全部財產之實况前項檢查員對於報告內容應嚴守秘密違者依法懲處

第二十四條　信託公司營業情形及財產狀况經財政部檢查後確認爲難於繼續經營時得令其停止營業或扣押其財產及爲其他必要處分

第二十五條　信託公司改營他業時其信託財產尚未交還原委託人或受益人或其存款債務尚未清償以前財政部得令扣押其財

產或爲其他必要之處置

第二十六條　信託公司於左列情事應得財政部之核准

一、變更名稱

二、變更組織

三、合倂

四、增減資本

五、設置分公司及辦事處或代理處

六、變更總分公司及其營業所在地

第二十七條　本條例施行前業已開始營業而未呈經財政部核准之信託公司應於本條例施行後六個月內補請核准逾期不呈請者財政部得令停止其營業

第二十八條　本條例施行前業已呈經財政部核准之信託公司其已設之分公司或辦事處未經核准者應於本條例施行後六個月內補請核准逾期不呈請者財政部得令停止其業務

第二十九條　本條例施行前業已開始營業之信託公司或兼營信託業務之銀行其信託部份之資本總額於本條例施行後三年內得不依第五條之規定

第三十條　本條例施行前業已開始營業之信託公司其額定或認足而未收齊之資本應於本條例施行後三年內收齊之第八條第二項之規定於前項情形準用之

第三十一條　本條例施行前兼營非本條例所許業務之信託公司於本條例施行後三年內得繼續其業務

第三十二條　信託公司如因破產或其他事故停業或解散時除依其他法令規定辦理外應卽開具事由呈請財政部或呈由所在地

主管官署轉請財政部核准後方生效力

信託公司停止支付時除詳具事由呈請所在地主管官署核辦外應即在總分公司所在地報紙公告之並呈請財政部查核

第三十三條　信託公司解散時對於收受之各項信託財產應分別清算之

第三十四條　信託公司解散時應將營業執照繳呈財政部或呈由所在地主管官署轉送財政部註銷

第三十五條　信託公司違反法令或其行為有害公益時財政部得令停止其業務撤換其職員或撤銷其營業執照

信託公司於撤銷營業執照時解散之

第三十六條　信託公司除本條例特予規定者外並適用銀行法規及公司法之規定

第三十七條　本條例自公布日施行

南京特別市政府訓令　祕字第　號　（不另行文）

令本府所屬各機關

案准

內政部禮一字第二〇號咨開

「案查奉令核議湖北省政府何主席電請恢復孔廟春秋丁祀舊典一案業經本部會同教育部派員核議會呈具復在案現奉　行政院行字第二五四六號指令開『呈件均悉准如所議辦理除分令教育部通飭各級學校一體遵照外，仰該部咨行各省市政府遵照此令件存』等因奉此除分咨外相應抄同原電暨會議紀錄咨請查照轉飭所屬一體遵照為荷」一

等由附送湖北省政府何主席篠代電一件內教兩部會議紀錄一份到府除分令外合行抄發前項附件令仰遵照

此令

附湖北省主席代電一件內教兩部會議紀錄一份

中華民國三十年四月 日

市長 蔡培

抄何佩瑢篠代電

南京行政院，呈主席汪鈞鑒，謹肅呈者，舊例春秋丁日祀孔一案，上年准內政部咨稱，轉奉院令恢復二十六年以前孔子誕辰紀念辦法，曾以寢代電復部，以後當遵院令辦理在卷，本年春丁，自當遵照院令暫停祀典，惟是國運之昌明，與夫民族之興盛，未有不藉禮教以維繫者，吾國禮教相傳經數千年，雖以春秋時代之凌替，而卒能承先啓後，賴以不墜者，實聖孔子之功也，孔子之宜爲萬世人類所尊崇者，非以爲歷代帝王隆其祀典也，其德澤浸入人心之深，自有與天地同流者存焉，不獨吾國民族爲然，近如東鄰日本，其東京湯島聖堂廟貌莊嚴，不讓曲阜，而其民族於每年四月八日，相率謁廟祭孔，儀節至今不衰，又如西儒花之安常言，五百年後孔教將遍行全球，東西洋民族心理，且知孔子人格學術之偉大而尊崇之，矧在吾國，僅於春秋丁日隆祀典以崇德報功，而猶以爲數乎，古代風俗淳時，鄉大夫之賢者且祀于社，聖如孔子春秋廟祀之享非僭也，禮也，自來善爲國者，莫不先以禮教其民，禮治盛於周公而存於孔子，是以孫總理向慕古者大同之義，而取禮運一篇，以爲主義之歸宿，而民生主義之輪廓，亦以博愛爲核心，博愛卽孔子教人爲仁之學也，方今民之不知禮也甚矣，欲教民知禮，竊以爲當自尊孔始，鈞座飽經世變，洞悉民隱，還都以來，領導羣倫，致力於和平以存國脈，似宜表彰尊孔，引民進德，於以正人心，厚風俗，保存固有之精神文明，再進而求物質文明，庶不致人慾橫流，紀綱再壞，倘不以斤斤建議爲迂闊而棄之，敢請交部議復春秋丁日祀孔舊典，俾全民知所觀感，藉收禮教相尙之效，是否有當，伏乞鈞裁，湖北省政府主席何佩瑢叩，篠印

內政部教育部核議湖北省政府電請恢復孔廟春秋祀典一案會議紀錄

日　期　三月十一日上午十時

地　點　內政部

出席者　章學海（教育部代表）羅邁　楊韶　徐世清　張權

主　席　徐世清

紀　錄　鮑震寰孟則張代

甲、報告事項

一、主席報告　內政部於本年三月九日奉到　行政院行字第一七七四號訓令抄發湖北省政府

主席何佩瑢篠代電一件關於何主席電請恢復孔廟春秋丁祀舊典一案飭部核議具復等因當以祀孔典禮向由內政教育兩部會辦卽經抄同何主席原電咨請教育部查照定於本日派代表來部會同核議查孔廟春秋丁祀舊典與現行先師孔子誕辰紀念辦法在尊孔本旨上原無若何差異惟關於紀念日期紀念儀式及致祭場所不無出入現將本案於紀念典禮沿革上有關文件印送出席本會議諸位參考并請諸位對於本案盡量發表意見提出討論

教育部章代表學海報告　教育部對於尊孔意旨甚表贊同經訂定先師孔子誕辰紀念日爲教師節至紀念典禮案關禮制請由內政部斟酌擬辦

乙、討論事項

徐司長世清提議　孔廟春秋丁祀舊典應否恢復請核議案

決議：擬採折衷辦法於不牴觸現行法令範圍酌採丁祀舊典中不涉陳腐之儀式補充誕辰紀念辦法以隆祀典而示尊崇并擬定原則三項

一、紀念日期　國歷八月二十七日爲國定先師孔子誕辰紀念日照定案於其誕辰舉行紀念典禮比丁祀爲較合時宜而有意義

二、紀念儀式　舊典丁祀儀式中之禮器樂舞爲中國古代禮樂文化之一種表現符合孔子表彰禮治之精神非其他陳腐儀式可比於保存國粹意義上似宜酌予採用列入誕辰紀念儀式中以資觀感永垂紀念

三、致祭場所　除照定案於誕辰紀念日中央方面由國府特派大員至曲阜孔廟致祭外同時各駐在地長官均赴各該地原有孔廟致祭（駐在地無孔廟者改在禮堂）舉行紀念典禮

南京特別市政府訓令　社字第　號

令城鄉各區公所

案准

內政部民字第七一號咨開

「案查民政會議決議案內第二十五案安徽省民政廳廳長葉震東提『統一釐訂撫輯回歸及來歸人民辦法以收人心而蘇民困案』據決議『本案由內政部呈請行政院通令各省市參酌切實情形辦理』紀錄在卷茲經本部呈奉　行政院行字第二五一一號指令內開『呈件均悉查變亂之後撫輯流亡爲各市縣政府應盡之責着由該部咨行各省市政府轉飭注意辦理至所請另訂辦法另設機關各節應毋庸議仰即遵照此令』等因奉此除分咨外相應抄錄原提案咨請查照轉飭注意」

等由並附送原提案一份到府准此除分令外合行抄發原件令仰該區長遵照注意辦理幷轉飭所屬一體注意辦理爲要

此令

計抄發原提案一份（略）

中華民國三十年四月　日

南京特別市政府訓令 社字第　號

市長 蔡培

令城鄉各區公所

案奉

行政院第一九六三號訓令內開

「現奉 國民政府第三十九號訓令開「據本府文官處簽呈稱「准中央政治委員會祕書廳中政祕字第八八三號公函開『查三十年三月二十四日中央政治委員會第四十一次會議討論事項第三案 主席交議「茲依據本會第三十九次會議討論事項第五案之決議擬定清鄉委員會臨時組織大綱草案請公決案」當經決議「通過送 國民政府公佈施行」」紀錄在卷除第三十九次會議討論事項第五案決議另函奉達外相應錄案並抄同清鄉委員會臨時組織大綱一份函達至希查照轉陳公布施行』等由理合簽請鑒核」等情到府自應照辦除明令公布並分令外合行抄發該清鄉委員會臨時組織大綱一份令仰知照並轉飭所屬一體知照」等由計抄發清鄉委員會臨時組織大綱一份奉此除分行外合行抄發是項組織大綱一份令仰知照轉飭所屬一體知照」

等因計抄發清鄉委員會臨時組織大綱一份奉此除分行外合行抄發是項組織大綱一份令仰知照

並轉飭所屬一體知照

此令

計抄發淸鄉委員會臨時組織大綱一份（略）

中華民國三十年四月　日

市長　蔡培

社會局長盛開偉

南京特別市政府訓令　社字第　號

令城鄉各區公所

案准

工商部商字第九五號咨開

「案查本部前爲調整會計師登記曾經擬訂會計師登記整理辦法於民國二十九年六月十八日公布施行並經分別呈咨布告週知有案嗣以遵照限期呈請辦理者尙屬無多復經展期六個月截至本年六月十七日限滿並經分別呈咨布告週知各在案現在展限期間轉瞬又屆而呈請查驗者仍若寥寥核其遲滯原因或以事變逃避他方尙未歸返故里或因交通梗阻未能普遍週知情形特殊不無可原但意存觀望以及容心規避者亦勢恐難免若不設法整

頓限期將無截止之日茲擬對於會計師代理商民呈請案件必須以呈經本部查驗者爲限如未經本部查驗者不能執行業務除分咨外相應咨請貴市政府查照轉飭所屬一體遵照」等由准此查會計師登記整理辦法前准咨送過府卽經抄同原辦法於上年十二月三十一日以社字第五八四一號訓令轉飭該區遵照在案茲准前由除咨復並分行外合行令仰該區長卽便轉飭所屬一體遵照爲要

此令

中華民國三十年四月　日

市長　蔡　培

南京特別市政府訓令　財字第二七三六號

令本府所屬各機關

案奉

行政院行字第一八八五號訓令開

「現奉

國民政府第三一號訓令開據本府文官處簽呈稱准中央政治委員會祕書廳中政祕字第八六五號公函開查三十年三月十三日中央政治委員會第三十九次會議討論事項第一案委

員兼財政部部長周佛海及委員兼司法行政部部長李聖五提爲擬具妨害新法幣治罪暫行條例草案請公決案當經決議通過送國民政府公布並交立法院備查紀錄在卷除分函立法院查照暨行政院分飭財政司法行政兩部知照外相應錄案並檢附妨害新法幣治罪暫行條例一份備函送達至希查照轉陳明令公布並通飭遵照等由理合簽請鑒核等情到府自應照辦除明令公布並通飭施行外合行抄發妨害新法幣治罪暫行條例一份令仰知照並轉飭所屬一體知照等因計抄發妨害新法幣治罪暫行條例一份奉此除分令外合行抄發該條例一份令仰知照並轉飭所屬一體知照此令」

等因幷抄發條例一份奉此除分行外合行抄發原條例一份令仰該□知照

此令

附發妨害新法幣治罪暫行條例一份

中華民國三十年四月　日

市長　蔡培

妨害新法幣治罪暫行條例（三十年三月十三日公布）

第一條　本條例稱新法幣者謂中央儲備銀行所發行之紙幣

第二條　故意妨害新法幣之流通或破壞其信用者處五年以上有期徒刑得併科五千元以下罰金犯前項之罪觸犯其他罪名者從一重處斷　第一項之未遂犯罰之

第三條　拒絕使用新法幣者處三年以上十年以下有期徒刑得併科五千元以下罰金

第四條　凡銀行銀號錢莊典當及其他公司行號有第二條第三條情形者除犯人依各該條治罪外并吊銷其營業執照

第五條　凡公私團體軍民人等知有第二條至四條犯罪情形者應立即報請當地警察機關逮捕移送法院訊辦

前項情形經法院訊實判處罪刑確定後應通知原送案機關轉報　財政部對原報告人酌給獎勵但藉故誣陷者應依刑法誣告罪處斷第二項之獎勵辦法由財政部另定之

第六條　對於新法幣犯刑法僞造貨幣罪章內各條之罪名者均依刑法處斷

第七條　本條例施行期間定爲二年

第八條　本條例自公布日施行

南京特別市政府訓令　財字第三〇三〇號

令本府所屬各機關

案奉

行政院行字第九五五五號訓令開

「案奉

國民政府第三七號訓令開『據本府文官處簽呈稱准中央政治委員會祕書廳中政祕字第八七五號公函開查三十年三月二十日中央政治委員會第四十次會議討論事項第一案主席交議據行政院呈轉據司法行政部部長李聖五呈擬具財務行政征收人員犯贓治罪條例

草案請公決案當經決議改爲暫行條例餘照案通過送國民政府公布並交立法院備查紀錄在卷除分函外相應錄案並抄同行政院原呈暨財務行政征收人員犯贓治罪暫行條例各一份函達至希查照轉陳明令公布並通飭施行等由理合簽請鑒核等情到府自應照辦除明令公布並分行外合行抄發該財務行政征收人員犯贓治罪暫行條例及該院呈中央政治委員會原文各一件令仰知照並轉飭所屬一體知照此令』等因附抄發財務行政征收人員犯贓治罪暫行條例一份本院呈中央政治委員會原文一件奉此除分令外合行抄錄前項條文及本院呈中政會原文令仰知照並轉飭所屬一體知照此令」

等因附抄發財務行政征收人員犯贓治罪暫行條例一份及行政院呈中央政治委員會原文一件奉此除分令外合行抄錄前項暫行條例及行政院呈中政會原文令仰知照並轉飭所屬一體知照

此令

附抄發行政院呈中政會原文一件財務行政征收人員犯贓治罪暫行條例一份

中華民國三十年四月　日　　市長　蔡培

抄原呈一件

案據司法行政部呈稱

「案奉　鈞座條諭『財務行政征收人員舞弊案件應經過普通司法程序其詳細條例

由司法行政部擬訂呈院核定』等因奉此謹擬具財務行政征收人員犯贓治罪條例草案呈請鑒核再查此案經中央政治委員會第二十二次會議決議後函送國民政府訓令直轄各機關遵照此項訓令於二十九年十月十四日刊登政府公報似應自刊登之翌日起發生效力故本條例草案第六條第二項有追溯適用之規定合併聲明」等情附呈財務行政征收人員犯贓治罪條例草案一份據此理合抄同前項條例草案一份呈請

鑒核示遵謹呈

中央政治委員會主席汪

附抄呈財務行政征收人員犯贓治罪條例草案一份

行政院院長汪兆銘

財務行政征收人員犯贓治罪暫行條例

三十年三月二十日公布

第一條　本條例依據二十九年十月三日中央政治委員會第二十二次會議第五項決議案制定之

第二條　本條例稱財務行政征收人員者謂征收租稅或其他入款之財務行政人員

第三條　凡財務行政征收人員犯左列各款之罪者均處死刑

一、收受賄賂在千元以上者

二、犯公務上之侵佔罪其價額在千元以上者

三、圖利自己或第三人損害國庫或地方金庫其價額在千元以上者　第一項之未遂犯罰之

第四條　犯第三條第一項各款之罪其價額不滿千元者概依刑法從重處斷

第五條　犯本條例之罪者均歸法院依照通常程序辦理

第六條　本條例自公布日施行

自二十九年十月十五日以後犯本條例之罪未經判決確定者概依本條例處斷

南京特別市政府訓令　社字第　號

令城鄉各區公所

社會局案呈

農鑛部訓令訓漁字第四一六號內開：

「查管理水產業暫行規則暨漁業糾紛調解委員會組織規則業經本部於本年三月八日以公漁字第二二號部令公布並呈報　行政院備案在卷除管理水產業暫行規則前已咨請各省市政府行知所屬外茲檢同漁業糾紛調解委員會組織規則隨令附發除分令外仰即知照並轉飭所屬一體遵照此令」

等因；並附組織規則一份到府准此除分行外合行抄發原件令仰該區即便遵照

此令

附抄發農鑛部水產管理局漁業糾紛調解委員會組織規則一份

中華民國三十年四月　日

市長 蔡培
社會局局長盛開偉

農鑛部水產管理局漁業糾紛調解委員會組織規則

第一條 本規則依照農鑛部水產管理局組織規程第十四條之規定訂定之

第二條 漁業糾紛調解委員會（以下簡稱本會）對於漁業間之糾紛立於仲裁地位以息訟和解爲主旨於必要時臨時組織之

第三條 本會附設於農鑛部水產管理局

本會處理事項如左

一、關於漁區漁場爭執事項

二、關於漁業勞資爭議事項

三、關於漁船碰撞事項

四、關於漁業上權益糾紛事項

五、關於漁業間其他糾紛事項

第四條 漁業間發生糾紛時其當事人之一方或雙方得呈請農鑛部水產管理局調解如未據當事人之聲請而經農鑛部發交應付調解之件或水產管理局認爲有調解之必要者亦得開會調解之

第五條 本會置委員五人以左列代表組織之

一、農鑛部一人

二、水產管理局二人
三、所在地主管廳局一人
四、當地漁業團體一人

第六條　本會委員由農鑛部水產管理局分別聘請指派並呈報農鑛部備案
第七條　本會開會時以水產管理局所派代表爲主席
第八條　本會辦事細則另定之
第九條　本規則如有未盡事宜由水產管理局隨時呈請修正之
第十條　本規則自呈奉農鑛部核准公布日施行

南京特別市政府訓令　社字第　號

令城鄉各區公所

社會局案呈

農鑛部訓令訓農字第四〇九號開

查本月十七日蠶繭生產調整會議討論事項第二案『如何處理過剩蠶種案當經議決『本年春用蠶種江浙兩省淘汰劣種三十萬至五十萬其淘汰損失在繭價平衡基金項下支撥津貼之（每張以一元爲度）此項基金之動用提交本年春期繭價評議會追認之其處理辦法由農鑛部制定之』等語紀錄在卷玆制定農鑛部處理三十年度春期過剩蠶種臨時辦法

九條仰會同本部蠶種代理檢驗監督員妥爲辦理除分令外合行抄發該項辦法令仰遵照此令」

等因並附辦法一份到府准此除分令外合行抄同原辦法令仰該區遵照

此令

計抄發農鑛部處理三十年度春期過剩蠶種臨時辦法一份（略）

市長 蔡 培

中華民國三十年四月 日

南京特別市政府訓令 社字第 號

令城鄉各區公所

社會局案呈

農鑛部訓令訓農字第四一二號開

「查本月十七日蠶繭生產調整會議討論事項第三案『如何限制本年蠶種生產案』當經決議『本年蠶種製造按照去年生產量減少百分之二十爲原則（1）春蠶育產量由各蠶種場於許可限度內自由決定但春製春種不得少於百分之五十（2）秋製春種以補足總額爲限（卽上年產額百分之八十）（3）晚秋蠶禁止飼育製種以上各項由農鑛部命令施行之』等語紀錄在卷除分令外合行錄案令仰該局遵照並轉飭所屬一體遵照此令」

等因准此除分令外合行令仰該區長卽便遵照

此令

中華民國三十年四月　日

市長　蔡培

南京特別市政府訓令 社字第　號

令城鄉各區公所

社會局案呈

農鑛部訓令訓農字四一〇號內開：

「查本月十七日蠶繭生產調整會議討論事項第十案『農業生產管理局李代局長提本年春種價格應否公定案』當經決議『規定本年春蠶種每張三元爲公定最高價格散卵在十公分以上者每匣不得超過三元五角』等語紀錄在卷除分行外合行檢發會議紀錄令仰遵照辦理此令」

等因並附會議紀錄一份到府准此除分行外合行抄發原件令仰該區公所遵照辦理爲要

此令

附抄發農鑛部蠶繭生產調整會議紀錄一份（略）

中華民國三十年四月　日

市長　蔡培

南京特別市政府訓令　衛字第　號

令衛生局各附屬機關

案准

內政部衛四字第四五號咨開

「案查民政會議移送決議案第四十八案（一）本部衛生司提勵行防疫工作杜絕疫癘案（二）安徽民政廳提各省市縣應常川設立防疫委員會以便勵行防疫案（三）漢口市政府提擬請規定霍亂（虎列拉）預防注射每年施行二次以防疫癘案（四）漢口市政府提擬請規定全國各衛生機關對於急性傳染病發生時其情況宜互相通報以期一致防範藉杜傳染案決議照審查報告通過紀錄在卷查前項決議事關防疫要政自應照案積極推行茲經擬訂防疫注射及接種暫行辦法一種除呈請　行政院備案由本部公布施行並分咨外相應抄同原提案及審查意見報告表並前項暫行辦法咨請查照並希飭屬遵照辦理爲荷」等由准此查事關防疫要政自應積極推行除分行並將原提案暨審查報告存查外合行抄同辦法令仰遵照

此令

計發防疫注射及接種辦法一份（略）

中華國民三十年四月　日

市長　蔡培

南京特別市政府訓令　祕字第　號

令南京市宣傳委員會

案准

宣傳部總導字第二一號咨開

「案查本部前爲統一各省市宣傳組織以利工作之推進而收宣傳之實效經擬訂宣傳機構調整辦法等草案呈奉　行政院核准並經咨請貴市政府查照辦理並轉飭所屬遵照在案茲查該辦法第五項所列『原有各省市縣宣傳委員會一律撤銷』一節應卽遵照辦理除分咨外相應咨請查照迅飭所屬各級宣傳委員會遵卽一律撤銷並飭將撤銷情形詳細具報轉爲見復備查實紉公誼」

等由准此合行令仰該會迅卽遵照撤銷一面轉飭所屬城鄉區聯合宣傳委員會務於同時結束幷將撤銷情形詳細具報以憑核復切切

此令

中華民國三十年四月　日

市長 蔡培

南京特別市政府訓令 工字第　號

令各區公所
車輛登記所

案准

首都警察廳政一字第七三一號公函內開

「案查本廳前奉令核准訂定發給車行車夫夥計許可證暫行規則一案業經檢同原規則函請貴府查照在卷旋迭據人力車行業同業公會籌備會主任劉明儀等來呈以人力車夫均極貧苦無力繳納證費懇求准予變通領證不取費用以示體恤等情前來經本廳將本規則第二條第二項條文修正爲許可證收費暫分四種（一）司機收費五角（二）馬車夫收費三角（三）人力車夫收費二角（四）各種車行之夥計收費四角並呈准警政部指令備案除將上項修正條文分別函令暨批示外相應函達卽希查照爲荷」

等由准此查警廳頒訂發給車行車夫夥計許可證暫行規則前准抄送到府卽經分令遵照在案茲准前由除分行外合行令仰知照

此令

中華民國三十年四月　日

市長　蔡　培

南京特別市政府訓令 財字第　號

令南京市商會整理委員會

案准

財政部幣字第一二六號咨開：

「案准中央儲備銀行本年三月二十五日總發文字第三五號函開『案據本行發行局局長易次乾呈稱案准職局駐蘇發行專員劉文沛呈稱蘇市各行莊對於往來存款將本行法幣分戶記賬而對本行法幣則多不計息謂防日後漲落云云似此殊有破壞本行法幣之信用擬請轉函財政部嚴令取締以重法令而利推行等情查所稱各情或不限以蘇地防患未然似有嚴令取締之必要理合轉呈鑒核仰祈轉函財政部通令取締並飭蘇省財政廳嚴行查禁以重法令等情據此相應函請查照辦理并盼見復』等由准此查妨害新法幣治罪暫行條例業奉　國民政府明令公布並由部於三月二十五日咨請貴市政府轉飭所屬一體知照在案現准該行函開各節如果屬實殊於新法幣之推行有礙亟應從嚴取締除函復並分咨外相應咨請貴市政府查照并希轉飭財政局嚴行查禁以利推行而重法令」

等由准此合行令仰該會轉知本市各行莊一體知照幷一面嚴行查禁取締爲要

此令

中華民國三十年四月　日　　市長　蔡培

南京特別市政府訓令　財字第　號

令營業稅處處長謝超
　南京市商會整理委員會

案查徵收營業稅章程規定於必要時，得檢查營業者賬簿文書貨物等件，所有賬册，調查員不得攜帶出門，其無簿據，或藉詞推諉，匿不呈報，或呈驗不實者，應予處罰，惟查營業稅處派員檢查時，商店或有不明定章，不將賬册給閱，致生誤會，茲規定嗣後營業稅處派員前往各商店檢查賬册時，應請市商會，派員會同辦理，以免隔閡，而資便利，除分令外，合行令仰該處會遵照爲要此令。

中華民國三十年四月　日　　市長　蔡培

南京特別市政府訓令 財字第　　號

令營業稅處處長謝超
　南京市商會整理委員會

查現在各米商代糴官米，每石祇取手續費三元，僅能維持生活，不足以言謀利，所有此項官米，准其免繳營業稅，以示體卹，其經營雜粮，及自行販賣之米，仍應照章徵稅，除分令市商會轉飭各米商知照外合亟令仰該處遵照辦理
營業稅處遵照外合行令仰該會知照並轉飭各米商一體知照此令

中華民國三十年四月　日

市長　蔡培

南京特別市政府訓令 財字第　　號

令田賦徵收處

案奉

行政院行字第一九五一號訓令開

「案據財政部呈稱『查本部地方財政整理會議據江蘇財政廳提議新近收復地區歷年舊欠田賦擬予免徵一案原提案理由以二十六年前田賦業經前維新政府明令豁免各縣應自二十七年份起征收惟收復時期各有遲早之分甚或尚未全部收復若概自二十七年份

起補徵刼後民力恐難負担擬請明令規定當經大會討論決議「由部呈院核辦通令各省市凡新收復之地區其舊欠田賦自收復之日起徵收不追既往」紀錄在卷茲値國府還都一週紀念前項恤民善政自應及時推行理合具文呈請鈞院鑒核俯賜明令各省市一體實施藉宣德意」等情據此應准照辦除分令外合行令仰遵照」

等因奉此合亟令仰卽便遵照辦理毋違此令

中華民國三十年四月　日

市長　蔡培

南京特別市政府布告

社字第　號

查南京市公典之設原爲惠濟平民所有典質利率自應從輕收取茲依照該公典營業規則除照章收取利息二分保管費一分外其餘存箱等費槪予豁免以示體恤合亟布告俾衆周知

此布

中華民國三十年四月　日

市長　蔡培

南京特別市政府布告

衛字第　號

查霍亂一症傳染既易蔓延尤烈現在瞬屆夏令亟應援例舉辦霍亂預防注射以免發生疫症茲

定於四月十五日起至五月十五日止分區派員實施所有城鄉區居民屆期可於每日上午八時至下午五時逕往各該區坊鄉公所聽候注射免費領取證書並定於五月一日起舉行城門檢查指派防疫人員九班前往光華門通濟門中山門太平門挹江門漢中門中華門水西門玄武門等九處施行注射預防疫苗如查有未持本年度霍亂注射證者一概禁止出入城門事關防止疫癘及公共安全仰全市民衆一體知照此佈

中華民國三十年四月　日

市長蔡培
衛生局局長衛錫良

南京特別市政府布告 工字第　號

茲重行修正南京特別市建築規則公布之所有二十八年七月前南京特別市政府工務局公布之市區建築暫行簡則同日廢止之此布

計附南京特別市建築規則（本府刊有單行本）

中華民國三十年四月　日

市長蔡培
工務局局長謝學瀛

南京特別市政府布告 祕字第　號

案查中山陵園林區每年向例秋季開山樵採曾經本府上年十月一日至本年二月底止開山幷規定在此期內准許鄉民入山刈割茅草辦法佈告週知在案茲以時屆春令草木萌芽山中已無枯蒿又値本年舉行擴大造林運動新植樹苗尤應切實保護茲規定自本年四月二十一日封山禁止樵採合行佈告仰爾鄉民等一體知悉其各凜遵此佈

中華民國三十年四月　日

市長　蔡　培

南京特別市政府通告

爲通告事查汽車駕駛人依照考驗規則第七條規定應於每年四月一日至六月三十日期內將已領駕駛執照送由本府工務局檢驗一次並繳手續費一元逾期不來檢驗者作爲無效等語歷經照章辦理在案茲屆三十年度檢驗時期亟應援例辦理合亟通告仰各該汽車駕駛人遵照規定時期攜同原領駕駛執照前赴白下路工務局車輛登記所報請檢驗毋稍觀望自誤爲要特此通告

中華民國三十年四月　日

市長　蔡　培

工務局局長謝學瀛

法規

南京特別市政府財政局征收箔類稅章程

第一條　凡在本市區域內經營箔類者應遵照本章程之規定繳納箔類稅

第二條　箔類稅之征收由南京特別市財政局設所按照價值百分之十稅率征收之

第三條　箔類商人繳納箔類稅應由經征機關塡發三聯收據給與收執

第四條　箔類商人應納稅額如有隱匿偷漏或以多報少情事除責令補繳稅額外再按照應納全部稅額處以二倍以上五倍以下之罰金

第五條　納稅收據及罰金收據均由本府財政局編號蓋印發交經征機關加蓋鈐記塡發

第六條　本章程如有未盡事宜得隨時修正之

第七條　本章程呈奉行政院核准備案施行

南京市銀行章程

奉財政部幣字第一三五號批修正

第一章　總則

第一條　本銀行爲南京市立銀行定名曰南京市銀行股份有限公司以調劑地方金融促進經濟建設爲宗旨由南京市政府咨請財政部核准註册

第二條　本銀行設於南京市並得於本京繁盛區域及其他重要商埠設置辦事處由市政府咨請財政部核准備案

第三條　本銀行自呈准註册之日起以三十年爲營業期限期滿得由市政府咨請財政部核准延長之

第四條　本銀行公告方法以登報或通函行之

第二章　資本

第五條　本銀行資本總額定爲國幣一百萬元由南京特別市政府分爲兩期撥足之

前項資本如尙有增加之必要時得由市政府咨准財政部酌量增加或招收商股

第三章　業務

第六條　本銀行之營業範圍如左

一、收受存款

二、放款

三、匯兌及押匯

四、票據買賣貼現

五、買賣有價證劵

六、代理收解款項

七、代募公債及公司債

八、倉庫業

九、辦理小本借貸

十、保管市內各公共機關及團體之財產或基金

十一、保管其他貴重物品

十二、與中央儲備銀行及其他各行號訂立特約事項

第七條　本銀行代理市金庫並得經募市公債暨經理還本付息事宜

第八條　本銀行之放款以左列各項爲限

一、關於購辦糧食及各項農工業原料之放款

二、關於興修水利之放款

三、關於交通事業之放款

四、關於舉辦衛生事業之放款

五、關於典當業之放款

六、關於振興實業繁榮市政之放款

七、關於其他經濟建設之放款

第九條　本銀行不得買入或承受不動產但營業上必需之不動產不在此限

第四章　組織

第十條　本銀行設董事七人組織董事會除市財政局長爲當然董事外其餘六人由市長委派或聘任之任期三年期滿得續派續聘連任

董事會設董事長一人常務董事二人由市長指定之

董事長及各董事姓名籍貫由市政府咨報財政部備案

第十一條　本銀行設監察人三人組織監察人會由市長委派或聘任任期一年期滿得續派續聘連任

監察人會設常駐監察人一人由市長指定之

常駐監察人及監察人姓名籍貫由市政府咨報財政部備案

第十二條　本銀行董事監察人名額及選派方法於招收商股時另定之

第十三條　本銀行設經理一人副經理一人由董事會薦請市長派任之並呈報財政部備案

第十四條　本銀行得因事務之必要設置襄理一人或二人由經理商承董事會同意派充之

第十四條　經理對內綜理全行事務對外代表本銀行副經理輔佐經理處理全行事務襄理辦理副經理指定事務

第五章　董事會及監察人會

第十五條　董事會之職權如左

一、各種規則之編定

二、業務方針之審定

三、辦事處之設立或撤銷

四、對外各種契約之審核

五、各項開支之核定

六、預決算之審定

七、核定重要職員之進退

八、擬定職員獎勵卹養酬勞金之分配

第十六條　董事會議每月至少開會一次由董事長召集之須有董事過半數之出席方得開會其議事以出席之董事過半數決之可否同數時取決於主席

第十七條　監察人會之職權如左

一、全行帳目之稽核

二、預決算之審核

第十八條　監察人會每兩月至少開會一次由常駐監察人召集之

第十九條　董事會監察人會之議事應作成議事錄均由主席署名保存之

第二十條　董事會監察人會議事規程由各該會另訂之

第六章　決算

第二十一條　每年六月爲半年決算期十二月爲全年總決算期編制左列各項表册交由董事會監察人會核定後報告市政府轉咨財政部查核

一、財產目錄

二、資產負債表

三、營業報告報表

四、損益計算書

五、盈餘分配表

第二十二條　本銀行於每年純益項下提百分之三十爲公積金百分之四十提歸市庫其餘額應分配職員獎勵金卹養金酬勞金各若干由董事會議擬定報告市長核定之

第七章　附則

第二十三條　本章程如有未盡事宜由董事會議決修改報由市政府轉咨財政部核准備案

第二十四條　本章程自財政部核准之日施行

公牘

呈行政院文

竊查國府還都以來本市人口激增百業俱趨繁榮職府為調劑地方金融促進經濟建設起見深感有設立市銀行之必要爰經組織籌備委員會并呈報
鈞院在案茲以籌備就緒所有資本總額壹百萬元亦已先行收足二分之一並經訂立章程咨請財政部核准註冊謹於四月二日正式成立開始營業理合檢同該行章程備文呈報仰祈
鑒核備案實為公便謹呈
行政院院長汪

附呈南京市銀行章程一份（見法規欄）

南京特別市市長　蔡　培

中華民國三十年四月　日

呈行政院文

案奉

鈞院行字第一八一九號訓令略開以本府呈以補救地方財政擬援案舉辦南京市營業專稅一案業經飭據財政部核議呈復稱查核所列箔紙一項按之蘇浙兩省成案自可舉辦紙張專稅其錫箔乙種已由蘇浙滬箔類稅局征收箔類稅倘該市府以箔商既在市區內設廠製造錫箔係屬該市產品蘇浙滬箔類稅局不便在此設局征稅應逕咨商洽辦理其餘准如所擬辦理令仰遵照等因奉此查箔類稅係屬省市地方正稅本市自應援照蘇浙滬三省市辦法擬訂南京特別市政府財政局箔類稅章程設所啓征以重稅收除將章程另繕呈送外理合具文呈報仰祈

鑒核備案

謹呈

行政院院長汪

計呈送南京特別市政府財政局征收箔類稅章程一份(見法規欄)

南京特別市市長　蔡培

中華民國三十年四月　日

呈行政院文

案奉

鈞院行字第一八一九號訓令開據財政部呈該市府擬辦營業專稅附送施行細則一案查核紙張皮

毛棉蔴茶葉四項自可援案辦理其錫箔一種既屬該市產品蘇浙滬箔類稅局不便在此設局征稅應逕咨商洽辦理等情應准如所議辦理除指令外合行令仰該市府遵照等因奉此遵經分類設立營業專稅稽征局所已於四月一日一律啓征其箔類稅一種暫由本市紙張營業專稅稽征所兼辦並以省市征稅各管轄區域函請蘇浙滬箔類稅總局即將本市區內所設征收機關撤回停征各在案奉令前因除布告分行並將本市征收箔類稅章程另文呈請備案外理合將啓征營業專稅等各情形具文呈報仰祈

鑒核備查謹呈

行政院院長汪

南京特別市市長 蔡 培

中華民國三十年四月 日

南京特別市政府咨 地字第 號

案查本市土地工作旬報表業經咨送至三月份上旬在卷茲造具三月份中下旬旬報表各一份相應備文咨送即希

察照爲荷

此咨

內政部

附本市土地工作三月份中下旬旬報表各一紙

市長 蔡培

中華民國三十年四月日

南京特別市政府咨 地字號 號

案查本市土地工作旬報表業經咨送至三月份下旬在卷茲造具四月份上旬旬報表一份相應備文咨送卽希察收爲荷

此咨

內政部

附本市土地登記工作四月份上旬旬報表一份

市長 蔡培

中華民國三十年四月日

南京特別市政府咨 祕字第 號

案查本府前奉

行政院行字一八二七號令發各省市宣傳機構調整辦法省市宣傳處組織規程暨省市宣傳會議組

南京特別市政府辦理土地登記工作三月份中旬旬報表

中華民國三十年

事項／件數／日	接收登記聲請書	土地所有權登記	房屋登記	更正登記	塗銷登記	移轉登記	分割登記	共有權登記	住所變更登記	繕寫查證驗	發給查驗證	備註
11		3										
12												
13		2			1							
14		3				4				3		
15		3										
星期16												
17		5				2					5	
18		11			1					7	6	
19		1				2						
20		2				1					3	
總計件數		30件			2件	9件				13件	14件	

南京特別市政府辦理土地登記工作三月份下旬旬報表

中華民國三十年

事項 件數 日	接收登記聲請書	土地所有權登記	房屋登記	更正登記	塗銷登記	移轉登記	分割登記	共有權登記	住所變更登記	繕寫査證驗	發給査驗證	備註
21		7			1	1				1	5	
22		10				3					1	
星期23												
24		4			1	1					2	
25		5				1				1	3	
26		13				3					1	
27						1						
28												
29												
星期30												
31												
總計件數		39件			2件	10件				2件	12件	

南京特別市政府辦理土地登記工作四月份上旬旬報表

中華民國三十年

事項 件數 日	接收登記聲請書	土地所有權登記	房屋登記	更正登記	塗銷登記	移轉登記	分割登記	共有權登記	住所變更登記	繕寫查證驗	發給查驗證	備註
1		4									1	
2		10				3						
3										5		
4		10				2						
5		4				2					4	
星期 6												
7		7										
8		10				1						
9						4				2	9	
10		4			1						3	
總計件數		49件			1件	12件				7件	17件	

織通則等件飭卽遵照辦理並准

貴部總導字二十號咨同前由爰經一面令飭原有市宣傳委員會及所屬城鄉區聯合宣傳委員會遵照撤銷一面籌設宣傳處幷派華允琦代理處長業經咨准

貴部同意各在案玆查該處已於本月七日籌備就緒正式成立除呈

行政院轉請

國民政府鑄發印信暨任命華允琦爲處長外相應咨達卽希

查照此咨

宣傳部

市長 蔡培

中華民國三十年四月 日

南京特別市政府咨 社字第 號

案准

首都警察廳政字第八〇七號公函開

「玆據本京新東方雜誌社同聲月刊及寧報社遵照出版法第九條之規定先後塡送登記聲請書四份並附件請核轉登記前來除將各登記聲請書抽存一份備查外相應檢同登記

審查意見表各三份（每份三紙）又原登記聲請書各三份及出版刊物照片等件一併備函奉達即希查照核辦」等由附送新東方雜誌社同聲月刊社及寧報社登記聲請書等件准此查各該社登記聲請書所載事項暨出版刊物內容核與修正出版法各條之規定均尚無不合擬請一併准予登記除將前項聲請書審查表各抽存一份備查外相應檢同附件

咨請

查核辦理并希見復爲荷

此咨

宣傳部

（附件略）

市長　蔡培

中華民國三十年四月　日

南京特別市政府公函　工字第　號

逕復者案查前准

貴委員會執公字第一三〇號公函以本市人力車夫頗多年邁老人以及尙未成年童子在街道勉力

掙扎有背人道函請酌量限制等由准經飭交工務局車輛登記所於查驗車輛時注意在案茲據該所簽復略稱「奉查職所檢驗車輛時車夫本人親來者固多但由老弱或婦人代爲拉車來所受驗者亦復不少如必令車夫本人來所受驗則彼等生活上恐有影響現在首都警察廳因各種車行之車夫夥計人數繁多品類複雜擬發給許可證以便查考則取締年老力衰及尚未成年之人力車夫似可由首都警察廳一併辦理」等情呈復前來除函請首都警察廳於車夫申請發給許可證時嚴加查驗如遇有年邁力衰之人一概不予登記外相應函復卽希

查照爲荷此致

中國國民黨南京特別市執行委員會

市長 蔡培

中華民國三十年四月 日

南京特別市政府公函 工字第 號

逕啓者案准

南京特別市執行委員會函開

「查本市人力車夫頗多年邁老人以及尚未成年之童子任重力微在街道勉力掙扎既背人道又恐危險目睹情形至堪憫惻若不酌量限制殊非所宜相應函達卽希查照辦理爲荷」

等由准經飭交工務局車輛登記所於查驗車輛時注意在案茲據該所簽復略稱「奉查職所檢驗車輛時車夫本人親來者固多但由老弱或婦人代爲拉車來所受驗者亦復不少如必令車夫本人來所受驗則彼等生活上恐有影響現在首都警察廳因各種車行之車夫夥計人數繁夥品類複雜擬發給許可證以便查攷則取締年老力衰及尙未成年之人力車夫似可由首都警察廳一併辦理」等情呈復前來查本市人力車夫近來頗多年邁及未成年之人在街道勉力掙扎如不加取締匪特有背人道且亦危險異常茲據該所簽復擬請

貴廳飭屬於車夫申請發給許可證時嚴加查驗如遇有年邁力衰之人一槪不予登記等情確爲澈底取締之辦法據復前情除函復特別市執行委員會外相應函達卽希

查照辦理幷希

見復爲荷此致

首都警察廳

市長 蔡 培

中華民國三十年四月 日

南京特別市政府公函 社字第 號

案准

貴縣政府咨開

「以據本縣宣傳委員會甯報社社長周子平呈稱『竊子平於本年三月十五日依照本縣宣傳委員會第一次會議議決案議決創辦本縣甯報並公推子平爲社長兼總編輯着卽依法籌備出刊等由紀錄在卷除依法呈請登記外茲因本社所在地現在南京城內王府園二號爲臨時社址理合呈請鈞府分別轉呈南京市政府首都警察廳鑒核備案』等情據此除呈報並分函外相應咨請查照准予備案實爲公便」

等由准此查新聞紙發行應按照民國三十年一月二十四日修正出版法第九條規定辦理准函前由相應覆請

查照轉飭該甯報社社長周子平遵照規定辦理爲荷此致

江甯縣政府

市長 蔡培

中華民國三十年四月 日

南京特別市政府公函 社字第 號

案准

貴廳政一字第八〇七號公函附送新東方雜誌社同聲月刊社甯報社登記聲請書審查意見表及刊

物照片等件囑查照核辦等由准查各該社登記聲請書所載事項暨出版刊物內容核與修正出版法各條之規定均尙無不合除加具審查意見轉咨宣傳部核辦幷將聲請書審查表各抽存一份備查外相應復請

查照轉知爲荷此致

首都警察廳

市長　蔡　培

中華民國三十年四月　日

市政公報暫定價目表

期限	價目	郵費
零售每冊	三角	本市半分 外埠一分
半年十二冊	三元五角	本市六分 外埠一角二分
全年二十四冊	七元	本市一角二分 外埠二角四分

市政公報廣告刊例

頁數	價目
一頁	每期十一元
半頁	每期六元
四分之一頁	每期三元

刊登廣告在四號以上者每期按照七折計算連續十號以上者每期按照六折計算長期另議

出版日期　本公報暫定每月二次

編輯者　南京市政府祕書處

發行者　南京市政府祕書處

印刷者　南京惠文印務局
地址：中華路府東街
電話：二三二八三號

中華民國三十年四月三十日

市政公報

第七十期

南京特別市政府秘書處印行

目錄

命令

法規

公牘

統計

南京特別市政府公布令 社字第　號

茲修正南京特別市捕運魚花登記暫行辦法公布之
此令

附修正辦法一份（見法規欄）

中華民國三十年四月　日

市長　蔡培

南京特別市政府公佈令 財字第　號

茲制定「南京特別市市金庫暫行規程」暨「南京特別市政府財政局歲入歲出會計科目」公布之
此令

附錄南京特別市市金庫暫行規程暨南京特別市政府財政局歲入歲出會計科目（見法規欄）

中華民國三十年四月　日

市長　蔡　培

南京特別市政府公布令

教字第三三九五號

茲制定南京市教育工作人員連環保證辦法公佈之

此令

附南京市教育工作人員連環保證辦法一份（見法規欄）

中華民國三十年四月　日

市長　蔡　培

教育局長徐公美

南京特別市政府令

祕字第　號

令祕書處主任科員兼宣傳處指導科科長丁　燁

員兼代本府宣傳處祕書

南京特別市政府委令　祕字第　　號

令黃爾定

茲委該員代理本府宣傳處指導科科長另候呈荐

此令

市長　蔡　培

中華民國三十年四月　　日

南京特別市政府委令　祕字第　　號

令地政局科員張太游

茲委該員代理本府地政局第三科科長

此令

市長　蔡　培

中華民國三十年四月　　日

南京特別市政府訓令　祕字第　　號（不另行文）

令所屬各機關

案奉

行政院行字第二〇三六號訓令內開

「現據內政部呈稱竊查職部民政會議決議案內第二案廣東省行政督察專員歐大慶提『請厲行公務員考績及保障辦法以改進吏治案』據民政組提案審查委員會審查報告照案通過由內政部呈請行政院通令各省市遵行』決議照審查報告通過紀錄在卷查公務員考績業奉明令實施本案所請嚴令各省市切實辦理尙屬澄清吏治之要圖理合抄同原提案備文呈請仰祈鑒核施行」等情抄呈民政會議原提案一份據此除指令並分行外合行抄發原附件令仰遵照公務員考績法施行細則之規定確實辦理爲要此令」

等由附抄發原議決案一份奉此自應遵辦除分令外合亟抄發原件令仰該　遵照辦理

此令

附抄發原議決案一份

市長　蔡　培

中　華　民　國　三　十　年　四　月　日

內政部民政會議決議案第二案

提案第一〇二號

廣東行政督察專員歐大慶提

議題　請厲行公務員考績及保障辦法以改進吏治案

理由　竊以虞書考績陟明黜幽蜀相經邦信賞必罰後代賢良之政府罔不蕭規曹隨援用弗替故人皆稱職野無遺賢查前國府亦曾頒布考績及保障等法令惟未能切實施行往往有功不賞有過不罰賢能者每沉下秩庸惰者反得濫竽此識者之所慨嘆而吏治之所以不振也又屬員每隨長官爲去就新吏甫臨舊僚悉屏親者則彈冠待薦疎者則傳令銷差賢者不欲枉道以事人黠者轉得乘機以幸進仕途愈雜而國事不堪問矣此亟應澈底改革者也

辦法　請嚴令各省市轉飭所屬遵照公務員考績及保障辦法切實辦理毋得玩忽以明賞罰而資勸懲使皎皎者知所振奮庸庸者不能倖進吏治前途實深利賴

以上所擬是否有當提請

公決

南京特別市政府訓令

祕字第　　號　（不另行文）

令本府所屬各機關

案奉

行政院行字第二〇四〇號訓令內開

「現奉　國民政府第四十三號訓令開「查鐵道部組織法業經修正明令公布應即通飭施行除分令外合行抄發該組織法一份令仰該院知照並轉飭所屬一體知照」等因計抄

發修正鐵道部組織法一份奉此合行抄發原附件令仰轉飭所屬一體知照此令

等因附修正鐵道部組織法一份奉此除分令外合行抄發是項組織法一份令仰知照

此令

附抄發修正鐵道部組織法一份

中華民國三十年四月　日　　市長 蔡培

鐵道部組織法

三十年四月九日修正通過

第一條　鐵道部規劃建設管理全國國有鐵道國道及監督省有民有鐵道公路

第二條　鐵道部對於各地方最高級行政長官執行本部主管事務有指示監督之責

第三條　鐵道部就主管事務對於各地方最高級行政長官之命令或處分認爲有違背法令或逾越權限者得提經行政院會議議決後停止或撤銷之

第四條　鐵道部置左列各司

一、總務司

二、業務司

三、財務司

四、工務司

第五條　鐵道部經行政院會議及立法院之議決得增置裁併各司及其他機關

鐵道部為規劃全國鐵道國道系統統一鐵道會計編纂鐵道國道法規採購鐵道國道材料審定技術標準經行政院會議議決得置各委員會

第六條　總務司掌左列事項

一、關於收發分配撰擬編輯保管文件事項

二、關於公布部令事項

三、關於典守印信事項

四、關於本部及所屬各機關職員任免獎懲之記錄事項

五、關於編造行政報告事項

六、關於鐵道員工之待遇及保障事項

七、關於鐵道行政及技術人員之訓練及教育事項

八、關於鐵道職工教育及附屬學校事項

九、關於本部經費之出納事項

十、關於本部庶務及其他不屬各司之事項

第七條　業務司掌左列事項

一、關於鐵道營業之監督管理及發展改良事項

二、關於鐵道運輸之整理及機車車輛之調度事項

三、關於鐵道運價之規定事項

四、關於國內外聯運事項

五、關於鐵道營業設備需要之審訂事項
六、關於鐵道經濟調查及設計事項
七、關於鐵道警衛之監督指揮事項
八、關於鐵道防疫及其他衛生事項
九、關於省有民有鐵道業務之監督事項
十、關於國際鐵道事項
十一、關於國道公路業務事項

第八條　財務司掌左列事項

一、關於鐵道款項之支配保管事項
二、關於鐵道債務之整理償還事項
三、關於鐵道改良擴充建設之籌款事項
四、關於鐵道財產之處理事項
五、關於鐵道土地之收買處分事項
六、關於省有民有鐵道財務之監督事項
七、關於其他一切鐵道財務事項
八、關於國道公路財務事項

第九條　工務司掌左列事項

一、關於鐵道工務之監督管理及擴充改良事項

二、關於鐵道路線之測定及其工程設計事項
三、關於鐵道建築工程之監督管理事項
四、關於鐵道終點及沿線附屬區域市街港埠之建設事項
五、關於鐵道工程機械建築材料購置之審核事項
六、關於鐵道機廠材料工廠之建設管理事項
七、關於省有民有鐵道工務之監督事項
八、關於其他一切鐵道工程建設事項
九、關於國道公路工務事項

第十條　鐵道部部長綜理本部事務監督所屬職員及各機關

第十一條　鐵道部設政務次長常務次長各一人輔助部長處理部務

第十二條　鐵道部設祕書四人至八人分掌部務會議及長官交辦事項

第十三條　鐵道部設參事四人至六人撰擬審核關於本部之法案命令

第十四條　鐵道部設司長四人分掌各司事務

第十五條　鐵道部設專員若干人承長官之命辦理指定事務

第十六條　鐵道部設科長科員各若干人承長官之命辦理各科事務

第十七條　鐵道部部長特任次長參事司長及祕書二人專員四人簡任其餘祕書專員及科長薦任科員委任或薦任

第十八條　鐵道部設技監一人簡任技正十六人至二十人其中四人簡任餘薦任技士二十人至三十人其中十四人薦任餘委任技佐二十人至二十四人委任承長官之命辦理技術事務

第十九條　鐵道部設會計長一人統計主任一人辦理歲計會計統計事項受鐵道部部長之指揮監督並依國民政府主計處組織法之規定直接對主計處負責

第二十條　鐵道部經行政院會議議決得聘用專門技術人員會計處及統計室需用佐理人員由鐵道部及主計處就本法所定薦任委任人員及僱員中會同決定之

第二十一條　鐵道部因事務上之必要得酌用僱員

第二十二條　鐵道部處務規程以部令定之

第二十三條　本法自公布日施行

南京特別市政府訓令 祕字第　號（不另行文）

令所屬各機關

案奉

行政院行字第二〇七八號訓令內開

「現准軍事委員會督軍字第五一號咨開『案據航空署長陳昌祖呈略稱「現値建軍方殷航空建設逐漸推進本署所屬飛機行將負有任務但一旦凌空起飛辨認未淸易生誤會茲擬規定空軍飛機標識爲靑天白日國徽外週環繞白紅二間邊線在機身後部兩旁及機翼兩端之上下庶幾明顯觸目瞭然理合檢同飛機標識圖呈請鑒核准予分別轉致及令飭各有關機關查照俾資辨認而免誤會」等情附呈飛機標識圖三百份到會應准照辦除指令並分

中華民國軍事委員會
航空署飛機標誌

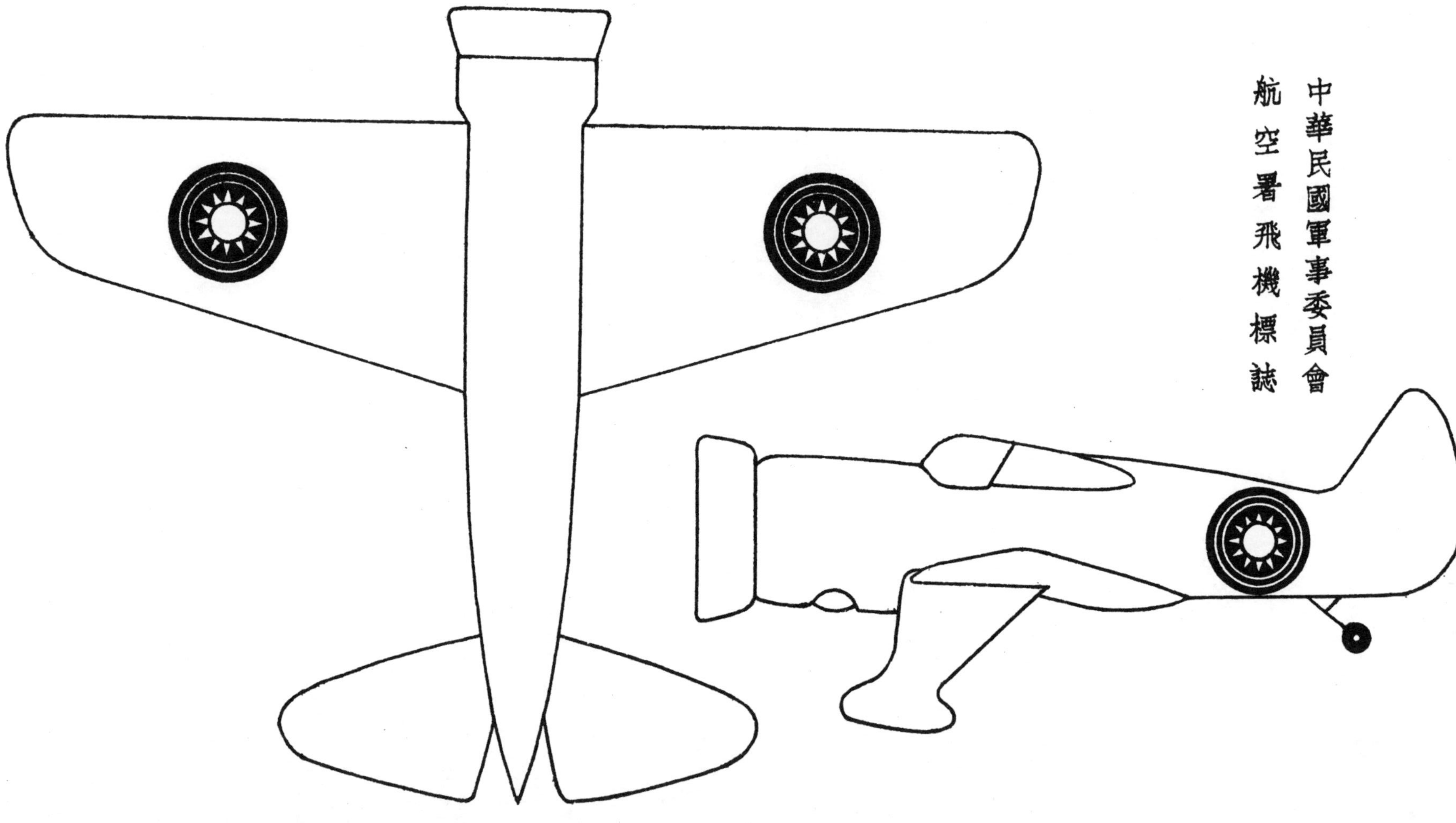

以免誤會爲荷』等由附飛機標識圖樣三十張准此除通令外合行檢發原附圖樣一張令仰該市府知照並轉飭所屬一體知照」

等因附飛機標識圖樣一紙奉此除分令外合行檢發圖樣一紙令仰知照

此令

附飛機標識圖樣一紙

市長 蔡培

中華民國三十年四月 日

南京特別市政府訓令 祕字第 號（不另行文）

令本府所屬各機關

案奉

行政院行字第二〇九一號訓令內開

「現奉 國民政府第四六號訓令開『據本府文官處簽呈稱『准中央政治委員會祕書廳中政祕字第九二二號公函開「案查「國定紀念日表」曾於二十九年十月三十日中央政治委員會第二十二次會議討論事項第一案決議通過並送國民政府通飭遵照在卷茲奉 主席諭「查『本黨紀念日表』所定『紀念儀式』至爲詳備惟『國定紀念日表』三

月二十九日及九月一日對於懸旗未有規定以致三月二十九日各機關懸旗紛紛不一亟應補充說明查『全國一律下半旗停止娛樂宴會誌哀』乃係『國喪』儀式除　總理逝世紀念日外非有特別規定不宜輕用凡此先烈紀念宜仿『雲南起義紀念』之例補充規定爲『一律懸旗紀念』以每一革命起義必有犧牲先烈若概規定爲『全國一律下半旗停止娛樂宴會誌哀』則變爲『國喪』非『紀念先烈』之意矣此爲補充說明並非變更決議不必再提會議由祕書廳通知各機關遵照可也』等因奉此茲遵照補充規定將『國定紀念日表』三月二十九日及九月一日紀念儀式欄內增入『附加補充規定是日仿雲南起義之例一律懸旗紀念』等字俾便查考奉諭前因除分函中央黨部祕書廳查照轉陳外相應檢同『國定紀念日表』一併函達卽希查照轉陳通飭遵照』等由理合簽請鑒核』等情到府自應照辦除分令外合行抄發國定紀念日表一份令仰遵照並轉飭所屬一體遵照此令』等因計抄發國定紀念日表一份奉此除分令外合行抄發國定紀念日表一份令仰遵照並轉飭所屬一體遵照此令

等因附抄發國定紀念日表一份奉此除分令外合行抄發原紀念日表一份令仰遵照

此令

附抄發國定紀念日表一份

中華民國三十年四月　日

國定紀念日表

日期	紀念日名稱	紀念儀式	宣傳要點
一月一日	中華民國成立紀念	是日休假一天全國一律懸旗紮綵提燈誌慶並由各當地政府召開各界慶祝大會	一、辛亥革命及辛亥前後各地革命運動之經過及其因果 二、總理就任臨時大總統宣言中重要意義 三、中華民族復興之意義 四、封建專制與民主政治之比較
三月十二日	總理逝世紀念	是日休假一天全國一律下半旗停止娛樂宴會誌哀並由各當地政府召開各界紀念大會	一、講解總理遺囑及自傳 二、講述國民黨接受總理遺囑經過事實及一第屆中央執行委員會第三次全體會議發出之宣言訓令 三、講述總理逝世後國民黨工作之概要與今後應有之努力
三月二十九日	革命先烈紀念	是日休假一天由各當地政府召開紀念大會祭奠所有爲革命而死之烈士附加補充規定是日仿雲南起義紀念之例一律懸旗紀念	一、講述各革命先烈爲國犧牲之事略 二、講述各革命先烈生平之言行 三、闡揚各革命先烈之特別精神
三月三十日	國府還都紀念	是日全國一律懸旗各機關各團體各學校均分別集會紀念不放假	一、講述中日事變之事各 二、說明中日共同担負建設東亞新秩序與國府還都之意義 三、闡述和平反共建國之使命
五月五日	革命政府紀念	是日全國一律懸旗誌慶各機關團體各學校均分別集會紀念不放假	一、講述民十時代軍閥與帝國主義之暴亂情形 二、說明總理就職總統之原因及其護法之精神 三、說明總理爲國爲民之大無畏精神與吾人應有之努力
七月九日	國民革命軍誓師紀念	是日全國一律懸旗誌慶各機關各團體各學校均分別集會紀念不放假	一、講述國民革命軍成功歷史及其使命 二、講述國民革命軍北伐經過及其重要意義 三、發揚國民黨歷次出師北伐宣言重要意義
八月二十七日	先師孔子誕辰紀念	是日休假一天全國各界一律懸旗誌慶並由各當地政府召開各界紀念大會	一、講述孔子生平事略 二、講述孔子學說 三、講述國父孫中山革命思想與孔子之關系
九月一日	和平反共建國運動諸先烈殉國紀念	是日休假一天由各當地政府召開紀念大會祭典所有爲和運而死之烈士附加補充規定是日仿雲南起義紀念之例一律懸旗紀念	一、講述各和運先烈爲和平反共建國犧牲之事略 二、講述各和運先烈生平之言行 三、闡揚各和運先烈之特殊精神
十月十日	國慶紀念	是日休假一天全國一律懸旗紮綵提燈誌慶並由各當地政府召開各界慶祝大會	一、國慶日之意義 二、講解總理遺著中之雙十節紀念 三、講述民元前一年武昌首義之情形與今後應有之努力
十一月十二日	總理誕辰紀念	是日休假一天全國一律懸旗誌慶並由各當地政府召開各界紀念大會	一、講述總理生平革命之重要事略 二、演講總理學說 三、演講三民主義
十二月二十五日	雲南起義紀念	是日全國一律懸旗紀念並由各機關各團體各學校分別集會紀念不放假	一、述雲南起義情形 二、述封建專制與民主政治之比較

南京特別市政府訓令　財字第　　號

市長　蔡　培

令本府附屬各機關

查市金庫業經正式移交南京市銀行代理關於該銀行市金庫收支款項之手續及會計科目之劃分亦經訂定「南京特別市市金庫暫行規程」暨「南京特別市市政府財政局歲入歲出會計科目」除公佈并分行外合亟檢發前項規程科目令仰該　知照

此令

附發南京特別市市金庫暫行規程暨財政局歲入歲出會計科目各一份（見法規欄）

中華民國三十年四月　日

市長　蔡　培

南京特別市政府訓令　工字第　　號（不另行文）

令本府所屬各機關

案准

內政部地字第一八二號咨開：

「案奉　行政院行字第三〇三一號訓令開：『現奉　國民政府第四十二號訓令開

：「據本府文官處簽呈稱：『准中央政治委員會祕書廳中政祕字第九〇一號公函內開：「查三十年四月五日中央政治委員會第四十二次會議討論事項第二案主席交議：『祕書廳案呈准國民政府文官處函送奉交籌堵黃河中牟決口委員會主任委員殷同副主任委員費毓楷呈送該會暫行組織條例草案請核定公布施行一案請公決案；』當經決議「籌堵黃河中牟決口委員會暫行組織條例通過送國民政府公布施行』除紀錄在卷外相應抄附上項條例及原決議文各乙份函達至希查照轉陳明令公布」等由理合簽請鑒核』等情到府自應照辦除明令公布並分行外合行抄發該條例及原附決議文各乙份令仰該院知照並轉飭所屬一體知照」等因；計抄發籌堵黃河中牟決口委員會暫行組織條例暨原附決議文各乙份奉此合行抄發原附各件令仰該部知照並轉飭所屬一體知照此令』等因附抄發籌堵黃河中牟決口委員會暫行組織條例暨原附決議文各乙份奉此除分咨外相應抄同原附件咨請查照並希轉飭所屬一體知照為荷；」

等由；附抄送籌堵黃河中牟決口委員會暫行組織條例暨原附決議文各乙份准此除分行外合行抄發原附件令仰知照！

此令

計抄發籌堵黃河中牟決口委員會暫行組織條例暨附決議文各一份

中華民國三十年四月　日

籌堵黃河中牟決口委員會暫行組織條例

市長 蔡培

三十年四月五日公布

第一條 籌堵黃河中牟決口委員會直隸國民政府掌理黃河中牟決口籌堵事宜

第二條 國民政府特派籌堵黃河中牟決口委員會主任委員一人主持會務副主任委員一人協助主任委員辦理會務主任委員因事故不能執行職務時代理之簡派委員五人至七人襄辦會務前項委員中以河北河南山東三省建設廳長爲當然委員

第三條 籌堵黃河中牟決口委員會設左列二處

一、總務處

二、工務處

第四條 總務處掌左列事項

一、關於文書收發撰擬保管事項

二、關於典守印信事項

三、關於會計出納事項

四、關於庶務事項

五、關於報告之編訂及預決算書之編造事項

六、關於職員考核任免及奬懲之紀錄事項

七、關於警備事項

八、關於其他不屬於工務事項

第五條　工務處掌左列事項

一、關於籌堵工程之測量事項

二、關於籌堵工程之設計事項

三、關於工程經費之估計事項

四、關於需用材料之籌購及運輸事項

五、關於工程之實施事項

六、關於工程報告之考核事項

七、關於其他一切籌堵工程事項

八、關於工作人員之訓練事項

第六條　籌堵黃河中牟決口委員會設秘書若干人（其中二人簡任待遇餘荐任待遇）承長官之命辦理文電之審核撰擬及開會紀錄事項

第七條　籌堵黃河中牟決口委員會設處長二人簡任待遇承長官之命分掌各處事務

第八條　籌堵黃河中牟決口委員會設科長若干人荐任待遇科員若干人荐任或委任待遇分承長官之命辦理各科應辦事務

第九條　籌堵黃河中牟決口委員會視事實之需要設技正若干人簡任或荐任待遇技士若干人荐任或委任待遇技佐若干人委任待遇承長官之命辦理各項工程事務

第十條　籌堵黃河中牟決口委員會爲研究實施堵口技術工程得聘用專員或顧問

第十一條　籌堵黃河中牟決口委員會因事務上之必要得酌用雇員及練習生

第十二條　籌堵黃河中牟決口委員會設審計員一人審核工款報銷事宜由國民政府就監察院審計部審計官或協審官遴派之

第十三條　籌堵黃河中牟決口委員會爲工程上之必要時得設測量隊施工所警備隊

第十四條　籌堵黃河中牟決口委員會爲造就必要之技術人員起見得設訓練所

第十五條　籌堵黃河中牟決口委員會處務章則以會令定之

第十六條　本條例自公布之日施行

附決議文

國民政府對於籌堵黃河中牟決口積極進行現在籌堵黃河中牟決口委員會暫行組織條例已經議決籌堵經費亦在籌撥惟有最重要之點須爲全國人民告者中牟決口在開封鄭州之間現在開封因屬國民政府版圖而鄭州則仍在重慶方面之手故籌堵中牟決口重慶方面不惟不應加以阻礙並應以誠意合作方能有效否則藉上游之地勢稍一牽掣卽使籌堵工作無從進行籌堵中牟決口關係數省人民生命財產卽關係國家民族元氣所望重慶方面勿執成見以國命民生爲重全國人民關心治水者務宜徹底明瞭大之須促成全面和平小之亦須局部合作此本會所不惜垂涕而道者也

南京特別市政府訓令　官字第　號

令各區公所

案准

警政部保參總政務會字第一號咨內開

「查攝影繪畫雖爲文化創作之一種然與民衆觀感攸關影畫如有損害民國尊嚴或違反現行國策以及妨害善良風俗並洩漏國防暨其他軍事祕密建築等情事影響尤爲重大亟應定法取締以資防範茲經本部訂定取締攝影繪畫暫行辦法一種除呈報　行政院核准備案並公布暨分行外相應檢同前項取締辦法咨請查照」

等由准此自應照辦除分令外合行抄發原附件令仰該區公所即便遵照

此令

附發取締攝影繪畫暫行辦法一份

中華民國三十年四月　日

市長　蔡　培

取締攝影繪畫暫行辦法

第一條　凡攝影繪畫有左列情形之一者除法令另有規定外悉依本辦法取締之

一、有損中華民國尊嚴者

二、違反三民主義及現行國策者

三、妨害善良風俗或公共秩序者

四、國防地帶及其他有關軍事祕密之建築

第二條　各地警察機關如據報告或發覺爲前項攝影或繪畫者應即禁止之

第三條 凡不聽禁止或已經攝繪完成者除從速扣押或沒收其違禁物品外並依法拘罰之

第四條 刊售本辦法所取締之照像圖畫者其違禁品及刊售處所之負責人得比照前二條規定處分之

第五條 凡攝影繪畫有違反要塞堡壘地帶法時應將攝繪人及違禁品一併送當地最高軍事機關訊辦

第六條 其他模型表式認爲與攝影圖畫有同等效果者依本辦法取締之

第七條 本辦法自公布日施行

南京特別市政府訓令 宣字第　號

令各區公所

案准

中國國民黨南京特別市執行委員會執公字第一四六號公函內開

「逕啓者案查各地市俚歌曲種類繁多流行民間歷時悠久在社會上向具相當潛力祇以思想不純內容蕪雜對社會教育反具毒的因素影響國民思想殊非淺鮮茲依據本會第九次執行委員會議第二項決議擬請貴政府將京市流行歌曲設法收集加以改編用通俗文字滲入和建思想庶民衆於謳歌娛樂之餘收潛移默化之效其宣傳功能較之一般宣傳似覺事半功倍相應函請貴府令知宣傳處辦理是所至荷」

等由准此查民間歌謠流行既久其所加於人心風俗之影響殊爲深刻然文字鄙俚意義陳舊實有加以改良之必要准函前由除交宣傳處辦理并分令外合亟令仰該區公所轉飭所屬廣事蒐集彙送本

府以憑改編爲要

此令

中華民國三十年四月　日

市長 蔡培

南京特別市政府訓令 社字第　號

令城鄉各區公所

案准

農鑛部鑛字第二二三〇號咨開

「查鑛業法第九十四條『鑛區稅每年分二期於一月七月繳納』之規定其意義是各鑛區之鑛區稅應在每年每期開始之月卽需繳納法令規定期限不容超越紊亂本部一週以來核准各省設定及復業之大小鑛區已有多起現在本年上期已逾三月前項鑛區稅尙未遵章呈繳殊與法令不合除通行外相應咨請貴府查照轉飭各鑛商限期遵繳到部俾符法定程序實級公誼」

等由准此除分行外合行令仰該區長卽便轉飭各鑛商遵章繳納爲要

此令

中華民國三十年四月　日

市長 蔡 培
社會局局長盛開偉

南京特別市政府訓令 社字第　號

令城鄉各區公所

社會局案呈

農鑛部農字第四三九號訓令內開

「查本部前擬食糧增產計劃一案經奉　行政院訓令行字第一九五七號內開『案查本院第五十三次會議討論事項第三案農鑛部揹部長提擬定食糧增產計劃暨經費預算請核議案決議關於雜糧增產計劃部份(甲)種子徵集配給辦法(乙)墾地及種植辦法照原案通過，餘交內政財政農鑛教育四部部長經濟委員會祕書長審查由農鑛部長召集等由紀錄在卷除分令曁上項各附件於本次院議時各該部皆發有議程附件可稽不再抄發外合行錄案令仰該部遵照辦理此令』等因奉此除分令暨將上項辦法公佈外合行抄發該辦法各一份令仰遵照切實辦理並轉飭遵照此令」

等由附種子徵集配給辦法墾地及墾植辦法各一份准此除分行外合行抄發前項辦法令仰該區長遵照切實辦理爲要

此令

附抄發種子徵集配給辦法墾地及墾植辦法各一份

中華民國三十年四月　日

市長　蔡　培

社會局局長盛開偉

種子徵集配給辦法

第一條　農鑛部為徵集配給種子起見特訂定本辦法

第二條　雜糧種子由各該主管機關徵求收買之

第三條　種子之配給中央或省市政府得隨時派員督促及審查之

第四條　雜糧種子徵買地點暫定如下

一、玉蜀黍徵買地點　南京、鎮江、無錫、江浦、蚌埠、徐州

二、甘藷徵買地點　南京、鎮江、南通、泰興、宜興、蘇州、浦東

三、高粱　南通、蚌埠、徐州、蘇北一帶

四、蕎麥　徐州、蚌埠、蕪湖

五、南瓜　無錫、蘇州、崐山、太倉

六、豇豆　無錫、蘇州、常州、皖北蘇北一帶

七、小豆　南京、江鎮、無錫

八、馬鈴薯　南京、河北、上海一帶

九、粟(小米)　徐州、蚌埠、蘇北一帶

第五條　各縣市政府統計該地雜粮種子除供本地徵買外有多餘時應呈報上級以便徵買之

第六條　徵買種子之數量依據調查及呈報登記田畝之數量及每畝雜粮播種量推算之

第七條　各種須要之雜粮種子須在各該雜粮種植期前一月內全數徵買完全

第八條　徵買各種雜粮之種子需具有下列之條件

一、品種須純一者

二、清潔完整乾燥適度者

三、不得雜有雜物百分之五以上者

四、十分成熟者

五、經檢查確認為無病虫害者

第九條　分發各雜粮種子須在各該雜粮適度播種期前全部分發完竣

第十條　種子償還之手續其辦法另定之

第十一條　種子分發後調查證明並未種植或另作他用或轉行販買者當加倍處罰之

第十二條　本辦法自農鑛部公佈者施行之

附：種子每畝約二元五角其數量每畝約六斤其價格估計每斤四角餘

墾地及墾植辦法

第一條　農鑛部爲增加雜糧生產起見特制定本辦法

第二條　墾地之種類如下

一、公私有已墾未種植地

二、公私有未墾地

三、公私有森林地能種植雜糧者（日本沿海防潮林已種甘藷成功）

第三條　荒地不論公私有由各該主管機關會同當地警政機關並令飭區鄉鎮長實地調查登記至遲限于四月三十日以前編定墾區

第四條　荒地不論公私經調查呈報登記編定後着即插牌招墾五日內如無人承墾時由各該主管機關指定農民墾植之

第五條　荒地之官有私有者機關團體有優先臨時承墾權私有者其所有權人或代理人有優先墾種及選擇承墾者之權如所有權人或代理人他往或不自動承墾時由各該主管機關即行招墾（但其法律所有權仍予以保留）

第六條　荒地承墾人承墾荒地經各該主管機關核准後發給臨時墾種許可證

第七條　凡荒地承墾人領到臨時墾種許可證後應依限着手墾種逾限即日各該主管機關另行招墾並予以相當處罰

第八條　臨時承墾荒地爲優待農民計暫免地租

第九條　自動或經指定之承墾人可分下列數種

一、個別農戶

二、附近農家組織之墾植團

三、游民乞丐等收容所

四、警察監獄之在押人犯情節較輕者

第十條　招墾手續限在各食糧種植期前本月內全部完畢

第十一條　各地辦理臨時荒地調查登記及招墾事宜均須在各種規定手續完畢後三天內呈報上級主管機關登記備查

第十二條　本辦法自農鑛部公布日施行

南京特別市政府訓令　社字第　號

令城鄉各區公所

社會局案呈

農鑛部農字第四六一號訓令內開

「案奉　行政院行字第二〇五四號訓令內開『案查本院第五十五次會議討論事項第三案內政部陳部長財政部周兼部長教育部趙部長農鑛部趙部長全國經濟委員會陳祕書長會呈奉交審查食糧增產計劃暨經費預算一案謹擬具意見請公決案決議照審查意見通過經費在經濟建設費項下撥付等由紀錄在卷除分令財政部遵辦外合行令仰該部遵照此令』等因奉此查本部所擬食糧增產計劃其中關於雜糧部份(一)種子徵集配給辦法(二)墾地及墾植辦法前經行政院第五十三次會議通過並經本部以訓農字第四三九號分別令飭遵照各在案茲全部計劃亦經行政院第五十五次會議通過奉令前因除分令暨將上項計劃有關條文分別公布外合行抄發該計劃全文令仰知照此令」

等由附送食糧增產計劃全文令仰該區長即便飭屬一體知照

此令

附抄發食糧增產計劃一份（略）

中華民國三十年四月　日

市長　蔡　培
社會局局長盛開偉

南京特別市政府訓令　祕字第　號

令第一二三四五區公所

案准

保護森林委員會函送第二十八次常會紀錄關於討論事項第二案本市各馬路所植冬青圈時被小孩折取及柴販驅逐牲口入內啃嚙又佐藤首席聯絡官臨時提議山西路及各處新補植行道樹因無竹籬繩攬致被莠民偷砍甚多擬請查照決議案分別辦理等由附送會議紀錄一份准此自應照辦除函請首都警察廳查照辦理并分行外合行令仰該區長飭屬注意并隨時會同各警察局嚴予取締以維市容

此令

中華民國三十年四月　日

市長　蔡　培

南京特別市政府訓令 社字第三七六一號

令上新河　安德門
　燕子磯　孝陵衛　區公所

案查

國府還都周年紀念舉辦鄉區平糶一案前經飭由社會局召集各鄉區區長會商討論就城區糶餘碎米二百石及日商有恆華商普豐兩麵粉公司特製十磅裝小袋麵粉一千五百五十袋按照各該區人口數比例分別配給計該區應糶米六十九　四十六石麵粉五百四十　三百六十袋（有恆二百七
五十七　二十八　四百五十　二百　二百二
十　一百八十袋普豐二百七十　一百八十袋）茲制定鄉區平糶辦法十六條隨令附發除
十五　一百　二百二十五　一百
分令外合行令仰該區長遵照妥慎辦理仍將遵辦情形隨時具報爲要切切

此令

附發鄉區平糶辦法三份

市長　蔡　培

社會局局長盛開偉

中華民國三十年四月　日

國府還都周年紀念舉辦鄉區平糶辦法

一、國府還都周年紀念舉辦鄉區平糶以惠貧民由糧食管理委員會撥發碎米并由有恆普豐兩麵粉公司供給麵粉交南京特別市政府依照本辦法辦理之

二、平糶日期自四月二十九日起至五月十日止

三、平糶分為米麵兩種計碎米二百石在城區平糶餘米項下撥發麵粉一千五百五十袋內有恆公司七百七十五袋普豐公司七百七十五袋

四、平糶米每石重量一百六十市斤定價每石國幣五十元平價麵粉每袋重十磅有恆公司粉定價每袋國幣四元五角普豐公司粉定價每袋國幣四元

五、鄉區平糶係按照各該區人口數目為比例由該管區公所造具貧戶名冊經本府審查核定其配給數量如左

1. 上新河區　米　六十九石
　麵粉五百四十袋（有恆二七〇袋普豐二七〇袋）
2. 燕子磯區　米　五十七石
　麵粉四百五十袋（有恆二二五袋普豐二二五袋）
3. 安德門區　米　四十六石
　麵粉三百六十袋（有恆一八〇袋普豐一八〇袋）
4. 孝陵衛區　米　二十八石
　麵粉二百袋（有恆一〇〇袋普豐一〇〇袋）

合計　米　二百石
　麵粉一千五百五十袋

六、售米處設於鄉區各區公所內由區公所發米收款由本府函請市黨部轉行各該區黨部人員負責稽核米賬有無不符並請首都

警察廳轉行各該管局局長担任監視並率長警維持秩序暨護送解款

七、平糶麵粉應由各該管區長按照配給數量先行備款繳解南京市銀行核收本府憑銀行收據飭知倉庫照數發給（因日商有恆公司等麵粉價款已由本府先行借墊付給）

八、各售米處所收米款因地處郊外逐日繳解不無困難准予三日併解一次塡單繳解南京市銀行核收所有售出米量收入米價分別塡具三聯單一聯報府查核一聯交銀行一聯存根但所收米款在未繳解銀行以前應由各該區長負完全保管責任

九、購米貧民每口准購米二升計口增加但不問每戶人口多少其總購數不得超過一斗凡每戶人口在五口以上者應改購麵粉一袋其牌號聽購戶自擇（其不滿五口者數戶合購一袋亦可但不得折袋分購）

十、平糶米於起運時各售米處必須派員與倉庫經辦人員眼同過磅如果出倉以後短少斤量概歸各該售米處負責賠償

十一、平糶米麵之搬運過磅夫役工資等費用由本府社會局核實開支

十二、售米處售米人員必要之膳食及雜用等費每售米一石得支國幣三角九分每售麵粉一袋得支國幣三分五厘前項開支費用各售米處得逕向本府社會局請領但絕對不准在應解米款內擅自先行扣除

十三、購食糶米及麵粉貧民由區公所造具名册三份一份呈報本府查核一份存區一份於購米時驗明市民證後由各該戶在名册上加蓋指紋印以資稽考

十四、平糶碎米每斗以十六斤爲準不准超過此重量如因不遵守此重量而致虧耗時應由區長負責將缺少價款補解足數否則仍認爲虧短公款派員守提

十五、盛米蔴袋每三日必須繳囘原領倉庫取據報候查核倘有短少概由經售處賠繳每只價格國幣三元五角

十六、本辦法卽日施行如有未盡事宜得隨時修正之

南京特別市政府訓令

社字第　號

令上新河 孝陵衛 安德門 燕子磯 區公所

案准

農鑛部農字第二三三號咨開

「查青蛙爲護穀有益動物之一世界農業先進國家保護繁殖定有專章我國以農立國對於捕殺青蛙早經懸爲例禁茲値食糧問題日趨嚴重政府正努力增殖生產之際關於保護青蛙一項尤應加以注意用再重申禁令以資警惕除分咨外相應檢同佈告咨請貴市政府查照即便轉飭所屬廣事張貼并曉諭鄉民切實保護爲荷」

等由附佈告五十張准此除分行外合行檢發前項佈告令仰該區長即便飭屬廣事張貼并曉諭鄉民切實保護爲要

此令

附佈告十二張

中華民國三十年四月 日

市長 蔡培

社會局局長盛開偉

南京特別市政府訓令 財字第 號

令各鄉區公所

案據財政局田賦征收處主任沈甲三呈稱竊奉鈞府財字第二八四四號指令職處呈請遵照組織法擬於四月內抽派幹員督警赴鄉設置流動分櫃巡迴催征請核示由奉令呈悉准予照辦惟須告誡各該員警慎重將事勿稍操切至支用經費應卽依照「收支款項暫行辦法」辦理併仰知照此令等因奉此遵卽分飭各該員警輪赴各鄉妥慎辦理惟查前項田賦欠完原因其中固有零星小戶無力繳納延不清完者亦有刁狡大戶任意觀望抗不遵繳者僅恃職處員警催追恐人民狃於舊習收數仍難起色擬請俯予查照職處組織規則第八條及第十條之規定分別函請首都警察廳轉飭四郊警局分令各該鄉分駐所及令飭各鄉區公所轉飭鄉鎮保甲長等一體實力協助以利工作而維賦稅等情據此除分別函令外合亟令仰該公所遵照迅將該區未完賦稅花戶趕緊督飭各鄉鎮保甲長等協同財政局田賦征收處員警挨戶催追掃數清完毋任仍前玩延是爲至要切切

此令

中華民國三十年四月　日　　市長　蔡　培

南京特別市政府訓令　財字第　號

令南京市銀行

查市金庫業經正式移交該銀行代理關於該銀行市金庫收支款項之手續及會計科目之劃分

亦經訂定「南京特別市市金庫暫行規程」暨「南京特別市政府財政局歲入歲出會計科目」除公佈幷分行外合亟檢發前項規程科目令仰該行轉飭市金庫遵照辦理

此令

附發南京特別市市金庫暫行規程暨財政局歲入歲出會計科目各一份（見法規欄）

中華民國三十年四月　日

市長　蔡　培

南京特別市政府訓令　祕字第　號

令陵園警衛隊
　園林管理處

案准

保護森林委員會函送第二十八次常會紀錄關於佐籐首席聯絡官臨時提議陵區現駐警衛隊在封山時期自應協助辦理禁止鄉民婦孺入山樵採等由准此查陵區本年舉行擴大造林運動所有材料以及新植樹苗自應切實保護幷經本府規定四月二十一日封山禁樵布告周知在案除分令園林管理處轉飭陵園辦事處知照／陵園警衛隊切實協助禁止鄉民入山樵採外合行令仰該隊長遵照飭屬切實禁止鄉民入山樵採勿得瞻徇／處長遵照轉飭陵園辦事處知照幷將辦理情形隨時具報

此令

中華民國三十年四月　日

市長　蔡培

南京特別市政府訓令　財字第　號

令本府財政局直轄各機關

查現在財政局所屬各機關之臨時支出往往呈請動用財務費殊不知此種款項係屬處理本府財政事項之的款注重於整個之設施非附屬機關臨時所能率請動支嗣後各該機關經常費用平時應力事撙節俾有結餘以便遇有臨時支出卽可呈請動用不得藉詞撥用財務費以示限制除分行外合行令仰該　遵照辦理

此令

中華民國三十年四月　日

市長　蔡培

南京特別市政府訓令　社字第　號

令燕子磯區
第五區公所

案查本府辦理本市捕運魚花登記一案現值開捕期近自應照案施行所有旗幟網費仍照舊章征收每旗一面征收二元四角每旗管用十網每網征收三角六分餘依類推茲因捕期將屆爲便利辦理登記征費手續迅捷起見除分行外合行檢同修正捕運魚花登記暫行辦法申請書領結等件隨令附發仰該區長遵照限於本月二十六日以前查明境內網戶轉飭照章登記塡具申請書一面塡具領結加蓋舖保同時征收旗網費造具網戶名册連同征收款項一併呈繳來府以憑核辦並仰將辦理情形具報爲要

此令

附發　捕運魚花登記申請書五份

修正捕運魚花登記暫行辦法五份

領結五分（見法規欄）

市長　蔡　培

社會局局長盛開偉

中華民國三十年四月　日

南京特別市政府訓令　社字第　號

令上新河區公所

案查本府辦理本市捕運魚花登記一案現值開捕期近自應照案施行所有旗幟網費仍照舊章

南京特別市捕運魚花登記申請書

爲申請事茲謹遵照

鈞府捕運魚花暫行登記辦法第二條之規定將應行報明各項開列於後請予

核准登記並發給旗幟號牌

網戶姓名	年齡	籍貫	住址	傭工姓名	年齡	籍貫	住址

旗幟面數	
魚網箇數及長度寬度	
捕運地點	
捕運起止日期	
備註	

右呈

南京特別市政府

申請人　　（簽名蓋章）

舖保

店主　年齡　籍貫　住址

中華民國三十年　　月　　日

審核意見

市長
祕書長
祕書
助理祕書
社會局局長
社會局祕書
主管科長
主任科員
主辦員

征收每旗一面征收二元四角每旗管用十網每網征收三角六分餘依類推茲因捕期將屆爲便利辦理登記征費手續迅捷起見除派員前往該區協助辦理外合行檢同修正捕運魚花登記暫行辦法申請書領結及舊網戶名單等件隨令附發仰該區長遵照限於本月二十六日以前查明新舊各網戶迅飭照章登記塡具申請書一面塡具領結加蓋舖保同時征收旗網費造具網戶名册連同征收款項一併呈繳來府以憑核發旗牌爲要

此令

附發　捕運魚花登記申請書三十份

修正捕運魚花登記暫行辦法十份（見法規欄）

領結三十份

舊網戶名單一份

市長　蔡　培

社會局局長盛開偉

中華民國三十年四月　日

具領結人　今領到

南京特別市政府社會局發給捕運魚花第　號旗幟　面魚網數牌自第　號起至第　號止計　箇在　一帶地方捕取魚花本年　月　日限滿

繳銷如有違反登記辦法各條之規定及一切違法情事願甘究辦特邀保出具領結

謹呈

南京特別市政府社會局

具領結人（簽名蓋章）住址

保　　人（簽名蓋章）住址

中華民國三十年　　月　　日

上新河區舊網戶姓名單

李義森　江甯淳化鎮

邢成林　南圩鄉天保村

仇萬全　江寧秣陵鎮

陸爲生　同　右

趙啓忠　南圩鄉雙閘鎮

李承順　江勝鄉壽帶村

賈元開　上新河棉花堤北圩鄉

姜玉和　同　右

陸發喜　上新河螺絲橋十號彭中英轉
楊小三　上新河棉花堤
馬玉生　同　右
以上計十一戶

南京特別市政府指令　財字號　號

令田賦征收處

呈一件　爲遵令抽派員警赴鄉巡迴催征擬請分別函令警廳及各鄉區公所實力協助以維稅收由

呈悉仰候據請轉函首都警察廳及分令各鄉區公所飭屬一體協助以維稅收可也

此令

中華民國三十年四月　日

市長　蔡培

南京特別市政府布告　衛字第　號

案查霍亂預防注射業經嚴厲施行有案舉凡不潔之清涼飲料爲傳播霍亂病菌之媒介此類飲料物品之化驗取締實屬刻不容緩本府對於製造販賣汽水菓露水鮮桔水以及種種含有炭酸素之

飲料水暨醬油酒類等早經規定非經本府衛生試驗所化驗合格領有本府衛生許可證者不得發售如有不經化驗許可擅行製造或假冒牌號朦混出售者一經查獲不但將所售物品全部充公並將該商民嚴行處罰決不寬貸合亟布告週知仰全體商民一體凜遵勿違切切

此布

中華民國三十年四月　日

市長　蔡培

法規

南京特別市市金庫暫行規程

一、總則

一、市金庫由市銀行代理除由該行指揮外應受市政府財政局之監督

二、關於市庫主要人員之進退應由市銀行董事會徵求市長及財政局局長之同意

三、市金庫處理收支款項事務均須依照本規則辦理其未經明文規定者得沿用財政局代理金庫時之通例

四、市金庫收支貨幣之種類以國幣爲本位如遇他種貨幣收支時以各該貨幣固定之單位爲單位

五、收支稅款均應報知主管財政局支付款項均應依據市政府支付命令通知並核對領款機關出具之各項書類憑證後支付之所有應造各項書表應於翌日午前報送財政局

六、他種貨幣之兌換須憑財政局之書面文字處理

二、科目

一、市金庫會計科目計分左列三種

1. 屬於歲入類之科目
2. 屬於歲出類之科目
3. 屬於庫存類之科目

二、關於歲入類之科目另訂之
三、關於歲出類之科目另訂之
四、關於庫存類之科目計開左列一種
1.存放銀行各種貨幣須以其實際貨幣之名稱分類記載之

三、傳票

一、市金庫會計記賬憑證適用左列各傳票
1.金庫收入傳票
2.金庫支出傳票
3.轉賬傳票

四、賬簿

一、市金庫會計科應用左列各賬簿
1.日記賬
2.總　賬
3.分類賬
4.明細賬
以上各種賬簿應與財政局同一記載以資聯絡而便稽核

五、報表

一、市金庫除依前列（日記賬）（總賬）（分類賬）外更應塡製左列各表

1.收支日報表
2.日結表
3.代管款項結存表

六、附則

一、收納稅款應依規定格式之庫收（收據報查二聯）蓋用庫印發給各繳款機關並將繳款書（批廻報查一聯）加用庫印報送財政局

二、支付經費（核對支付令及支付通知）除照數付訖後留存領款收據外應將領款書（報告報核二聯）連同支付命令及支付通知報送財政局其暫字及抵字支付命令支付通知並將收支劃清後應當日連同表件附送

三、本規則如有未盡事宜由財政局呈准市長修正之

南京特別市政府財政局歲入歲出會計科目

歲入類

經常門

一、地方收入
1.田賦稅
2.契稅　卽轉移登記稅
3.營業稅
4.屠宰稅

5.牲畜稅

6.營業專稅凡專稅統屬之

7.箔類稅

8.牙帖稅

6.菸酒牌照稅

10車　捐

11舖房捐

21娛樂捐

31筵席捐

41妓　捐

51旅館捐

二、地方財產收入

1.商場租金

2.市產租金

3.自來水站租金

4.洲產售金

5.洲　租

6.湖產收入

7.田地租
8.菜場租金
9.攤販租金
三、地方事業收入
1.各診療所號金及藥費
四、地方行政收入
1.工商業登記費
2.度量衡檢定費
3.廣告捐
4.船舶登記費
5.車輛登記執照費
6.圖測費
7.營造業登記費
8.建築執照費
9.車輛磁牌費
10船舶磁牌費
11產權登記費
12書狀費

13各業衞生登記費
14醫師開業執照費
五、補助費
1.中央補助行政費
2.中央補助事業費
3.中央補助教育費
六、中央交付金
1.鴉片稅附加
2.鴉片營業稅及執照費
七、其他收入
1.代管經收租金
2.代管租金扣支手續費
3.化糞廠疏管費
4.舖房捐帶徵清潔捐
5.舖房捐帶徵消防捐
6.撥入借款

臨時門

1.放墾洲地保證金

2.清理市產收入

歲出類

經常門

一、經常費

1.本府經費秘書處領

2.護林會經費

3.各區公所經費

4.旗民救濟費

5.田賦征收處經費

6.營業稅處經費

7.屠宰稅局經費

8.營業專稅局經費

9.捐稅征收所經費

10八卦洲整理處經費

11攤販管理所經費

12園林管理處經費

13代管日僑家屋組經費

14管理費

15 居留民團代辦租借事務經費
16 日僑家屋租金部房屋保險費
17 稅警隊餉
18 教育經費
19 工程事業費　凡一切經常建築費均屬之
20 路工隊工餉
21 船舶登記所經費
22 工匠司機伕役工餉
23 下水道工隊工餉
24 地政事業費
25 衞生事業費　防疫種痘藥品材料及各診療所菜蔬消毒看守痲瘋病人等費屬之
26 各診療所經費
27 菜場管理所經費
28 娼妓檢療所經費
29 掩埋隊工餉
30 化糞廠經費
31 衞生試驗所經費
32 傳染病院經費

33救火會補助費
34市地方公會補助費
35清潔隊補助費
36預備費
37撥還借款

臨時門

祕書處領

1.本府行政臨時費
2.倉庫經費
3.臨時救濟費
4.財務臨時費
5.田賦處臨時費
6.營業稅臨時費
7.營業專稅臨時費
8.捐稅所臨時費
9.清理洲地租務臨時費
10工程建設臨時費
11教育臨時費
12地政臨時費

13 衛生臨時事業費
14 傳染病院臨時費

修正南京特別市捕運魚花登記暫行辦法

三十年四月修正

第一條　本市為發展魚業生產保護捕運魚花起見特訂定本辦法

第二條　凡市民捕運魚花在城內外池塘養殖者須向南京市社會局（以下簡稱市社會局）領取申請書逐項填明並邀同舖保蓋章申請登記

第三條　登記各戶經市社會局查明核准接得通知後應邀同原保到局領取旗幟及魚網號牌其式樣另定之

第四條　每旗幟一面得設網十個申請人應於申請書上填明不得以多報少希圖隱匿

第五條　此項旗幟及號牌有効期間每年自五月一日起至六月三十日止限滿繳銷

第六條　魚網尺度規定為長六尺五寸寬三尺之麻布網捕取地點須在距岸二丈以內之江面時間每日自上午五時起至下午七時止不得逾越

第七條　凡非經營此項業務者不得申請登記

第八條　捕運時必須攜帶旗幟網上懸掛號牌以備稽查

第九條　凡無旗幟及號牌之魚網所在地軍警得隨時拘捕並得沒收其魚花及網

第十條　旗幟每面收登記費二元四角魚網每個收登記費三角六分按網編號發給號牌應繳各費須於通知核准登記時繳清掣給收據

第十一條　旗幟號牌如有遺失情事原請領人須隨時呈報聽候查明核辦如無他項情弊准予按照本辦法各條之規定繳納登記

費申請補發

第十二條　如有違背本辦法各條之規定及發生攜帶違禁物品並其他一切情弊不論網戶僱工一律依法究辦其原保亦同負責任

第十三條　本辦法自公布日施行

南京特別市宣傳處辦事細則

一、本處直隸於南京特別市政府承　市長之命掌理不直屬於宣傳部之全市宣傳事宜

二、本處附設於市政府內實行合署辦公制度

三、本處秉受宣傳部之指導與監督

四、本處設祕書一人承處長之命撰擬機要函電綜核文稿及其他特別交辦事宜

五、本處設總務指導事業三科現在先設指導事業兩科所有總務事宜由祕書秉任之

六、指導科掌理左列事項

(一)關於宣傳計劃之擬訂事項

(二)關於所屬宣傳機關工作之指導及考核事項

(三)關於新聞稿件之撰擬及發佈事項

(四)關於宣傳刊物之指導及審查事項

(五)關於宣傳資料之徵集事項

七、事業科掌理左列事項

(一)關於宣傳事業宣傳活動之規劃及推動事項

(二)關於新聞事業之聯絡及扶助事項
(三)關於宣傳事業組織之調查事項
(四)關於新聞從業員及同業公會之調查事項
(五)關於宣傳刊物之編撰事項
(六)關於電影廣播及其他藝術宣傳之計劃及推動事項

八、本處設科長二人承處長之命分掌各該科事項

九、本處設科員六人至十人承科長之命辦理該管事務

十、本處因事務上之必要得設置專員並酌用雇員若干人

十一、本處秘書科長專員科員雇員均由　市長分別遴薦委派或酌量調派市政府各局處職員專任或兼任之

十二、處長如因請假或他故不能執行職務時應由秘書代行並呈報　市長備案

十三、本處對於宣傳部得直接用呈外對外行文均以　市長之名義行之但佈告及命令得由處長副署之

十四、本處除對於例行公文爲辦事簡捷起見得發處函

十五、職員對於本處機密事務不得對外宣佈或洩漏

十六、凡與兩科有關事項由主管科與關係科會商辦理遇有意見不同時應簽請處長核定之

十七、本處於必要時得由處長召集處務會議由科員以上職員組織之以處長爲主席其會議規則另定之

十八、各科每月工作應先擬定計劃呈由處長轉呈　市長核定施行

十九、各職員每日應填具工作日報表送呈處長查核

二十、各科每屆月終應彙編工作月報呈由處長轉呈　市長查核

二十一、本處爲推進宣傳事業起見得呈准　市長組織各種委員會其組織另定之

二十二、本細則如有未盡事宜得隨時呈請修正之

二十三、本細則自呈奉　市長核准之日施行並呈報宣傳部備案

南京特別市教育工作人員連環保證辦法

第一條　南京市政府教育局爲謀全市教育工作人員恪遵國策盡忠職守並切實推行和運統一思想起見特訂定本辦法

第二條　凡本市市私立各級學校社教機關暨私立職業補習學校或傳習所以及私塾人員均須依照本辦法塡具連環保證書呈送教育局查核否則不得任用或設立其連環保證書式樣另訂之

第三條　凡屬本市教育工作人員均應於本辦法公布之日起二星期內塡具三人（本人除外）連環保證書一份粘貼最近二寸半身脫帽像片經由保證人分別簽名蓋章並按捺本人（被保證人大拇指分男左女右）指紋交原服務學校或機關彙呈教育局查核

第四條　凡不滿四人之市私立各級學校及私塾應於附近或同一區域之學校及私塾湊足法定人數互相保證之

第五條　凡新任或新設塾人員應先塡具連環保證書方得呈請任用或設立但有特殊情形呈奉核准者不在此例

第六條　本市教育工作人員除依法塡具連環保證書外教育局督學視察巡視時對於各該人員之思想文字仍須嚴密攷查

第七條　凡保證人對被保證人之思想言行應負全責倘有越軌及反動情事隱匿不報者一經發覺定予連坐處分

第八條　凡保證人對被保證人之越軌及反動思想言行倘能先事發覺據實檢舉者得按照其情節之輕重予以奬賞

第九條　凡保證人對被保證人之思想言行如有中途發生懷疑缺乏佐證時得用書面或口頭聲請退保但被保證人須立卽另覓保證人更換連環保證書

第十條　本辦法自呈奉　南京市政府核准教育部備案後公布施行

公牘

呈行政院文

案查本市籌備啓征箔類稅一案業將辦理情形於四月一日呈報舉辦營業專稅案內一併呈奉鈞院行字第二六九〇號指令准予備案等因並經咨請財政部查照各在案查本府爲籌補預算故於舉辦營業專稅之外一面依據蘇浙滬征收箔類稅成案積極籌備近聞蘇浙滬箔類稅已由財政部改爲由部設局統一征收仍撥歸各省市領用本市雖正在籌備開征然同屬一市似未可獨異其辦法使商人有所藉口現在部轄之蘇浙滬箔類稅局業已開始征稅京市是否併在統案辦理之內未有明文竊謂稅之名稱既同而征作省市地方之收入亦同若一由部征一歸自辦似與統一征收之旨咯有未符本府此項稅收年定比額四萬元指定用途列入預算倘能由部局併案辦理統一征收仍將本市預算所列四萬元劃撥本府以抵比額在中央既得劃一稅制而本府預算亦可不受影響兼籌並顧無善於此如蒙

俯允擬請迅賜令飭財政部規定撥付辦法以歸一律是否有當理合具文呈請仰祈

鑒核指令祇遵謹呈

行政院院長汪

南京特別市市長　蔡　培

中華民國三十年四月　日

南京特別市政府咨　地字第　號

案查本市土地工作旬報表業經咨送至四月份上旬在卷茲造具四月份中旬旬報表一份相應
備文咨送卽希
督照爲荷
此咨
內政部

計咨送本市土地工作四月份中旬旬報表一份

市長　蔡　培

中華民國三十年四月　日

南京特別市政府咨　衛字第　號

案查醫藥人員請領部證業將第十八批登記合格者檢同證件咨請
貴部核發證書在案茲續經登記醫師計黃達珊等九人助產士田鴻桂一人中醫周華峯等二十三人
合計三十三人查核均尙合格相應繕具名冊一份檢同各該證件三十三宗領換證書印花等費一百

南京特別市政府辦理土地登記工作四月份中旬旬報表

中華民國三十年

事項 件數 日	接收登記聲請書	土地所有權登記	房屋登記	更正登記	塗銷登記	移轉登記	分割登記	共有權登記	住所變更登記	繕寫查驗證	發給查驗證	備註
11		5				2						
12						2					3	
星期13												
14		11				2				1	3	
15		11				1				1	5	
16		8				3				1	2	
17		8				1				3	5	
18		5				2						
19		5				1				3	4.	
星期20												
總計件數		53件				14件				9件	22件	

六十三元五角咨請
貴部審查核發證書爲荷
此咨
內政部
附第十九批請領部證名册一份證件三十三宗證費一百六十三元五角(略)
市長 蔡 培
中華民國三十年四月 日

南京特別市政府咨 社字第 號

案准
貴部鑛字第二三〇號咨略以本年上期鑛區稅尙未據各鑛商遵章呈繳請查照轉飭依限遵繳到部俾符法定程序等由准此自應照辦除分令各區公所轉飭各鑛商遵限呈繳外相應復請
查照
此咨
農鑛部
市長 蔡 培
中華民國三十年四月 日

南京特別市政府咨　社字第　　號

社會局案呈

貴部農字第四三九號訓令附發種子征集配給辦法墾地及墾植辦法各一份請轉飭遵照辦理等由准此除抄同原件轉飭所屬遵辦外相應復請

查照爲荷

此咨

農鑛部

市長　蔡　培

中華民國三十年四月　日

南京特別市政府公函　社字第　　號

案准

貴署務字第五九三號公函以據南京辦事處摺呈四項除第一項應由本署核定辦法另飭遵照外其餘三項自應根據會商原則征求意見請察照見復等由准此查關於第二項似以法幣爲標準較宜至於價目應請督飭確定官價用大字標貼在各售鹽店門首一面幷請委托警廳嚴查如賣暗盤抬價立予拘究關於第三項爲杜絕私運流弊似以函請軍警協助盤查爲宜關於第四項各機關學校公團要

求配給之鹽如確係自有食堂供職員學生之食者似應准予躉購准函前由相應略抒意見復請
察酌辦理爲荷
此致
財政部鹽務署

市長 蔡培

南京特別市政府公函 地字第 號

中華民國三十年四月 日

案准
貴班發字第二二一號公函略以使用校門前被毀屋基暫闢操場以利教育囑卽派員查勘等由准經飭
據本府地政局派員會同
貴校總務處劉處長渤楊庶務宏才前往實地查勘去後茲據呈復並繪具圖表前來復准首都警察廳
函同前由過府查貴校借用該被毀屋基計面積八・〇九五五畝係莊鄭氏楊秀黔兩戶所有除孫鴻
儀陶興仁等各戶靑苗拆遷費由
貴校自行處理分別發給該項靑苗拆遷費表不予檢送外相應檢同該使用地形勢圖送請
查照爲荷
此致

中央稅警學校幹部訓練班

附形勢圖一幅(略)

市長　蔡　培

中華民國三十年四月　日

南京特別市政府公函　工字第　號

案准

貴廳政一字第七八六號公函以本府前送前南京市政公署規定人力車價目表及本府工務局改訂人力車馬車價目表按諸現時生活程度似屬過低茲經參酌現時生活情形另行擬訂人力車馬車路程價目表兩種備函送請查核或剋即召集各該車業代表商酌審訂後會銜公佈施行等由幷附送人力車馬車價目表各一份過府准經轉飭工務局派員召集馬車業公會代表程振武人力車業公會代表劉明儀等會同商酌審訂當以原訂馬車價目以里計算每一華里不得超過法幣三角一節似嫌稍低經共同議定每一華里改爲五角全日仍照十六元計算又標準地點第五項規定中山陵園至新街口單送每次法幣四元擬改爲五元又第六項規定上新河至新街口單送每次法幣五元擬改爲六元又第九項規定下關海南車站或輪渡碼頭至中華門單送每次法幣五元擬改爲六元其餘各地點規定馬車價目以及原訂人力車路程價目均甚適當准函前由相應將飭局召集各該車業代表會同審

訂馬車人力車路程價目情形備函奉覆卽希
查照辦理并希見復爲荷
此致
首都警察廳
市長 蔡培
中華民國三十年四月日

南京特別市政府公函 祕字第　號

案准
保護森林委員會函送第二十八次常會紀錄關於討論事項第二案本市各馬路所植冬青圈時被小孩折取及柴販驅逐牲口入內啃嚙又佐藤首席聯絡官臨時提議山西路及各處新補植行道樹因無竹籬繩攬致被莠民偷砍甚多擬請查照議決案分別辦理等由附送會議紀錄一份准此自應照辦除指令本市各區公所遵照外相應抄送紀錄函請
查照轉飭所屬隨時取締以維市容爲荷
此致
首都警察廳
附抄送紀錄一份(略)

中華民國三十年四月　日　市長　蔡　培

南京特別市政府公函　社字第　號

卷查本府辦理本市捕運魚花登記一案歷經函請查照在案現値開捕期近自應照案舉行除令各區公所轉飭所轄境內各網戶於本月二十六日以前照章申請登記外相應檢同修正捕運魚花登記暫行辦法一份函請

查照轉飭水巡隊查有未領本府旗幟網牌私行捕運網戶卽予照章取締爲荷

此致

首都警察廳

附送修正捕運魚花登記暫行辦法一份（見法規欄）

中華民國三十年四月　日　市長　蔡　培

南京特別市政府公函　財字第　號

案據財政局田賦征收處主任沈甲三呈稱竊奉鈞府財字第二八四四號指令職處呈請遵照組織規則擬於四月內抽派幹員督警赴鄉設置流動分櫃巡廻催徵請核示由奉令呈悉准予照辦惟需告誡各該員警箠愼重將事勿稍操切至专用經費應卽依照「收支款項暫行辦法」辦理併仰知照

此令等因奉此遵卽分飭各該員警輪赴各鄉妥愼辦理惟查前項田賦欠完原因其中固有零星小戶無力繳納延不淸完者亦有刁狡大戶任意觀望抗不遵繳者僅恃職處員警催追恐人民狃於舊習收數仍難起色擬請俯予查照職處組織規則第八條及第十條之規定分別函請首都警察廳轉飭四郊警局分令各該鄉鎭分駐所及令飭各鄉區公所轉飭鄉鎭保甲長等一體實力協助以利工作而維稅收等情據此除分令外相應函請

貴廳查照分令各鄉警局轉飭各鄉鎭分駐所遇有前項抗完賦稅情事經由田賦征收處員警或各鄉鎭公所請求協助時隨時予以協助呈紉公誼

此致

首都警察廳

市長 蔡 培

中華民國三十年四月 日

南京特別市政府箋函 教字第三八一七號

本府爲謀增進市民體育興趣及促進國民健康計經定於五月十日及十一日假國立中央大學運動場舉行國府還都後第一次南京市中小學聯合運動會夙仰 熱心體育敬懇

頒賜獎品以資鼓勵倘荷

俯允卽希於五月九日以前逕送本府教育局先行妥收保管相應函達至煩

查照轉陳爲荷

此致

各院祕書廳

各部總務司

各委員會祕書處

南京特別市政府啓

中華民國三十年四月　日

南京特別市政府箋函　教字第三八一九號

本府爲謀增進市民體育興趣及促進國民健康計經定於五月十日及十一日假國立中央大學運動場舉行國府還都後第一次南京市中小學聯合運動會擬懇貴廳於五月十十一兩日酌派警士到場保護相應函達即希　查照惠允見覆爲荷

此致

首都警察廳

南京特別市政府啓

中華民國三十年四月　日

統計

南京市戶口統計表民國三十年四月

區別	戶數	人口數						
		總計	男性			女性		
			合計	成人	兒童	合計	成人	兒童
總計	139331	617545	343026	235130	107896	274519	182672	91847
第一區	27199	124013	63387	48612	19715	55626	38179	17447
第二區	38104	167423	91661	62095	29566	75463	51828	23934
第三區	18569	77833	44189	30797	13392	33644	22713	10931
第四區	10705	45960	25828	18192	7636	20132	13548	6554
第五區	10288	46896	27725	20932	6793	19171	12972	6199
上新河區	12361	54489	29247	20067	9180	25242	16710	8532
燕子磯區	9409	44912	24566	15607	8959	20346	12281	8065
孝陵衛區	4162	19352	10252	5477	4775	9100	5443	3657
安德門區	8534	36667	21171	13291	7880	15496	8998	6498

註：一、本表根據各區公所塡報之戶口月報。
二、各外國僑民戶口不在此內。

秘書處第二科統計股製

南京市戶口增減比較表民國三十年四月

區別	戶增減數	人口增減數						
		總計	男性			女性		
			合計	成人	兒童	合計	成人	兒童
總計	−1108	−1861	−1116	−1084	− 32	− 745	− 697	− 48
第一區	− 599	− 302	− 132	− 170	− 38	− 170	− 216	− 46
第二區	− 408	− 891	− 679	− 594	− 85	− 212	− 150	− 62
第三區	− 148	− 524	− 333	− 300	− 33	− 191	− 173	− 18
第四區	− 108	− 277	− 123	− 113	− 10	− 154	− 127	− 27
第五區	+ 71	+ 376	+ 272	+ 195	+ 77	+ 104	+ 66	+ 38
上新河區	− 37	− 29	− 11	− 3	− 8	− 18	− 9	− 9
燕子磯區	− 17	− 62	− 32	− 33	− 1	− 30	− 32	+ 2
孝陵衛區	− 16	− 78	− 38	− 25	− 13	− 40	− 27	− 13
安德門區	− 46	− 74	− 40	− 41	+ 1	− 34	− 29	− 5

註：一、本表根據各區公所塡報之戶口月報

二、各外國僑民戶口不在此內

三、有(+)符號者爲增加，有(−)符號者爲減少

祕書處第二科統計股製

市政公報暫定價目表

期限	價目	郵費
零售	每冊三角	本市半分 外埠一分
半年	十二冊 三元五角	本市六分 外埠一角二分
全年	二十四冊 七元	本市一角二分 外埠二角四分

市政公報廣告刊例

頁數	價目
一頁	每期十一元
半頁	每期六元
四分之一頁	每期三元

刊登廣告在四號以上者每期按照七折計算連續十號以上者每期按照六折計算長期另議

出版日期 本公報暫定每月二次

編輯者 南京市政府祕書處

發行者 南京市政府祕書處

印刷者 南京惠文印務局
地址：中華路府東街
電話：二三二八三號

中華郵政登記認爲第一類新聞紙類

中華民國三十年五月十五日

第七十一期

市政公報

南京特別市政府秘書處印行

目錄

命令

法規

公牘

南京特別市政府公佈令 地字第　號

茲修正南京特別市地產公司營業取締規則公佈之此令

附錄修正南京特別市地產公司營業取締規則（見法規欄）

中華民國三十年五月　日

市長　蔡培

南京特別市政府公佈令 地字第　號

茲修正南京特別市不動產賣典暫行規則公佈之此令

附錄修正南京特別市不動產賣典暫行規則（見法規欄）

中華民國三十年五月　日

市長　蔡培

茲修正南京特別市市民遺失圖狀書證收據呈請補給須知公佈之此令

附錄南京特別市市民遺失圖狀書證收據呈請補給須知（見法規欄）

中華民國三十年五月　日　市長 蔡培

南京特別市政府委令 祕字第　號

令巫開福

茲派該員爲本市孝陵衛區區長此令

中華民國三十年五月　日　市長 蔡培

南京特別市政府訓令 祕字第　號（不另行文）

令本府所屬機關

案准

交通部五月五日函開

「逕啓者據華中電氣通信公司南京電報局函呈略稱政府各機關因公拍發官電照章須廉價提前拍送惟此項電報應在發報人姓名欄內加蓋官印爲憑倘以機關人員個人名義拍

發之官電本局卽認作商電拍送不得享受各項官電權利謹呈官電概說二百份請卽分送本京中央各機關及國庫銀行以供參考等情到部除分送各機關外相應檢同該項官電概說三份函請督收爲荷」

等由，并附官電概說三份准此除分令外合行抄發官電概說一份令仰知照

此令

附抄發官電概說一份

市長　蔡　培

中華民國三十年五月　日

官電概說

一、官電有享種々特權

東亞圈電報官報之特權如左

1.提先拍發　官電拍發當然先于商電卽其他要電亦得以官電爲先

2.報費低廉　自中支至日本滿洲及蒙彊各地之官電廉于商電

列表如下

一組碼（一字）之報費

發往地	電報形式	官電報費	商電報費
日本	華文日文	二五錢	三〇錢
	洋文	三〇錢	三五錢
滿洲	華文日文	一五錢	二〇錢
	洋文	二〇錢	二五錢
蒙疆	華文日文	一五錢	二〇錢
	洋文	二〇錢	二五錢

同一城市內中支區內或中支南支間官私電同値

二、官電得享種々特權已述于前惟反之官報亦須有充分特別條件

東亞圈電報官報條請參照本公司營業規則第八條

三、拍發官電時注意點

中國政府各機關拍發公務電報務希具備上述官電條件拍發官電

拍發官時電報去報紙上空白處請示明下記數點

1.電報類別欄官電類別略號請記入　（電報類別略號另附參照）

2.發信人氏名欄請蓋官印

拍發官電以個人名義者該官衙之長官爲限故發電處人員個人姓名請勿記入爲要如公務上電報長官以外個人私用電報耶公務電報乎其難判別遇此情形以商報處理之

關於國庫金收發電報發電紙上請蓋證印此項證印印鑑務希向電報局存案備查

㈠華中電氣通信股份有限公司

電報營業規則摘要

第五條　電報分爲左列爲二種

一、官　電

二、商　電

第六條　官電係左列電報之謂

一官廳或地方自治團體所發公務電

二、（省掉）

三、經辦國庫之銀行本行分行或其代辦所所發電報而蓋有與預存電報局印鑑符合之印證者

四、在戰爭時變之際因軍事輸送而供給政府使用之船舶鐵道或飛機之主管者所發之電報經公司認可者

五、對呈驗收到之官電所拍發之覆電

第八條　電報之傳遞依左列順序辦理之

一、加急官電

二、加急商電
三、官電
四、商電
（以下省掉）
◉電報報類應以左開略號書寫
報類　日文略號　華洋文略號
官電　リム　G
加急官電　イリ　S

南京特別市政府訓令 祕字第　號

令本府所屬各機關商會

案奉
行政院行字第二一九一號訓令內開：
「現奉　國民政府第五二一號訓令開『據本府文官處簽呈稱；『案准中央政治委員會祕書廳公函內開：「查三十年五月一日中央政治委員會第四十六次會議，討論事項第二案：主席交議：『本年夏令日光節約時期，擬自五月一日起，至九月三十日止，將全國時間提前一小時，並將時鐘由零時撥至一時以爲標準由　國民政府通令實行請公決案。當經決議：「通過」除紀錄在卷外，相應錄案函請查驗轉陳通令遵行。」「等由：准此，理合簽請鑒核。」等情：據此，應准照辦。除分行外，合行令仰該院遵照，並轉飭所屬一體遵照。』等因，奉此，除分行外，合行令仰該市府，遵照並轉飭所屬一體遵照。此令。」

等因：奉此，除分令外，合行令仰遵照。

此令。

中華民國三十年五月　日

市長　蔡　培

南京特別市政府訓令

財字第　號

令本府所屬各機關

查各機關收入款項均應儘征儘解市銀行市金庫業經規定辦法通飭遵行在案各機關均應遵照辦理並不得用堂記名義將公款立戶存儲市銀行致違功令除分令外合行令仰該□遵照幷轉飭所屬遵照切切此令

中華民國三十年五月　日

市長　蔡培

南京特別市政府訓令　社字第　號

令城鄉各區公所
南京市商會整理委員會

案奉

行政院行字第二一九〇號訓令內開：

「現奉　國民政府第四九號訓令開『查勞資爭議處理法現經修正明令公布應卽通飭施行除分令外合行抄發該修正勞資爭議處理法乙份令仰知照幷轉飭所屬一體知照此令』等因計抄發修正勞資爭議處理法乙份奉此除分令外合行抄發修正勞資爭議處理法乙份令仰知照幷轉飭所屬一體知照此令」

等因；附發修正勞資爭議處理法一份，奉此，除分行外，合行抄發原件，令仰該區會卽便轉飭所屬一體知照！

此令。

附抄發修正勞資爭議處理法一份（略）

中華民國三十年五月　日

市長　蔡培

南京特別市政府訓令 祕字第　號

令各區公所
園林管理處

案准

農鑛部漁字第二〇二號咨開：

「查管理水產業暫行規則業經本部制定公布並呈報　行政院備案在卷爲統一政令起見相應檢同該項規則咨請貴府轉飭所屬一體遵照辦理除分咨外卽希查照爲荷」

等由幷附管理水產業暫行規則二份准此除分令外合行抄同管理水產業暫行規則一份令仰知照

此令

附抄管理水產業暫行規則一份（略）

市長　蔡　培

中華民國三十年五月　日

南京特別市政府訓令 宣字第　號

令城鄉各區公所

查時屆夏令疫癘堪虞、宣傳工作，最關重要，已由本府宣傳處以淺顯文字製就標語十四種暨宣傳圖畫一種，以期喚起市民注意，茲特隨令頒發上項標語每種二十張計二百八十張及宣傳圖畫一百張，事關市民健康，亟應分別張貼各熱鬧場所，以廣宣傳，除分令外，合行令仰遵照！

此令。

計發標語二百八十張圖畫二百張（略）

中華民國三十年五月　日

市長　蔡　培

南京特別市政府訓令 衞字第　號

令第一二三四五區公所

案查本屆第一次霍亂預防注射業經自四月十五日開始辦理在案茲定于本月十五日起舉行檢查仰該區長切實勸令市民在本月十五日以前一律在各注射處注射防疫針其有規避不遵者一經查出卽行吊銷市民證所有各坊保甲長應立具切結證明該坊保甲內確無未曾注射之人以憑查核所有切結式樣自應規定以資一律除分行外合亟檢發結式令仰該區長卽便遵照印發尅期塡明彙送來府以憑察核此令

附發結式一紙（略）

中華民國三十年五月　日

南京特別市政府訓令 社字第　號

市長　蔡　培

令上新河　安德門　孝陵衛　燕子磯各區公所

案查前據華中棉產改進會贈送高麗棉籽請推廣試種一案業將前項棉籽發交該區具領在案現值夏初農作繁興之候該區領回之棉籽應卽趕速轉發各農民勸導妥愼播種惟查前去兩年各區所領是項棉籽雖已轉發施種無如一般農民知識淺固又以各區督飭不力遂致收穫結果成績毫無非但種籽可惜且亦無以對友邦贈送之盛意此次復行試種自應洛外認眞不得再事敷衍致干咎責除由本府暨該棉產改進會隨時派員前往監督指導并分行外合行檢發美棉栽培法領種調查表令仰該區長遵照一面派員廣爲宣傳一面將領種數量依表塡送來府以備考查爲要！

此令

附發美棉栽培法十份　領種調查表一份（略）

中華民國三十年五月　日

市長　蔡　培

南京特別市政府訓令 社字第　號

南京特別市政府訓令 教字第　號

令上新河 燕子磯 孝陵衛 安德門區公所

案准

行政院糧食管理委員會調字第二五八五號咨開；

「查糧食之生產運銷於各地民生治安關係至鉅事變以還情形特殊農村多爲匪共盤踞糧食產率減低復以交通梗塞運輸不便供需失調引成嚴重之形勢本會實施粮食管理對於各省市所屬縣鄉鎮地方治安情形亟待詳澈攷查爰經製訂各省市縣鄉鎮現況調查表式分送各省市依式查報俾資查攷除分咨外相應檢同上項表式咨請貴市政府迅予轉飭所屬查填於一個月內逕送本會幷希見復爲荷」

等由並附調查表式到府准此自應照辦除分令外合行檢發鄉鎮現況調查表一份令仰該區長於文到十日內查塡報府以憑彙轉毋延切切

此令

計發鄉鎮現況調查表一份（略）

中華民國三十年五月　日

市長　蔡　培

令市立各中小學

案准

教育部祕字第四三一八號咨開：

「案奉　行政院行字第一六七九號訓令內開案准中國國民黨中央執行委員會祕書廳函字第五四四號公函開：「案奉中央執行委員會第三次全體會議決議案內開：沈爾喬戴英夫兩委員提：各公立學校對於和運殉難烈士遺族子弟免費入學案，本案經教育組審查，提出審查意見如左：原則通過，函請國民政府行政院令飭教育部擬定和運烈士遺族子弟在公立學校設立免費學額及獎學金辦法，決議照審查意見通過。」等因，紀錄在卷。相應檢送提案原文，錄案函達，至希查照轉飭辦理爲荷』等由；附提案原文一件，准此，合行抄發原提案文，令仰該部查核辦理具報，此令。」等因，並抄發原提案文一件奉此，即經本部擬具和運烈士遺族子女就學免費規程呈奉行政院行字第二六五九號指令核准飭遵以部令公布施行各在案。除檢發前項規程通令各省市教育廳局遵照辦理外，相應檢送規程一份咨請查照爲荷

等由；並附送和運烈士遺族子女就學規程一份，令仰遵照辦理具報

此令

附發和運烈士遺族子女就學規程一份（略）

中華民國三十年五月　日

市長　蔡培
教育局局長徐公美

南京特別市政府訓令 衛字第　號

令傳染病院
　第四診所

案准

中國國民黨南京特別市黨部執行委員會函開

敬啓者查天氣漸熱傳染病極易發生本會社會服務處兼辦之民衆診療部份如有患傳染病者就診時擬轉送貴府所辦之傳染病院治療以免傳染之危險再查本市產科醫師數量甚少而收費甚鉅貧婦分娩時遇有難產或其他情形即束手無策爲保障產婦安全計以後如有貧窮孕婦而願住院分娩者亦擬由各處轉送貴府第四診療所產科住所分娩以上兩種有關市民福利諒貴府定表贊同惟轉送辦法請予規定並賜復以便轉飭遵辦爲荷」

等由准此嗣後如遇有市黨部社會服務處民衆診療部醫師具函證明之傳染病患者／難產貧婦來院／所求診應隨時收容治療以杜傳染／保安全除函覆外合行令仰該院／所遵照辦理此令

中華民國三十年五月　日

市長　蔡　培

南京特別市政府布告　工字第　號

查都市之交通管理有關人民之安全茲爲防止事故及整飭市容起見所有本市中日軍政機關自用汽車及營業等各種汽車定期重行檢驗司機人亦應一律重加考核以期交通安全益臻完密當經中日有關各機關代表共同商决重行檢驗辦法凡南京市中日官民所用自備汽車營業汽車三輪貨車机力脚踏車以及一切類似汽車之車輛均須一律重行復驗司機人亦應重加考核除日本軍用車輛應由日軍部隊分別通知應檢日本官民所用車輛應向日領事館警察署申請檢驗中國軍用車輛應向憲兵隊申請檢驗外所有黨政各機關自用汽車營業汽車以及一切類似汽車性質之車輛均應於五月十四日起至二十一日止由各該車之司機人將車開至本府白下路工務局車輛登記所聽候復驗其已經登記領照之車輛經復驗合格後隨時加發合格證不另收費如查有車輛機件損壞以及司機人技術欠佳者卽行隨時吊銷執照如係營業汽車則照章飭令停止營業除令工務局車輛登記所切實遵照辦理外合亟佈告仰各該汽車車主暨駕駛人等一體遵照規定限期前往申請復驗毋存觀望自誤爲要此布

中華民國三十年五月　日

南京特別市政府布告　工字第　　號

茲修正南京特別市陸上交通管理規則又南京特別市政府工務局試車牌照發給辦法又南京特別市政府工務局考驗汽車駕駛人規則又南京特別市政府工務局處理違章車輛簡則又南京特別市水上交通管理規則又南京特別市政府取締廣告及徵捐暫行簡則又南京特別市政府自來水站承租暫行章程又南京特別市政府工務局招標承包修築工程辦理程序又南京特別市政府工務局工程投標規則（附工程合同）又南京特別市政府修復損壞建築物暫行辦法又南京特別市車輛檢驗登記領用牌照收費簡則又南京特別市政府工業技師技副執行業務規則又南京特別市政府營造業登記章程又南京特別市政府工務局檢驗車輛規則又南京特別市建築規則又南京特別市新住宅區建築規則又南京特別市鄉鎮區建築暫行規則又南京特別市政府工務局渡船碼頭業暫行規則又南京特別市政府工務局路工隊及下水道工隊管理規則公布之

此布（以上章則十九項工務局印有單行本）

中華民國三十年五月　日

市長　蔡　培

工務局局長謝學瀛

法規

修正南京特別市地產公司營業取締規則

二十九年九月二十三日行政院指令行字1083號備案二十九年十月十一日公布施行之

第一條　凡在本市依公司法設立之公司以地產為營業或副業者均應遵守本規則

第二條　本規則所稱地產係指土地及房屋

第三條　凡以地產為營業或副業之公司均應檢同公司執照填寫申請書呈請本市地政局發給登記證始得經營地產業務

申請書式樣另定之

上項登記不收費用但應繳登記證書費一元

第四條　地產公司資本額應在三萬元以上其經營地產業務以左列各項為限

一、買賣地產

二、地產典押

三、建築房屋收租

第五條　地產公司經營業務不得違反有關土地法令之規定

第六條　地產公司經營業務市政府認為與公衆利益有關時得令地政局指導或限制之

第七條　地政局於必要時得派員至地產公司調查或檢查

第八條　地產公司營業有違背行政法令或本規則之規定者地政局得限令改正或依照執行法及公司法處分之

第九條　本規則呈奉　行政院備案後施行

修正南京特別市不動產賣典暫行規則

一、本規則所稱不動產凡土地及房屋等均屬之

二、本市區內不動產賣買典當依本規則聲請地政局核准其未經核准者不得賣典

三、前條聲請應由雙方當事人向地政局領取聲請書依式塡寫連同管業書據及書據抄白送局查核聲請書格式另定之

四、地政局自收到聲請書之日起卽派員按址測勘並繪具詳圖測勘費每畝收銀二元不及一畝者以一畝計

五、地政局對於不動產之賣典如有疑義時得通知當事人及關係人來局詢問或派員調查

六、不動產之賣典經核准後應卽通知賣典當事人並發給勘丈圖其原繳書據應俟受買受典戶稅契後分別批註發還

七、賣典當事人在勘丈圖發出後一個月以內如認爲錯誤時得聲請復勘

八、賣典當事人接收第六條核准通知後應卽購用規定契紙繕具契約並完納契稅

九、賣契稅率照契載不動產價值徵收百分之六典契徵收百分之三徵收契稅

前項契稅應自核准發給圖批之日起於二個月以內完納之如因特別情形不能立契者應在二個月內將圖批繳銷其已立契而逾限納稅者處以應納稅額十分之一罰金限一個月以上每月遞加十分之一但不得超過應納稅額其有特殊情形經查明屬實者得予免罰

一〇、賣典當事人如不遵本規則聲請核准私自賣買典當者一經發覺除飭令照章聲請外應處以罰金惟不得超過應納稅額賣方或出典者担負三分之一買方或受典者担負三分之二

一一、不動產之買賣如故意少報價值情事或地政局認爲特別情形時市府核准後得照所報原價收買之

一二、繳納稅經查實少報價值者如照前條辦理認爲窒礙時除勒令另換契紙補繳短納稅款外並視其情節輕重處以罰金不得超過其短稅額

一三、稅契圖費每張一元契紙費五角

一四、業戶稅契應將地政局所發藍圖繳銷由地政局換發勘圖並將業戶所呈草契附粘地政局所頒發之官契加蓋騎縫局印另發稅單執業

一五、官契應載明賣買雙方姓名及該產坐落四至面積價值並截留存根備查稅單照前項所載外應註明所徵稅銀數目並截留存根備查

一六、業戶繳納各項稅費應掣給市金庫收據

一七、不動產賣典少報價值經舉發屬實者得提罰金百分之四十獎給原舉發人

一八、前條舉發人應提出書面報告詳述事實塡明姓名住址以便調查

一九、舉發人如係挾嫌揑報應負法律上之責任

二〇、業戶遺失契據應詳細聲明事由覓具鄰近不動產所有人之證明及殷實鋪戶之担保並在地政局指定日報刊登廣告一個月地政局查核後補給契照

二一、前條補契應照繳契稅倘遺失之契據已在財政局或地政局完稅經查明有案者其有案部份准予免繳

二二、本規則自呈奉　行政院核准之日施行

南京特別市市民遺失圖狀書證收據呈請補給須知

一、凡市民遺失左列圖狀或書證或收據得呈請南京市政府地政局補給

甲・所有權圖狀

乙・他項權利證明書

丙・前土地局或地政局所發土地所有權登記收據

丁・產業登記查驗證

戊・產業登記收據

已・共有權證

二、凡呈請補給圖狀書證或收據時應備具左列各項文件

甲・切結

1. 呈請人姓名籍貫職業住址
2. 不動產面積及建築物狀況
3. 遺失圖狀書證收據區段號數

乙・保證書

1. 保證人姓名籍貫職業住址
2. 被保證人姓名籍貫職業住址
3. 保證事項

4.保證人與被保證人之關係
5.地產坐落四至及面積
丙・登報聲明
1.遺失所有權圖狀或前地政局土地所有權登記收據者應登本局指定之報紙一個月連同報紙繳案備查
2.遺失他項權利證明書或登記收據及共有權證者除須會同出典人債務人或共有人呈請外應登本局指定之報紙十五天連同報紙繳案備查
3.遺失查驗證或產業登記收據者應登本局指定之報紙七天連同報紙繳案備查
前三項暫指定中報一家
三、保證書計分隣保鋪保兩種除遺失所有權圖狀或所有權登記收據應同時取具隣鋪兩保外其餘概具鋪保
四、切結保證書及登報樣紙均由地政局製發不另取費
五、地政局對於呈請補給事項審查完畢即通知呈請人來局繳費具領
六、對於遺失圖狀書證收據各項徵收費用隨時依照土地法及修正南京市土地登記暫行規則(二十四年十二月中政會備案之規定分別徵收

公牘

呈行政院文

查奉　令舉辦臨時清荒墾殖一案當經本府積極規劃釐訂辦法大綱暨實施計劃飭由地政局及農事專員分別負責辦理在案匝月以來經將城鄉各區所有公私荒山曠地應行登記分區編號以及承墾證書文件印發等事項次第辦理就緒計城市五區共有公私荒地三百十八號面積二千三百四十七畝二分除其中八百畝為前中央黨部勘定部址及三百畝富貴山麓軍政部營地因友邦部隊使用未能放墾外截至四月底止經核准放墾者二百九十七號面積一千一百九十六畝三分其餘仍在續放中至關於鄉區荒山曠地雖經查報完竣然均以地方情形特殊山地不宜墾殖以致泰半未能放墾現正加緊勸導俾於最近期內得以完成墾政除城鄉各區清荒墾殖清册一俟辦理完竣另行造報外理合將本市奉令辦理清荒墾殖經過情形連同墾殖紀要備文呈請

鑒核備查

謹呈

行政院院長汪

附呈南京特別市舉辦臨時請荒墾殖紀要一份(略)

南京特別市市長　蔡　培

中華民國三十年五月　日

南京特別市政府咨　衞字第　號

案查醫藥人員請領部證業將第十九批登記人員咨請

貴部查核辦理在案茲續經登記醫師顧洪模等七人助產士鞏毓琇一人合計八人相應繕具名册份

檢同各該證件計八宗領換證書印花等費肆拾肆元伍角咨請

貴部審查核發證書爲荷此咨

內政部

附第二十批醫藥人員名册一份證件八宗證費四十四元五角(略)

市長　蔡　培

中華民國三十年五月　日

南京特別市政府咨　地字第　號

查奉　令舉辦臨時清荒墾殖一案當經本府積極規劃釐訂辦法大綱暨實施計劃飭由地政

局及農事專員分別負責辦理在案匝月以來經將城鄉各區所有公私荒山曠地應行登記分區編號

以及承墾證書文件印發等事項次第辦理就緒計城市五區共有公私荒地三百十八號面積二千三

百四十七畝二分除其中八百畝爲前中央黨部勘定部址及三百畝富貴山麓軍政部營地因友邦部隊使用未能放墾外截至四月底止經核准放墾者二百九十七號面積一千一百九十六畝三分其餘仍在續放中至關於鄉區荒山曠地雖經查報完竣然均以地方情形特殊山地不宜墾殖以致泰半未能放墾現正加緊勸導俾於最近期內得以完成墾政除城鄉各區清荒墾殖清册一俟辦理完竣另行造報外相應將本市奉令辦理清荒墾殖經過情形連同墾殖紀要咨請

督照備查

此咨

內政部

附送南京特別市舉辦臨時清荒墾殖紀要乙份（略）

市長 蔡培

中華民國三十年五月 日

南京特別市政府咨 地字第 號

案查本市土地工作旬報表業經咨送至四月份中旬在卷茲造具四月份下旬旬報表一份相應備文咨送即希

詧照爲荷

此咨

內政部

計咨送本市土地工作四月份下旬旬報表一份

市長　蔡　培

中華民國三十年五月　日

南京特別市政府咨　地字第　號

案查本市土地工作旬報表業經咨送至四月份下旬在卷茲造具五月份上旬旬報表乙份相應備文咨送卽希詧照爲荷

此咨

內政部

計咨送本市土地工作五月份上旬旬報表乙份

市長　蔡　培

中華民國三十年五月　日

南京特別市政府咨　祕字第　號

南京特別市政府辦理土地登記工作四月份下旬旬報表

中華民國三十年

日＼件數＼事項	接收登記聲請書	土地所有權登記	房屋登記	更正登記	塗銷登記	移轉登記	分割登記	共有權登記	住所變更登記	繕寫查驗證	發給查驗證	備註
21		6										
22		10				2					7	
23		2									1	
24		4				1					2	
25		5				3					1	
26		6				1					2	
星期27												
28		3				1					11	
29		6				2				4	7	
30		1				1					4	
總計件數		43件				11件				4件	35件	

南京特別市政府辦理土地登記工作五月份上旬旬報表

中華民國三十年

日 \ 事項 件數	接收登記聲請書	土地所有權登記	房屋登記	更正登記	塗銷登記	移轉登記	分割登記	共有權登記	住所變更登記	繕寫查驗證	發給查驗證	備註
1		1				3					2	
2											4	
3										5	9	
星期 4												
5		3				3				1	8	
6		3								1	9	
7		1				3					7	
8										1	6	
9		10				3					3	
10		2			2						2	
總計件數		20件			2件	12件				8件	50件	

案准

貴部辛字第二一四號咨開：

「查各軍事機關部隊軍樂隊之編制教育向多紛歧未臻劃一茲爲整頓教育劃一編制起見請將貴府軍樂隊編制教育以及各有關之規章檢送全份以便參攷而資借鏡相應咨達卽希查照辦理爲荷」

等由准此查本府音樂隊暫設一隊兩班由隊長副隊長負責訓練管理准函前由相應抄同編制及人數表一份咨請查照爲荷

此咨

軍政部

附編制人數表一份（略）

市長　蔡　培

中華民國三十年五月　日

南京特別市政府公函　衛字第　號

案准

貴會執公字第一五四號函開「查天氣漸熱傳染病極易發生本會社會服務處棄辦之民衆診療部

份如有患傳染病者就診時擬轉送貴府所辦之傳染病院治療以免傳染之危險再查本市產科醫師數量甚少而收費甚鉅貧婦分娩時遇有難產或其他情形即束手無策爲保障產婦安全計以後如有貧窮孕婦而願住院分娩者亦擬由各處轉送貴府第四診療所產科住所分娩以上兩種有關市民福利諒貴府定表贊同惟轉送辦法請予規定並賜復以便轉飭遵辦爲荷等由准此查本府各診所均係免費療治凡有病貧民可逕往就診至於傳染病患者以及貧婦難產可由
貴會社會服務處民衆診療部醫師具函證明分別逕送八府塘傳染病院莫干路第四診療所產科部自當收容診治除令知外相應函復即希查照並轉飭知照爲荷此致
中國國民黨南京特別市執行委員會

市長　蔡　培

中華民國三十年五月　日

南京特別市政府公函　社字第　號

案准
貴廳政一字第一〇〇八號公函囑將會訂取締書場簡則第二條後段規定之申請書式樣檢送一份以便查考等由准此自應照辦茲檢同公共娛樂場所營業登記呈請書暨藝員登記呈請書式樣各一份備函送達即希查照爲荷此致

首都警察廳

附公共娛樂場所營業登記呈請書暨藝員登記呈請書式樣各一份（略）

市長 蔡培

中華民國三十年五月 日

市政公報暫定價目表

期限	價目	郵費
零售每冊	三角	本市半分 外埠一分
半年十二冊	三元五角	本市六分 外埠一角二分
全年二十四冊	七元	本市一角二分 外埠二角四分

市政公報廣告刊例

頁數	價目
一頁	每期十一元
半頁	每期六元
四分之一頁	每期三元

刊登廣告在四號以上者每期按照七折計算連續十號以上者每期按照六折計算長期另議

出版日期 本公報暫定每月二次

編輯者 南京市政府祕書處

發行者 南京市政府祕書處

印刷者 南京紹新印刷所 地址；復興路中段 即天青街四〇四號

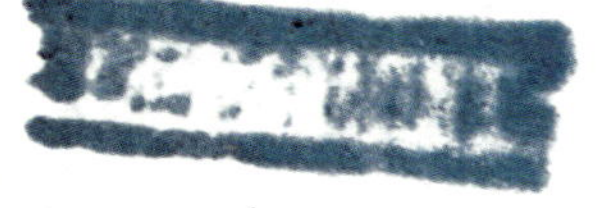

中華郵政登記認爲第一類新聞紙類

中華民國三十年五月三十一日

市政公報

第七十二期

南京特別市政府祕書處印

目錄

南京特別市政府公佈令 社字第　號

茲修正南京特別市各區公所組織規程公布之

此令

附修正南京特別市各區公所組織規程一份（見法規欄）

南京特別市政府公佈令 社字第　號

茲修正南京特別市區公所辦事細則公布之

此令

附修正南京特別市區公所辦事細則一份（見法規欄）

市長 蔡培

社會局局長 盛開偉

中華民國三十年五月　日

南京特別市政府公佈令 社字第　號

茲修正南京特別市度量衡器具營業暫行條例公布之

此令

附修正南京特別市度量衡器具營業暫行條例（見法規欄）

市長　蔡培

社會局局長　盛開偉

中華民國三十年五月　日

南京特別市政府公佈令 社字第　號

茲修正南京特別市度量衡器具征收檢定費暫行規程公布之

此令

附修正南京特別市度量衡器具征收檢定費暫行規程（見法規欄）

市長　蔡培

社會局局長　盛開偉

中華民國三十年五月　日

市長蔡培
社會局局長　盛開偉

南京特別市政府令　教字第　號

茲制定南京特別市政府教育局考查社教人員訓練班畢業學員服務成績辦法公佈之此令

附南京特別市政府教育局考查社教人員訓練班畢業學員服務成績辦法（見法規欄）

市長　蔡　培

中華民國三十年五月　日

南京特別市政府訓令

（不另行文）

令本府所屬各機關

案奉

行政院行字第二二三五號訓令內開

「現准參軍處典字第二五二號公函開『案奉　國民政府五月一日第一三七號指令本處簽呈乙件爲呈送　國民政府主席乘車隨扈辦法請核准明令公布由內開「呈件均悉毋庸明令公布着將原送辦法第十條修改爲『本辦法自呈奉　國民政府核准之日施行』

並卽准予備案仰分別轉行知照此令」等因奉此除遵照修正並分函外相應抄附辦法函達卽希查照並飭屬知照』等由計抄附　國民政府主席乘車隨扈辦法一份准此除分令外合行抄發辦法一份令仰該市府查照轉飭所屬一體知照此令」等因附抄發　國民政府主席乘車隨扈辦法乙份奉此除分令外合行抄發辦法乙份令仰知照

此令

附　國民政府主席乘車隨扈辦法

市長　蔡　培

中華民國三十年五月　日

國民政府主席乘車隨扈辦法

第一條　主席在首都地方因公乘車外出時其隨扈儀節依本辦法之規定

第二條　主席坐車前方約一百米達置隨扈開道敞車一輛建旗以校官一員率衞士若干名護持之旗章式樣如附圖

第三條　主席坐車建三角小旗其式樣如附圖

第四條　主席坐車前方及兩側置側車三輛担任警戒及傳達之責

第五條　主席坐車後方置隨扈車隨員車若干輛任直接警衞之責

第六條　車輛行進序列如附圖

第七條　凡屬中華民國文武官吏及軍民人等望見開道車輛旗章立卽讓避道路兩側靜候主席坐車經過時一律致敬

附圖

隨扈開隨徽車

警戒側車

主席委員長乘車

隨扈徽車

隨員乘車

隨扈徽車

附記

一、隨扈車至少三輛得視情況酌量增加

二、隨扈官兵依車輛數目大小臨時酌定

附圖

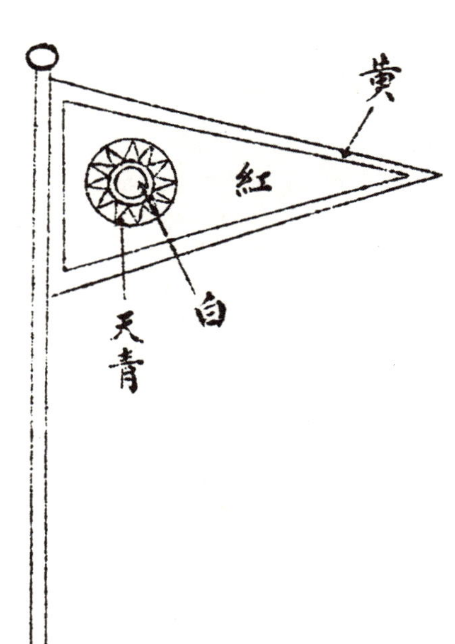

附記

小旗尺寸依汽車上常用標旗為準或畧增大

附圖

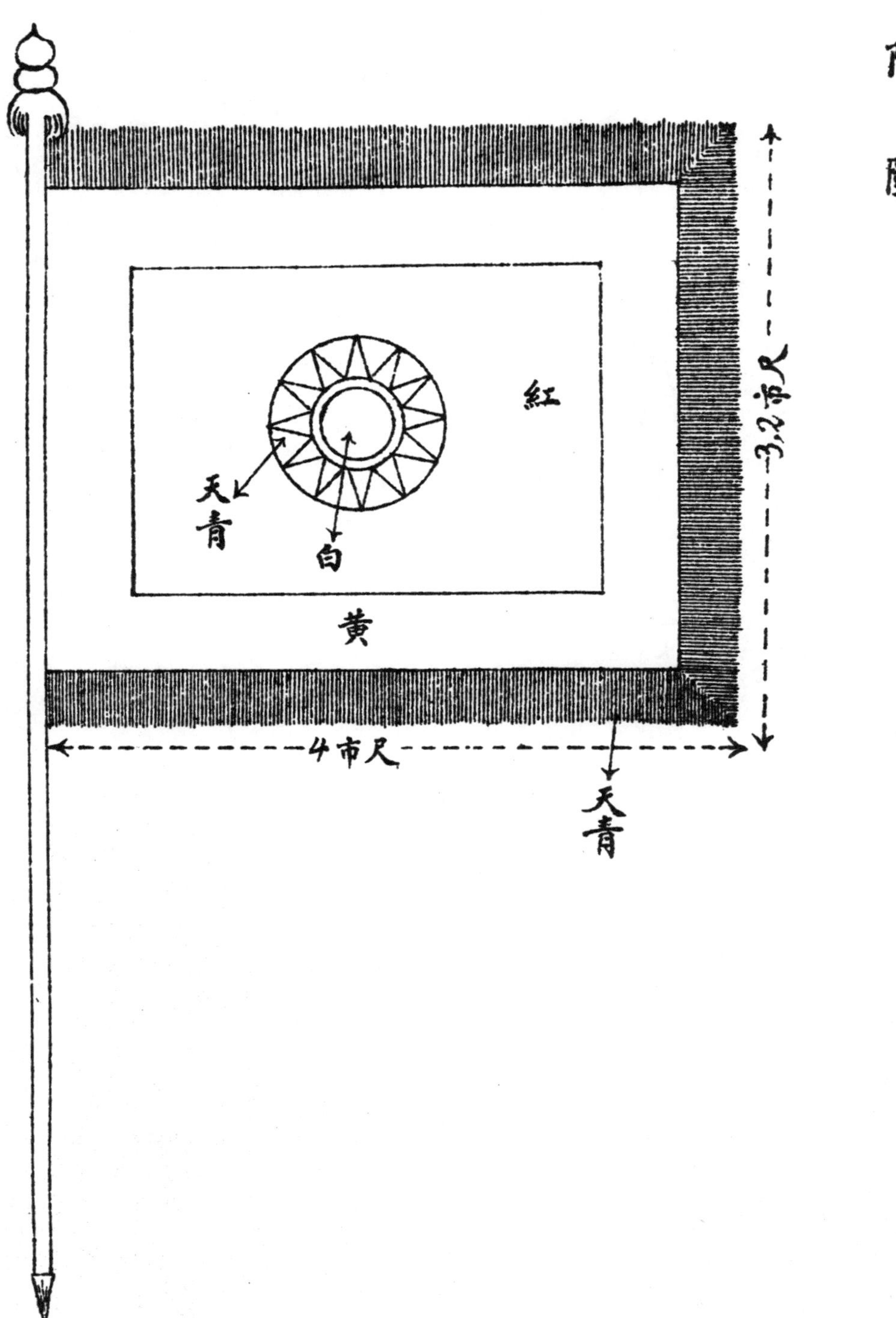

第八條　隨扈官兵一律武裝其他沿途警衛暨儀仗仍依陸軍禮節條例辦理
第九條　本辦法如有未盡事宜得隨時呈准修改之
第十條　本辦法自呈奉
國民政府核准之日施行

南京特別市政府訓令

（不另行文）

令本府所屬各機關

案奉

行政院行字第二二八二號訓令開

「現准軍事委員會會軍一字第六二二號咨開『案查本會五月七日第四十二次常務會議決議警衛旅改編爲警衛師任令鄭大章兼警衛師師長陸振淸爲警衛師副師長邢聚五爲警衛師參謀長除呈請改編明令發表暨分令外相應咨請查照並希轉飭所屬一體知照』等由准此除分行外合行令仰該市府知照並轉飭所屬一體知照此令

等因奉此除分行外合行令仰該　知照並轉飭所屬一體知照

此令

中華民國三十年五月　日

市長　蔡　培

南京特別市政府訓令

（不另行文）

令本府所屬各機關

案奉

行政院行字第二四八六號訓令開

「現據警政部保二字第三六二號呈稱「案據政治警察署呈稱「案據全國感化院院長黃凱呈稱『竊查本院收容政治人犯每多由地方政府或各軍警機關呈經警政部核准直接移解到院本院對於各該人犯罪事實及審訊經過均無案可稽致舉行個別談話時訊問犯罪事實恆恐與原審機關不盡符合施行感化不無窒礙茲爲明瞭各政治人犯之已往經歷並犯罪緣由便利實施感化起見嗣後凡移解本院之政治人犯擬請鈞署轉呈警政部分別函令各原解機關將各該人犯之犯罪事實審訊經過暨有關案卷各抄附一份隨同人犯一併解院以便參攷而利感化是否有當理合備文呈請鑒賜核轉實爲公便』等情據此查核該院所請各節自屬允當理合備文呈請仰祈鑒核賜准分別函令各原解機關照辦實爲公便」等情據此除分別呈令外理合備文呈請鑒核俯賜轉飭所屬各機關一體遵照」等情據此所請自應照辦除分行外合行令仰該市府轉飭所屬一體遵照此令」

等因奉此除分令外合行令仰遵照

此令

中華民國三十年五月　日

市長　蔡培

南京特別市政府訓令　財字第　號

令本府附屬各機關
　南京市商會整理委員會

案奉

行政院行字第二三〇一號訓令開

「現奉

國民政府第五九號訓令開『據該院本年五月十四日行字第七四九號呈稱『案查本院第五十九次會議討論事項第一案院長交議據財政部周兼部長呈報擬定於本年七月一日開征第一第三兩類所得稅一案提請核議案決議通過呈報中央政治委員會備案並呈請國民政府公布施行等由紀錄在案除呈報中央政治委員會備案及令飭財政部遵照外理合錄案並抄附財政部原呈具文呈請鑒核明令公布施行實爲公便等情據此應准照辦除明令修正所得稅暫行條例第一條第一類第三類所得稅着自三十年七月一日起繼續征收其第一類甲乙兩項營利事業所得以年計者應計算其二十九年度所得征收之此令』公布並分行外

合行令仰知照並轉飭所屬一體知照此令』等因奉此除分行外合行令仰知照並轉飭所屬一體知照此令」

等因奉此除分行外合行**令仰知照**[illegible]公所一體知照

此令

中華民國三十年五月　日　市長　蔡培

南京特別市政府訓令　宣字第　號

令本府各局處
城鄉各區公所

案准

宣傳部宣傳事業司五月十二日函送「和平反共建國文獻」一百册「我國對英美蘇俄外交政策之檢討」十册中日基本條約及其意義續編」二十册「滿洲國修聘記」十册「時事文萃」一百册及「譯叢月刊」二十册囑卽分發所屬等由准此除函復並分發外合行檢發「和平反共建國文獻」五册「我國對英美蘇俄外交政策之檢討」一册「中日基本條約及其意義續編」一册「滿洲修聘記」一册「時事文萃「五册及「譯叢月刊」一册仰卽查收參考爲要

此令

計發「和平反共建國文獻」五册「我國對英美蘇俄外交政策之檢討」一册「中日基

本條約及其意義續編」一冊「滿洲國修聘記」一冊「時事文萃」五冊及「譯叢月刊」一冊(略)

中華民國三十年五月　日　　市長　蔡培

南京特別市政府訓令 社字第　號

令社會局
　教育局
　宣傳處

案准

警政部保二字第二六三號咨開

「案奉　行政院行字第二三一七號訓令內開『案查本院第五十八次會議討論事項第二案院長交議據警政部李部長呈送擬訂審查出版物委員會組織規程草案經交本院法制局審查擬具意見提請公決案決議照審查意見通過等由紀錄在卷合行錄案並抄發上項審查意見令仰該部遵照此令』等因附抄發本院法制局審查意見一份奉此除遵令修正公布暨呈請備案并分別咨令外相應抄同是項規程咨請查照并希轉飭知照」

等由附警政部出版物審查委員會組織規程一份准此除分令外合行抄發原附件令仰知照

此令

計抄發警政部出版物審委員會組織規程一份

市長　蔡培

中華民國三十年五月　日

警政部出版物審查委員會組織規程

第一條　警政部出版物審查委員會（以下簡稱本委員會）依照警政部組織法第五條第二項設置之

第二條　本委員會審查左列出版品與著作物

一、關於依出版法聲請登記發行之出版品

二、關於依著作權法聲請註册之著作物

第三條　本委員會置兼任委員五人至九人除主管司司長主管科科長爲當然委員外其餘由部長指派相當人員兼任之

第四條　本委員會得設專門委員視事務之需要由部長酌聘之

第五條　本委員會置主任委員一人由部長於本會委員中指定之

第六條　本委員會置幹事一人辦理文書事務由主任委員呈請部長於本部職員中指派兼任之

第七條　本委員會因繕寫文作或處理其他事務得酌用辦事員書記

第八條　本委員會對於聲請發行人或註册人有所查詢時通知主管司分別辦理之

第九條　本委員會審查出版物須向有關各方徵詢時通知主管司分別辦理之

第十條　本委員會於接到主管司送會審查出版物後十五日內應將來件審查完畢隨同審查結果通知主管司辦理但係

鉅作或有特殊情形者得商洽延長之

第十一條　本規程如有未盡事宜得隨時呈請修正之

第十二條　本規程自呈准公布日施行

南京特別市政府訓令社字第　號

令城鄉各區公所

案奉

行政院行字第二三三八號訓令開

「現奉　國民政府第六十一號訓令開『據本府文官處簽呈稱准中央政治委員會祕書廳中政祕字第九八七號公函內開查三十年五月十五日中央政治委員會第四十七次會議討論事項第二案主席交議據清鄉委員會汪兼委員長簽請修正該會臨時組織大綱一案請公決案當經決議照修正條文通過紀錄在卷幷奉諭送國民政府公布等因查清鄉委員會臨時組織大綱前經中央政治委員會第四十一次會議通過經由本廳函請轉陳在案茲奉諭前因相應錄案幷抄附清鄉委員會臨時組織大綱全文暨原簽呈修正文一併函達至希查照轉陳明令公布並分別飭遵等由理合簽請鑒核等情到府自應照辦除明令公布並分令外合行抄發該大綱令仰知照幷轉飭所屬一體知照』等因計抄發修正清鄉委員會臨時組織大

綱一份奉此除分行外合行抄發原大綱一份令仰知照並飭所屬一體知照」此令等因計抄發修正清鄉委員會臨時組織大綱一份奉此除分令外合行抄發原大綱一份令仰該區知照並轉飭所屬一體知照

此令

計抄發修正清鄉委員會臨時組織大綱一份

中華民國三十年五月　日

市長　蔡培

清鄉委員會臨時組織大綱

三十年三月二十四日制定公布
三十年五月十六日修正公布

第一條　國民政府爲積極辦理各省市清鄉事宜特設清鄉委員會爲最高指導機關

第二條　國民政府授權清鄉委員會關於清鄉區內之軍政事宜得逕爲制定法規發布命令或諮商行政院暨軍事委員會分別執行之

第三條　清鄉委員會設委員長一人由軍事委員會委員長兼任之副委員長二人由軍事委員會常務委員一人及行政院副院長兼任之

委員十八人至十六人由關係軍政各部會長官及當地省政府主席兼任之

第四條　本會處理及審議事項如左

一、關於清鄉軍政法規之制定事項

二、關於清鄉設施之各方聯絡事項
三、關於清鄉區域之劃定事項
四、關於清鄉實施軍警部隊之指定派遣事項
五、關於招撫事項
六、關於軍警部隊之給與事項
七、關於保安隊警察之設置及保甲編組事項
八、關於清鄉區內特種教育及民衆訓練事項
九、關於建築碉堡事項
十、關於交通通信運輸事項
十一、關於封鎖匪區事項
十二、關於清鄉區內經濟統制及經濟建設事項
十三、關於清鄉軍政方面之人事調整事項
十四、關於清鄉實施經臨各費之籌措及預算決算之審核事項
十五、關於兵器彈藥器材糧秣之補給及工事構築等事項
十六、委員長發交審議事項

第五條　爲執行清鄉區內之政務及統率指揮保安隊暨警察得分區設置清鄉督察專員公署主持辦理之

第六條　爲承辦清鄉區內軍隊之指揮調遣事宜得設軍事委員會參謀團辦理之軍事委員會參謀團組織另定之

第七條　本會設祕書長一人承委員長之命副委員長之指導處理會內事務副祕書長一人助理之

第八條　本會設左列各處
一、第一處承辦總務事項
二、第二處承辦政務事項
三、第三處承辦軍事事項
四、第四處承辦社會福利事項
各處組織另定之

第九條　本會於必要時得設各種委員會

第十條　本大綱自公布日施行

南京特別市政府訓令　社字第　　號

令工務局
第一二三四五區公所

案准首都警察廳政二字第一四一六號公函內開

「卷查本廳前以每屆夏令各商店住戶間有臨時搭設天蓬以避陽光者此項設備與交通消防及市容諸端在在均有關係經頒訂商店住戶夏令臨時搭蓋天蓬限制辦法令飭各屬遵照辦理并抄送辦法函請貴府查照在案茲查上項辦法經呈奉　警政部指令修正并改爲取締搭蓋蓆棚暫行辦法飭即遵照施行等因奉此自應遵辦所有本廳前頒商店住戶夏令臨

時搭蓋天篷限制辦法應卽廢止除分函暨通令各屬遵照辦理外相應檢送原暫行辦法備函
奉達卽希查照幷飭屬知照爲荷」
等由並附送取締搭蓋蓆棚暫行辦法一份准此除分令外合行抄發上項辦法令仰該局區知照並轉
飭所屬一體知照
此令
計抄發首都警察廳取締搭蓋蓆棚暫行辦法一份
中華民國三十年五月　日　　市長　蔡培

首都警察廳取締搭蓋蓆棚暫行辦法

第一條　本辦法凡住在本市居民適用之
第二條　凡在街道兩旁商店住戶搭蓋蓆棚須經該管警察局核准始得動工
第三條　在繁盛街道兩旁商店住戶於必要時得令其設置布棚以壯觀瞻
第四條　搭蓋蓆棚取締辦法如左
一、所搭天棚不得礙及電桿電線及公共或他人建築物棚身並宜整齊堅固
二、各戶毘連處須各留間隔二公尺以外棚下垂處應距離地面三公尺以上棚身不得越出人行道一公尺以外
三、埋設堅柱應靠近路邊以不妨礙交通爲限

四、棚下不得擺攤販營業或堆存貨物及放置任何器具

五、各戶應視範圍之廣狹分別酌量設備水缸滿貯清水及銅水唧或滅火機以防火患

六、此項蓆棚如遇發生特殊事故認爲有障礙時得隨時拆除

第五條　如遇違背前列各條之一者得依法處罰令其拆除

第六條　本辦法自公佈日起施行

南京特別市政府訓令社字第　號

令第一二三四五區公所

查本市稻作講習會依據農鑛部定章業經籌備進行茲定於六月二日成立卽日開始授課所有聽訓人員應由該區保送初中程度職員一人或二人農業忠實青年一人或二人限本月三十日上午九時逕向本府社會局報到聽候選取合格者受訓除分行外合亟抄發本市稻作講習會章程一份令仰遵照辦理并將選定人員名單迅卽先行呈報爲要

此令

附抄發本市稻作講習會章程一份（見法規欄）

中華民國三十年五月　日

市長　蔡培

南京特別市政府訓令 社字第　號

令上新河 孝陵衛 安德門 燕子磯區公所

查本市稻作講習會依據
農鑛部定章業經籌備進行茲定於六月二日成立卽日開始授課所有聽訓人員應由該區保送初中程度職員三人農業忠實青年三人限本月三十日上午九時逕向本府社會局報到聽候選取合格者受訓除分行外合亟抄發本市稻作講習會章程一份令仰遵照辦理幷將選定人員名單迅卽先行呈報爲要

此令

附抄發本市稻作講習會章程一份（見法規欄）

中華民國三十年五月　日

市長 蔡培

南京特別市政府訓令 社字第　號

令頭關 寶塔橋 孝陵衛 笆斗山 滄波門 姬家莊 邁皐橋 仙鶴門 七里洲 雙閘初級小學校

查本市稻作講習會依據農鑛部定章業經籌備進行茲定於六月二日成立卽日開始授課所有聽訓人員應由該校校長本人或常識教員限開課之前二日逕赴本府社會局報到聽候送會受訓除分行外合行抄發本市稻作講習會章程一份令仰遵照辦理并將來會受訓人員之名單先行呈報爲要

此令

附抄發本市稻作講習會章程一份（見法規欄）

市長　蔡培

中華民國三十年五月　日

南京特別市政府訓令 社字第　號

令上新河、孝陵衛、燕子磯區公所

社會局案呈

農鑛部訓農字第五零八號訓令內開

「查本部食糧增產計劃業經令飭知照在案關於稻作示範區原定設置一百區茲特規定中央直接辦理三十區其餘七十區由各省市自行辦理附發稻作示範區分配表一紙仰卽

遵照幷轉飭各區選擇適當區域作爲中央稻作示範區彙報到部以憑核辦」等由附稻作示範區分配表一紙准此查食糧增產計劃業經本府於四月二十九日以社字第三七七五號訓令通飭知照在案茲准前由除分令外合亟抄發原表令仰該區查照前發食糧增產計劃中稻作示範區辦法第二三兩條之規定選擇一適當區域作爲中央稻作示範區並仰將區域範圍（其範圍必須散佈五鄉村之內）地點畝數交通及鄉鎮村落集中各情形限於文到七日內繕具詳表二份迅報來府以憑存轉爲要

此令

附抄發稻作示範區分配表一紙（略）

中華民國三十年五月　日

市長　蔡培

南京特別市政府訓令　社字第　號

令城鄉各區公所

案准

農鑛部皓日代電開

「本年春季繭價評議會議決　一、江蘇浙江安徽改良種鮮繭標準價格（甲）繅折三百八十斤者市秤每担國幣一百八十元司馬秤每担二百二十元(乙)糶折四百二十斤者市秤每担國幣一百五十元司馬秤每担一百八十元(丙)糶折四百五十斤者市秤每担國幣一百二十元司馬秤每担一百五十元　二、糶折在三百八十斤以下或在四百五十斤以上者照比例增減之　三、各地土種鮮繭價格一律照七折計算之紀錄在卷除呈報並分電外相應電達卽希查照公布施行」

等由准此除分令外合行令仰知照並公告週知爲要

此令

中華民國三十年五月　日

市長　蔡培

社會局長　盛開偉

南京特別市政府訓令　社字第　號

令日華佛教聯盟南京總會　南京佛教會　南京佛教往生蓮社　南京佛教慈幼院

案准

內政部社三字第二九號咨開

「查關於佛教寺廟興辦慈善公益事業一案前據中國佛教會擬具該項規則呈請本部

備案當於二十三年十二月呈奉　行政院核准在案惟此項規則既經備案後各省市縣實施情形如何亟應調查以資稽考除分咨外相應抄同佛教寺廟興辦慈善公益事業規則一份咨請貴市政府查照飭屬令行佛教團體遵辦轉報以憑考核并希見復」

等由附佛教寺廟興辦慈善公益事業規則一份准此事關興辦地方慈善公益事業各該佛教團體自應量予舉辦除分令并咨復外合行令仰該　即便遵照辦理并將辦理情形詳細具報以憑彙轉爲要

此令

附抄發佛教寺廟興辦慈善公益事業規則一份

中華民國三十年五月　日

市長　蔡　培

佛教寺廟興辦慈善公益事業規則　二十三年九月中國佛教會呈請　內政部備案同年十二月呈奉　行政院核准

第一條　本規則依照監督寺廟條例第十條並中國佛教會會章第二條規定擬訂之

第二條　各寺廟應斟酌各地方之需要興辦慈善公益事業其範圍如左

一、關於民衆教育事項

二、關於濟貧救災事項

三、關於育幼養老事項

四、關於衛生醫藥事項

五、關於其他慈善公益事項

第三條 前條各項事業興辦時應酌量各寺廟經濟情形得由一寺獨力興辦或由數寺院合力舉辦或由當地佛教會督促該地全體寺廟共同舉辦之

第四條 由當地佛教會督促全體寺廟共同舉辦之慈善公益事業應設立委員會負責計劃並辦理之前項委員會由當地佛教會推選代表三人各寺廟推選代表四人組織之其組織方法另定之

第五條 寺廟興辦慈善公益事業其出資應按各該寺廟每年總收入數目依左列各項爲標準

一、百元未滿者百分之一

二、百元以上三百元未滿者百分之二

三、三百元以上五百元未滿者百分之三

四、五百元以上一千元未滿者百分之四

五、一千元以上者百分之五（一千元以上概徵百分之五者因收入鉅大之寺廟其僧侶必衆開支必繁如叢林收入雖或逾萬元但住僧常數百人自給且時虞不足故不能再用累進之法）

第六條 寺廟興辦慈善公益事業應受主管官署監督並當地佛教會之指導

第七條 寺廟興辦慈善公益事業時應報告主管官署及當地佛教會備案並由當地佛教會轉呈中國佛教會備案

第八條 寺廟興辦慈善公益事業應將辦理現狀及收支情形於每年年終除呈報主管官署轉呈內政部備案外並須報由當地佛教會遞轉中國佛教會評定成績分別懲奬呈報內政部備查

第九條 寺廟興辦慈善公益事業其成績優良或出資超過第五條所列標準者由當地佛教會呈請中國佛教會奬勵之其成績過劣或出資不及第五條所列標準者由當地佛教會責令改進或令其補足

第十條　寺廟住持不遵第五條規定者由當地佛敎會請求主管官署協助令其出資如再違抗得照監督寺廟條例第十一條規定辦理

第十一條　本規則呈請內政部核准施行如有未盡事宜得由中國佛敎會呈准內政部隨時修改之

第十二條　本規則施行細則另定之

南京特別市政府訓令　社字第　號

令第四區公所

案據本市地方公會常務理事主席陶錫三函呈

「古蹟保存爲恢復文獻之拾級神像奉安爲挽囘刼運之正宗憶自　眞武大帝威靈顯赫考諸經典垂二千餘年茲因發現鐵像自應覓屋奉安查掃葉樓張睢陽殿後有空屋三間堪以供奉刻已捐資着手興工諏吉奉安事關保存古蹟奉祀神靈用特函請鈞府佈告週知以昭鄭重而利工程無任企盼」

等情據此事關保存地方古蹟自應准予給示保護除布告外合行令仰該區長卽便遵照幷轉飭該管坊保甲長一體隨時注意保護爲要

此令

中華民國三十年五月　日

市長　蔡培

南京特別市政府訓令 衛字第　號

令第五區公所

案准首都警察廳政四字第一二九六號公函開

「案據本廳下關警察局呈稱『案查本局境內爲首都水陸交通之要衝商業繁盛人口頻增其清潔方面原有垃圾箱爲數無幾未能普遍設置致永寗街一帶巷口迄無垃圾箱小便池之設備住戶甚多時有傾倒滿地汚穢尿物淸道夫難期掃除清潔妨礙觀瞻且値夏令關係衛生尤匪淺鮮茲爲保持淸潔與謀市民健康起見爰經四月二十五日開第一次局務會議決議責本局衛生員警實地查勘應設垃圾箱等地點數目報請設置並紀錄呈報在案查該員警業將前項應行添設垃圾箱地點先後查報前來理合將該巷口等應設垃圾箱小便池地點數目彙表一紙報請鑒賜轉函市政府查照辦理』等情據此查該局所請添置垃圾箱小便池各節係屬切要相應抄表備函奉達卽希查照辦理幷希見復爲荷」

等由附抄送垃圾箱小便池地點數目表一紙准此除小便池令行工務局酌予添設幷函復外合亟抄發垃圾箱小便池地點數目表一紙令仰該區長知照幷會同下關警察局飭令住戶集資製備以資應用而重衛生爲要

此令

附抄發垃圾箱小便池地點數目表一紙(略)

中華民國三十年五月　日

市長　蔡培

南京特別市政府訓令

工字第　號

令工務局車輛登記所

查本市馬車雖日漸增多而損壞車輛仍占多數匪特妨礙市容且與乘客之安全關係至鉅本年春季辦理車輛總檢驗時經由工務局一再限令修理乃各該車商竟以陸續修理爲詞延不遵辦殊屬非是現值整理都市交通管理之際亟應訂期複驗以資整飭茲經頒訂複驗辦法七條定於六月十五日實行除登報通知幷通知馬車公會遵照外合行抄附辦法令仰遵照切實辦理仍將辦理情形具報查考

此令

抄附複驗馬車辦法一份(見法規欄)

中華民國三十年五月　日

市長　蔡培

工務局局長　謝學瀛

南京特別市政府訓令　教字第　號

令市私立各中學

查中等教育之目的首在培植社會中堅人才而中學學生正值血氣方剛之年思想純潔之際不僅應注重教學之認眞尤須訓導之得體蓋中學生固應有優良之學識與技能更賴有高尙之品格與德性値玆變亂之餘復興肇端國家對於靑年期望甚切若失於頽廢放任則將形成學生消極與浪漫之人生觀此於國家民族前途影響殊鉅本市長愛護一般靑年特此通飭本市市私立各中學嗣後對於學生之訓導管理均須採取嚴格主義力矯宿弊以挽頽風其有違犯校規言行越軌者除依據校規予以懲戒外尤須隨時隨事切實勸導予以自新倘有習氣太深屢誡不悛非開除不可者務將處理情形隨時具報備查以昭愼重除分令外合行令仰該校切實遵照辦理

此令

中華民國三十年五月　日

市長　蔡培

教育局長　徐公美

南京特別市政府指令　財字第　號

令臨時收租員朱蔭春

呈一件呈報永安洲收租情形並請頒發佈告分函江甯縣警察機關切實保護由

呈悉准予布告周知並函請江甯縣政府轉飭警察所暨該管區公所一體保護矣仰卽知照佈告隨發

此令

計發布告三張（見布告欄）

中華民國三十年五月　日

市長　蔡培

南京特別市政府 首都警察廳 會銜布告

查本市近來時有人力車伕馬車伕等與乘客因車資多寡發生爭執情事殊足妨礙行旅影響治安茲經本廳參酌現時生活情形復召集車馬業等公會代表商議會訂乘坐人力車馬車標準價目表兩種幷將是項價目牌在車站輪埠及通衢處所植立以資遵守除由本廳通令所屬各警察局隨時查察取締外合行將是項價目表布告民衆暨各車伕等一體週知

此布

計粘附乘坐人力車馬車價目表一紙

中華民國三十年五月　日

市長 蔡培
廳長 蘇成德

乘坐人力車價目表

(一)以鐘點計算每小時不得超過法幣八角

(二)全日以十小時計不得超過七元

(三)半日以五小時計不得超過四元

(四)以里計算每一華里不得超過法幣二角

(五)各地價目不得超過下列標準

1. 由新街口／鼓樓至大中橋	法幣五角／七角
2. 由新街口／鼓樓至中山門	法幣五角／七角
3. 由新街口／鼓樓至第一公園	法幣四角／六角
4. 由新街口／鼓樓至玄武湖	法幣六角／三角五分
5. 由新街口／鼓樓至中央飯店	法幣三角／五角
6. 由新街口／鼓樓至水西門	法幣三角五分／五角

7. 由新街口鼓樓至興中門　法幣一元七角

8. 由街新口鼓樓至漢西門　法幣三角五角

9. 由新街口鼓樓至中華門　法幣四角五分六角五分

10. 由新街口鼓樓至白下路　法幣二角五分四角五分

11. 由新街口鼓樓至北門橋　法幣二角五分二角

12. 由新街口鼓樓至新　橋　法幣三角五分五角五分

13. 由新街口鼓樓至武定橋　法幣三角五角

14. 由新街口鼓樓至三山街　法幣三角五角

15. 由新街口鼓樓至下關海南車站　法幣一元二角一元

16. 由新街口鼓樓至九龍橋　法幣七角九角

17. 由新街口鼓樓至大香爐　法幣一角五分四角

18. 由新街口鼓樓至花牌樓　法幣三角五角

19由新街口 鼓樓至成賢街　法幣三角 二角五分

20由新街口 鼓樓至夫子廟　法幣三角五分 五角五分

21由新街口至鼓樓　法幣二角五分

乘坐馬車價目表

(一)以里計算每一華里不得超過法幣五角

(二)全日以十二小時計不得超過法幣十六元

(三)半日以六小時計不得超過法幣八元

(四)各地價目不得超過下列標準

1.下關海南車站或輪渡碼頭至新街口單送每次法幣三元

2.中華門外京蕪車站至新街口單送每次法幣二元五角

3.漢中門至新口街單送每次法幣二元

4.玄武門至新街口單送每次法幣二元

5.中山陵園至新街口單送每次法幣五元

6.上新河至新街口單送每次法幣六元

7.夫子廟至新街口單送每次法幣二元

8.新街口至玄武湖單送每次法幣二元五角

9.下關海南車站或輪渡碼頭至中華門單送每次法幣六元

10通濟門至新街口單送每次法幣三元

11水西門至新街口單送每次法幣二元五角

南京特別市政府布告 工字第　號

茲制定南京特別市政府掘路徵費暫行規則又南京特別市政府接通公溝貼費暫行規則又南京特別市政府建築人行道徵費暫行規則公布之

此布

計附南京特別市政府掘路徵費暫行規則（見法規欄）

南京特別市政府接通公溝貼費暫行規則（見法規欄）

南京特別市政府建築人行道徵費暫行規則（見法規欄）

中華民國三十年五月　日

市長 蔡培

工務局局長 謝學瀛

南京特別市政府布告 財字第　號

案查永安洲市有洲地本府於上年十月間收回自辦當派胡鏡波前往辦理招佃承種手續嗣據該員呈請辭職經予指令照准並另派朱蔭春爲臨時收租員前往該洲辦理征收本年春租事宜除令

飭該員遵照並函請江寗縣政府轉飭警察所暨該管區公所協助保護外合行布告週知仰各佃農按照實種市地畝分將本名下應繳春租剋日清繳毋得觀望遲延致干提追倘有不肖之徒胆敢藉端滋擾情事一經察覺定卽依法送究不貸其各懍遵毋違切切

此布

中華民國三十年五月　日

市長　蔡培

南京特別市政府布告　社字第　號

查毘盧寺爲首都古刹現供奉東來觀世音菩薩像中外人士參拜者衆玆爲整肅佛地秩序兼資保護起見特訂定毘盧寺管理規則十八條俾資遵守合行抄錄規則布告週知

此布

抄錄毘盧寺管理規則（見法規欄）

中華民國三十年五月　日

市長　蔡培

南京特別市政府布告　社字第　號

案據本市地方公會常務理事主席陶錫三函呈

「古蹟保存爲恢復文獻之拾級神像奉安爲挽回刧運之正宗憶自 眞武大帝威靈顯赫考諸經典垂二千餘年茲因發現鐵像自應覓屋奉安查掃葉樓張睢陽殿後有空屋三間堪以供奉刻已捐資着手興工諏吉奉安事關保存古蹟奉祀神靈用特函請鈞府佈告週知以昭鄭重而利工程無任企盼」

等情據此事關保存地方古蹟自應准予給示保護除令飭第四區公所轉飭該管坊保甲長一體隨時注意保護外合行布告周知

此布

中華民國三十年五月　日

市長　蔡培

南京特別市政府通告　工字第　號

查本市馬車雖日漸增多而損壞車輛仍占多數匪特妨礙市容且與乘客之安全關係至鉅本年春季辦理車輛總檢驗時經由工務局一再限令修理乃各該車商竟以陸續修理爲詞延不遵辦殊屬非是現值整理都市交通管理之際亟應訂期複驗以資整飭茲經頒訂複驗辦法七條定於六月十五日實行除令工務局車輛登記所暨通知馬車公會遵照外合亟抄附辦法登報通告仰各該車行業商一體遵照頒訂辦法依期申請辦理毋稍延誤致干取締爲要特此通告

抄附復驗馬車辦法（見法規欄）

中華民國三十年五月　日

市長蔡培
工務局局長謝學瀛

南京特別市政府通告 工字第　號

查本府此次辦理汽車複驗及汽車駕駛人考驗事宜原定以本月二十一日爲截止之期玆因損壞車輛太多一時趕修不及爲體恤車主及兼顧事實起見經與有關機關會商決定展期至本月二十五日爲止以後決不再行展期合再通告凡未經複驗之各種汽車及未經報考之汽車駕駛人統限於二十五日以前一律申請辦理完畢勿再延誤爲要特此通告

中華民國三十年五月　日

市長蔡培
工務局局長謝學瀛

南京特別市政府通告 地字第　號

爲通告事查本府奉

令征收古林寺一帶土地擴充新住宅區業經分別公告通知各在案玆查各業戶在被征收土地上葬

有坟墓未據遵照登記合再通告限於六月十日以前來本府地政局登記逾限卽作無主論由本府代爲遷葬愼毋稽延自誤合行登報通告週知

中華民國三十年五月　日

市長　蔡培

地政局局長　胡政

南京特別市政府批　社字第　號

批南京市地方公會常務理事主席陶錫三

函呈一件爲發現眞武大帝鐵像覓屋奉祀刻已興工諏吉奉安請布告週知由

呈悉准予給示保護幷已令飭該管區公所飭屬一體隨時注意保護矣仰卽知照此批佈告隨發

計附發布告乙張

中華民國三十年五月　日

市長　蔡培

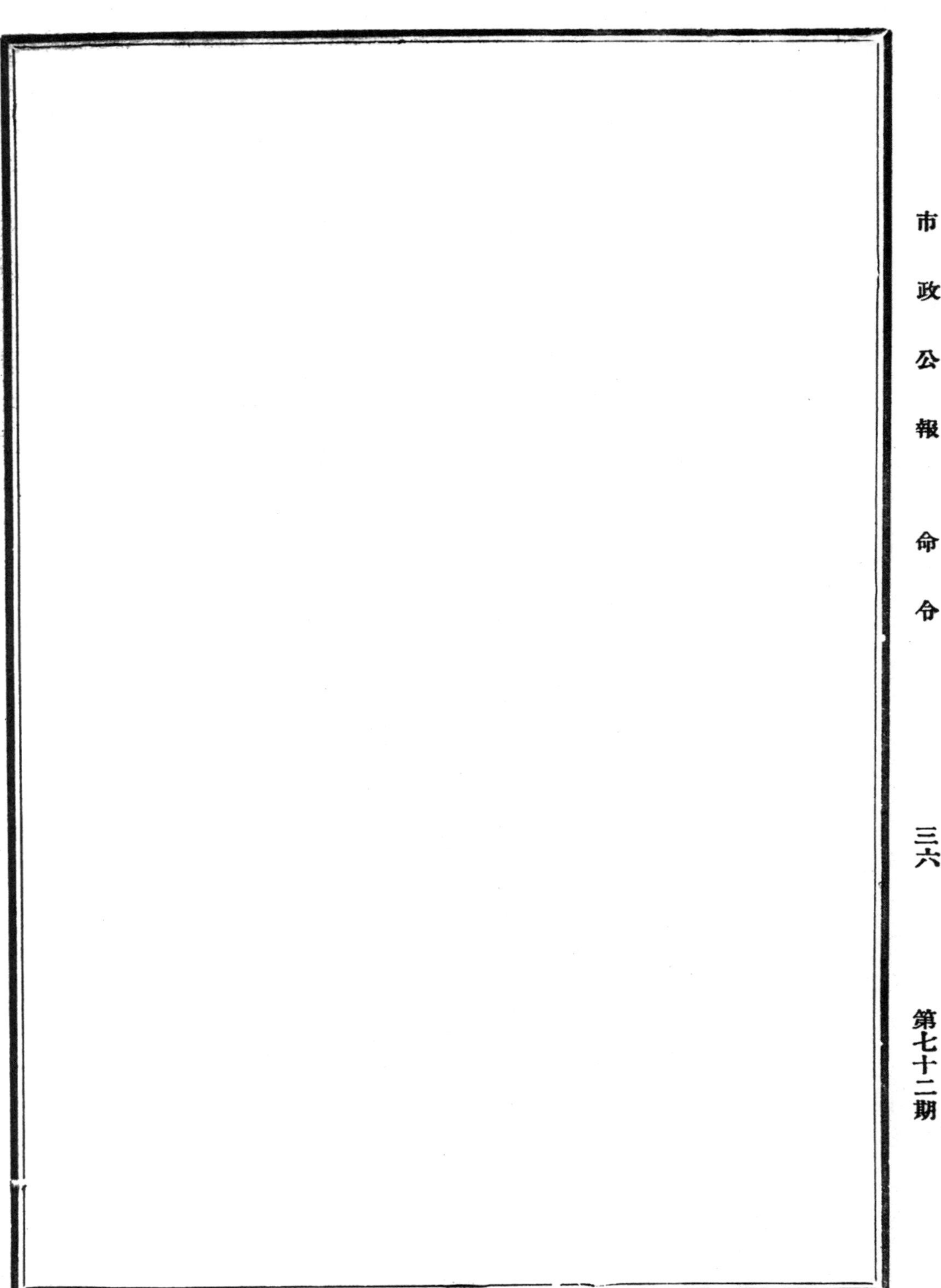

法規

南京特別市各區公所組織規程

第一條　南京特別市政府爲促進自治按照轄境暫設城區公所五處鄉區公所四處其區域另定之

第二條　各區公所設區長秉承　市長之命督率所屬職員辦理各該區事務

第三條　各區公所辦理事務受市政府各主管局處之指導

第四條　城區公所設左列各組

一、總務組　辦理文書庶務會計及不屬其他各組事項

二、行政組　辦理自治保甲救濟衞生及各項市政推行事項

三、調查組　辦理調查登記宣傳事項

第五條　前條各組設組長一人組員一人至三人助理員二人至四人承區長之命分別辦理主管事務

第六條　鄉區公所因事務較簡暫不分組設助理員三人至五人秉承區長之命分別辦理主管事務

第七條　城鄉區公所因事務之需要得用通譯員一人及雇員五人至十人

第八條　組長組員助理員由區長呈請　市長委任之雇員由區長派充呈報市長備案

第九條　各區依地方及事務情形得設置坊鄉鎭長及保甲長

前項坊鄉鎭長及保甲長爲無給職但得酌給辦公用費

第十條　各區公所各項行政設施非經呈報　市政府核准許可不得單獨施行

第十一條　各區公所辦事細則另定之

第十二條　本規程自公布日施行如有未盡事宜得隨時修正之

南京特別市區公所辦事細則

第一條　本細則依據區公所組織規程第十一條訂定之

第二條　區長秉承市長之命並受主管局長之指導督率所屬職員綜理全區一切事務

第三條　城區公所總務行政調查三組組長承區長之命督同職員負責辦理各該組事務

第四條　鄉區公所助理員承區長之命督同職員負責辦理主管事務

第五條　區公所經辦事項有關連兩部份性質者應由性質較重者主稿會同關係部份處理之

第六條　區公所承辦收發人員每日應將收發文件隨時摘由編號分別登簿以便查考如遇有密件不得擅拆應在封面編號送由區長拆閱以免洩漏

第七條　區公所承辦會計庶務人員每日應將收支款項及日用消耗等物品列表呈由區長核閱

第八條　區公所承辦管卷人員每日應將辦畢文件分別性質種類按照次序裝訂卷宗以免散遺而便調閱

第九條　區公所撰擬文稿人員均應簽名蓋章以明責任並須呈經區長核判方准發繕印行以重公務

第十條　區公所未經公布文件承辦人員均應嚴守祕密不得事先對外宣洩

第十一條　區公所辦公鐘點依照市政府之規定在辦公時間全體職員均須遵守不得遲到早退以及無故擅離

第十二條　平日辦公時間以外及星期日例假日均須派員輪流值日值宿

第十三條　本細則如有未盡事宜得呈請修正之

第十四條　本細則自公布日起施行

南京特別市稻作講習會章程

第一條　南京特別市政府依據中央稻作講習會章程第十條之規定設立南京特別市稻作講習會（以下簡稱本會）特訂本章程組織之

第二條　本會附屬於南京特別市政府

第三條　本會設主任一人以社會局長兼任之副主任一人由農鑛部派充之教導長事務長各一人由主任呈報　市長核准後派充之

第四條　本會設講師若干人由主任呈報　市長核准後聘任之

第五條　本會設事務員若干人分爲文書會計庶務三組每組指定一人爲主任事務員俱由主任派充之

第六條　本會聽講員名額定爲三十名就左列各項人員中選取之

一、各區公所之職員

二、鄉區各小學校長或教員

三、鄉區農會職員

四、農業忠實青年

第七條　本會自成立至結束期間定爲十日講習期間定爲九日逢星期日不休息

第八條　本會辦事人員得視其事實上之需要給予臨時辦公費應按日核實支付不到會辦事之日不得支給

第九條　本會講師按時給資如有缺課時不得支給

第十條　聽講員由本會供給宿膳

本會講習課目如左

(一)稻作概論

(二)稻作育種

(三)稻作栽培

(四)稻作病害

(五)稻作虫害

(六)稻作土壤及肥料

(七)米穀調製及儲藏

(八)稻作推廣

(九)討論問題

(十)精神講話

第十二條　本章程由南京特別市政府公布施行

修正南京特別市度量衡器具營業暫行條例

三十年五月修正公布

第一條　以製造販賣或修理度量衡器具爲業者應呈請本府核發許可執照

第二條　度量衡器具營業之許可執照以五年爲有效期間自發照之日起算但期滿得呈請續展五年不收執照費

第三條　以製造爲業之呈請人應依左例各款繳納執照費

一、用原動力機械平時僱用工人在三十人以上者六十元

二、用原動力機械平時僱用工人不滿三十人者三十六元

三、用手工製造平時僱用工人在三十人以上者二十四元

四、用手工製造平時僱用工人在十人以上者十二元

五、用手工製造平時僱用工人不滿十人者六元

第四條　以販賣或修理爲業之呈請人應依左列各款繳納執照費

一、販賣者二元四角

二、修理者一元二角

第五條　領有製造執照者得兼營販賣及修理業領有販賣執照者得兼營修理業

第六條　本條例如有未盡事宜得隨時修正之

第七條　本條例自公布日施行

修正南京特別市度量衡器具征收檢定費暫行規程

卅年五月修正公布

第一條　凡度量衡器具經本府檢定須領有執照者依本規程繳納檢定費

第二條　市用制度器竹木製者以一尺起算每支檢定費國幣一分五厘每加一尺加一分五厘不足一尺者以一尺計金屬牙骨蔴革及各種賽珍品製者加倍

第三條　量器以一升起算每具檢定費國幣六分每加一升加三分不足一升者以一升計金屬玻璃窑瓷製者加倍

第四條　天平每架檢定費國幣一元五角其感量在五十分之一以下者加倍二萬分之一以下者三倍

一、法馬不滿一市斤者每個檢定費國幣六分不滿十市斤者一角十市斤以上者一角五分

二、台秤以二百市斤秤量起算每具檢定費國幣一元每加一百市斤加三角

三、桿秤以二十市斤秤量起算每支檢定費國幣六分每加十市斤加三分

四、戥秤每具檢定費國幣一角五分盤秤同

五、臺秤致桿秤之秤錘不另收檢定費

第五條　本規程未列舉之度量衡種類其檢定費額得比照酌擬呈准征收之

第六條　檢定費以通用國幣繳納

第七條　本規程如有未盡事宜得隨時呈准修正之

第八條　本規程自公布日施行

南京特別市政府建築人行道徵費暫行規則

第一條　本市道路兩旁人行道之建築除有特別規定者外均應依照本規則之規定辦理之

第二條　凡在本市道路兩旁修建房屋或翻造門面者其屋前臨街部份之人行道均應由業主貼費繳付本府工務局建築之

第三條　業主請領建築執照或修繕執照時應附註人行道長度計算費用隨同執照費一併繳付掣取本府正式金庫收據並將收據與執照一同懸掛於工作地點易見之處以便查督

第四條　業主應俟該應項建築或修繕工程全部將次完竣時呈報本府工務局派工建築之

第五條　本府工務局代築之水泥混凝土人行道完工後應過二十天工程乾固後始得開放行走

第六條　人行道徵費之單價如左

水泥混凝土人行道　每平公國幣叁拾壹元

水泥路牙沿　每公尺長國幣貳拾柒元

磚砌路牙沿　每公尺長國幣壹拾伍元

第七條　凡建築人行道所徵之單價係依據用料數量與市價及人工工具消耗等計算之每隔兩個月本府工務局得視工料價格之漲落酌予增減

第八條　凡未經貼費私自建築人行道者除勒令停工照章繳納費用外科以五元以上二十元以下之罰金

第九條　本規則如有未盡事宜隨時由本府修正之

第十條　本規則自公布日施行

南京特別市政府掘路徵費暫行規則

第一條　凡本市各機關或商店等在公路上下設置或修理公用桿木管綫溝道等項以及市民因私人需要必須掘動公路者均應依照本規則之規定填具掘路申請書送請本府工務局查核辦理（申請書由工務局訂製備索）

第二條　本府工務局接到申請書後卽派員訂定日期約同申請人前往實地勘丈其應徵費用隨時以書面通知申請人繳納之

第三條　申請人接受本府工務局掘路徵費通知單後應卽憑單來府照繳掣取本府正式金庫收據然後持據到本府工務局建築股登記以憑由工務局派工修復原狀

第四條　凡安置電燈電報電話各綫扞及埋裝電纜煤氣管自來水管下水道管等須掘動路面者應先呈報工務局按照規定地點埋置不得任意自行裝置有礙路政

第五條　各機關或商店等倘遇緊急工作必須掘動路面者面者（如電扞傾倒煤氣管破裂電纜損壞等項）得准其先行動工一面仍應照章補報以符規定但無以上事件不在此例

第六條　掘路時非得本府工務局之允許不得自行斷絕交通在掘路地點須用木欖欄檔日掛紅旂夜燃紅燈以資標識尤須遵照工務局派員之指示

第七條　掘動公路如遇有木樁鐵樁或其他標誌及一切公共設備之物均應即行報明主管機關妥爲保管不得擅自移動倘因之損傷須行重修時其工料費用均由掘路者如數照繳

第八條　掘路工竣時該掘路者應先將掘動之處塡平壓實報請本府工務局派員查勘相符再行派工修復路面以重路政

第九條　掘路徵費之單價如左

水泥混凝土路	每平公國幣貳拾柒元
柏油碎石路	每平公國幣壹拾柒元
碎石路	每平公國幣伍元
彈石路	每平公國幣伍元
碎磚路	每平公國幣貳元陸角
水泥人行道	每平公國幣叁拾壹元
水泥路牙沿	每公尺長國幣貳拾柒元
磚砌路牙沿	每公尺長國幣壹拾伍元

第十條　凡修復路面所徵單價係依據用料與數量與市價及人工工具消耗等計算之每隔二個月本府工務局得視工料價格之漲落酌予增減

第十一條　凡未經申請本府工務局核准私自掘動公路者除勒令停工照章補報繳納費用外科以五元以上二十元以下之罰金

第十二條　本規則如有未盡事宜隨時由本府修正之

第十三條　本規則自公布日施行

南京特別市政府接通公溝貼費暫行規則

第一條　凡市內各機關或商店市民等所有私溝無論與水管或汚水管下水道於新建房屋或修理舊屋欲接通公溝或經過公路通入河塘以便洩水者均應依照本規則之規定塡具接溝申請書送請本府工務局查核辦理（申請書由工務局訂製備索）

第二條　本府工務局接到申請書後卽派員訂定日期約同申請人前往實地核驗勘丈所有接溝費用隨時以書面通知申請人繳納之

第三條　申請人接到本府工務局接溝貼費通知單後應卽來府憑單照繳掣取本府正式金庫收據及接溝許可證並將收據及證書一併懸掛於工作地點易見之處以便查督

第四條　申請人應於私溝建築完竣後再行呈請本府工務局派工將此項私溝與公溝接通

第五條　接通公溝工竣後申請人如認爲與原勘丈不符位置變動或工作不良應於二日內報告工務局查明核辦

第六條　本府工務局檢驗申請人所設之下水道如認爲不合格得拒絕其接通請求並須依照本府工務局之指示改善後方予接通

第七條　凡房屋所有人埋設下水道限至該所有人之地界爲止其越出地界外至所接通之公溝一段由工務局計算工料費用向申請人徵收後派工埋設之

第八條　凡有衛生設備之房屋應須另造化糞池方准其私溝與公溝相接否則不得公溝接通之

第九條　一應私溝不得直接入河塘其經本府工務局特准者不在此例

第十條　凡接通公溝須掘動經過地段之路面側石人行道等項其復修工料費用均應由房屋所有人依照本府修正掘路徵費規則之規定繳納由本府工務局派工修復

第十一條　凡下水道接通公溝所有經過公地須掘動者亦按照上條之規定辦理

第十二條　接通公溝應繳貼費之單價如左

六吋瓦筒每公尺國幣四元

九吋瓦筒每公尺國幣六元

十二吋瓦筒每公尺國幣八元

窨井一公尺深每只國幣一百十五元

不足一公尺者以一公尺計算每加深三十公分加國幣六十五元不足三十公分者亦以三十公分計算

掘路費用應依本府掘路規則計算之

第十三條　凡未經申請本府工務局私自埋排溝管接通公溝者一經本府查出除勒令停工并科以五元以上三十元以下之罰金外仍須遵章補行申請繳費由本府工務局派工接通倘不遵辦其建築執照及承辦營造廠之營業執照均予吊銷

第十四條　凡接通公溝之私溝內不得任意傾倒垃圾並糞穢等物違者處以五元以上二十元以下之罰金再犯加倍處罰之

第十五條　本規則第十二條接通公溝貼費單價係依據用料數量與市價及人工工具消耗等計算之每隔二個月本府工務局得視工料價格之漲落酌予增減

第十六條　本規則如有未盡事宜隨時由本府修正之

第十七條　本規則自公布日施行

複驗馬車辦法

一、凡在本市區內行駛之馬車無論自用營業及公用悉依本辦法複驗之
二、損壞馬車須於複驗期前一律修理完整依期申請複驗不得再有藉故請求延期情事
三、複驗馬車定期六月十五日開始至同月二十日截止決不展期如逾期查有未經申請複驗車輛隨即飭警拘辦其已經登記領照之馬車如於複驗時仍驗得有損壞部份或設備不全情事隨即吊銷其執照禁止在市區內通行
四、馬車經複驗合格後隨時加發合格證該項合格證應懸掛於車之前面顯明處所俾易稽查
五、馬匹同時檢驗其檢驗事項如左
(一)馬身是否清潔
(二)馬之飼養是否合宜
(三)馬是否老弱有無跛足傷痕及其他顯明疾病(檢查員於檢查時應將馬上馬具卸去使當場走動)
(四)馬是否盲目或耳聾
六、複驗時期免收一切費用
七、本辦法自登報公佈日施行

毘盧寺管理規則

第一條　毘盧寺爲首都古剎現供奉東來觀世音菩薩像中外信徒參拜人衆特訂定本規則共資遵守

第二條　毘盧寺方丈指派執事僧在寺門內指引來客並在大雄寶殿及觀音閣暨上樓處派定執事僧担任招待

第三條　出入路綫指定如左

一、天晴時得循正中石路出入但一律須靠左邊行走來往互讓

二、天雨時循兩邊廊下出入俱靠左邊走即進寺時走西廊出寺時走東廊應依寺僧之指引

第四條　參拜者進寺門即須肅靜依執事僧之指引循規定路綫緩步行走入大雄寶殿及觀音閣必須脫帽向菩薩恭敬行禮倘攜手杖或物件者宜置於殿閣門外不准攜入

第五條　參拜觀音閣者如登樓時應先簽名靠左邊走由西樓而上同時上樓者不得超過二十人如遇人數過多時由寺僧勸告從緩上樓或請已在樓上者先行下樓參拜者務須聽從免生危險

第六條　寺內隨時灑掃潔淨殿閣供案上不得堆積香燭什物來客不得隨地吐痰或將菓殼紙屑等擲棄於地

第七條　大雄寶殿及觀音閣內絕對禁止來客坐談飲茶暫准在其兩傍之濟公殿及祖堂內隙地設置桌椅招待來客休息飲茶茶資聽來客酌酬茶役對來客務須謙和恭敬

第八條　來客如有高聲喧嘩或有其他違警行為先由指引招待之僧人善言婉勸倘不聽得報請就近警察局所拘究

第九條　觀音閣樓上設備簽題簿及募緣簿如有善男信女簽題文字或願捐助者悉聽自便寺僧不得勸捐其自行樂助之捐款數目並須立即標貼於觀音閣兩傍欄杆內以昭徵信

第十條　凡有左列情形者禁止入寺

一、衣衫汚穢或患潰爛瘡癤者

二、酒醉者

三、無成年人攜帶之孩童

四、攜帶危險或不潔之物品者

第十一條　寺門前空場專指定作停歇車馬之用凡各種攤販概不得在照壁以內隨地擺設以維秩序

第十二條　售賣香燭應在寺門以內天王殿以外指定之處不准在佛殿內售賣

第十三條　如有肩負小販入寺售賣食物者只准在大雄寶殿以外之石路或廊下行走售賣仍須先得方丈住持之允許但有左列情形者嚴禁之

一、佛門所戒之物或有皮殼易致妨礙清潔者

二、高聲叫賣者

三、擺設地攤者

第十四條　大雄寶殿觀音閣以及其他供有佛像之殿堂內不得任人借用凡借用寺內房屋慶壽或祭祀設奠或施齋飯者只准借用方丈室內或其他不供佛菩薩像之屋且不得任意攔截路綫阻礙參拜佛菩薩者之出入

第十五條　寺內除因佛事必須寄宿者外概不得容留外人居住

第十六條　禁止借用寺內房屋停厝棺柩

第十七條　寺內常住及掛單之僧衆均應遵守佛門清規恪守戒律除派有執事者外應在指定屋宇靜修無事不得隨意至殿閣及賓客來往處行走以求肅靜倘有不聽方丈住持之約束者得依寺規儆戒情重者驅逐或報告市政府社會局懲辦之

第十八條　本規則由南京特別市政府公布施行

南京特別市政府教育局考查社教人員訓練班畢業學員服務成績辦法

第一條　南京特別市政府教育局為考查社教人員訓練班畢業學員（以下簡稱學員）服務成績起見訂定本辦法

第二條　凡在本市社教機關服務學員應受本市教育局督學視察員及原服務機關主管人員之督察與指導

第三條　督學與視察員赴各社教機關時對於學員之視導為當然職務

第四條　督學與視察員對於學員之視導應注意下列各項

（一）能否遵行中華民國教育宗旨及國民政府教育法令

（二）能否虛心接受督導人員之善意指導

（三）能否輔助主管人員發展業務

（四）能否單獨主持各項活動

（五）能否專心服務忠於職守

（六）工作之能力及效果如何

（七）合作的精神如何

（八）有無特殊工作的表現

（九）能否進修

（十）其他

第五條　各學員應按月填報服務月報表及按週填報服務週報表交由服務機關主管人員轉呈教育局

第六條　各社教機關主管人員於收到學員服務週報表及服務月報表後應根據事實加註意見於每月終了時彙呈教育局

第七條　督學及視察員與各社教機關主管人員須注意學員缺席及請假事由暨有無遲到早退情事如不能盡職或成績平庸者應即剴切告誡其情節較重者得具報教育局呈部核准予以降職或停職之處分

第八條　視導人員考查各學員服務成績時得諮詢其原服務機關主管人員之意見

第九條　視導人員考查各學員服務成績應於每年一月及七月底開列各表加具按語呈報教育局長彙轉呈部核辦

第十條　本辦法必要時得由教育局修改之

第十一條　本辦法自呈奉　南京特別市政府核准暨教育部備案後施行

公牘

南京特別市政府咨 社字第　　號

案准

貴部禮三字第二九號咨送佛教寺廟興辦慈善公益事業規則一份囑分飭各佛教團體遵辦轉報以憑考核見復等由准此自應照辦除抄同原件分令各佛教團體遵辦外相應先行咨復即希

查照爲荷

此咨

內政部

市長　蔡　培

中華民國三十年五月　　日

南京特別市政府咨 社字第　　號

案查浦口地方復歸本市管轄一案前經

貴部召集會議已准江蘇省政府贊同關於界綫問題幷決定先由省市雙方查明成案提出書面再行

召開會議等語卷查浦口區省市劃界前於民國二十三年曾由省市雙方派員會同勘定界綫幷製有省市勘界形勢圖一二兩份存案相應檢附原圖咨請查核辦理見復爲荷

此咨

內政部

附浦口區省市勘界形勢圖一二兩份(略)

市長 蔡培

中華民國三十年五月 日

南京特別市政府咨 地字第 號

案查本市土地工作旬報表業經咨送至五月份上旬在卷茲造具五月份中旬旬報表一份相應備文咨送卽希誉照爲荷

此咨

內政部

計咨送本市土地工作五月份中旬旬報表乙份

市長 蔡培

南京特別市政府辦理土地登記工作五月份中旬旬報表

中華民國三十年

事項／件數／日	接收登記聲請書	土地所有權登記	房屋登記	更正登記	塗銷登記	移轉登記	分割登記	共有權登記	住所變更登記	繕寫查驗證	發給查驗證	備註
星期 11												
12											2	
13		1				2					4	
14		8				8					3	
15		1				2				3	1	
16		3			4	6				2	8	
17		4									3	
星期 18												
19		2			2	1				1	9	
20		3				4					1	
總計件數		22件			6件	23件				6件	31件	

中華民國三十年五月　　日

南京特別市政府咨　衛字第　　號

案查醫藥人員請領部證業將第十九批登記人員咨請
貴部查核辦理在案茲續經登記醫師顧洪模等七人助產士翟毓琇一人合計八人相應繕具名冊一份檢同各該證件計八宗領換證書印花等費肆拾肆元伍角咨請
貴部審查核發證書爲荷

此咨

內政部

附第二十批醫藥人員名冊一份證件八宗證費肆拾肆元伍角（略）

市長　蔡　培

中華民國三十年五月　　日

南京特別市政府公函　財字第　　號

案查永安洲市有洲地本府於上年十月間收回自辦當派胡鏡波前往辦理招佃承種手續嗣據該員呈請辭職經予指令照准並另派朱蔭春爲臨時收租員前往該洲辦理征收本年春租事宜除令飭該員遵照並佈告該洲佃農人等一體知悉外相應函請

查照煩迅轉飭龍潭區公所暨警察所協助保護以資便利而重官租並盼見復爲荷此致

江寗縣政府

市長　蔡培

中華民國三十年五月　日

南京特別市政府公函 衛字第　號

案准

貴廳政四字第一二九六號公函略以下關警局境內商業繁盛戶口衆多所設垃圾箱爲數無幾小便池亦復缺如茲爲環境需要囑予分別添設等由附抄送垃圾箱小便池地點數目表一紙准此除小便池令飭工務局酌予添設幷令行第五區公所會同下關警察局飭令住戶自行集資製備垃圾箱外相應函復卽希

查照爲荷此致

首都警察廳

市長　蔡培

中華民國三十年五月　日

南京市户口統計表

民國三十年　五　月

秘書處第二科統計股製

區別	户數	人口數						
		總計	男性			女性		
			合計	成人	兒童	合計	成人	兒童
總計	138043	613838	341006	233445	107561	272832	181307	91525
第一區	26902	123127	67923	48367	19556	55204	37909	17295
第二區	37772	166158	90923	61367	29556	75235	51393	23842
第三區	18296	77108	43802	30489	13313	33306	22421	10885
第四區	10416	45323	25516	17982	7534	19807	13298	6509
第五區	10389	47298	27978	21115	6863	19320	13063	6257
上新河區	12384	54521	29265	20077	9188	25256	16717	8539
燕子磯區	9321	44703	24436	15462	8974	20267	12181	8086
孝陵衛區	4087	19182	10135	5401	4734	9047	5402	3645
安德門區	8476	36418	21028	13185	7843	15390	8923	6467

註：一、本表根據各區公所填報之户口月報.
　　二、各外國僑民户口不在此內.

南京市户口增減比較表

民國三十年五月

秘書處第二科統計股製

區別	户增減數	人口增減數						
		總計	男性			女性		
			合計	成人	兒童	合計	成人	兒童
總計	−1288	−3707	−2021	−1685	−336	−1686	−1364	−322
第一區	−297	−886	−464	−305	−159	−422	−270	−152
第二區	−332	−1265	−738	−728	−10	−527	−435	−92
第三區	−273	−725	−387	−308	−79	−338	−292	−46
第四區	−289	−637	−362	−210	−102	−325	−250	−75
第五區	+101	+402	+253	+183	+70	+149	+91	+58
上新河區	+23	+32	+17	+10	+7	+15	+8	+7
燕子磯區	−88	−209	−130	−145	+15	−79	−100	+21
孝陵衛區	−75	−170	−117	−76	−41	−53	−41	−12
安德門區	−58	−249	−143	−106	−37	−106	−75	−31

註：一、本表根據各區公所填報之户口月報

二、各外國僑民户口不在此內、

三、有(+)符號者為增加，有(−)符號者為減少、

市政公報暫定價目表

期限	價目	郵費
零售	每冊三角	本市半分 外埠一分
半年	十二冊 三元五角	本市六分 外埠一角二分
全年	二十四冊 七元	本市一角二分 外埠二角四分

市政公報廣告刊例

頁數	價目
一頁	每期十一元
半頁	每期六元
四分之一頁	每期三元

刊登廣告在四號以上者每期按照七折計算連續十號以上者每期按照六折計算長期另議

出版日期 本公報暫定每月二次

編輯者 南京市政府祕書處

發行者 南京市政府祕書處

印刷者 南京紹新印刷所 地址：復興路中段 即天青街四〇四號

中華民國三十年六月十五日

市政公報

第七十三期

南京特別市政府祕書處印

目錄

命令

法規

公牘

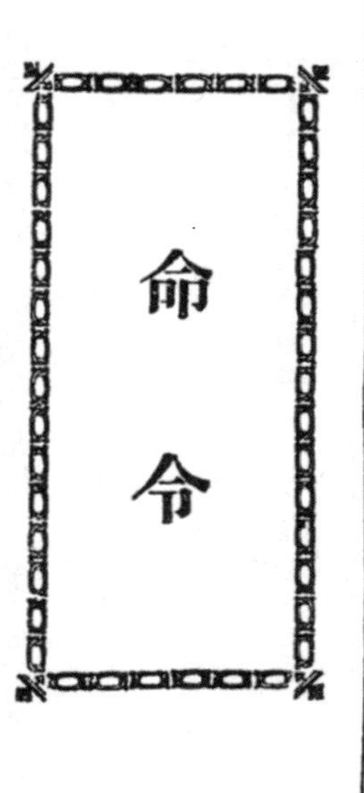

南京特別市政府公佈令社字第　號（不另行文）

茲修正南京特別市工商業登記暫行規則公布之

此令

附南京特別市工商業登記暫行規則（見法規欄）

市長　蔡培

中華民國三十年六月　日

南京特別市政府公佈令社字第　號（不另行文）

茲修正南京特別市錢業取締暫行規則公布之

此令

附南京特別市錢業取締暫行規則（見法規欄）

中華民國三十年六月　日

南京特別市政府公佈令 衛字第　號

茲修正本市衛生局診療所組織規程第一二三四診療所暫行診療規則醫務室診療規則娼妓檢療所組織規程衛生試驗所組織條例衛生試驗所試驗物品暫行規則衛生試驗所暫行收費表傳染病院組織規則傳染病院住院規則傳染病院暫行診療規則糞便處置所組織大綱糞便處置所辦事細則清潔隊組織大綱清潔隊服務細則清潔隊水上清潔班組織規則清潔隊管理河塘清潔規則化糞廠組織暫行規則取締垃圾清潔規則修正管理畜犬及取締野犬暫行規則實施種痘辦法菜蔬消毒實施辦法滅蠅消毒隊實施辦法井水消毒隊服務規則收買死蠅辦法菜場管理所組織暫行簡章菜場管理所辦事細則管理菜場暫行規則管理醫院診所暫行規則管理施診所暫行規則修正管理開業醫師暫行規則修正管理藥師暫行規則修正管理開業助產士暫行規則管理護士暫行規則修正管理開業中醫暫行規則管理接生婆暫行規則管理獸醫師暫行規則管理鑲牙業暫行規則管理牙科醫師暫行規則管理中藥舖營業規則管理西藥業暫行規則檢驗娼妓規則娼妓取締規則取締私娼規則檢驗歌舞女健康規則管理理髮店衛生規則管理浴堂衛生規則管理殯儀館衛生規則管理食品小販衛生規則管理牛乳營業衛生規則管理製造飲食物用具衛生規則管理清涼飲料水營業衛生規則管理菜飯館衛生規則管理茶館衛生規則管理飲食品製造廠所衛生規則管理旅館衛生

市長　蔡培

規則管理泡水業衛生規則管理食品店衛生規則管理公共娛樂場所衛生規則管理肉業衛生規則管理廁所規則城區糞夫管理規則汚物掃除條例屠宰場組織規則屠宰場管理宰猪作規則屠宰場檢驗肉品章程等六十五種(另印單行本)公布之

此令

中華民國三十年六月　日

市長　蔡培

衛生局局長　衛錫良

南京特別市政府委令 祕字第　號

令楊正宇

茲派該員代理本市教育局局長除請簡外仰卽先行到局視事接收具報

此令

中華民國三十年六月　日

市長　蔡培

南京特別市政府委令 祕字第　號

令施憶雲

茲委該員暫代本府秘書

此令

中華民國三十年六月　　日

市長　蔡培

南京特別市政府令 祕字第　號

令工務局技正胡達義

查工務局科長史材因事呈請辭職業經指令照准遺缺派該技正兼代

此令

中華民國三十年六月　　日

市長　蔡培

南京特別市政府訓令 祕字第　號

令本府所屬各機關

案奉

行政院行字第二四四四號訓令開

「現奉國民政府第七一號訓令開「據本府文官處簽呈稱「准中央政治委員會祕書

廳中政祕字第一零一零號公函開『查三十年五月二十九日中央政治委員會第四十九次會議討論事項第一案主席交議「陳委員公博等提議請尊稱手創中華民國之中國國民黨總理孫先生爲中華民國　國父並擬具尊崇中華民國　國父致敬辦法草案六條請公決案」當經決議通過送國民政府公布施行紀錄在卷相應錄案並抄附原案及辦法一併函達至希查照轉陳明令公布施行』等由理合簽請鑒核」等情據此自應照辦除明令公布暨分行外合行抄發該辦法一份令仰該院遵照並轉飭所屬一體遵照此令」等因計抄發尊崇中華民國　國父致敬辦法一份奉此除分令外合行抄發該辦法一份令仰該市府遵照並轉飭所屬一體遵照此令」

等因併附尊崇中華民國　國父致敬辦法一份奉此除分令外合行抄發該辦法一份令仰該　遵照並轉飭所屬一體遵照

此令

計抄發尊崇中華民國　國父致敬辦法一份

中華民國三十年六月　　日

市長　蔡培

尊崇中華民國　國父致敬辦法　三十年五月二十九日公布

第一條　手創中華民國之中國國民黨　總理孫先生應尊稱爲中華民國　國父其致敬辦法依各條規定行之

第二條　各級政府各合法政黨及人民團體機關均應於禮堂或集會場所正中於國旗交叉下永遠懸掛中華民國　國父遺像並附掛　國父遺囑

第三條　正式集會開會時應向　國父遺像行最敬禮三鞠躬並恭讀　國父遺囑

第四條　集會演講時於第一次稱及　國父時應起立或立正致敬

第五條　關於公牘教科書籍報紙刊物及一切文字於稱述　總理或孫先生時均應改稱　國父並由主管機關將主管事項另訂檢查細則施行

第六條　本辦法自公布日施行

南京特別市政府訓令　祕字第　號

令本府所屬各機關

案奉

行政院行字第二四三六號訓令內開

「現奉國民政府第六七號訓令開『查參謀本部陸海空軍駐外武官條例現經修正明令公布應即通飭施行除分令外合行檢發該條例及附表令仰知照並轉飭所屬一體知照』等因附發修正參謀本部陸海空軍駐外武官條例及附表乙份奉此合行抄發原附件令仰該市府知照並轉飭所屬一體知照此令」

等因附抄發參謀本部陸海空軍駐外武官條例及附表各乙份奉此除分令外合行抄發該條例及附

表令仰知照

此令

附抄發參謀本部陸海空軍駐外武官條例及附表各乙份

中華民國三十年六月　　日

市長　蔡培

修正參謀本部陸海空軍駐外武官條例

第一條　參謀本部爲求國際間軍事聯絡起見得派遣駐外武官於大(公)使館

第二條　駐外武官設置武官長一人輔佐武官一人至三人助理官一人至二人必要時得增設副武官長一人幷得加派陸海空人員均視事務之繁簡隨時增減之

第三條　駐外武官長由本部遴選曉暢軍機洞悉國際情形精通該派遣國之語文曾在國內外軍事大學暨專門學校畢業者分別任用之

第四條　駐外武官受參謀總長之命並受駐在國之本國大(公)使之指導辦理軍事外交及考察軍務研究軍學

第五條　駐外武官之重要呈述及業務報告有必要者得由本部轉呈軍事委員會

第六條　駐外武官得酌用雇員

第七條　駐外武官之辦事通則與辦事細則臨時定之

第八條　駐外武官出勤費(如附表)及各項費用另定之

第九條　任期爲三年如有特殊情形得變更之

第十條 本條例自呈准公布之日施行如有未盡事宜得由本部呈請修改之

修正駐外武官勤俸表

	俸給	出勤費					
簡任	中將一級700 二級600 少將一級500 二級400	1,000 800	1,500 1,200	駐外武官長		副武官長	
	上校一級340 二級300	680 600	1,020 900	輔佐武官	駐外武官長		
薦任	中校一級240 二級200 少校一級180 二級160	480 400 360 320	720 600 540 480	輔佐武官	輔佐武官		
委任	上尉一級140 二級120	280 240	420 360	助理武官	助理武官		
備考							

修正駐外武官長公費表

駐日武官長	中將	一、六〇〇	辦公費八〇〇 交際費八〇〇

駐英武官	少將		
駐美武官	少將		
駐德武官	少將		可兼奧國
駐法武官	少將		可兼比國
駐蘇俄武官	少將		
駐意武官	上校		
駐土武官	上校		

以上各國係前已派武官或擬派武官之國除日本外其數目不得其詳未便臆斷且今後情形或更有變更之處應請隨時酌定

南京特別市政府訓令 祕字第　號（不另行文）

令本府所屬各機關

案奉

行政院行字第二四三三號訓令內開

「現奉國民政府第六五號訓令開『查二十六年七月二十二日修正公布之軍用文官任用暫行條例暨軍法及監獄人員任用暫行條例現經明令定自本年六月一日起施行應即通行飭知除分令外合行抄發軍用文官任用暫行條例暨軍法及監獄人員任用暫行條例各一份

令仰知照並轉飭所屬一體知照』等因附發軍用文官任用暫行條例軍法及監獄人員任用暫行條例各一份奉此除分令外合行抄發原附各件令仰該市府知照並轉飭所屬一體知照此令」

等因附抄發軍用文官任用暫行條例暨軍法及監獄人員任用暫行條例各一份奉此除分令外合行抄發該條例令仰知照

此令

附抄軍用文官任用暫行條例軍法及監獄人員任用暫行條例

中華民國三十年六月　日

市長　蔡培

軍用文官任用暫行條例二十六年七月二十二日修正公布 三十年五月二十六日明令定自六月一日起施行

第一條　軍用文官之任用除法律另有規定外依本條例行之

第二條　本條例所稱軍用文官謂祕書書記司書普通科學及外國語文教官譯述員報務員譯電員及其他軍用文職人員

軍官佐任軍用文官時仍保留其原有身分但不計入軍職之年資

第三條　軍用文官等與文職比照如左

一、同中將爲簡任職二級至一級同少將爲簡任職五級至三級同上校爲簡任職八級至六級

二、同中校爲薦任職六級至一級同少校爲薦任職十二級至七級

三、同上尉爲委任職四級至一級同中尉爲委任職八級至五級同少尉爲委任職十二級至九級同准尉爲委任職十六級至十三級

第四條　簡任職軍用文官應就具有左列各款資格之一者任用之

一、現任或曾任簡任職文官經銓敍合格者

二、現任或曾任最高級薦任職文官三年以上經銓敍合格者

三、曾任政務官二年以上者

四、曾於中華民國有特殊勛勞或致力國民革命十年以上而有勛勞經證明屬實者

五、在需要之學術上有特殊之著作或發明經審查合格者

六、曾任上校以上之備役軍官佐或在教育部認可之國內外大學畢業并曾任同上校以上之軍用文官一年以上或并現任同中校之軍用文官已滿停年成績優良經考績核定者

第五條　薦任職軍用文官應就具有左列各款資格之一者任用之

一、經文官高等考試及格或與高等考試相當之特種考試及格者

二、現任或曾任荐任職文官經銓敍合格者

三、現任或曾任最高級委任職文官三年以上經銓敍合格者

四、曾於中華民國有勳勞或致力國民革命七年以上而有成績經證明屬實者

五、在教育部認可之國內外大學畢業而有專門著作經審查合格者

六、曾任少校以上之備役軍官佐或在教育部認可之專科學校畢業并曾任同少校以上之軍用文官一年以

上或幷現任同上尉之軍用文官已滿停年成績優良經考績核定者

第六條　委任職軍用文官應就具有左列各款資格之一者任用之

一、經文官普通考試及格或與普通考試相當之特種考試及格者

二、現任或曾任委任職文官經銓叙合格者

三、曾致力國民革命五年以上而有成績經證明屬實者

四、現充文官僱員繼續服務三年以上成績優良現支最高薪額者

五、在教育部認可之專科學校畢業者

六、曾任少尉以上之備役軍官佐或在主管教育機關認可之高級中學或舊制中學畢業幷曾任同少尉以上之軍用文官一年以上或幷現任同准尉之軍用文官已滿停年成績優良經考績核定者

第七條　同准尉之軍用文官以在初中以上學校或相當職業學校畢業或有相當之技能幷均經考驗合格者任用之

第八條　軍用文官之任用除依第四條第五條第六條之規定外幷以依其學識經驗與其所任之職務相當者爲限

第九條　軍用文官經國民政府任命或最高軍事機關核准委用後除軍官佐已有官位者不得登記外統由最高機關將該員履歷彙轉銓叙部查核按級登記

第十條　有左列各款情事之一者不得任用爲軍用文官

一、褫奪公權者

二、虧空公款者

三、曾因贓私處罰有案者

四、吸用鴉片或其代用品者

第十一條　五、身體衰弱或有暗疾不堪服務者

簡任薦任委任軍用文官之初任應從最低級敍起但具有特殊學識經驗者不在此限

軍用文官初任時得先予署任三個月至六個月期滿勝任者再予實任

第十二條　軍用文官之晉等依左列之規定

一、晉等應逐級遞進不得超越

二、晉等應俟停年已滿成績優良而上級有缺額時其停年期如左

同少將　三年

同上校　四年

同中校　三年

同少校　三年

同上尉　四年

同中尉　二年

同少尉　二年

同准尉　二年

第十三條　軍用文官晉等之遴選以所隸單位爲範圍如本單位內無相當人員時得其他單位內調用之或以合於第四條第五條第六條所列資格者遴用

第十四條　在一單位內之軍用文官同一等級者得由其最高長官互相調用但應隨時呈報中央主管機關備案

第十五條　軍用文官之退職依左列之規定

一、志願退職　本人自請辭職經核准者
二、裁減退職　因組織或編制變更而裁減者
三、傷病退職　傷病殘廢衰弱不堪服務者
四、考績退職　考績連續三年不及格者

第十六條　軍用文官退職時合於左列各款之一者給予終身贍養金其金額與軍官佐同
一、年滿六十歲而服實職十五年以上者
二、在職中因公殘廢者

第十七條　在受領贍養金期內有左列情形之一者終止或停止其發給
一、犯刑事處分之罪者終止
二、喪失中華民國國籍者終止
三、再任職官者停止

第十八條　軍用文官之薪俸與軍官佐同

第十九條　備役軍官佐在任軍用文官期間停止其退役俸備役軍官佐任軍用文官至退職時合於第十五條之規定者給予贍養金取消其原有之退役俸

第二十條　任軍用文官之備役軍官佐於動員召集時應立即解除現任職務而應召

第二十一條　本條例施行日期以命令定之

軍法及監獄人員任用暫行條例

二十六年七月二十二日修正公布
三十年五月二十六日明令定自六月一日起施行

第一條　軍法及監獄人員之任用除法律另有規定外依本條例行之

第二條　本條例所稱軍法及監獄人員如左

甲　軍法人員

一、各級軍法官

二、掌管軍法裁判軍法行政之司長處長科長及科員

乙　監獄人員

一、軍人監獄長

二、掌管監獄行政之科長科員

軍官佐有由法律或監獄專科學校畢業而任軍法官或監獄官者仍保留其原有身分但不計入軍職之年資

第三條　軍法及監獄人員官等與文職比照如左

一、同中將爲簡任職二級至一級同少將爲簡任職五級至三級同上校爲簡任職八級至六級

二、同中校爲薦任職六級至一級同少校爲薦任職十二級至七級

三、同上尉爲委任職四級至一級同中尉爲委任職八級至五級同少尉爲委任職十二級至九級同准尉爲委任職十六級至十三級

第四條　簡任職軍法人員應就具有左列各款資格之一者任用之

一、現任或曾任簡任職法官經銓敍合格者

二、現任或曾任最高級薦任職法官三年以上經銓敍合格者

三、在敎育部認可之法律專科以上學校畢業曾任同上校以上軍法官者

四、在教育部認可之法律專科以上學校畢業現任同中校軍法官已滿停年成績優良經考績核定者

第五條　薦任職軍法人員應就具有左列各款資格之一者任用之

一、經文官高等考試之司法官考試及格者

二、現任或曾任薦任職法官經銓敍合格者

三、現任或曾任最高級委任職法官三年以上經銓敍合格者

四、在教育部認可之國內外大學法律系畢業辦理司法事務二年以上經審查合格者

五、在教育部認可之法律專科以上學校畢業曾任同少校以上軍法官者

六、在教育部認可之法律專科以上學校畢業現任同上尉軍法官已滿停年成績優良經考績核定者

第六條　委任職軍法人員應就具有左列各款資格之一者任用之

一、現任或曾任委任職法官經銓敍合格者

二、經文官普通考試之承審員考試法院書記官考試及格者

三、在教育部認可之法律專科以上學校畢業經審查合格者

四、在教育部認可之法律專科學校畢業曾任同上尉軍法官者

第七條　簡任職監獄人員應就具有左列各款資格之一者任用之

一、現在或曾任簡任職法官或監獄官經銓敍合格者

二、現任或曾任最高級薦任職法官或監獄官三年以上經銓敍合格者

三、在教育部認可之法律專科以上學校畢業曾任同上校以上軍法官監獄官者

四、在教育部認可之法律專科以上學校畢業現任同中校軍法官監獄官已滿停年成績優良經考績核定者

五、憲兵科上校以上軍官
六、憲兵科中校已滿停年成績優良經考績核定者

第八條　薦任職監獄人員應就具有左列各款資格之一者任用之
一、經文官高等考試之司法官或監獄官考試及格者
二、現任或曾任薦任職法官或監獄官經銓敍合格者
三、現任或曾任最高級委任職法官或監獄官三年以上經銓敍合格者
四、在教育部認可之監獄專科學校畢業或大學法律系畢業辦理司法或監獄事務二年以上經審查合格者
五、在教育部認可之法律或監獄專科學校畢業及有監獄職務經驗曾任同少校以上軍法官監獄官者
六、在教育部認可之法律或監獄專科學校畢業及有監獄職務經驗現任同上尉軍法官監獄官已滿停年成績優良經考績核定者
七、憲兵科少校以上軍官
八、憲兵科上尉已滿停年成績優良經考績核定者

第九條　委任職監獄人員應就具有左列各款資格之一者任用之
一、經文官普通考試之監獄官考試及格者
二、現任或曾任委任職監獄官經銓敍合格者
三、在教育部認可之法律或監獄專科學校畢業經審查合格者
四、在教育部認可之法律或監獄專科學校畢業曾任同少尉以上軍法官監獄官者
五、憲兵科少尉以上軍官成績優良經考績核定者

第一〇條　同准尉之軍法及監獄人員以法律監獄專科學校或憲警班畢業經考驗合格者任用之

第一一條　軍法及監獄人員經國民政府任命或最高軍事機關核准委用後除軍官佐已有官位者不得登記外統由最高軍事機關將該員履歷彙轉銓敍部查核按級登記

第一二條　有左列各款情事之一者不得任用爲軍法及監獄人員

一、褫奪公權者

二、虧空公款者

三、曾因贓私處罰有案者

四、吸用鴉片或其代用品者

五、身體衰弱或有暗疾不堪服務者

第一三條　簡任薦任委任軍法及監獄人員之初任應從最低級敍起但具有特殊學識經驗者不在此限軍法及監獄人員初任時得先署任三個月至六個月期滿勝任者再予實任

第一四條　軍法監獄人員晉等依左列之規定

一、晉等應逐級遞進不得超越

二、晉等應俟停年已滿成績優良而上級有缺額時其停年期如左

同少將　三年

同上校　四年

同中校　三年

同少校　三年

同上尉	四年
同中尉	二年
同少尉	二年
同准尉	二年

第一五條　軍法及監獄人員之遴選以所隸單位爲範圍如本單位內無相當人員時得由其他單位內調用之或就具有第四條至第十條所列資格者遴用

第一六條　在一單位內之軍法及監獄人員同一等級者得由其最高長官互相調用但應隨時呈報中央主管機關備案

第一七條　軍法及監獄人員之退職依左列之規定

一、志願退職　本人自請辭職經核准者

二、裁減退職　因組織或編制變更而裁減者

三、傷病退職　傷病殘廢羸弱不堪服務者

四、考績退職　考績連續三年不及格者

第一八條　軍法及監獄人員退職時合於左列各款之一者給予終身贍養金其金額與軍官佐同

一、年滿六十歲而服實職十五年以上者

二、在職中因公殘廢者

第一九條　在受領贍養金期內有左列情事之一者終止或停止其發給

一、犯刑事處分之罪者終止

二、喪失中華民國國籍者終止

三、再任職官者停止

第二〇條　軍法及監獄人員之薪俸與軍官佐同

第二一條　備役軍官佐在任軍法及監獄人員期間停止其退役俸

備役軍官佐任軍法及監獄人員至退職時合於第十八條之規定者給予贍養金取銷其原有之退役俸

第二二條　任軍法官監獄人員之備役軍官佐於動員召集時應立卽解除現任職務而應召

第二三條　本條例施行日期以命令行之

南京特別市政府訓令

令所屬各機關

（不另行文）

案奉

行政院行字第二五一七號訓令內開

「現准軍事委員會銓四（十號）字第三九號公函開『查國府還都以來來歸部隊旣經陸續點編請䘏案件自當日益增多因恐請䘏過濫虛靡國帑曾先後制訂限制請䘏辦法暨限制請䘏補充辦法各三項通飭所屬遵照實施各在案事關撫䘏規章相應抄同前頒限制請䘏辦法暨限制請䘏補充辦法各三項送請查照爲荷』等由附抄送限制請䘏辦法暨補充辦法各三項准此除通令外合行抄發原附件令仰該市府知照並轉飭所屬一體知照」

等因抄發限制請䘏辦法暨補充辦法各三項奉此除分令外合行抄同上項辦法令仰該卽便知照

此令

附抄限制請卹辦法暨補充辦法各三項

中華民國三十年六月　日

市長　蔡　培

限制請卹辦法三項（二十九年十月三十一日奉准十一月五日通令施行）

（一）嗣後各部隊於未經本會點編之前及已經點編而未將名册呈報備案者一律不得請卹

（二）奉令出發剿匪部隊應於出發前將該部隊官兵名册呈報來會以備查核

（三）死亡情節除合於公務員特種撫卹條例者咨請行政院核辦外其餘一律按照陸海空軍戰時撫卹暫行各條例辦理

限制請卹補充辦法三項（三十年五月一日奉准五月九日通令施行）

（一）嗣後各機關部隊學校等如遇有積勞病故或因公殞命或作戰陣亡等情事發生除按照前頒限制請卹辦法辦理外應即將死亡者之級職姓名籍貫年齡任職年月及死亡地點並死亡情形列表呈報備查然後再行按照法定程序請卹

（二）如未及呈薦或已委未報備案而亡故者一律不得請卹

（三）請卹機關除將死亡者及其遺族領卹人按照陸海空軍平戰時撫卹暫行條例所規定各表詳細填報外並應呈送遺族領卹人四寸半身像片二張以便附貼卹金給與令發由遺族領卹人收執逕向原請領機關領卹

南京特別市政府訓令　社字第　號

令第一二三四五區公所
社會
工務
教育局
宣傳處

案准

首都警察廳政二字第一六一五號公函開

「查本廳爲灌輸一般民衆交通安全常識起見特定於六月十日起至十六日止舉行『三十年夏令交通安全宣傳週』除分別呈報函令外相應檢同實施辦法備函奉達卽希查照並飭屬予以協助」

等由附送首都警察廳三十年夏令舉行交通安全宣傳週實施辦法一份准此除分令外合行抄發原附件令仰該區局處遵照

- 區：協助幷轉飭所屬各坊保甲長一體協助爲要
- 局：協助爲要
- 局：轉飭所屬各中小學校協助宣傳爲要
- 處：協助宣傳爲要

此令

計抄發首都警察廳三十年夏令舉行交通安全宣傳週實施辦法一份（略）

中華民國三十年六月　日

市長　蔡　培

南京特別市政府訓令 財字第　號

令 各區公所 本府各處局 南京市商會整理委員會

案准財政部賦字第七五號咨開

「查修正所得稅暫行條例於上年四月十二日奉令公布本部以當時各省區地方元氣未盡恢復遵將第二類薪給報酬所得呈准開征其第一第三兩類所得俟適當時機自應一併辦理茲奉　行政院行字二三〇一號訓令開『現奉　國民政府第五九號訓令開「據該院本年五月十四日行字第七四九號呈稱『案查本院第五十九次會議討論事項第一案院長交議據財政部周兼部長呈報擬定於本年七月一日開征第一第三兩類所得稅一案提請核議案決議「通過呈報中央政治委員會備案並呈請國民政府公布施行」等由紀錄在案除呈報中央政治委員會備案及令飭財政部遵照外理合錄案並抄附財政部原呈具文呈請鑒核明令公布施行實爲公便』等情據此應准照辦除明令修正所得稅暫行條例第一條第一類第三類所得稅着自三十年七月一日起繼續征收其第一類甲乙兩項營利事業所得以年計者應計算其二十九年度所得征收之此令公布並分行外合行令仰知照並轉飭所屬一體知照此令」等因奉此除分行外合行令仰知照並轉飭所屬一體知照此令』等因奉此本

部自應遵照在各區設局如期征收現已派員分別前往籌備當此繼續開征之際各地商民或未盡明瞭除布告並分行外相應咨請貴市政府查照惠予協助並飭屬一體知照實紉公誼」

同時又准財政部賦字第七六號咨以派郝公怡爲南京區所得稅籌備處主任請查照飭屬協助各等因准此除分令外合行令仰知照並轉行各同業公會一體知照

此令

中華民國三十年六月　日

市長　蔡培

南京特別市政府訓令 社字第　號

令南京市商會整理委員會
城鄉各區公所

案准

工商部商字第一九九號咨開

「案查商標註冊證查驗期限前據本部商標局呈請續展到部當經准予展期六個月截至本年五月二十二日限滿經本部公布轉呈 行政院備案並咨請貴市政府查照轉飭所屬

一體知照各在案茲查前項查驗限期又將屆滿所有各地廠商原領商標註册證未經遵照辦法查驗者仍居多數核其遲滯原因或因工商界尚未恢復營業以致未克呈驗或因交通梗阻未能普遍週知實具有特殊情形復准華北實業總署函商續行展限茲爲體恤商艱維護商標既得權起見將查驗期限再行展限六個月截至本年十一月二十二日爲止限滿不再續展俾便在展限期內仍可呈請查驗除將展期辦法呈請　行政院備案並懇轉咨華北政務委員會查照暨分別布告咨行外相應咨請貴市政府查照轉飭所屬一體知照並希見復至紉公誼」等由准此查此案前准部咨節經轉飭知照在案准咨前由除咨復並分行外合行令仰轉飭中外商民一體知照

此令

中華民國三十年六月　日

市長　蔡　培

社會局長盛開偉

南京特別市政府訓令　社字第　號

令城鄉各區公所
　市商會整理委員會

南京特別市政府訓令 衛字第　號

令各區公所

案准

社會部社一字第五十號咨開

「查勞資爭議處理法業於本年四月二十六日修正公布在案所有前實業部根據該法公布之推定仲裁委員暫行辦法自應隨同修正以資符合爰經本部繕具修正條文呈奉　行政院核准在卷除公布並分別咨令外相應檢同該項修正辦法一份一併咨請貴市政府查照並轉飭所屬一體知照至紉公誼」

等由並附修正推定仲裁委員暫行辦法一份到府准此除分令外合行抄發原辦法令仰該區會即便知照並轉飭所屬一體知照

此令

計抄發修正推定仲裁委員暫行辦法一份（略）

中華民國三十年六月　日

市長　蔡　培

社會局長盛開偉

查本府爲注重夏令衛生起見組織水井消毒隊自六月一日起至八月三十一日止將市內公用水井逐日消毒一次然私有水井爲數甚多消毒人員勢難周顧是其消毒事宜惟有責成井主自行辦理以重衛生除布告週知外合行抄發消毒簡法令仰該公所轉飭所屬坊保甲長切實遵辦爲要此令

抄發井水消毒簡明辦法一紙(略)

中華民國三十年六月　　日　　市長蔡培

南京特別市政府訓令　財字第　號

令各鄉區公所

案查本市鄉區田地前因隱漏甚夥迭經令飭各鄉區公所轉飭查擠一再限期補登嗣以補報無多又經明定取締辦法限期一個月補登如逾限不登者設被發覺卽將該田地以無主論收由公家代管招佃收租提成發給告發人以示獎勵均經分令及布告各在案茲查限期早逾補登仍屬寥寥現在國府還都已逾一載人民多數回歸此項隱漏田地自應及時加緊查擠以裕市庫瞬屆編造三十年度征册之期斷難再任仍前隱匿觀望影響賦稅除布告并分令外合亟檢發布告仰卽遵照查收實貼并督飭各鄉鎮長迅將該鄉鎮隱漏田地逐細查明轉飭各業主在布告一個月內趕速報登逾期卽予停止嗣後倘被查覺或告發卽照前定取締辦法切實執行以爲始終隱抗不遵功令者戒毋再徇延切切

此令

計發布告　張

中華民國三十年六月　日

市長　蔡　培

南京特別市政府訓令

教字第　號（不另行文）

令市私立各中小學

案准

教育部祕字第四七八四號咨開

「查國外留學規程業經本部修正呈奉　行政院院長交第五十八次會議決議照審查意見通過除由部於本年五月三十一日公布并分別咨令外相應檢同修正國外留學規程咨請貴政府查照並轉飭所屬遵照辦理爲荷此咨」

等由並附送修正國外留學規程十份准此正核辦間據本府教育局案呈奉

教育部祕字第四七八四號訓令案同前由除分令外合行抄發該規程一份令仰該校遵照并飭屬一體遵照

此令

附修正國外留學規程

中華民國三十年六月　　日　　市長　蔡　培

修正國外留學規程民國三十年五月奉　院令修正公布

第一章　總則

第一條　凡赴國外留學者均須依照本規程之規定辦理

第二條　由各省市教育行政機關(以下簡稱省市)考取或由公共機關遴選派赴國外研究專門學術供給其研究期間全部費用者稱爲公費生

第三條　凡自備留學費用或由私法人遣派赴國外研究專門學術供給其費用者稱爲自費生

第四條　各省市應就其留學教育經費項下設留學奬學金以鼓勵其本省市留學自費生之成績優良者奬學金名額及辦法由各省市規定呈部核准施行

第五條　公自費生有損辱國體或荒怠學業及其他不法行爲得由所在國之管理留學機關報告本部取消其留學資格勒令返國如係公費生並追還其以前所領之一切費用

管理留學機關指留學生監督處及使領館而言

第二章　公費生

第五條　各省市考選派赴國外研究專門學術者應注重理農工醫等專科研究科目之種類公費生名額留學國別年限及經費狀況等須由各省市依其地方情形之需要及所研究科目之性質於每屆招生前詳爲規定呈部核准施

行但留學年限至少二年至多不得過六年實習及考察期間在內

第六條　各省市公費生經各省市考試後由本部覆試決定之

前項考試之舉行在同一省市區內每年一次自二月一日起至三月一日止爲報名日期四月一日起至十五日止爲各省市考試日期七月一日起至七月十五日止爲本部覆試日期

但距京遼遠或有其他特殊情形之省市得由主管教育行政機關呈部核准就初試所在地由部派員或指定機關舉行覆試

第七條　各省市考選公費生詳細章則由各該省市教育行政機關依照本規程之規定製訂呈部核准施行

覆試辦法由本部另定之

第八條　凡具有下列資格之一者得報名考試

一、國內外公立或己立案之私立專科以上學校畢業並曾任與所習學科有關之技術職務二年以上者

二、國內外公立或已立案之私立專科以上學校畢業後曾繼續研究所習學科二年以上而有價值之專門著作或其他成績者

三、國內外公立或已立案之私立大學或獨立學院畢業而成績優良者

第九條　報名時除呈繳畢業證書及最近四寸半身相片兩張（一張存各省市一張送部）外其具有前條第一款資格者並須呈繳履歷書及服務證明書各兩份（一份存各省市一份送部）具有前條第二款資格者並須呈繳專門著作及其他成績具有前條第三款資格者並須呈繳學校成績證明書

服務證明書或學校成績證明書須由服務處所最高主管人員或學校校長簽名蓋章

第十條　前條各件經省市審查合格後方得參與考試

第十一條　考試事項如左

一、初試

(甲)檢驗體格

體格不及格者不得參與乙、丙兩項考試

(乙)普通科目

一、國父孫先生遺教及和平反共建國理論

二、國文

三、本國史地

四、留學國國語(作文翻譯會話)

(丙)專門科目

專門科目視所考各學科而定但最少須考三種科目

二、覆試

(甲)留學國國語(作文翻譯會話)

(乙)專門科目

專門科目由初試之專門科目中選考二種投考人對於留學國國語程度較差而於他國國語熟習者得以他國國語代之

第十二條　初試成績之計算以普通科目中之國父孫先生遺教及和平反共建國理論國文及本國史地共佔總分數百分之二十五留學國國語佔百分之二十五專門科目佔百分之五十

覆試成績以三種科目平均計算

第十三條 凡經省市考試及格者給予初試及格證明書並須於五月十五日前將考取生各項成績連同第九條所舉各項證件送部備查

經覆試及格者予以覆試及格證明書不及格者不得更請覆試

各省市初試得於每學科應遣派名額加倍錄取送部覆試

第十四條 覆試考取各生須於三個月內出國逾期者得取消其資格

第十五條 出國及回國川資由各省市視留學國路程及其他情形規定之

川資及學費發給手續由各省市規定但出國時須預給三個月學費

留學經費暫以留學國國幣為標準

第十六條 各省市於每公費生出國時應撥存其留學國管理機關準備金一千元以供災害救濟疾病治療等意外之用其詳細辦法由各省市規定之

第十七條 公費生於留學期內非有特別情形經各省市轉呈本部許可者不得變更其所研究科目及留學國違者取消其留學資格勒令返國並追還其以前所領一切費用

第十八條 公費生於留學期內須於每學期開始前將上學期之經過及研究之成績連同主任教授證明文件呈請管理留學機關證明並須分別呈部及本省市審查備案

第十九條 公費生於每學期開始後一個月內尚未呈報前條所規定各項一次者予以記過二次者援用第十七條辦法辦理之

第二十條 公費生在留學期內有辦理政府所委託事件之義務

第二十一條　公費生實罹重病不能繼續學業者得由管理留學機關報告各本省市令其返國並由各本省市報部備案

第二十二條　公費生遇家庭重大變故得呈由管理留學機關向各本省市請假返國但須經許可後方得起程此項假期不得超過一年

假期內不給學費並不給來回川資

第二十三條　公費生畢業後須將畢業證件送請管理留學機關驗印證明

第二十四條　公費生回國後兩個月內須到各本省市報到如本省市需要其服務時至少須依照其留學年限在本省市服務違者得追還其以前所領一切費用其詳細辦法由各本省市定之

第二十五條　公費生回國後須於兩個月內將畢業證件送部登記其辦法另訂之

第三章　自費生

第二十六條　赴國外留學之自費生須具有左列資格之一

一、公立或已立案之私立高級中學以上學校畢業者

二、公立或已立案之私立職業學校畢業者曾在國內任技術職務二年以上著有成績者

第二十七條　自費生每學期須將第十八條所規定之各項呈請管理留學機關審核後轉部備案一學期不報者管理留學機關應予以警告兩學期不報者取消其留學資格並勒令回國

第二十八條　自費生留學經費須依照附表保證書說明欄內所舉約數籌備

第二十九條　自費生有特別成績者得請留學學校及管理留學機關證明逕將特別成績連同證明文件學歷及最近四寸半身相片二張呈送各省市審查暨本部審定認可者得享受各本省市獎學金補助

第三十條　自費生自得獎學金之日起應受第十七十八十九二十各條之限制

等三十一條　自費生畢業後須將畢業證書送請管理留學機關驗印證明

第三十二條　自費生回國後應於兩個月內將畢業證書呈部審查登記其辦法另訂之

第四章　留學證書

第三十三條　公自費生出國均須依照本規程之規定請領留學證書

第三十四條　公費生請領留學證書須呈繳最近四寸半身相片二張證書費二元印花稅一元

經公共機關遣派者并須呈繳畢業證書及履歷書

第三十五條　自費生請領留學證書須呈繳畢業證書保證書最近四寸半身相片二張證書費二元印花稅一元具有第二十六條第二款資格者並須呈繳履歷書及服務證明書（服務證明書須由服務處所最高主管人員簽名蓋章）

第三十六條　由公共機關或私法人遣派者應由遣派機關代請發給留學證書並須呈繳第三十四條所規定各件

第三十七條　公自費生取得留學證書後須持向外交部或外交部委託發給護照機關呈請發給護照並向有關係國之領事館申請簽字

第三十八條　自費生取得留學證書後其出國日期以三個月爲限倘至期因故不能出發須開具理由檢同留學證書呈請本部復加簽註得延期三個月但以一次爲限

第三十九條　自費生取得留學證書後在未出國前如欲改往他國須將原領證書呈部註銷請求換發改往留學國留學證書呈請時並須另呈繳保證書及相片一張印花稅一元

第四十條　留學甲國之自費生欲改往乙國留學者須呈請本部核發轉往乙國留學證書並須呈繳最近四寸半身相片一張印花稅一元

第四十一條　公自費生行抵留學國二星期內應將所領留學證書向駐在該國管理留學機關呈驗報到

第四十二條　華僑自費生經管理留學機關考試國文及本國史地及格者方得由該管理留學機關轉請本部發給留學證書

第四十三條　未領留學證書逕赴國外留學者應受下列之制裁

一　不得以留學生名義請領護照

二　不得請求管理留學機關介紹入學

三　不得呈請奬學金補助

四　回國時呈驗畢業證書不予登記

第五章　附則

第四十四條　邊遠各地如陝、甘、雲、貴、蒙、藏、青海、甯夏、新疆、察、綏等處因爲特別情形可酌量從寬辦理

第四十五條　本規程得由教育部於必要時修改之

第四十六條　本規程自公布之日起實行

附國外留學生畢業證件登記辦法

(一)公費生畢業回國後兩個月內須將畢業證書或其他證明文件連同最後學期之成績及四寸半身相片二張驗印費二元印花稅一元呈部辦理登記

(二)自費生畢業回國後兩個月內須將畢業證書連同四寸半身相片二張驗印費二元印花稅一元呈部辦理登記

得碩士博士學位者須呈繳畢業論文一本私法人所遣派者依本辦法第一條辦理

附履歷書保證書格式二種

履歷書

姓名 中文		留學國別	
姓名 西文		居留地址	
性別		研習科目	
年歲	年　歲　月　日生		
籍貫	省　縣	留學年限	
婚姻狀況及兒女人數			
學歷			
服務經歷			
遣派機關		家長 姓名	
川裝費數		家長 職業	
每年年費數目		家長 住址 現在	
		家長 住址 永久	
附記			
說明	（一）學歷及服務經歷兩項須註明起止年月 （二）自費生除私法人所遣派者外免填遣派機關川裝費數及每年公費數目三項 （三）西文譯名不得縮寫且須依照本國習慣以姓排在名前並勿另取外國名字		

保證書

姓名：中文　　西文

性別

年歲　　年　月　日生

籍貫　　省　　縣

婚姻狀況及兒女數

學歷

服務經歷

留學國別

居留地址

研習科目

留學年限

籌定經費總數

家長：姓名　　職業　　住址：現在　　永久

說明

（一）學歷及服務經歷兩欄均須註明起止年月

（二）籌定經費總數一欄應按照下列留學月須經費約數計算全留學期間應須用費加入來往川資於未出國前一次籌足留學需經費約數如次

國別	月須經費約數
日本	日金七十元
美國	美金九十元
英國	英金二十鎊
德國	德幣三百五十馬克
瑞士	瑞幣四百五十法郎
意國	意幣八百里耳
法國	法幣一千八百法郎
比國	比幣二千法郎

保證人姓名

職業

性別

年歲

住址：現在　　永久

籍貫

與該生之關係

保證人簽名蓋章

今願保證　　赴　　國自費留學所有該　留學期內應須經費及其他行為均由保證人負完全責任如在留學期內發生一切經費困難問題時經教育主管機關通知保證人後保證人立即籌款接濟所具保證書是實

保證人　　（簽名蓋章）

說明

（一）保證人資格應以下列各項為限

（甲）殷實商號

（乙）有固定職業能担任該生經濟及行為責任者

上列兩項在京者由教育部調查許可在原籍或寄籍地方者應呈由所在教育行政機關調查證明

（二）保證人同一時期內所保證之自費留學生至多以三人為限

（三）西文譯名不得縮寫且須依照本國習慣以姓排在名前並勿另取外國名字

南京特別市政府訓令　教字第　號

令市私立中小學校校長

案查本屆本市中小學聯合運動會業於五月二十五日全部結束所有各項成績亦經競賽委員會暨裁判委員會分別評定茲訂於六月五日下午二時在本府大禮堂舉行給獎典禮除分令外合行令仰遵照務於是日準時率領學生參加爲要

此令

中華民國三十年六月　　日

市長　蔡　培

南京特別市政府訓令　財字第　號

令捐稅征收所所長李熙曾

案據南京市商會整理委員會呈以據人力車行業同業公會瀝陳自收會費困難情形轉懇飭令車捐處繼續代爲征收等情又據人力車行業公會呈同前情據此除指令并批姑暫准仍予代爲征收外合行令仰該所遵照辦理並轉飭遵照

此令

中華民國三十年六月　　日

市長　蔡　培

南京特別市政府指令 財字第　號

令南京市商會整理委員會

呈一件爲據人力車行業同業公會呈自收會費困難情形轉懇飭令車捐處繼續代收祈核示由

呈悉查人力車業公會會費既據該會轉請前來姑暫准仍由捐稅征收所車捐處代爲征收除令飭該所遵照外仰卽轉飭知照

此令

中華民國三十年六月　日

市長　蔡　培

南京特別市政府指令 財字第　號

令八卦洲洲產整理處處長胡明遠

呈一件爲遵電複查本洲春熟情形列表復請鑒核啓征由

呈表均悉查該洲頭二步墾本年春租其中第二至第十五保據經複查確有實荒田畝一千六百零三畝應准免租以示體恤其餘照額全征茲定自本年六月二十五日起至七月二十五日止爲征收春租之期除布告外仰卽如期啓征務須依限掃征報解並趕造實征册呈核關於南三步墾第十六保各號

田地已種田畝究有若干應由該處長按號複查明確將已種未種田畝分別列表尅日呈候核定征租毋稍延誤（來表存）布告及洲租收據隨令附發

此令

計發布告六十份

洲租收據拾本 洲春字第一號起至第一千號止一千張（略）

中華民國三十年六月　　日

市長　蔡　培

南京特別市政府批 財字第　　號

具呈人南京市人力車行業同業公會

呈一件呈爲自收會費困難重重仍懇飭令車捐處繼續代收以維車業而利會務由

呈悉查此案另據市商整會轉呈來府經飭捐稅征收所車捐處姑暫准仍予代爲征收並指令各在案據呈前情仰卽知照

此批

中華民國三十年六月　　日

市長　蔡　培

南京特別市政府布告　財字第　　號

案查本市鄉區田地前因隱漏甚夥迭經令飭各鄉區公所轉飭查擠一再限期補登嗣以補報無多又經明定取締辦法限期一個月補登如逾限不登者設被發覺即將該田地以無主論收由公家代管招佃收租提成發給告發人以示獎勵均經分令及布告各在案茲查限期早逾補報仍屬寥寥現在國府還都已逾一載人民多數回歸此項隱漏田地自應及時加緊查擠以裕市庫瞬屆編造三十年度征冊之期斷難再任仍前隱匿觀望影響賦稅除分令外合亟布告仰本市各鄉區花業各戶一體知悉務各在此次布告一個月內迅將隱漏各田地趕速報登逾期即予停止嗣後倘被查出或告發即照前定取締辦法切實執行以爲始終隱抗不遵功令者戒其各凜遵切切

此布

中華民國三十年六月　　日

市長　蔡培

財政局局長　蹇先驄

南京特別市政府布告　財字第　　號

案查八卦洲放墾田地本年應征春租業經本府派員前往實地履勘並飭據八卦洲洲產整理處按照荒熟成分先行查造頭二步墾租冊前來經本府詳加複核尚屬實在除實荒田畝一千六百零三

畝准予免租以示體恤關於南三步墾應征春租并經指令刻速複查造册呈候核定征租外其餘照額全征茲定自本年六月二十五日起至七月二十五日止爲征收春租之期合亟布告該洲佃農一體知悉仰將本名下應繳本年春租遵限前往該洲整理處如數清繳掣據安業倘有遷延觀望逾限不繳者並照章科以滯納罰金不貸其各遵照毋違切切

此布

中華民國三十年六月　日

市長蔡培
財政局局長蹇先驄

南京特別市政府布告 地字第　號

案查本府奉令辦理日本大使館及領事館永租館址一案征收五台山一帶土地所有該處墳墓業經通告限期遷葬在案除有主墳墓由各墳主自行遷葬外所有未經登記之無主墳墓以及登記後逾限未遷之墳墓照章一律由本府代爲遷葬茲經勘定本市漢西門外鳳凰西街迤西及水西門外大士茶亭兩處公地爲遷葬處所除飭屬妥愼辦理外合行布告週知

中華民國三十年六月　日

市長蔡培

地政局局長　胡　政

南京特別市政府布告 衛字第　號

查本府爲注重夏令衛生起見組織井水消毒隊自六月一日起至八月三十一日止將市內公用水井逐日消毒一次然私有水井爲數甚多消毒人員勢難周顧是其消毒事宜惟有責成井主自行辦理以重衛生除分令各區公所轉飭坊保甲切實遵辦外合行開示消毒簡法布告週知仰各遵行毋忽爲要

此布

附井水消毒簡明辦法（略）

中華民國三十年六月　日

市長　蔡　培

南京特別市政府通告 地字第　號

案查本府奉令辦理日本大使館及領事館永租地徵收五台山一帶土地所有該處墳墓業經通告並分別通知各業戶限於五月底以前攜帶證件前來本府地政局聲請墳墓登記以憑審查核發遷葬費在案茲經規定發給遷墳費辦法並限於本年六月一日起至六月三十日止一律遷葬完畢所有未經登記之無主墳墓以及登記後逾限未遷之墳墓照章統由本府代爲遷葬合行刊附遷葬費辦法

通告週知

附南京特別市政府征用五台山一帶土地遷移墳墓發給遷葬費辦法一份（見法規欄）

中華民國三十年六月　日

市　長　蔡　培

地政局局長　胡　政

法規

南京特別市工商業登記暫行規則

三十年五月修正

第一條　凡在本市於固定處所經營工商業者除別有規定外均須依照本規則向南京特別市政府(以下簡稱本府)聲請登記

第二條　工商業登記人於登記時均須攜帶市民證或其他足資證明之文件

第三條　工商業復業者於登記時須提出前市政府警察廳等主管機關所發之營業執照或其他足資證明之文件經證明爲原業主後方准登記營業

前項證件如已遺失或無法提出時須覓具殷實舖保一家出具證明書證明其爲原業主

第四條　工商業開業者於登記時須覓具殷實　保一家證明係正當商人後方准登記營業

第五條　工商業登記人於登記時均須塡具規定申請書一份報由該管區公所查明轉呈本府核發營業許可證如資本總額在五十元以下者發給小商人營業執照

第六條　工商業登記手續費應按左列數額於申請登記時呈繳

資本額	繳費數	資本額	繳費數
五十元以上五百元以下	六角	五百元以上一千元以下	一元二角
一千元以上五千元以下	二元四角	五千元以上一萬元以下	四元八角

一萬元以上五萬元以下	七元二角	五萬元以上十萬元以下	九元六角
十萬元以上	十二元		

前表所列五十元以上即自五十元起五百元以下即係不足五百元餘類推如資本在五十元以下者繳二角四分由本府社會局發給小商人營業執照

第七條 工商業應登記之事項如左

1.營業種類

2.店號名稱及開設地點(暨日期)

3.店主或經理人姓名年齡籍貫住址

4.店夥及僱工人數並每月待遇

5.資本總額

6.存貨價值

7.獨資抑合資(如係合資應將股東姓名年齡籍貫一併註明)

8.營業場所係已產抑係租賃(如係租賃須註明租金)

9.開業抑復業(如係復業須註明以前營業地點及店號)

10進貨及銷售方法

11設備概要(如係工廠應註明機器種類及數目)

12每月營業額或生產數量(如為商店應註明營業額如為工廠則註明生產數量)

13 有無支店及支店所在地(如本身為支店應將總店所在地註明)

第八條　工商業登記人於領得營業許可證後應另向該管警察局填具開張報告表報告開張日期其有關治安風化消防衛生等事項由本府衛生局及警察廳另訂規則取締之

第九條　工商業登記後如有停業變更改組遷移轉讓者均應將舊證繳銷按照本規則之規定另行申請登記

第十條　登記如有不實經利害關係人舉發由本府派員調查屬實者得吊銷其營業許可證

第十一條　本府為執行本規則起見得派員隨時檢查之

第十二條　凡未經登記領證之工商業擅自營業者得停止其營業並處五元以上五十元以下之罰金

第十三條　營業許可證應懸掛於公衆易見之處所不得轉讓或轉借

第十四條　本規則如有未盡事宜得隨時修改之

第十五條　本規則自公佈日施行

南京特別市錢業取締暫行規則

二十八年四月公布
三十年五月修正

一、凡在南京市經營錢業非經申請得有南京特別市政府許可發給證書者不准營業

二、在南京市設立錢莊須依左列各項行之

(甲)營業範圍

(一)放款

(二)存款

(三)兌換通貨

（四）匯兌

（乙）兌換

（一）兌換以上海行市爲標準（現時暫聽自然）

（二）凡日本銀行票及軍用手票須照其票面價額辦理

（三）交換率由錢業公會公定之但每日行市須公布於本店門前

三、凡錢莊不得在該莊以外作錢業之交易

四、凡錢莊每日須將所營各項業務數目作成正副報告表二份呈送南京特別市政府查核

五、除依前條外每月月終並須作成月報表二份呈送南京特別市政府備查其呈送期限上月之表不得逾次月之五日

六、凡錢莊如有違反本規則所規定者南京特別市政府得取銷其許可證

七、本規則如有未盡事宜得隨時修正之

八、本規則自公布日施行

井水消毒隊實施辦法

一、本局爲夏令防疫起見組織臨時井水消毒隊自六月一日至八月卅一日止暫爲三個月

二、消毒辦法如左

（一）先量井內水面之直徑乘以三・一四一六再用長繩量井水之深度與上得之數相乘即得井水之容積再將容積之立方尺乘以七五即得井水容量加侖數（計算表另訂之）

（二）視井水容量之加侖數多少每加侖加入消毒水一公撮

三、消毒員攜帶器具藥水須逐日將公共水井消毒一次消毒情形於次日塡表呈報（日報表另定之）並於每一井旁貼巡邏表一紙以便考勤（巡邏表另訂之）

四、本市私有水井除按照前項辦法通知各住戶食井外並佈告週知自行消毒

五、消毒員執行職務時須佩帶臂章以資識別

六、消毒員服務期限三月如成績優良者得由主管呈請補充本局服務

南京特別市政府徵用五台山一帶土地遷移墳墓發給遷葬費辦法

一　徵收地上之墳墓以墳主家屬自行具領遷移費爲原則

二　遷墳費每棺發給法幣貳拾伍元

三　墳主須先塡具聲請查驗遷移墳墓表加蓋舖保送地政局聽候派員查對屬實後卽通知墳主或代理人具領遷墳費

四　墳主應遵照市政府通告依限遷移遷同地政局所發領款通知書塡具領結加蓋舖保並攜帶名章先行到局領取遷移費半數批明領款通知書仍將通知書發還其餘半數俟墳墓遷移完竣經地政局派員查驗屬實再持原通知書到局具領

五　墳主如遠在他鄉不能親來料理得委託菶主或其他代理人辦理但須聲明墳塚數目死者姓名及與本人之關係其聲請查驗手續照以上辦法辦理

六　墳主或代理人如逾期不將墳墓遷移卽以無主論由地政局代爲遷葬其已領遷墳費應由舖保負責繳回

七　如發現有假冒領費或私掘墳墓損害屍體拋棄骸骨竊取葬物等情事除勒保追還遷墳費外移送法院依法辦理

八　徵收地內未經聲請查驗之無主墳墓由地政局派員代爲遷葬

公牘

南京特別市政府咨　地字第　　號

案查本市土地工作旬報表業經咨送至五月份中旬在卷茲造具五月份下旬旬報表一份相應備文咨送卽希

詧照爲荷

此咨

內政部

計咨送本市土地工作五月份下旬旬報表一份

市長　蔡　培

中華民國三十年六月　日

南京特別市政府咨　地字第　　號

案查本市土地工作旬報表業經咨送至五月份下旬在卷茲造具六月份上旬旬報表一份相應備文咨送卽希

鑒照爲荷

此咨

內政部

計咨送本市土地工作六月份上旬旬報表一份

市長　蔡培

中華民國三十年六月　日

南京特別市政府咨 衛字第　號

案查醫藥人員請領部證已將第二十批登記人員檢同證件咨請貴部查核辦理在案茲續經登記醫師張鳳石等七人藥劑士郭鳳吾一人助產士姚明珠一人合計九人相應繕具名冊一份檢同該證件計九宗領換證書印花等費伍拾肆元零伍角咨請

貴部審查核發證書爲荷

此咨

內政部

附第二十一批請領部證名冊一份證件九宗證費伍十肆元零五角(略)

市長　蔡培

南京特別市政府辦理土地登記工作五月份下旬旬報表

中華民國三十年

事項 件數 日	接收登記聲請書	土地所有權登記	房屋登記	更正登記	塗銷登記	移轉登記	分割登記	共有權登記	住所變更登記	繕寫查驗證	發給查驗證	備註
21		1				2				3	1	
22		1			1	3				2	4	
23		3				4					3	
24		2				1				1	3	
星期25												
26		10				2				1		
27		17				8					1	
28		1									3	
29		2				1				2	3	
30												
31					1	4					3	
總計件數		37件			2件	25件				9件	20件	

南京特別市政府辦理土地登記工作六月份上旬旬報表

中華民國三十年

事項／件數／日	接收登記聲請書	土地所有權登記	房屋登記	更正登記	塗銷登記	移轉登記	分割登記	共有權登記	住所變更登記	繕寫査驗證	發給査驗證	備註
星期 1												
2		5				5						
3		1			5					1	5	
4		1			1	4					1	
5												
6		1									4	
7		7				2					5	
星期 8												
9		3										
10		1								2		
總計件數		19件			6件	11件				3件	15件	

中華民國三十年六月　　日

南京特別市政府咨　社字第　　號

案准貴部商字第一九九號咨略以關於商標註册證查驗期限一案茲再展限六個月截至本年十一月二十二日爲止請查照轉飭知照見復等由准此除轉令所屬知照外相應復請

查照

此咨

工商部

市長　蔡培

中華民國三十年六月　　日

南京特別市政府公函　工字第　　號

查本府此次辦理複驗汽車及駕駛人考驗事宜原定以五月二十一日爲限嗣因損壞汽車太多一時趕修不及爲體恤車主兼顧事實起見又經展期至五月二十五日爲止并經登報通告在案頃准友邦警備司令部通知以複驗汽車案已逾期現查各機關仍有將未經檢驗合格之汽車公然在市內行駛殊屬違章茲爲通融起見特再展限十日自六月一日起至六月十日止一律須將損壞車輛修復完整准予補驗在未經取得合格證以前如再有違章行駛情事定卽將車扣留隨時吊銷牌照除由本

部分別通知憲警各機關協助檢查外請爲分別函知各機關查照等由自應照辦除分行外相應函請
查照辦理爲荷
此致
軍事委員會辦公廳
市長　蔡　培
中華民國三十年六月　日

南京特別市政府公函 工字第　號

案准
貴廳政二字第一四一六號公函略開卷查本廳前經頒訂商店住戶夏令臨時搭蓋天篷限制辦法呈奉警政部指令修正并改爲取締搭蓋蓆棚暫行辦法飭卽遵照施行在案用特函送上項辦法囑爲查照等由准此除分令各屬遵照外相應檢附掘路徵費規則一份函請
貴廳查照轉飭所屬管轄區內嗣後無論商店住戶支搭涼棚不得破壞人行道如有已破壞者應按照本府公布掘路徵費暫行規則第八九兩條呈報工務局查核辦理以重路政爲荷
此致
首都警察廳

附掘路徵費規則一份(略)

市長 蔡培

中華民國三十年六月　日

南京特別市政府箋函

案准

貴會來函以第七次會議第六案函請工務局開放水西門水閘一星期宣洩秦淮河汚水以資清潔案經決議通過錄案函請查照辦理等由准此當經飭交工務局辦理去後茲據復稱查秦淮河內河水位現爲五二、七八公尺外河水位爲五一、三〇公尺倘將西水關閘門開放一星期則內河因水位亦將低落將有數處河底卽須涸露等情查核尙屬實在俟外河水位增高至五二、〇〇公尺時再行開放准函前由相應復希

查照爲荷

此致

首都夏令衛生運動委員會

南京特別市政府啓

(六月　日)

市政公報暫定價目表

期限	價目	郵費
零售	每冊三角	本市半分 外埠一分
半年	十二冊 三元五角	本市六分 外埠一角二分
全年	二十四冊 七元	本市一角二分 外埠二角四分

市政公報廣告刊例

頁數	價目
一頁	每期十一元
半頁	每期六元
四分之一頁	每期三元

刊登廣告在四號以上者每期按照七折計算連續十號以上者每期按照六折計算長期另議

出版日期 本公報暫定每月二次

編輯者 南京市政府祕書處

發行者 南京市政府祕書處

印刷者 南京紹新印刷所 地址：復興路中段 即天青街四〇四號